www.ingramcontent.com/pod-product-compliance
Lightning Source LLC
Chambersburg PA
CBHW072208150726

48002CB00005B/1723

ספר

קל״ח

פתחי חכמה

לרבינו המקובל

משה חיים לוצאטו

הרמח״ל

SimchatChaim.com

ידוע כי אין בר בלי תבן, כך אין ספר בלי טעויות, ועוד יודע אני
כי דל ועני אני, **ואין עני אלא בדעה.** לכן מבקש אני בכל לשון
של בקשה אם יש לכל אחד שאלות, הערות, הארות, תיקונים, נא
לשלוח ל - simchatchaim@yahoo.com והשתדל לענות,
ולתקן את הצריך תיקון.

אין לעשות שימוש כל שהוא בחומר שבחלק זה לצורך מסחרי,
אלא רק ללמוד וללמד.
להשיג ספר זה או ספרים אחרים לאינפורמציה
simchatchaim@yahoo.com

Copyright © All Rights reserved to Itzhak Hoki Aboudi

כל הזכויות שמורות למהדיר © יצחק חוגי עבודי

מהדורה ראשונה תשפ"ד 2024

קֹל"זֹ פֿתזֹזֹי זֹזֹכבֹמה כֹרבֹזֹזֹ"כֹ

ירפא המאציל ו**יושיע ה**בורא את כל חולי בני ישראל, וישלח להם רפואה שלימה, רפואת הנפש ורפואת הגוף, בכל אבריהם ובכל גידיהם לעבודתו יתברך.

בי"ב במנחם אב תשס"ה, הובהלתי לבית החולים, הרופאים לא נתנו לי סיכוי לחיות יותר מכמה שעות בגלל מספר תסבוכות. עם כל זאת בזכות התפילות של בני ישראל הקדושים, ברחמיו הרבים, ריחם עלי הקדוש ברוך הוא, ונשארתי בחיים.

עם כל זאת, הובחנה אצלי מחלה קשה בכליות, ונאמר לי שהצטרך למכונת דיאליזה. בשבילי זה היה שוק!!! אף פעם לא הייתי אצל רופא, או בבית חולים. כך בעל כרחי התחברתי למכונת דיאליזה, ומכונה זאת הייתה קשורה בי ככלב במשך שמונים חודשים בדיוק, כמניין יסוד, במשך 12-10 שעות ביום.

בשבת פרשת ויחי יעקב י"ב טבת תשע"ב, בזכות בני ישראל, שכולם אהובים כולם ברורים כולם גיבורים כולם קדושים... וכולם פותחים את פיהם באהבה שלוש פעמים ביום, ואומרים - ברוך אתה... רופא חולי עמו ישראל, וכללותם כל האברכים, תלמידי הישיבות, רבנים וחכמים, חסידים, מקובלים עם תינוקות של בית רבן, זקנים עם נערים, בחורים וגם בתולות, בארץ הקודש ובעולם.

ומצד שני בנות ישראל היקרות מפז, שהתפללו וקבלו עליהם כל מיני קבלות, מהפרשת חלה עד צניעות וכיסוי הראש, עם הרבנים, המנהלים, המורים, המורות והתלמידות של בית יעקב דטורונטו שכל יום התפללו, וכללו בתפילתם שבקעה את כל הרקיעים אותי, ונושעתי אני הקטן. הושתלה בי כליה. והתנתקתי ממכונת הדיאליזה.

אמר המלך דוד - לולי תורתך שעשעי אז אבדתי בעניי. מה שנתן לי חיות היא התורה הקדושה, בשעות הרבות שהיתי מחובר למכונת הדיאליזה (כ12 שעות ביום), ערכתי סדרתי וכתבתי וניקדתי במחשב את הקונטרסים שלמדתי במשך שנים. וקונטרסים אלו הפכו לחיבורים, ואחרי התלבטויות ובקשות מבני גילי, החלטתי בעזרתו יתברך להדפיס קונטרסים אלו.

בברכה והצלחה בלימוד התורה הקדושה.
ובעיקר בפנימיות התורה, ותורת רבינו הרמח"ל.

ורפואה שלימה לכל חולי ישראל.

אח"י

קל"ח פתחי זוכמה לרמח"ל

תוכן הספר

קָל"זז פָתזזי וזכּמה לרמזז"ל

הקדמה על הרמח"ל ועל קל"ח פתחי חכמה

רבי משה חיים לוצאטו, הרמח"ל (ה'תס"ז, 1707 – כ"ו באייר ה'תק"ו,
16 במאי 1746) היה רב, משורר, מקובל, איש מוסר, סופר, וחוקר
יהודי-איטלקי.

תורת האר"י עוסקת בפרוטרוט במבני המרכבה האלוהית, שהיא דרך
הנהגת העולמות, על ידי משלים מן העולם התחתון (בפרט גוף האדם)
וצירופי אותיות. אולם לא מבוארת הכוונה הפנימית בכל המבנים
האלה. קבלת הרמח"ל מנסה לחשוף את הנמשל של קבלת האר"י, על
ידי הסבר מהותו של כל רכיב בהנהגה ותפקידו במערכת הכללית
(פירוט הדברים כתובים בפרט בספר קל"ח פתחי חכמה, ועיקרם
כתובים בתחילת ספרו מסילת ישרים).

על פי הרמח"ל, אלוהים הוא במהותו הטוב הגמור, שאין טוב אחר
כמוהו כלל, שולט יחיד, ואין רצון אחר בלעדיו. מכיוון שדרך הטוב
היא להיטיב, ה' חפץ לגרום הנאה לזולתו, ולכן ברא את העולם, שיהיה
מי שיהנה מטובו על ידי דבקות בו. אולם היות שהוא טוב אינסופי, הוא
שואף להעניק טוב מוחלט, שהוא הטוב שלו עצמו, ולכן גזר שההשתבה
לנבראיו תהיה דבקותם בו והתענגותם עליו. לכך גם ברא את העולם
הבא שבו מרגישה נפש האדם תענוג רוחני ודבקות בו.

על מנת שהטוב הזה יהיה שלם, ויהיה שייך לנברא בעצמו ולא רק
לאלוהים, גזר שהנברא יקנה את השלמות בכוחות עצמו, על ידי בחירה
אישית ומעשים. ולכן ברא עולם שיהיו בו גם טוב וגם רע, ואת המשיכה
של האדם הן לטוב והן לרע, כך שיוכל על ידי בחירתו הטובה להגיע
לשלמות ולהידבק בבורא. קיום המצוות מפיץ על האדם את אור פני ה'
שהוא שלמותו, ואילו ביצוע עבירות מושך טומאה מכוחות הרוע

קָל"ח פַּתְחֵי חָכְמָה לְרמח"ל

שמאפיל וחוסם אור זה. מכיוון שכל תכלית בריאת האדם היא להידבק בה', ראוי שלא תהיה לאדם תכלית אחרת בחייו אלא זאת, ושיכלכל את כל מעשיו רק למטרת השגתה.

בספרים דעת תבונות וקל"ח פתחי חכמה מסביר הרמח"ל כי מכל היבטי שלמותו של אלוהים, השלמות שבחר לגלות היא דווקא שלמות הייחוד - שהבורא הוא היחיד ששולט בכל מאורעות העולם ושאין כוח אחר מלבדו. הסיבה לכך היא כיוון שמידת הייחוד היא המאפשרת את קיום הרע ולפיכך גם את הבחירה, וממילא את הטוב הנצחי.

זוהי הגדרה בדרך השלילה, מכיוון שלא ניתן לומר על הבורא שום דבר מלבד שהוא יחיד: הוא אינו חזק, חלש, גדול או קטן כי הוא מושגים אלו שייכים לעולם החומר. הוא אינו שמח ואינו כועס כי הוא לא תלוי בציר הזמן ולכן אין בו שינוי. בעצם מה כן ניתן לומר על הבורא ? שהוא כן קיים, אם כי באופן שאיננו מבינים, ושהוא לא כל ההגדרות ששיינו קודם, הגדרות תלויות חומר, זמן או מקום. כל שנותר לומר עליו זה שהוא יחיד. אם כן, זו הגדרה בדרך של שלילת כל השלמויות המוכרות לנו.

במידת הייחוד ניתן לחשוף את הטוב רק באמצעות נתינת מקום להיפוכו, כלומר לכוחות הרע, וביטול האפשרות הזאת מגלה את ייחודו. זאת מכיוון שהרוע הוא העדר גילוי ייחודו, וככל שיותר טוב כך ייחודו מתגלה יותר.

עם זאת, הייחוד הוא המעלה היקרה ביותר שבו, שתלויה בהכרח מציאותו. אם כן כל תהפוכות ההיסטוריה ("הגלגל הסובב" בלשון הרמח"ל) מוליכות אל גילוי הייחוד הזה, לעיתים דווקא על ידי הגברת הרע. וסופו להתגלות בימות המשיח כשאז יתענגו הנשמות על השלמות שהתגלתה.

מכאן הרמח"ל מסביר כי יש שתי הנהגות שפועלות במקביל - הנהגת הייחוד הנצחית המגלה את שלמות הבורא ובאמצעותה מגיעים לתכלית

הדבקות בו, והנהגת המשפט הזמנית המעניישה וגומלת לפי מעשי בני האדם כדי לזככם ולהכינם לגילוי הנהגת היחוד. הוא מסביר כי הנהגת המשפט היא אמנם הכרחית לעולם שיש בו טוב ורע, אבל היא בעצמה רעה ונבראה כתוצאה מקלקולי הבריות, ע"כ אינה נצחית ועתידה להתבטל, כי אלוקים חפץ בשלמות כל נבראיו ולא שיהיו חוטאים ונשכרים. כמו כן הוא מסביר שהנהגת המשפט נובעת מהנהגת האהבה, כאב האוהב את בנו ולכן מייסרו, ולכן היא ממותקת.

קל"ח פתחי חכמה

פתחי חכמה

פרק א'

יחוד רצונו ושליטתו יתברך:

יחוד האין סוף ברוך הוא הוא - שרק רצונו יתברך הוא הנמצא, ואין שום רצון אחר נמצא אלא ממנו, על כן הוא לבדו שולט, ולא שום רצון אחר. ועל יסוד זה בנוי כל הבניין:

יסוד **ה**אמונה ועיקר **ה**חכמה הוא יחודו העליון יתברך שמו, לפיכך זה מה שצריך לבאר ראשונה. וזה, כי כל חכמת האמת אינה אלא חכמה מראה אמיתת האמונה, להבין כל מה שנברא או שנעשה בעולם, איך יוצא מן הרצון העליון, ואיך מתנהג הכל בדרך נכון מן האל האחד ברוך הוא, לגלגל הכל, להביאו אל השלמות הגמור באחרונה. ופרטות החכמה הזאת הוא רק פרטות ידיעת ההנהגה בכל חוקותיה ומסיבותיה. נמצא המונח הראשון של החכמה הזאת - שלכל מה שאנחנו רואים, בין בגופים הברואים ובין במקרים המתיילדים בזמן, לכולם כאחד יש אדון אחד לבדו ב"ש, שהוא העושה כל זה, המנהג כל זה, שדרכי מעשיו והנהגתיו הוא מה שאנו מבארים ומודיעים בחכמה הזאת. אם כן זהו מה שיש לנו לבאר בראשונה, כ"ש שזה העניין עצמו הוא יסוד לבריאה עצמה, כמו שנבאר בעזרת השם. ובהביננו זה העניין, נבין בדרך עיקר עניין הבריאה - על מה היא מיוסדת. על כן זה ודאי ראוי לבאר ראשונה:

חלקי המאמר הזה שניים. חלק ראשון, יחוד הא"ס ברוך הוא וכו', והוא עניין יחוד העליון. חלק שני, ועל יסוד זה כו', והוא שהייחוד הוא היסוד גם לנאצלים ונבראים עצמם:

קַל"זז פַתזזי זזכבמה לרבמזז"כל

חלק א:

א. יחוד הא"ס ברוך הוא הוא, כי כבר ידעת שעצמות המאציל יתברך אין אנו

מדברים ממנו כלל, והוא בעל הרצון. אך כל מה שאנו מדברים - אינו אלא מרצונו הכל -יכול והבלתי -תכלית, שזה מותר לנו יותר לדבר בו. וגם בזה יהיה לנו הגבול עד היכן נוכל להתבונן, וכדלקמן. אך על כל פנים, כיון שאין אנו עוסקים בעצמותו, אלא ברצונו - יותר מותר לנו להתבונן. והנה המאציל העליון ברוך הוא ויתברך שמו יש לנו להאמין שהוא יחיד בכל ענייניו, פירוש, שהוא יחיד במציאות - שהוא לבדו מוכרח המציאות ואין אחר כלל, ושהוא יחיד בשליטה. וזה פשוט שהוא נמשך מן הקודם - כיון שהוא יחיד במציאותו, פשיטא שיהיה הוא לבדו שולט, שהרי כל אחד שיש עתה הוא רק עלול ממנו. אף על פי כן גם זאת היא ידיעת אמונה בפני עצמה, כי היו יכולים המינים לומר חס וחלילה, שאמת הוא שבתחילה היה לבדו, והוא רצה וברא ברואים, אך כיון שברא ברואים בעלי רצון, היה אפשר, לולא יחודו השלם, שהרצונות האלה שברא יהיו מעכבים על יד רצונו. פירוש, כיון ששמם בעלי בחירה, הרי הם יכולים לבחור גם הפך מרצונו. ולא זו בלבד, כי גם מהלך מקרי העולם לכאורה מראים כן, כי הוא ברא העולם לטובה, אך ברא הס"א שהיא רעה, וברא האדם בעל בחירה, שיכולים להיות רשעים. בא האדם והרשיע לעשות, קלקל מעשיו, וחפצו של מקום חס וחלילה לא הצליח. וישראל שחטאו אין ישועתה להם חס וחלילה, אלא חטאו וחוטאים, על כן יהיו תמיד כך - גולים ומעונים. כי מאין להם הישועה, והרי הכתוב אומר, "למרות עיני כבודו", "צור ילדך תשי". על כן צריכה הידיעה הזאת, לדעת לבד מייחוד המציאות - גם יחוד השליטה. וזה יחוד רצונו יתברך שמו - שאי אפשר שיהיה שום דבר מבטל רצונו בשום טעם שבעולם, אלא הוא לבדו השולט. וכל זה שאנחנו רואים שלכאורה הוא הפך רצונו - אינו אלא שהוא מרשה כך על פי עצה עמוקה המושרשת במחשבתו, שסובבת והולכת עד שישלים הכל בתיקון גמור וכללי, שמניח עתה בחירה כל זמן שרוצה, אך בסוף הכל - או על ידי תשובה או על ידי עונש - הכל חוזר לתיקון גמור. וזה נקרא, "יחוד הא"ס ברוך הוא", שעתה ברצון אנו מדברים. וזה:

קל"ח פתחי חכמה לרמח"ל

ב. שרק רצונו יתברך שמו - רצונו של המאציל יתברך שמו, שהוא מה שהזכרנו - יחוד הא"ס ברוך הוא:

ג. הוא הנמצא, שיש לו מציאות מוכרח מעצמו. וזה, כי כמו שאנו צריכים להאמין היחוד במציאותו המוכרח, כך צריכין אנו להאמין היחוד בשליטתו ורצונו. שכמו שמציאותו מוכרח, ואי אפשר בלאו הכי, והוא לבדו עילה מוכרח, והשאר עלול ממנו - כן רצונו ושליטתו מוכרחת, שאי אפשר בלאו הכי, והיא לבדה שולטת, וכל שאר הרצונות אינם אלא לפי רצון זה. וזהו:

ד. ואין שום רצון אחר נמצא אלא ממנו, ולא תאמר, אמת שכל הרצונות נמצאו ממנו, אך אחר שנמצאו הנה יש להם כח לרצות נגד רצונו חס וחלילה - זה אינו. וזהו:

ה. על כן הוא לבדו שולט ולא שום רצון אחר, שליטה - רצה לומר שליטה שלמה, שאין שום מונע לה. והנה לרצון העליון שייך השליטה הזאת, והוא נקרא באמת רצון יחיד, רוצה כרצונו בלי שום מונע, ושאר הרצונות, אדרבא, אינם שולטים, כי הם עלולים מהרצון העליון, והרי הם משועבדים לו. ונמצא שאף על פי שגם הם רצונות, אינם בסוג עם הרצון העליון, כי אי אפשר להכחיש שהם עלולים ממנו, ועל כן לא יהיו שווים אליו, אף על פי שנקראים רצונות. כי מיד שנקראים עלולים מהרצון העליון, נבין בלשון -לוי זה - שאינם כמוהו שולטים לגמרי.

כללו של דבר, כשאנו אומרים שיש מאציל אחד יתברך שמו יחיד ומיוחד בכל ענייניו - מיד צריך להבין שגם בשליטתו הוא יחיד. ולפי ששתי שליטות גמורות אי אפשר להיות, על כן נאמר שלא יש אלא רצון אחד שולט, והשאר אינם שולטים. וזה, כי אם נאמר שיש עכשיו נמצאים מלבד המצוי הראשון - זה טוב, כי לא יכחיש כח המצוי הראשון, כי הרי הוא מצוי וממציא, ואלה אינם אלא נמצאים ממנו. אך אם נאמר שיש רצון גמור מלבד הרצון העליון, אפילו שנאמר שאין מציאות רצונות אלה מוכרח, ושהם עלולים מן הרצון העליון - הרי זה מכחיש חס וחלילה כח הרצון העליון, כי שתי שליטות אי אפשר לומר, וכשנאמר שהשליטה הראשונה עשתה שליטה אחרת, מעתה אין עוד שליטה, לא הראשונה ולא המחודשת. על כן כשנאמר שהמאציל

11

הראשון הוא לבדו שולט - אי אפשר להבין שום שליטה אחרת. ונמצא, כשנאמר שיש לעולם אלוה אחד, שרצה לומר מנהיג ושולט אחד - אי אפשר להבין שליטה אחרת, כי לא היה עוד שולט אחד, אלא רבים כפי הרצונות המחודשים, ובאמת שום אחד לא היה נקרא שולט. ומה שאנו צריכין להביא הכל אל שורש אחד שממנו הכל, לא היינו מגיעים לזה אלא לשעבר, פירוש, שבתחילה היה שורש אחד. אך עכשיו לא היינו יכולים להביא לזה, כיון שיש מי שיכול למנוע השליטה הראשונה, ואם תאמר, זה אינו נקרא שמונע השליטה הראשונה. אם השליטה הראשונה היא שרוצה כך, זה יתורץ לך במאמר שבא בס"ד:

חלק ב:

א. ועל יסוד זה - על עניין היחוד הזה שפירשנו:

ב. בנוי כל הבניין - כל המציאות המחודשת, בין האורות, ובין הנמצאים הנפרדים. כי כללות תכנית כל זה הוא על היחוד, פירוש, שכל הבניין הזה הוא עניין אחד שלם, שמראה אמיתת היחוד הזה בחלקיו של הבניין עצמו, באורות שנראים בו, בגופים שנמצאים בו, בהנהגות, במדות, במקרים שלו, כל אלה עצמם עשויים בסדר אחד שרומז ומראה סוד היחוד הזה מגולה בפועל ממש, וכדלקמן:

פרק ב'

יחוד שליטתו – ברצון להטיב:

רצונו של המאציל יתברך שמו הוא רק טוב, ולכן לא יתקיים שום דבר אלא טובו. וכל מה שהוא רע בתחילה, אינו יוצא מרשות אחר חס וחלילה, שיוכל להתקיים נגדו, אלא סופו הוא טוב ודאי. ואז נודע שלא יש רשות אחר אלא הוא:

זה תשובה על השאלה שזכרתי למעלה, אימא שהרצון העליון רוצה שיהיו השליטות העלולות ממנו מונעות כביכול את כחו, ואין זה נגד הרצון העליון עצמו, כיון שהוא רוצה כך:

קְל"זז פֿתזזי וזכבמה לרבמזז"ל

א. רצונו של המאציל יתברך שמו הוא רק טוב - אי אפשר לומר שרצה הרצון העליון שיוכלו להיות רצונות אחרים, מונעים על ידו באיזה אופן שיהיה. כי הרצון העליון אינו רוצה רק טוב לבד, וזה אינו טוב ודאי - שלא יוכל טובו להתפשט בברייותיו. ואם תאמר, כך הוא טוב - להיטיב לצדיקים כמו להרע לרשעים, ורחמי רשעים אכזרי. הרי כתיב, "וחנותי את אשר אחון - אף על פי שאינו הגון", וכתיב, "יבוקש את עוון ישראל ואיננו ואת חטאת יהודה ולא תמצאנה", הרי שרוצה להיטיב גם לרשעים. שמא תאמר, כל זה הוא לאחר אורך הגלות וקבלת עונשם. אשיבך - היא הנותנת, אם כן הרי הרצון העליון מסבב דברים שאחריהם יזכו הכל, שמע מינה שהרצון הוא רק להיטיב ממש, אלא שצריך ללכת עם כל אחד כפי דרכו, והרשעים צריך להענישם כדי שימחול להם אחר כך. שאם הכוונה הייתה לדחות הרשעים, היה להם להיות אובדים ממש, ולא שיהיו נענשים לזכות אותם אחר כך. וזה ראיה ברורה, כי הרי סוף המעשה הוא הכוונה התכליתית בכל חלקי המעשה ההוא. אך סוף המעשה בכל בני אדם, בין צדיקים בין רשעים, הוא לתת להם טוב, אם כן הכוונה התכליתית הוא לתת טוב לכל. הרי שהרצון הוא רק טוב:

ב. ולכן לא יתקיים שום דבר אלא טובו, השתא דאתית להכי שהרצון הוא רק להיטיב, צריך שאפילו כך לא ילכו הדברים לבלי תכלית. פירוש, בשלמא אם לא היה הרצון מואס להאביד הרשעים, אז אמרנו אין העונש הזה דבר רע, אלא "חטאים תרדף רעה", וכך היא המידה, וכמו שנבאר לקמן. אך כיון שאמרנו שאין הדרך כך, אלא כדי להחזיר החוטא שישוב ויטיב לו, אם כן העונש הוא רע, עד שצריך שיהיה כלה, ולא נצחי, כדי שיצא ממנו החוטא. ולפי שהוא רע - הוא נגד הרצון העליון. אך כיון שהוא נגד הרצון העליון, כמו שבפרטות לכל איש אי אפשר להיותו נצחי, כך בכלל העולם אי אפשר למציאותו שיהיה נצחי. ותראה עתה הדבר הזה במופתים חותכים, סוף כל המעשה הוא הכוונה התכליתית בכל חלקי המעשה ההוא. הטוב הוא סוף כל הסיבוב העובר על כל איש בפרט, אפילו הוא רשע, אם כן הטוב הוא הכוונה התכליתית בכל הסיבוב. הרי מופת ראשון שהכוונה התכליתית בכל הסיבוב הוא הטוב. אך הפועל בכל הסיבוב הוא הרצון העליון, אם כן הרצון העליון - כל תכליתו אינו אלא טוב. הרי מופת שני שהרצון העליון הוא רק

קֻלְזז פָתזוִי וזכְמזֹה לרבמזז"ל

טוב. עתה נראה אם העונש שהוא קודם הסוף ברשעים, הוא טוב או לא. דבר שבסופו משתנה ממה שהיה בתחילתו - תחילתו וסופו אינו ממין אחד. הסיבוב שמסבב על הרשע הוא ישתנה בסופו ממה שהיה בתחילתו, אם כן תחילת הסיבוב הזה וסופו אינם ממין אחד. אך הסוף הוא טוב, והוא הנרצה בתחילה מן הרצון הפועל. האמצע, פירוש מה שקודם הסוף אינו ממין הזה. אם כן מה שקודם הסוף אינו טוב, ואינו הנרצה בתחילה מן הרצון הפועל. נאמר, אם כן למה ישנו, אלא לפי שאי אפשר להגיע אל הסוף בלתי זה. אבל אם היה אפשר להיות בלתי זה, לא היה ראוי לאמצע הזה להימצא. נוציא מכל זה שהעונש הוא רע, והוא הפך המבוקש ומכוון ברצון העליון, אלא שהימצאו צריך לברייתא, כדי להגיע ממנו אל התכלית, ואם היה אפשר בלאו הכי - היה יותר טוב לפי הרצון. אמור מעתה, כמו שפעולת העונש בפרטים הוא מה שהוא הפך הרצון, שעל כן צריך להשתנות בסופו, היות עניין העונש בהנהגה - גם זה הוא נגד הרצון העליון, וצריך שישתנה בסופו. וזה פשוט, כי כמו שכיוון הרצון העליון שכל הפרטים יהיה להם טוב בסוף, כך צריך שיתכוון שכללות העולם בסוף יהיה רק טוב. וכמו שהמציא העונשים שהם מספיקים לפרטים - שבסוף יקבלו טוב, כך יוכל להמציא מין עונש, או מה שיהיה, לכללות העולם גם כן, שבתחילה יהיה רע, ובסוף יהיה טוב. אלא ודאי כך הוא באמת, שאין רצונו יתברך אלא טוב. וזה מה שצריך שיהיה קיים לעד, כי שליטת רצונו קיימת. ואם האמצעית לזה יהיה רע - אינו כלום, כי אדרבא, תראה כוונתו הטובה ופעולת כוונתו הקיימת - שהיוצא מכל הסיבוב לכל צד הוא רק הטוב שבחוקו יתברך:

ג. וכל מה שהוא רע בתחילה, אינו יוצא מרשות אחר חס וחלילה, שיוכל להתקיים נגדו, כיון שידענו שמה שהוא פועל - צריך שבסוף יהיה טוב, עתה צריך שנדע עוד אמת אחר, והוא שודאי אין יש אלא רשות אחת, לאפוקי מן הכופרים שאמרו שתי רשויות יש. והיינו כי כשאנו אומרים שאלקינו הוא אחד - צריך להבין בכאן שני דברים, שאף על פי שאנו רואים כל כך מקרים בעולם וכל כך מסיבות גדולות מתהפכות לכמה גוונים, אנו יודעים אף על פי כן שאין יש אלא מאציל אחד יתברך שמו, ורצון אחד. לאפוקי - שאין שום רצון מונע על ידו אפילו עלול ממנו. ומכל שכן לאפוקי - שאין יש שתי רשויות חס וחלילה, אחד פועל טוב

קְל"זז פַּתוֹזֵי וזכבוה לרבמזזֵ"ל

ואחד פועל רע, אלא ה' ה' אלקינו ה' אחד בכל מיני יחוד. ומה שנראה עכשיו כאילו הם פעולות נפעלות מזולתו, יהיה מעלול ממנו, או חס וחלילה מרשות אחר - אינו כן, אלא הוא בחוק טובו הוא הפועל כל זה. כי כבר נודע - כל מה שיש עכשיו מן הרע לא יתקיים בכלל, אלא לבסוף יהיה הכל טוב, ונדע ונכיר למפרע שאין רשות אחר. כי מי שהוא רשות בפני עצמו - צריך להתקיים תמיד. וזה פשוט, כי אין רשות אלא מי שאין אחר יכול לו, אלא הוא כח ורשות קיים בפני עצמו, ומה שאינו מתקיים - אינו רשות. וכיון שידענו זאת, כן נדע שאין שום רצון, אפילו עלול ממנו, מונע לו. כי אדרבא, סיבוב שלו היה לגלות רשותו אחר כך, ולהשלים הכל ברשותו הטוב. וזהו מה שיש לנו להאמין באמונה שלמה. ותועלת החכמה הזאת הוא שנבין זה בידיעה ברורה, שהוא מה שנצטווינו על זה, "וידעת היום והשבות אל לבבך כי ה' הוא האלקים בשמים ממעל ועל הארץ מתחת אין עוד". ואיך נבין זה, אלא כשנבין ההנהגה הזאת הסובבת מראש העולם עד סופו, אז יהיה דבר זה נראה לעיניים שכך הוא, שהכל הוא רק מאתו יתברך שמו להעמיד רק חפצו הטוב להיטיב, ולא בשום עניין אחר. ואותם הדברים שהיו מתקשים לעינינו, והמכשילים את הרשעים להיות פוקרים, הם עצמם יהיו המגלים לנו האמת הזה, והמודיעים לנו היחוד האמיתי הזה בכל דרכיו, כמ"ש. נמצא שתי הבחנות יש לנו בזה, פירוש, בעניין הרע הנראה עתה בעולם. האחד הוא, שאינו יוצא מרשות אחר חס וחלילה שיוכל להתקיים נגדו. והשני היא, שסופו יהיה טוב:

ד. אלא שסופו הוא טוב ודאי - שאינו נגד טובו אפילו בדרך אחר שפירשנו דהיינו שיהיה רצון עלול ממנו מעכב על ידו, אלא סופו הוא טוב. והנה נראה שאדרבא, בדרך זה הא"ס מודיע אמיתת יחודו באמת. וזה:

ה. ואז נודע שלא יש רשות אחר אלא הוא, וזה, כי אפילו היה נותן השגה לנמצאיו שישיגו שלמותו, הנה היו מכירים כל שלמותו זה שהיה מגלה להם, ומשיגים גודל יקרו וכבודו. אך הנה הייתה הקדמה כוזבת למינים בדורות אחרים, שאי אפשר להשיג קצה אלא מקצה שכנגדו, ואמרו כשאומרים שיש אלוק אחד שהוא תכלית הטוב, אם כן חס וחלילה שיהיה אחר תכלית הרע, שאם לא כן לא הייתה הידיעה זאת

קהל"זז פתזזי זזכבמה לרבמזז"ל

בתכלית הטוב הזה. ועל כן גם להוציא מן הטעות הזה, רצה וברא רע, כדכתיב "עושה שלום ובורא רע". והנה ההפך נראה מיד, ומבינים הקצה הטוב. אך עוד נדע, שאפילו זה הרע לא היה רשות בפני עצמו, אלא שהוא יתברך שמו, שהוא כל יכול, יכול לעשות גם זה שהוא כביכול הפכו, ונראה על ידו שלמותו הגדול. והרע אינו רשות אחר חס וחלילה, אלא דבר נברא ממנו, עד שיראו הנמצאים את ההפך, ולא יחשבו שיש הפך אחר, כי אין הפך אלא מה שהוא הפך. וכשראו ההפך, וגם ראו שאינו כלום, אלא נברא ממנו יתברך שמו, הרי ידעו השלמות והיחוד בברור, ונודע פתיות הרשעים הכופרים. כי בנבראים הוא כך - שאין נודע קצה אלא מהפכו. ודרך הבורא אינו נדרך הנבראים כלל, כי הרי לא יוכל נברא לעשות ההפך לו, והוא עשהו, ועוד בטלו, ונראה יחודו בשלמות:

פרק ג'

תכלית הבריאה — ההטבה:

תכלית בריאת העולם הוא להיות מיטיב כפי חשקו הטוב בתכלית הטוב:

אחר שבארנו אמונתנו בו יתברך שמו, נבא עתה לבאר פעולותיו:

א. תכלית בריאת העולם, זה פשוט, שכל פועל - פועל לתכלית. הוא להיות מיטיב, פירוש - לא לצורכו, כי הוא אינו צריך לבריותיו, אלא לברוא בריות להיטיב להם:

ג. כפי חשקו הטוב, אם תשאל - ומהיכן נולד זה התכלית, התשובה ברורה, כל טוב חשקו להיטיב, הרצון ברוך הוא הוא תכלית הטוב, אם כן חשקו להיטיב:

ד. בתכלית הטוב, לפי שהוא תכלית הטוב, גם חשקו הוא להיטיב בתכלית הטוב. וזה הטעם למה עשה העולם בזה הדרך של בחירה ושכר ועונש, לפי שזהו הוא תכלית הטוב, וכדלקמן במאמר שלאחר זה:

קָל"וז פַתזזי וזכבזה לרמזז"ל

פרק ד'

גילוי היחוד סדר ההנהגה ותכלית ההטבה:

רצה הא"ס ברוך הוא להיות מיטיב הטבה שלמה, שלא יהיה אפילו בושת למקבלים אותו. ושיער לגלות בפועל יחודו השלם - שאין שום מניעה נמצאת לפניו, ולא שום חסרון. לכן שם ההנהגה הזאת שהוא מנהג, שבה יהיה בפועל החזרת הרע לטוב, דהיינו במה שנתן בתחילה מקום לרע לעשות את שלו, ובסוף הכל כבר כל קלקול נתקן, וכל רעה חוזרת לטובה ממש. והרי היחוד מתגלה, שהוא עצמו תענוגן של נשמות:

אחר שבארנו תכלית הבריאה, נבאר עתה הסדר שהוחק לפי התכלית הזה:

חלקי המאמר הזה רביעי. חלק ראשון, רצה הא"ס ברוך הוא, והוא כללות הסדר המחוקק על פי התכלית שזכרתי. חלק שני, ושיער לגלות, והוא שיעור סדר הזה. חלק שלישי, דהיינו במה שנתן, והוא עניין החזרת הרע לטוב - איך הוא. ח"ד, והרי היחוד מתגלה, והוא סוף הסיבוב מה הוא:

חלק א:

א. רצה הא"ס ברוך הוא להיות מיטיב הטבה שלימה, והוא מה שמבואר כבר, שרצה להיטיב בתכלית ההטבה והשלמות:

ב. שלא יהיה אפילו בושת למקבלים אותו, כעניין שאמרו, מאן דאכל דלאו דליה בהית בהית לאסתכולי באפיה. ועל הטעם הזה רצה שיהיה דרך עבודה לבני אדם שיזכו על ידה לטוב, ואז יקבלוהו בשכרם. ועל כן שם הטוב והרע והבחירה באדם, והשכר והעונש, עד שיצא התכלית המכוון הזה:

חלק ב:

א. ושיער לגלות בפועל יחודו השלם, הנה דרך העבודה הזאת גם הוא צריך שיהיה על צד נאות, לא בדרך הזדמן. כי הנה פשוט, שכל מצוות

קׇּל"זז פּתזזי זזכבּמה לרבּמזז"ל

שיהיו, כשיהיו מקוימות מבני אדם - הרי זה להן לזכות, ויקבלו עליהן שכר. אבל מחק החכמה הנשגבה של האדון יתברך שמו הוא - שתהיה העבודה - מציאות אחת נאה בכל חלקיו, בנוי בעומק עצה, שלא על דרך הזדמן והסכמה לבד כמ"ש [נ"א, כמו שנזדמן], אלא שיהיה שורש אחד לכל העניין הזה. והנה שיער הרצון העליון שלא יש שום עניין שתהיה נאה בו העבודה, פירוש - שתמשך יפה ממנו, כמו אם ירצה לגלות יחודו בפועל. כי זה הדבר מה שייתן מקום יפה לעבודה. ולא זו אף זו - שזה עצמו יהיה ההטבה, וכדלקמן:

ב. שאין שום מניעה נמצאת לפניו, ולא שום חסרון, פירוש - שלמות יחודו הלא הוא שליטתו הגמורה והמוחלטת, שאין לפניו שום מניעה וחסרון. וזה נדעהו בו מצד השלמות, לא מצד ההפך. פירוש - כי אין נראים החסרונות והתיקון הבא עליהם מכח שלמותו, אלא השלמות לבד הוא הנראה. והרי זה מקום מוכן להימצא על ידו עבודה כשירצה לגלות יחודו בפועל, רוצה לומר - שיגלה תחילה החסרונות, ואחר כך ישוב יחודו עליהם, והיתקן את הכל. ואמנם כמו שבהיות השלמות שולט - אין צריך ודאי עבודה כלל, כי שלמותו הגמור אין שייך בו יותר טוב, ואם כן המצוות לא יוסיפו לו כלום, ולא בהנהגתו. אך כשיהיה מציאות החסרונות - אז יועילו המצוות, כי החסר יכול לקבל השלמות. אם כן רק זה הוא המקום שבו יכול להיות נופלת עבודה בדרך זה. והיינו שלפי חוק העניין הזה תיפול בו היטב, כי אי אפשר לומר יחוד, אלא אם כן אומרים השליטה הגמורה בלי שום מונע, ואז ממילא אם ירצה לפרט עניין זה לגלותו בפועל - יעשה המונע, ואחר כך יבטלהו. וזהו מרכז הא"ס ברוך הוא שהוזכר במקום אחר, שבו היה הצמצום, שעל העניין הזה נבראו העולמות והעבודה בהם. והיה המעשה - התעלם השלמות, והשאיר חוק אחד בלתי שלם כדלקמן, שבו תיפול העבודה כמו שנבאר בס"ד. ואמנם מה שהוא רוצה לגלות, הוא - איך שמציאות החסרונות נתקנים בכח יחודו. אם כן אין המעשה נשלם אלא אם כן יתעלם השלמות בתחילה, עד שיהיה מציאות לחסרונות, ובאותו הזמן יהיה מציאות לעבודה, ועוד יתגלה שלמות היחוד והיתקן כל החסרונות. ואמנם גם זה יהיה בכלל העבודה - גילוי היחוד עצמו, שבני אדם העובדים הם ימשיכוהו לגלותו, ולתקן כל החסרונות. ותראה מה יהיה שכרם - היחוד המתגלה, שיהיה נגלה אליהם - שישיגוהו. וזאת היא

כָּל"ז פָתזזי זזכמה לרמזז"ל

ההטבה השלמה עצמה. והיינו כי שכר המצוות הוא רק לעה"ב, והוא רק מה שהנשמות משיגות את שרשם, ולפי יקר מה שמשיגים - כך הוא תענוג השגתן. וכשישיגו היחוד ומגולה כראוי, אז יהיה התענוג השלם, ויהיה שלם מכל צד, מצד המקבל - שלא יהיה לו מונע, ומצד האור עצמו המושג, שהוא היחוד השלם, עוצם התענוג שיכול להיות לנשמות. נמצא כללו של דבר, כשרצה הא"ס ברוך הוא מפני שלמות ההטבה לשים עניין העבודה, ושיער באיזה עניין תוכל לפעול [נ"א,ליפול], וידע שבכל עניני השלמות אשר בו - אין שום דבר צריך לבריותיו כלל, ואין עבודה נופלת בהם, רק בעניין ההטבה בעצמה, פירוש, שהוא כח החזרת הרע עצמו לטוב, והיינו סוד היחוד השלם שכתבתי. כי העניין הזה אף על פי שבהיותו בשלמותו - אין שייך בו גם כן עבודה, אך כיון שהוא עניין שמצד עצמו הוא נותן מציאות שם החסרון, לא להיותו, אלא להיות נשלל מכח השלמות, הרי יכול ליפול בו עניין זה - שכדי לגלות טובו יעלים שלמותו, כדי לגלותו בפועל, והיינו כמקלקל על מנת לתקן. ואז בזה החק עשה כל מעשהו, נתן מקום לנמצאים, נתן מקום לעבודתו, וקבע להם השכר יקר מאד:

חלק ג:

א. לכן שם ההנהגה הזאת שהוא מנהג בה - ההנהגה שיש עתה:

ב. שבה יהיה בפועל החזרת הרע לטוב, פירוש - מה שהוא בכח היחוד - שמתגלה בפועל בגילו:

ג. דהיינו במה שנתן בתחילה מקום לרע לעשות את שלו, והיינו העלם השלמות:

ד. ובסוף הכל כבר כל קלקול נתקן, וכל רעה חוזרת לטובה ממש, והוא סוף הסיבוב שחוזר היחוד ומתגלה:

חלק ד:

א. והרי היחוד מתגלה, בכאן מתחברים דברים הרבה כאחד - היחוד עצמו מתגלה בפועל, שכיון שבזה צריך להבין הרע שחוזר לטוב, לא היה אפשר להיות זה בפועל, כי הרע לא היה בפועל עד שמתגלה

לתחתונים. הדבר יקר כל כך שיהיה להם תענוג גדול בהשיגם אותו. והרי היה מציאות לעבודה, ועתה מציאות לשכר. פירוש - שלא תצטרך העבודה להיות נצחית, אלא "היום לעשותם ולמחר לקבל שכרם", כי כיון שהייחוד נתגלה - אין צריך עוד עבודה:

ב. שהוא עצמו תענוגן של נשמות, שזאת היא ההטבה מה שאמרנו שרצה להיטיב. והרי שיער הרצון העליון דבר שלם ונאות בכל חלקיו, הטבה שלמה מצד עצמה, פירוש - שתהיה ההטבה רבה וגדולה יקרת הערך, וזה בהיות היחוד העניין הנכבד והיקר מאוד, שתהיה השלמה מצד הנתינה, פירוש - שלא יגיע הבושת למקבלים, וזה מצד העבודה שתקדים לה. ושתהיה ההטבה - העניין עצמו שגורם מציאות העבודה, פירוש - הטבה, שבדרך אשר בה היא מזדמנת, תמצא העבודה, להיות הטבת היחוד, שרוצה לומר החזרת הרע לטוב. שהנה דרך ההנהגה בשלמותה - הוא שיהיה ההעלם של השלמות, ואחר כך הגילוי, וזהו הדרך עצמו שנותן מציאות לעבודה. שכל הבריאה וכל ההנהגה כולה תבנה על זה העניין, ההנהגה - חוק מגלה סוף סוף בכל סיבוביו אמיתת היחוד הזה, כמ"ש. הבריאה - שהנבראים עצמם הם רומזים בעצמם חוקות ההנהגה הזאת. וזה מה שנאמר במאמר הראשון - ועל יסוד זה בנוי כל הבניין:

עניין הספירות

פרק ה'

הספירות - גילוי הא"ס ברוך הוא:

הספירות הם הארות שניתנו ליראות, מה שלא ניתן אור הפשוט א"ס ברוך הוא:

הנושא של כל דרושי החכמה הזאת הוא עניין הספירות, לכן זה מה שצריך לבאר תחילה:

כְּלָ"ז פְּתָזֵי וּזְכָבוֹה לְרֵמַזַ"ל

חלקי המאמר הזה שנים. חלק ראשון הוא, הספירות הם הארות, והוא ידיעת הספירות מה הם. חלק שני, מה שלא ניתן אור הפשוט, והוא ידיעת מה מתחלף ממהותם זה הא"ס ברוך הוא. שתי הבחנות האלה צריכות לידיעת הספירות. וזה - כי הנה לדעת הספירות, צריך לדעת מה שנתחדש לצורך הבריאה, שלא היה כן בתחילה. ראיה לזה - שהרי הספירות אינם אלא מה שנתחדש לצורך הבריאה,וזה נתפרש כבר. אך מתחילה לא היה אלא א"ס ברוך הוא. אם כן לדעת הספירות - צריך לדעת מה נתחדש שלא היה כך, ושאינו כן בא"ס ברוך הוא:

חלק א:

א. הספירות הם הארות, וזה, כי הנה הספירות הם מה שהאלקות מתפשט, אך התפשטות האלקות לא נוכל לקרא אותו כי אם הארה, אם כן גם הספירות נאמר שהם הארות. ואמנם שהאלקות לא נוכל לקרא אותו כי אם הארה - זה יתאמן לך בהכרח, יען פשוט הוא שהאלקות לא תוכל לקרא אותו בשום שם או מלה. אמנם כאשר בלא מלה אי אפשר לדבר, על כן צריך לקרא אותו באיזה שם, אבל נבחר את שיוכל להיות רחוק ממנו פחות מהאחרים. האור הוא הדבר היותר הדק שבגשמים, על כן הוא פחות רחוק ממנו מהאחרים, אם כן לא נקראהו אלא הארה. ותבין שאף על פי כן, אין זאת הארה ממש כמו הארת האור הגשמי, אלא מה שנקראהו הארה לתת לו איזה שם:

ב. שניתנו ליראות, שהרי זה כל החילוק בינם ובין א"ס ברוך הוא, שניתנו ליראות. ובזה ב' הוראות, הא' - שאינו מחויב בהיות ספירות - שיהיו נראות, כי הרי יש ספירות עליונות שאינן נראות אפילו מן העליונים, אלא שיהיו ראויים ליראות, שאם המקרה ימנע הרואה מראות אותם - לא יחסרו הם ממהותם. אך אור א"ס ברוך הוא אינו ניתן ליראות כלל, והרי הטעם מצד עצמו. הוראה שניה - שניתנו ליראות. לא שהם נתונות ליראות, רוצה לומר שאין הספירה מין אור בטבעו נראה, הפך ממה שהוא אור א"ס ברוך הוא, אלא הפועל היה שניתנו ליראות, שכך רצה הא"ס ברוך הוא. שאם היו מין אור נראה בטבעו, היה צריך שיהיו הספירות בלתי מחודשות. וזה, כי הלא מה שהוא בנושא בטבעו - יהיה בו כל זמן המצאו, ואם ההוראות בספירות

הוא בהם בטבע, אם כן כל זמן המצא אור הספירות, צריך שיהיה נראה. אמור מעתה - אור הספירות צריך שלא יהיה מחודש, אלא גילוי ראייתם תהיה מחודשת, וזה, כי הספירות הם אלקות, ובאלקות אין שייך חידוש, אם כן אור הספירות אינו מחודש. דוק מינה ומינה - אור הספירות הוא קדמון, ואם ההיראות בזה האור הוא טבעי - אם כן צריך שתמיד יהיה נראה, והחידוש מה הוא, אלא הרצון הוא שנותן להם ליראות, ונתן להם כשנתן, ולא קודם לכן, שאין החידוש באלקות, אלא חידוש - גילוי למקבלים. ותבין בזה - שיפה תוכל לקרא אותם אור נאצל, כי לפי מראית עין הרי נאצל לעינינו אור נראה, שלא היה כן מתחילה. ואילו ניתנה רשות לעין לראות, הרי היינו משיגים שורש אחד שהוא א"ס ברוך הוא בלתי נראה, ואור אחד נמצא ממנו בהדרגה שנבראה. אם כן נקראהו אור נאצל מן האין הבלתי מושג:

חלק ב, מה שלא ניתן אור הפשוט א"ס ברוך הוא, רוצה לומר שהוא האור משולל מכל מלה, שאי אפשר לדבר באורו כי כיון שאין שום מלה ראוייה להיאמר בא"ס ברוך הוא, על כן נזכירהו במה שנוכל, ונשלול ממנו מה שהיה נראה מתחייב בו המלה ההיא, שלפי האמת אינו מתחייב בו. וזה, שלא ניתן ליראות - וזהו החילוק שבין א"ס ברוך הוא לספירות:

<u>## פרק ו'</u>

מהות הספירות – מה שרצה הא''ס לגלות ממידותיו:

כל ספירה היא מדה אחת מן המידות של א"ס ברוך הוא, אשר ברא בם את העולמות, ומנהג אותם. שברצותו שתהיינה נודעות, עשה שכל מדה תראה בסוד הארה אחת, שבראות אותה - מבינים המידה ההיא. ובראות תנועות ההארה ההיא - מבינים מה שנעשה בהנהגה במידה ההיא בזמן ההוא:

אחר שידענו שהספירות הם הארות, צריך עתה להבין מה הם הארות האלה:

קָל"ז פִּתְחֵי חָכְמָה לְרַמְחַ"ל

חלקי המאמר הזה שנים. חלק ראשון, כל ספירה היא מדה אחת, וזה ביאור הנראה. חלק שני, שברצותו שתהיינה נודעות, וזה ביאור הראיה:

חלק א:

א. כל ספירה היא מדה, רוצה לומר כמו חלק מן הרצון, והיינו כח מכוחותיו. המשל בזה, הגוף מחובר מכל כך איברים, והרואה אותו יראה איבריו. והנשמה - חלקיה אינם איברים, אלא כוחות, כגון זכירה, דמיון, הרגש, והרואה אותה יראה כוחות. כך הרואה מה שאפשר לראות ברצון העליון - יראה כוחות של הרצון. כל ספירה היא מדה:

ב. אחת, רוצה לומר מיוחדת ונבדלת לעצמה, שזה הוא ההפרש שבין זה הדרך לדרך הכל - יכול, שפועל כל הפעולות בדרך אחת, פירוש - כי הנה כל סיבה לא תוציא כל מיני מסובב, אלא מסובב שיכול לצאת ממנה. וזה - יען אין בה כח אלא מה שיש בה, ואי אפשר לה לתת אלא מה שיש בה. על כן להיות איש אחד פועל פעולות הרבה, צריך שנבחין בו כוחות הרבה שיהיו סיבות לפעולות ההם. אך הכל -יכול - אין מצויירים בו שום כח מוגבל, אלא כל עניין בו כולל כל כח, על כן יכול לפעול הכל. על כן אין לפרט בו כוחות רבים סבות לפעולותיו. אבל דרך הספירות הוא הדרך שרצה הא"ס ברוך הוא לפעול בו כפעולת בני אדם, וזה כעניין - "בעשרה מאמרות נברא העולם". על כן נבחין בו לכל פעולה סיבה מיוחדת בפני עצמה:

ג. מן המדות של א"ס ברוך הוא, רוצה לומר שאין הספירה דבר משתלשל מן הא"ס ברוך הוא, שיהיה חוץ ממנו ושני לו, אלא הרצון הוא אחד, שבלתי -תכליותיו - לא נראה, והוא הנקרא א"ס ברוך הוא. והמתגלה מן הרצון הזה הוא הנקרא ספירות, אך הרצון הוא א"ס ברוך הוא. אם כן הספירות הם מדות, מן המדות של הא"ס ברוך הוא. יש להקשות, הלא אנו אומרים שהא"ס ברוך הוא הוא השורש, והספירות הם השתלשלות ממנו, והרי הם שניים לו, ואם כן איך נאמר בכאן שאין הספירות דבר משתלשל. תשובה, יש הפרש בין השתלשלות להשתלשלות. הספירות אינם השתלשלות חדש שישתלשל מעצמו א"ס ברוך הוא, מה שלא היה בו מתחילה ואין בו עתה, כמו הגופים הנפרדים, שאז היו שניים ממש. אבל הם חלקים מכללות מה שיש בו,

שהוא מגלה. אבל כשנבוא להעריך המדרגות בהדרגה, נאמר ששורש זה עצמו שמתגלה הוא הא"ס ברוך הוא עצמו הבלתי מתגלה, אלא שמניח לנו מגולה מה שהוא רוצה. ולכן טרם הגלותן היו גם הם עולים בשם א"ס ברוך הוא, ככל שאר הכוחות הכלולים ברצון עד אין תכלית. ובהגלותם לא נקראות עוד א"ס, כי הרי יש להם סוף וגבול כנזכר לעיל, ולכן נקראות ספירות:

ד. אשר ברא בם את העולמות, רוצה לומר למה יתגלו אלה ולא אחרים, לפי שהם אלה שיש להם שם שם התחתונים, למה שמהם נבראו:

ה. ומנהג אותם, רוצה לומר אף על פי שכבר כלתה הבריאה, לא כלתה ההשגחה של האורות על ענפיהם, ופעולות כל הספירות תמיד כבתחילה:

חלק ב:

א. שברצותו שתהיינה נודעות - גם זה תלוי ברצון, שהכוחות האלה, אף על פי שישנם, לא היה צריך שיהיה בם השגה כלל, אלא שרצה שתהיה:

ב. עשה שכל מדה תראה בסוד הארה אחת, והיינו שנקבע להם חוק מראה להבין המידה, דהיינו הכח - על ידי הדמיון המתדמה, וכדלקמן:

ג. שבראות אותה מבינים המידה ההיא, זה כמו שכתב הרמב"ם ז"ל (הלכות יסודי התורה פרק ז' הלכה ג') שבראות הנביא מראה הנבואה, נחקק בליבו פתרונה. וצרכין אנו לזה, כי אם הייתה הארה עצמית, ודאי הוא שהיה להם להבין בה העניין העצמי לה, אך כיון שאינה רצונית, היה צריך עוד עניין אחר להבין הנרמז בנבואה. אלא שכך הוא העניין - שממילא מבינים מה עניין ההארה ההיא, וגם עניין בחינותיה הפרטיות. וזה:

ד. ובראות תנועות ההארה ההיא מבינים מה שנעשה בהנהגה, כי כמו שההנהגה מתחלפת לחסד או לדין או לרחמים, לפי הזמן, כך נראים תנועות בכוחות לפי הזמן, ובראיה מבינים אותם:

ה. במידה ההיא בזמן ההוא, כי הפעולה פרטית לכל כח לפי הזמן. וזהו מה שרואים, כיון שרצה הרצון העליון לגלות הנהגתו לברואיו:

פרק ז'

עניין הדמיונות שנראות בהם הספירות, והדמיונות הנראות לנביאים:

הספירות אפשר שיאירו בהארה רבה או בהארה מועטת. אפשר להם ליראות בכמה מיני ציורים ודמיונות, מה שבהם לא יש באמת שום צורה ודמיון, רק נראות בדרך צורה ודמיון. והמסתכל בהם באמת יראה שאין הדמיון והצורה אלא מקרית לפי הרואה בם, והיינו, "וביד הנביאים אדמה". אך בעצמם אינם אלא התפשטות כוחות, מסתדרים בסדר מה שהם צריכים להסתדר, נתלים החוקים אלה באלה, ונמשכים זה אחר זה, לפי שלמות הסדר המסודר:

אחר שביארנו היות הכוחות נראים בדרך הארה, עכשיו נבאר דרכי ההארה הזאת הנראית ומשפטיה:

חלקי המאמר הזה שלושה. חלק ראשון, הספירות, והוא עניין כמות ההארה בספירות. חלק שני, אפשר להם, והוא עניין הדמיונות שבספירות. חלק שלישי, אך בעצמם, והוא פירוש כללי על כל הדמיונות הנראים בהם:

חלק א:

הספירות אפשר שיאירו בהארה רבה או בהארה מועטת, כיון שרצה רצון העליון שכוחותיו הפשוטים יתראו בדרך אור, מיד ייפול בראיה הזאת הפחות והיתר, כי יש אור מאיר מעט ואור מאיר הרבה. וזהו מה שרואים, הספירות והפרצופים. פירוש, הספירות - אור מועט, והפרצוף - אור מרובה, וזה בחלקים. וכן בכח וחשיבות הספירה עצמה - יש שיאיר במעט הארה ומעט כח, וזהו הקטנות, ויש שיאיר הרבה, והיינו

קָל"זו פֿתזֹי וֹזכֿבֿוֹה לרׁמֹזׁ"ל

הגדלות. כללו של דבר, כל מה שנדבר בספירות הפרש בין קטן לגדול, הוא, כי כך הוא במראה - אור מעט ואור הרבה:

חלק ב:

א. אפשר להם ליראות ככמה מיני ציורים ודמיונות, זה ודאי, שכל כך דברים שאנו מזכירים בספירות - דברי צורה וגשמיות, אי אפשר להיותם כך בהם בשום פנים, כי זה היה ככפירה חס וחלילה ומקרא מלא הוא, "כי לא ראיתם כל תמונה". ואף על פי שאמרנו שהם כוחות המחשבה העליונה הנראית לנביאים או לנשמות, כמו שהיו נראים המחשבות בנשמתו של אדם, אך יש הפרש גדול, שהנשמה היא על כל פנים ברואה, ואינה אלקות, ויתכן בה צורה ודמות ותמונה דקה, אלא שתהא צורה רוחנית, שלא כצורת הגוף, אך אין שום מונע לומר שיש בה צורה ותמונה דקה. מה שאין כן בספירות, שהם כוחות מחשבתו של הרצון ברוך הוא, שאי אפשר לומר שיהיה בהם שום צורה כלל, כיון שידענו שהמאציל יתברך שמו בכל עניניו הוא נשגב ומשולל מכל המקרים הנופלים בנבראים ממנו. והרי אנו אומרים קטנות וגדלות, עליה וירידה, הלבשה ומקומות, כל אלה ודאי אי אפשר לומר אותם שהם כך בספירות. ואם תאמר, שכל אלה הדברים הם משל ורמז לדברים עליונים, להנהגה ומשפטיה. גם זה אי אפשר לומר, כי הרי רוב הדרושים היו ללא כלום, כי תלי תניא בדלא תניא, ודברי הרב הקדוש זללה"ה, ודברי המקובלים הראשונים ואחרונים ועל כולם דברי הרשב"י זללה"ה, אינן מורים כן, אלא מורים שיש מציאות דברים האלה בספירות ממש. והנה כאן הוא מקום בירור האמת, כי אם היסוד הזה משימין אותו כהוגן - הכל מובן בהבנה ממש, גלויה ופשוטה, ואם היסוד הזה אינו כראוי - כל הבניינים פורחים באוויר, ואי אפשר להגיע אל הבנת הדרושים כלל. והנה האמת, שכל הספירות הם כוחות המחשבה העליונה, כולם פועלים בעולם הפעולות הצריכים, כולם לכוונה אחת, שהוא השלימות האחרון, וכמו שיתבארו לקמן. וכל אלה הכוחות מזומן בהם כבר מה שיספיק להנהגת כל העולם בכל זמן. פירוש דרך משל, כח החסד כבר מזומן בכל הדרכים שיש לו לפעול בעולמות, לשלוט או להניח שליטתו, לשלוט הרבה או מעט, או לצאת בתוך שליטת הגבורה באותם הדרכים שהוכנו כבר, לפעול בגלוי או

בהעלם, וכן לדין וכן לרחמים, מה שצריך לשכר או לעונש, מה שצריך לקיום העולם, מה שצריך לשכר נצחי, בכל אחד מן הכוחות האלה שאמרנו - חסד דין רחמים. כי כבר שיערה המחשבה העליונה כל מה שצריך להנהגת כל הבריות עד סוף כל הסיבוב, ואינה אלא הרכבה אחת של הכוחות האלה השלושה, בכל מיני שליטות ומשפטים ודרכים, שדי ומספיק לכל מה שיצטרך להוליד בעולם. והנה כל ההרכבה והאריגה הזאת נראית לנביאים או לנשמות, והוא הנקרא מרכבה. אך כוחות המחשבה אי אפשר לראות, כי הם פשוטים, ואינם ניתנים ליראות לפי עצמן. אבל רצה רצון העליון שיראו בדרך אורות, ובדמיון נבואי, נראים בכל מה שאנו מזכירים בהם, פירוש, פרצופים, עולמות, הלבשה, עליות, וירידות, וכל הדברים האלה. אך כבר ידענו שאין הכוחות האלה כך חס וחלילה, אלא נראים כך בדמיון הנבואי, שכן כתיב בהדיא, "וביד הנביאים אדמה", שהוא יתברך שמו מסתיר עניני מחשבתו העמוקה באותם המשלים הנבואיים. אבל האמת - שהם רואים כך, וגם זאת הראיה אינה כראיה גופית וכדלקמן, אבל הם רואים עניינים רוחניים שעניינם הלבשה עליה וירידה. אך גם זאת הראיה אינה אלא ראיה נבואית ודמיונית, שרוצה לומר כל אותו עומק המחשבה והעצה העמוקה והרחבה שזכרנו. נמצא שאין הדרושים הנאמרים משל כלל, כי העלייה וירידה והלבשה, וכל הדברים שאמרנו, ישנם באמת בחזון ובנבואה, אלא שאותו החזון עצמו ואותה הנבואה אינו אלא דמות נבואי, ויפה כח הנביאים שרואים החזון, ומבינים העניין, וכדלקמן. נמצא, שהעניין הוא סדר עצה עמוקה, שכשרצה המאציל העליון להראותו - מראה אותו בסדר המרכבה, והושם לפרקי המרכבה הזאת שמות, כל פרק בפני עצמו, והם שמות הספירות והפרצופים. והחזיונות מראים כל המצבים והתכונות. כי הנה כשיש מציאות זה של החזון הנבואי, יכולים לראות במינים רבים של זה הסוג, פירוש - בכמה מיני ציורים ודמיונות, בכל מה שאנו מזכירים בכל העולמות והפרצופים:

ב. מה שבהם לא יש שום צורה ודמיון:

ג. רק נראות בדרך צורה ודמיון. שאין מה שאנו אומרים - משל ורמז גרידא, אלא שהראיה הוא כך ממש, ומה שאנו אומרים בפרצופים - הכל הוא ממש, שכך רואים במרכבה:

ד. והמסתכל בהם באמת יראה שאין הדמיון והצורה אלא מקרית לפי הרואה בם, זה סוד, "ואל מי תדמיוני ואשווה יאמר קדוש", פירוש - שאין נשאר טעות לנביאים לחשוב שמא הוא כך חס וחלילה, אלא כבר אמרתי, שהנביא רואה המראה ומבין הנסתרות, ובהשגת נבואתו רואה במראה ממש שאין התמונה אלא דמיונית, מתייחסת אל הרואה, אך לא עצמית בנראה. וזה הדבר נודע אל הנביא עצמו בעת הסתכלו בחזיון נבואתו, והיינו, "ואל מי תדמיון אל ומה דמות תערכו לו". וזהו שהיה מזהיר להם לישראל, "ונשמרתם מאד לנפשותיכם כי לא ראיתם כל תמונה ביום דיבר ה' אליכם בחורב מתוך האש", שלא יהיה ראייתם מכשול להם חס וחלילה, אלא ידעו באמת שכבר כל המראה אינה אלא נבואית, כמו שהבינו בשעת הסתכלות. וזה מה שאמרו ז"ל גם כן, (מכילתא כ, ב) אנכי הוי"ה אלהי"ך - לפי שנגלה להם על הים כגבור, והיינו ז"א, ובמתן תורה בחסד, והיינו א"א כידוע. והוא הכל שלא יהיו נכשלים במראה חס וחלילה, אלא יעמדו על האמת בעיקרו של ההסתכלות כראוי:

ה. והיינו וביד הנביאים אדמה, פירוש, בידם, היינו בהשגה שלהם נעשה הדמיון הזה, לא בספירות עצמם, אלא שכל אחד רואה מתוך השגתו, ובתוך ההשגה נעשה הדמיון, וזה סוד מה שאמרו, שמלכות היא יד הנביאים, וכדלקמן:

חלק ג:

א. אך בעצמם אינם אלא התפשטות כוחות, וזה מה שמבואר למעלה כבר - שכל העניין הוא רק עצה עמוקה, אריגת כל כך כוחות מכל כך מיני סדרים, להיות כל אחד שולט באותו הזמן, באותו הדרך לבד המוגבל לו, וזה נקרא התפשטות כוחות, רוצה לומר כוחות מתפשטים בדרכים וחוקים שונים, מוגבלים, וקבועים:

ב. מסתדרים בסדר מה שהם צריכים להסתדר, שהסדר אינו מפוזר ומפורד בחלקים רבים שאינם באים לסוג אחד, אלא יש סדר אחד כללי להתפשטות כל כח לפי עניינו, שהשכל משוער בכוונה התכליתית:

קָהֵל"זֶ פֶּתוֹזֵי וזְכַבְמָה לְרֶמְבֵּז"ל

ג. נתלים החוקים אלה באלה, מה שרואים המצבים של התלבשות וכיוצא - הוא כי באמת הכוחות בהנהגתם ופעולתם נתלים זה בזה, שפעולת אחד מהם יוצא מפעולות אחרות. וכך ארגה המחשבה העליונה אריגה, שממנה יוצא כל המסיבות שאנו רואים, שהם מתפשטות בעולם:

ד. ונמשכים זה אחר זה, ההשתלשלות, והמוחין, וכיוצא, הוא מפני המשך הכוחות והחוקים זה אחר זה:

ה. לפי שלימות הסדר המסודר, היינו מה שפירשנו, שכל הדרכים האלה מסוג אחד הם נמשכים, והוא השלמות המוזכר, כוונת המשוער על פי הכוונה הנזכר לעיל:

פרק ח'

הפכיות התמונות שבהם נראות הספירות:

יכולות הספירות ליראות בדמיונות אפילו ההפכים זה לזה, כמו ממש הרואה בחלום, שמתחלפים הנושאים לפניו ברגע אחד. רק שבכל דמיון שנראה - מדע כח אחד ומדה אחת. והמידות והכוחות נודעים בסדר אמיתי ונכון, כמו שהם מסודרים ונעשים והדמיונות - כמו שיכולה הנשמה לקבל:

אחר שביארנו עניין הדמיונות שנראים בהם הספירות, נבאר עתה עניין התחלפם מדמיון לדמיון. חלקי המאמר הזה שלושה. חלק ראשון, יכולות הספירות, והוא התחלפות הדמיונות. חלק שני, רק שבכל דמיון, והוא תועלת ההתחלפות. חלק שלישי, והמידות והכוחות, והוא ההפרש שבין הדמיון והפתרון:

חלק א:

א. יכולות הספירות ליראות בדמיונות אפילו הפכיים זה לזה, אם הדמיון היה עצמי בספירות, זה פשוט ששני הפכים אינם עומדים בנושא אחד, אך כיון שאינו אלא רצוני אין שום קושיא שיראו דמיונות הפכיים

ממש, כי עתה רוצה הרצון העליון שיראה בדרך אחד, ואחר כך בדרך אחר. והנה זאת תשובה למה שנראה קשה בדברי הרב הקדוש זלל"ה בהרבה דרושים, שנראים דבריו סותרים זה את זה. והדבר הקשה מאד בעניין מצב העולמות, שכמה לשונות סותרים זה עם זה. ומה שקשה יותר בזה, הוא עניין העגולים והיושר, שנמצאת עשייה במרכז, ולפי זה היה הקו באמצע העשייה, ועובר עד למטה ממנה. וזה אי אפשר להיות מכמה צדדים, כמו שהקשו כבר כל יודעי בינה. אך תשובת העניין הזה הוא, כי בהיות כל זה מראה נבואי, היה יכולת במראה ליראות שני דמיונות הפכים. ואין לך ביאור מספיק יותר לזה כמו החלום, וכדלקמן. וזה:

ב. כמו ממש הרואה בחלום, שמתחלפים הנושאים לפניו ברגע אחד, כי שם אין עצם הדברים המתדמים בחלום נראים כלל, אלא כח המדמה מדמה כן מה שרואה הנשמה במראותיה, ויודעת הדברים מה שמגלים לה, אם אמת, אם שקר, כח המדמה מצייר אותם הדברים בשכל האדם בחידותיו, ומצייר לו כאילו רואה העצמים ההם. וכיון שאין הראיה אלא בכח המדמה, אם כן אין שייכים בה המשפטים השייכים בעצמים ההם עצמם, אילו היו נראים באמת מן העין. אלא חולמים לראות נושא אחד, וכמה פעמים מתחלף הנושא ההוא בחלום עצמו לנושא אחר. ואינו בדרך שיראה ההתהפכות, כמו שהיה רואה העין אם היה מתחלף הנושא לפניו. כי אם רואים בדרך אחד, ואחר כך בדרך אחר, ואין קושיא בטעם לומר - הרי עתה לא היה כך, וזה חוק כח המדמה. כן הדבר הזה במראה הנבואה - אפשר לראות חזיונות הפכים, פירוש - כי יראה דבר אחד, ובהביט עליו להבינו - יתחלף לדבר אחר. והוא סוד - "והחיות רצוא ושוב". והנה בראות העולמות בכלל עם הקו שבתוכם, אז יראו העגולים זה בתוך זה, והקו יורד באמצען עד הסוף, ונמצאת עשייה נראית במרכז. וכשהולכים להביט אל הקו - נראית עשייה בסוף. ואם יראו אותה בעגולים וביושר בבת אחת - יראו אותה למעלה ולמטה בבת אחת. ואראך דוגמא בעולם הזה אפילו בהקיץ - והוא מה שאמרו רז"ל בעניין קבורתו של משה, לעומדים למטה היתה נראית להם למעלה, וכשעומדים למעלה נראית למטה. כך הוא העניין בכל מראות העליונות, כי נראות בכל הדיוקנאות, משתנים בכל רגע ממש כבחלום, כמ"ש, שכבר כל המקרים האלה נמצאים בו. וכן כמה עניני סתירות אחרים

קְל"זו פֵתוֹוֹי וֹזכמה לרמוֹז"ל

המוזכרים בדברי הרב זלל"ה, ואינם סתירות, כי האמת - זה וזה
נראה, ואפילו בבת אחת, כמקרה החלום:

חלק ב:

א. רק שבכל דמיון שנראה נודע כח אחד, אין זה דבר לבטלה, אדרבא,
כשרואים שני חזיונות מתחלפים, שרואים אותם בדבר אחד - נודע
ששניהם הם להודיע עניין אחד. והנביא הרואה את המראה - מבין
הפתרון, ומכל דמיון מאלה לוקח ידיעה אחת בכח ההוא המתראה לו:

ב. ומדה אחת - להבין הדברים בפרט. וכשיש בחינות רבות, הנה בדמיון
אחד תראה מדה אחת, וכל התלוי בה בסדר ההנהגה, מה נמשך ממנה,
ובדמיון אחר תראה מדה אחרת, וכל המשכתה כנזכר לעיל. דרך משל,
בסדר השתלשלות הפרצופים יראה יסוד דעתיק כלה בחזה דא"א,
ויוצאים משם חסדים וגבורות, כדלקמן במקומו, ובדרך ההלבשה יראה
יסוד דעתיק כלה ביסוד דא"א, ושני הדברים נראים, כי שני העניינים
אמת, והמראות מגלות העניינים האלה:

חלק ג:

א. והמידות והכוחות נודעים בסדר אמיתי ונכון, כמו שהם מסודרים
ונעשים, זה ההפרש שיש בין המראה הנראה ובין הפתרון המובן.
המראה הוא לפי מה שיכולה לקבל הנשמה, כי כבר שם המאציל יתברך
שמו חוק זה - שלא יוכלו הנביאים או הנשמות לקבל כי אם בדרך
המראה הזאת, ואז כל עניין מן המידות וההנהגה שיש להם להבין, צריך
שיבינו אותו מכח מראה, שיראו על פי משפט החזיונות. ולכן יתחלפו
החזיונות לפי העניינים, כדי שיקבלו אותם הנשמות. ואף על פי שאין
החזיונות עומדים זה עם זה - אינו כלום, כי אדרבה הנשמה רואה זה
וזה, ומקבלת שני העניינים כמו שהם. והיא משגת הכוחות והמידות לפי
אמיתת עניינם ממש, כסדרם בהנהגה, אך דרך קבלתם הוא כמו שיכולה
לקבל. וזה. והדמיונות - כמו שיכולה הנשמה לקבל, כי רק הדרך הזה
ניתן לה להשיג על ידו, ולא בדרך אחר:

כָּל" זז פַתְזזִי וזֶכְבַּה לְרַבֵּזז"ל
פרק ט'

הספירות נראות בתמונות רוחניות:

אף על פי שנראים הדמיונות בספירות, אף על פי כן אין נראה צורה כצורה גשמית חס וחלילה, אלא נראה עניין אחד שמובן בו כאילו רואים הצורה ההיא למטה. וזה נקרא ראיית הנשמה, שאין ראייתה כראיית הגוף. ולכן אין צריך שהנושאים יהיו לפי ראיית הגוף, אלא מציאות הארה אחת, שמובן בה עניין העגול, אם הנראה הוא עגול או יושר, אם הוא יושר, וכן כל שאר התמונות. ולא שתיראה הצורה הגשמית. ואפילו הצורה הרוחנית ההיא אינה עצמית בספירות כלל, אלא בסוד מלכות, המראה הכוחות בדרך הזה:

אחר שביארנו עניין הדמיונות שבספירות, עתה נבאר איך אפילו החזון הזה אינו כצורה הגשמית:

חלקי המאמר הזה שניים. חלק ראשון, אף על פי שנראים, והיינו שאין הדמיונות בספירות כצורות הגשמיות. חלק שני, ואפילו הצורה, והוא שאפילו הצורה הדקה אינה כי אם רצונית:

חלק א:

א. אף על פי שנראים הדמיונות בספירות, אף על פי כן אין נראה צורה כצורה הגשמית חס וחלילה, זהו מה שנאמר, "כי לא ראיתם כל תמונה", כי זה ודאי מן הנמנע - שאפילו בדרך דמיון יראה הכבוד העליון בצורה גשמית כלל. כי אפילו בנשמה אין יש צורה גשמית כלל, כל שכן בכבוד העליון. ועל כן לא יתכן שיראה למעלה אריה או שור, או אדם, או עיגול, או קו. והוא מה שכתוב, "ותמונה אינכם רואים זולת' קול". אלא הראייה הוא ראיית נשמה, שהוא יותר הבנה מראייה. פירוש - שאינה רואה הדברים מצד צורתם, אלא מצד מציאותם. והנה השכל מצייר מעצמו ציור הדבר אשר ראה או אשר חשב. ומי שהיה רואה הנשמה - היה רואה הציור ההוא שם. שמא תאמר שיהיה השכל מצויר בציור הדבר ההוא בגשמיותו - אינו כך, אלא כוחותיו מסודרים בו בסדר אחד שרוצה לומר אותו הדבר שנצטייר בו. כך הספירות הם

כָּל"זז פִּתוֹזֵי וֹזכִּבְמָהֹ לְרַבְּמֹזֵ"ל

אורות מסודרים בסדר רוחני, שמבינים באותם הסדרים, עיגולים, או יושר או בקיעות, או עליות ויקורות, וכיוצא. ולא שיהיה כצורה ההיא ממש, אלא שמבינים אותה כך. וזהו:

ב. אלא נראה עניין אחד שמובן בו כאילו רואים הצורה ההיא למטה:

ג. וזה נקרא ראיית הנשמה, פירוש - דבר מובן מעניין הנשמה עצמה, שאין ראייתה כראיית העיניים, והכבוד אינו ניתן ליראות לעיניים. ועל כן אין צריך שיצטייר אלא בציורים שייכים ומתייחסים לראיית הנשמה שרואה בו, שאינה רואה אלא מציאות הדברים, לא מצב צורתם, וזהו:

ד. ולכן אין צריך שהנושאים יהיו לפי ראיית הגוף, אלא מציאות הארה אחת, שמובן בה עניין העיגול, אם הנראה הוא עגול, או יושר, אם הוא יושר, וכן כל שאר התמונות. ולא שתיראה הצורה הגשמית:

חלק ב:

א. ואפילו הצורה הרוחנית ההיא אינה עצמית בספירות כלל, שהרי הנבראים הם משני מינים גשמיים ורוחניים, ולהם שתי צורות, הא כדאיתא, והא כדאיתא. והכבוד העליון אין בו בעצמו שום אחת מאלה הצורות, אלא שמתראה בהם, אך אינו מתראה בצורה הגשמית שהיא העבה, אלא בצורה הרוחנית שהיא הדקה, פירוש - שנראה כמו המחשבות בשכל. אך אפילו זה עדיין אינו עניין הכוחות עצמם, וזה פשוט. כי מי שירצה לדעת מהות הכוחות האלה, היה צריך לדעת מהות האלקות ברוך הוא, שהרי הספירות אינם אלא אלקות. אך כיון שאין מהות האלקות נודעת כלל, גם מהות הספירות אי אפשר לדעת. וכל מה שיודעים מהם אם כן אינו אלא שניתנים ליראות כך, ולא שהם כך. הצורה הרוחנית הוא מה שיודעים מהם, אם כן הצורה הרוחנית גם כן אינה מהותם, אלא מה שניתנו ליראות כך:

ב. אלא בסוד מלכות, המראה הכוחות בדרך הזה, כי הכוחות הנה הם סדר ההנהגה. אך יש מציאות אחת שרצה הרצון העליון, שההנהגה, מלבד מה שתהיה באמת בתחתונים, שהרי הם הנהוגים, גם תיראה בם. פירוש - שהנבראים עצמם יהיו נבראים להראות ההנהגה בצורתם

עצמה, ויהיו כל כך נבראים כמו חלקי ההנהגה, עד שכל כח שבהנהגה - יהיה נברא אחד יוצא ממנו, שיראה עליו בצורתו, ותכונתו, בסגולותיו. ואמנם צריך אמצעית לזה, פירוש - מה שידריך חוקות ההנהגה ליראות בנבראים. פירוש - מי יעשה שכח אחד יראה באזן, וכח אחד בפה, וכח אחד בתפוח, וכח אחד במים, וכח אחד בכסף, ודאי צריך שיהיה אור שסגולתו לזה - להעביר ההנהגה אל הציור בדרך הזה. והנה כל זה הוא במלכות, וזה סוד, "ותמונת הוי"ה יביט", שהמלכות נקראת תמונת ה', כי היא גורמת הדמיונות שזכרנו בספירות, כי היא השורש לכל התחתונים, ולכל מציאותם, ושם יש עניין זה שהחוקים יראו בציורי גופים התחתונים, אך עדיין שם הצורה רוחנית, כי הכל בהדרגה. ושם חקוק הצורה הרוחנית, ומשם באה אחר כך הגשמית. והנה אין כח בבני האדם להשיג האורות העליונים אלא כמו שהם מתיחסים לעצמם, פירוש - שהם שרשים לצורתם, ושייכים לה. ועל פי זה אין יכולים להשיג אלא במלכות, שהיא עניין התמונות, ומראה אורות העליונים והנהגותיהם בדרך זה. והוא סוד, "כי אם בזאת יתהלל המתהלל" וכו', כי אין ההשגה אלא בדרך זה, וכדלקמן בס"ד:

פרק י'

דרך פעולות המאציל בספירות, והמראות של השתלשלות והתלבשות:

פעולת המאציל יתברך שמו, מה שהוא פועל בסוד הספירות לפי החוק שרצה בהם, הם נתלים אלה באלה, יוצאים בהמשך אלה מאלה, ומתעלמים העניינים אלה בתוך אלה. דהיינו שכח אחד הוא הפועל בהעלם, ונראה בגלוי כח אחר פועל, והוא פועל באמת רק לפי כח הנעלם בו. ולכן נראו כל הדמיונות האלה בספירות, דהיינו שיהיו אורות מתלבשים בתוך אורות, או יוצאים אורות מאורות. והכל בסדר ראיית הנשמה, שמבינה הדברים ההם ברוחנית, כראיית העין את הנושאים שלו:

כְּלָ"זוֹ פִּתְחֵי חָכְמָה לְרַמְחַ"ל

אחר שבארנו עניין הדמיונות בכלל, נבאר עתה ענייניהם הראשונים בפרט:

חלקי המאמר הזה שנים. חלק ראשון, פעולת המאציל, והוא העניין בהנהגה של קשר המאורות. חלק שני, ולכן נראו, והוא המשך העניין הזה בנראה:

חלק א:

א. פעולת המאציל יתברך שמו, זה פשוט, כי הספירות אינם מה שפועל המאציל יתברך שמו, רק שהספירות הם המחשבות של הפעולות, והנבראים הן הפעולות של המחשבות:

ב. מה שהוא פועל בסוד הספירות לפי החוק שרצה בהם, כי אין זה לפי הכל -יכולת, שבמאמר אחד יכול לעשות הכל, בלי חילוק דברים, אך כשרצה לפעול בסוד הספירות, הנה סדר כוחותיו בו, כמו שכתב בעל ברית מנוחה. פירוש - שרצה לפעול מעט מעט, ולחשוב על כל דבר בפני עצמו. לא שהוא צריך לזה חס וחלילה, אלא שזה דרך בני אדם. ואלה הם הספירות שאנו מדברים מהם, מה שרצה הרצון העליון לסדר פעולותיו בדרך סדר והמשך, כמו אדם שחושב הדברים מעט מעט, ועושה אותם מעט מעט. ובהיות הדברים כך, הנה נוכל להבין על כל פעולה כמה כוחות פעלו בה, מי היה ראשון, ומי אחר כך, ובאיזה דרך פעל, וכיוצא בזה, מה שלא היה אפשר לדבר כלל אם היה א"ס ברוך הוא רוצה לפעול בדרך כל -יכול. והנה זה כמו איש שיודע לקרוא כל המלה בבת אחת, ורוצה לקרוא כל אות בפני עצמו, כמו שעושים הילדים:

ג. הם נתלים אלה באלה, כשמדברים באורות - מה שהוא שורש, ומה שהם ענפים, או כשנאמר זו"ן - הנהגתם מאימא, או או"א במזלא אתכלילו, וכיוצא בזה כמה עניינים, הכל הוא לפי שרצה המאציל יתברך שמו לסדר כוחותיו בדרך זה, ושם שכח אחד יהיה נתלה בכח אחר, כאדם הזה שהוא צריך לכל חלקיו, וחלק אחד תלוי בחלק אחר. דרך משל, כח הדיבור תלוי בכח המחשבה, כי מי שאינו חושב לא ידבר:

ד. יוצאים בהמשך אלה מאלה. זהו ההשתלשלות שאנו מזכירים. וזה פשוט בכוחות הנשמה עצמם. דרך משל, כח הזכירה יוצא מן המחשבה והדמיון, וכל כיוצא בזה. וכשנבוא לפרטים כגון חסד דין רחמים בהנהגה, נבין הדברים מבוארים יותר. כי דוגמא לכל זה נמצא במידות הנפש, דהיינו החמלה, הכעס, האהבה, השנאה, החמדה, וכל כיוצא בזה, שם נמצא מדות תלויות זו בזו, יוצאות זו מזו, וכל מה שאנו מזכירים בפרצופים:

ה. ומתעלמים העניינים אלה בתוך אלה, זהו ההלבשה שאנו אומרים. ובכוחות הנשמה הוא פשוט העניין הזה, וכמו דרך משל, האב המייסר את בנו - האהבה הוא הכח הפועל, כי הוא עושה רק באהבתו אותו, אך הוא הפועל בהעלם, והכעס או השנאה הוא הנראה לעיניים, שהוא מראה לו פנים של זעם, וכן כמה כיוצא בזה. ולפעמים מה שבפנים ומה שבחוץ אינם הפכים, אלא שהנסתר הוא מחשבה עמוקה, שאין בעלה רוצה לגלותה, ופועל בדרך אחר, מתגלה לרואים, וזהו:

ו. דהיינו שכח אחד הוא הפועל בהעלם, ונראה בגלוי כח אחר פועל, והוא פועל באמת רק לפי כח הנעלם בו:

חלק ב:

א. ולכן נראו כל הדמיונות האלה בספירות, פירוש - הדמיונות הם כמו שהיו אלה הדברים למטה, כי אלה הדברים למעלה הם שורש לעניין ההוא שלמטה, וממילא מתייחסים להם, וכדלקמן:

ב. דהיינו שיהיו אורות מתלבשים בתוך אורות, או יוצאים אורות מאורות, הוא השנים שזכרתי למעלה, והם הלבשה והשתלשלות, כי היותם נתלים זה בזה הוא יותר מובן ממה שנראה:

ג. והכל בסדר ראיית הנשמה, שמבינה הדברים ההם ברוחניות. והוא מבואר, כמו שמבואר לקמן. כראיית העין את הנושאים שלו, על כן מדברים על פי ראיית העין, כי העניין שווה:

קָל"זז פתוזי וזכבוה לרמוז"ל

פרק י"א

תועלת תמונות הנבואה במלכות:

עניין התמונה והדמיון הנמצא בספירות הוא יוצא מספירת המלכות, שהיא שורש לתחתונים, ומצדה נעשים כולם בצורה שהם נעשים. ועל כן אמרו שאי אפשר לעלות או לקבל אלא בה. ואפילו בתמונות הדמיונות עצמם נודע חכמה בעניין ההנהגה, כי נודע איך צריכה השכינה להנהיג לצורך העניין ההוא. ולהביאו לתחתונים. אבל מתוכה משכילים הדברים למעלה ממנה. ששם הם כוחות ומדות ממש:

אחר שנתבאר עניין הדמיונות, נבאר עתה מה תועלתם, למה נראים הדברים על ידם:

חלקי המאמר הזה שניים. חלק ראשון, עניין התמונה, והוא שורש התמונה. חלק שני, ואפילו בתמונות, והוא התועלת המגיע לנו מהם:

חלק א:

א. עניין התמונה והדמיון הנמצא בספירות הוא יוצא מספירת המלכות, והיינו כי כל ספירה יש לה סגולה פרטית, ונמשכת הסגולה ההיא גם בכל שאר הספירות. וזאת הסגולה היא פרטית למלכות:

ב. שהיא שורש לתחתונים, שעל כן ראשית הצורה תמצא בה, פירוש - שהיא השורש לצורה ממש, ולכן היא תתראה בבחינה זאת של דמיון, ותראה גם האחרים בדרך זה, כיון שכולם אינם נראים אלא בה. ומצדה נעשים כולם בצורה שהם נעשים, שהם עוברים רק על ידה ליראות, ומצד זה נראים כולם כך, כמראה שמראה הדיוקנאות לפי תכונתו והכנה שלו. ועל כן אמרו שאי אפשר לעלות או לקבל אלא בה, פירוש, שאי אפשר להשיג אלא כך:

חלק ב:

א. ואפילו בתמונות הדמיונות עצמם, לא די להבין המידה הנראית והנרמזת בדמיון ההוא, אלא שצריך להבין גם כן מה עניין הדמיון ההוא לרמוז בו המידה -:

ב. נודע חכמה בעניין ההנהגה, כי מלכות היא שורש התחתונים, וצריך להבין אופני קשרה עמהם, ואיך משתרשים בה. ואז כשתראה אחר כך האורות מצטיירים בציורים ההם, אז תבין איך המשך האור ההוא למטה צריך שיהיה דווקא בבחינה זאת, מפני הכנת המלכות וסגולותיה הפרטיות. פירוש, דרך משל - אריה רוצה לומר חסד או אבא. אבל תבין מהו עניין האריה לפי הצורה למטה, ואז תבין איך שהחסד צריך להימשך בדרך זה למטה על ידי השכינה, שעל כן האריה היוצא ממנו עשוי באותה הצורה:

ג. כי נודע איך צריכה השכינה להנהיג לצורך העניין ההוא, כללו של דבר - הצורה, איך נקשרות מדרגות המלכות וסגולותיה לעשות הדבר ההוא:

ד. ולהביאו לתחתונים, זהו דבר עומד באמצע בין ההשפעה והקבלה, כי כוחות ההשפעה הם פשוטים למעלה. אך ברדתם למטה צריך שתתקשר השכינה בקשרים ההם, ואז בסוד זה יוצא האור למקומו לתחתונים:

ה. אבל מתוכה משכילים הדברים למעלה ממנה, ששם הם כוחות ומדות ממש, אבל מתוכה זה פשוט, כי ממנה המראות, ומתוכה מבינים הכוחות והנהגותיהם:

פרק י"ב

כללות ההנהגה בכל המציאות, סוד דמות אדם קדמון:

כללות כל ההנהגה הסובבת עד תשלומה, וכן כללות כל הנמצאים, הוא רק עניין אחד וסדר אחד שתיקן המאציל יתברך שמו, שתכליתו הוא ההטבה השלמה בכל מיני שלמות. ותנאי הסדר הזה הם כל הבריות ומשפטי הנהגתם. והוא סוד דמות אדם במניין אבריו, וסדר קשריהם כמו שהם בו ממש. ולכן א"ק, שהוא כללות הכל, הוא כללות סדר זה של דמות זה. נמצא שלא המציא המאציל יתברך שמו אלא מציאות

קֵל"וז פֵתוזֹי וזֹכֵמֹה לרֵמֹזֹ"ל

אחד, שהוא סדר דמות אדם. וכל מה שיש במציאות כולו ביחד, בין בבריות, בין בהנהגה, אינו אלא סוד דמות זה שלם:

חלקי המאמר הזה שניים. חלק ראשון, כללות כל ההנהגה, והוא שכללות כל ההנהגה הוא עניין אחד. חלק שני, והוא סוד דמות אדם, והוא שכל זה הוא סוד דמות אדם:

חלק א:

א. כללות כל ההנהגה הסובבת עד תשלומה, פירוש - כל המעשים שנעשו ושעתידים להיעשות עד סוף העולם:

ב. וכן כללות כל הנמצאים, כל האורות למעלה, וכל הנבראים למטה, בין בגופים, ובין בחוקות טבעם:

ג. הוא רק עניין אחד, לא תחשוב מפני שאתה רואה כל כך בריות - שיהיו מינים רבים, זה לדבר אחד, וזה לדבר אחר, אך שלא היכנסו תחת עניין אחד להיות כמו ענפים לשורש, כי הרבוי הבלתי מסודר ומתייחד בקצהו לא ישובח. רוצה לומר דרך משל, אדם אחד אפשר שיהיה לו ידיעות רבות, שיהיה צורף, שיהיה מצייר, שיהיה מנגן, ויעשה כל הדברים האלה. אך נאמר למה עשה כל אלה, לפי שכל אלה ידע, ולולי היה יודע עוד - יותר היה עושה. והנה אין צורך למצוא קשר בין ידיעה לידיעה, וממילא בין מעשה למעשה, כי מה שידע - עשה. אך הקדוש ברוך הוא הנה עשה כל כך בריות, אם כן נאמר שהם לפי כל כך ידיעות גדולות שיש לו, כמו האדם הצורף המצייר והמנגן, שהיה יודע כל זה ועשאו, הנה מיד יקשה, "וכי סיימתינהו לכולהו שבחי דמרך", אין לו ידיעות חוץ מאלה חס וחלילה, אם כן למה עשה כל כך ולא יותר, או למה לא דבר אחד לבד, אך העניין הוא - שאינו כך, ואינם דברים נפרדים על פי טעמים מפורדים, אלא טעם אחד לבד יש לכל, והוא עניין אחד לבד שמתפרט בענפיו, בכל כך ענפים כמו כל כך בריות שיש. אך עתה לא תשאל - ולמה לא יש יותר, כי לעניין שאליו כיוונה המחשבה העליונה בכל רובי הדברים אלה - היה צריך כך דווקא:

ד. וסדר אחד שתיקן המאציל יתברך שמו, שתכליתו הוא ההטבה השלמה בכל מיני שלמות, זהו גדר כל העניין הזה - סדר שלם שתכליתו ההטבה השלמה. כי הנה [נצרך] להקים בעניין הזה כל החלקים האלה שיהיה שלם, שתכליתו תהיה ההטבה השלמה, בכל מיני שלמות:

ה. ותנאי הסדר הזה הם כל הבריות ומשפטי הנהגתם, והוא מה שמבואר, כי הבריות עצמם הם רמזי ההנהגה, ובנויים על פיה בכל משפטיהם, וכל המעשים הנעשים הם חלקי ההנהגה עצמה:

חלק ב:

א. והוא סוד דמות אדם, שהוא שנאמר בו, "נעשה אדם בצלמנו כדמותנו", הרי שהדמות הזה הוא כולל סוד כל הכוחות הקדושה:

ב. במניין אבריו, כמו שמפרטים כל פרצוף בפני עצמו בסוד תרי"ג אורות שהם תרי"ג אברים, כן בכלל. - כל המציאות הנמצא הוא כללות תרי"ג אברים של דמות אחד כללי. כי כל העולמות אף על פי שבפני עצמם נחשבו לעולמות, אינם אלא אברים של הדמות הכללי הזה. וכן הקשר שביניהם והיחס שביניהם הוא סוד הקשר והיחס שבאברים אלה. וזהו:

ג. וסדר קשריהם כמו שהם בו ממש:

ד. ולכן א"ק, הוא כללות הכל, שהוא כללות סדר זה של דמות זה, דבר זה נראהו לקמן ברור, שלכללות כל הנמצא נקרא א"ק. וכל העולמות, עליונים ותחתונים, נבחינם רק לחלקים ממנו, כענפים מן השורש. אבל כלל הכל הוא הא"ק זה, והוא כמ"ש לקמן שעשר ספירות דא"ק ממלאות כל החלל, כמו שיתבאר בס"ד:

ה. נמצא שלא המציא המאציל יתברך שמו אלא מציאות אחד, זהו השבח של החכמה העליונה, שלא עשתה דברים רבים, הולכים על דרכים שונים, אלא מציאות אחד בלבד עשה. אלא שהוא מציאות כל כך גדול בכל עניניו, שבפרט אותו יוצאים כל כך פרטים כמו שהם עתה. ונאמר על כך שהמציאות הזה הוא דמות אדם אחד, שכל החלקים האלה הנמצאים עתה הם הבונים אותו באברים שלו, וזהו:

ו. שהוא סדר דמות אדם, והנה כל מה שנרצה להבין באיזה עניין שנרצה בנמצאים, הכל נבין על סדר דמות אדם זה:

ז. וכל מה שיש במציאות כולו ביחד, בין בבריות, בין בהנהגה, אינו אלא סוד דמות זה שלם, הוא מה שמבואר למעלה, שלשלמות העניין אשר המציא - צריך כל אלה, בין בבריות עצמם, בין בהנהגתם:

פרק י"ג

סוד התמונות, מהות עיגולים ויושר:

סוד התמונות - מראים הדברים לפי טבע התמונה ההיא למטה ממש. והעיגול מראה הנהגה סובבת, בלא חילוק הנהגת חסד דין רחמים, אלא כמו השגחה כללית לפי מהות הספירה ההיא, וזה בסוד ההשתלשלות. אך היושר מראה ההנהגה מפורטת לפי חד"ר [חסד, דין, רחמים] - ימין ושמאל ואמצע. וכן כל שאר התמונות על הדרך הזה:

אחר שנתבאר דרך כלל עניין המראה במרכבה, נתחיל לבאר עתה הפרטים היותר עיקרים שצריך להבחין. ראשית הכל הוא הצורה הכללית אשר לספירות, דהיינו עיגולים ויושר:

חלקי המאמר הזה שניים. חלק ראשון, סוד התמונות, והוא דרך כלל, איך להבין התמונות של החזון. חלק שני, והעיגול, והוא עניין העיגולים והיושר:

חלק א:

א. סוד התמונה מראים הדברים, כיון שכבר ידענו שהתמונה ההיא אינה אלא הארה ממלכות, שמאירה כך בדרך זה, מצד היותה שורש לנפרדים, שבהם התמונה ההיא באמת, הנה נדע מיד שהחזון צריך שיתבאר על פי זה. והנה נקרא לתמונה הנראית בחזון - סוד התמונה, לא תמונה, כי היא רק הארה אחת בדרך זה, ומודיע שורש התמונה ההיא. ונדע שצריך להבין אותו העניין בדרך ההוא:

כָּל"זז פָּתוֹזי וֹזכבמה לרבוֹזז"ל

ב. לפי טבע התמונה ההיא למטה ממש:

חלק ב:

א. והעיגול מראה ההנהגה סובבת בלא חילוק הנהגת חסד דין רחמים, זהו עניין הכולל בכל הספירות - שיש בהם עיגול ויושר. והעניין הוא, שיש במדרגות שני עניינים, השתלשלות והנהגה, פירוש - עשר ספירות הם בהדרגתם משתלשלות זו מזו, ואין שייך בזה אם אחת חסד או אם אחת דין, כל ספירה שפלה מחברתה, וספירת הגבורה היא משתלשלת מן החסד. וכן אמרו, "המים הרו וילדו אפלה". וכן על דרך זה באות עשר ספירות - עשר מדרגות זה תחת זה. ולפי שיש בהם עוד עניין אחר - שכל עליונה נושאת וסובלת את התחתונה ממנה, על כן נצײרם זה בתוך זה כגלדי בצלים. אך בהנהגה - הנה גבורה מתעלית לעומת החסד, וגם תפארת עולה ביניהם, וכן הוד לעומת נצח. וכן בדרך זה שנמצאת ההנהגה עומדת בפרט בסוד חד"ר. וברצות הרצון העליון להראות שני דברים אלה בציורי המראה - הנה שם שתים אלה, עיגולים ויושר. והעיגולים מראים ההשתלשלות, ויושר - ההנהגה, שבו נסדרות הספירות בסדר הקום. והנה עניני ההשתלשלות, צריך להבין אותם מן העיגולים, וההנהגה ביושר.

והנה תראה כי ההשתלשלות אינו מחלק בין חסד לדין כלל, כי הגבורה יוצא מן החסד והיא תחתיו, כמו הנצח מן התפארת והוא תחתיו, או החסד מן הבינה והוא תחתיה. אם כן העניין הוא כך, בהשתלשלות אין מחשבין עניין הפעולה, אלא מדרגה לפי הקריבות אל השורש, או בהתרחק ממנו. ועניין המדרגה וסגולותיה אינו ניכר כאן, אלא דרך השגחה כללית לבד. וזה סוד תמונת העיגול, שהוא כדור סובב בלא חילוק חלקים, כי אי אפשר לומר לא ראש, ולא סוף, ולא אמצע, ולא ימין, ולא שמאל. ובראות במרכבה עיגול אחד, מיד יודע שהיא הארה מאירה בדרך כללות, לא בדרך פרטות, אלא סובב והולך על כל הנבראים, שלכך הוא מקיף ככדור, להיות מקיף ומביט אל כל המציאות שנכלל בתוכו. אך אין בו חלקים כנזכר לעיל. וזה לא יורה אלא ההבטה שמביט ומשקיף האור ההוא על כל המציאות שבתוכו. אך מה יהיו סגולות המדרגה ההיא, אין כאן מקומה להיגלות אלא במקום אחר

קָכ"ז פָתזַי זחכמה כּרַבמזַ"כ

כשיראה האור בצורה אחרת, מחלקת צדדיה כראוי. נמצא שהעיגול הוא רק ההשגחה הכללית - ההנהגה סובבת בלא חילוק צדדים, פירוש - בלא חילוק הנהגות חד"ר. ועם כל זה יהיה חילוק בין מהות עיגול לעיגול, שזה נקרא חכמה, וזה בינה, וזה דעת. רוצה לומר לפי שכל הספירות יש להם השגחה כללית על כל הנמצאים, ונמצאו כל הנמצאים מושגחים מכל העשר בשווה. והשגחות האלה הם העומדות בהדרגה, השגחת כתר רחוקה מכולם ומקיפה על כולם, של חכמה בתוכה, וכן על דרך זה עד הסוף. אך בבחינת ההנהגה אין הפעולה לכולם בשווה, אלא לכל אחד כראוי לו, כשיעור הצריך לפי הזמן, לפי המעשה. נמצא שכל מדרגה שיש בהנהגה, תפעל או לא תפעל באיזה זמן שיהיה - השגחתה יש ודאי בבחינת עיגולים בסוד ההשתלשלות. וזה:

ב. אלא כמו השגחה כללית. לפי מהות הספירה ההיא. וזה בסוד ההשתלשלות:

ה. אך היושר מראה ההנהגה מפורטת לפי חד"ר - ימין ושמאל ואמצע, והיינו כי הצדדים ימין ושמאל אמצע - רוצה לומר חד"ר, ואז מבחינים בהם השיעורים, לדעת התפשטות זה, והערך שביניהם, והתולדות וכל שאר הדברים שמבחינים בפרצופים:

ו. וכן כל שאר התמונות על הדרך הזה, זה פשוט, שהכל מודיע לפי תכונת הצורה, אם אורות כללים, אם אורות פרטים, אם מתפשטים ואם לא מתפשטים. דרך משל, כל נקודה היא שורש אור עומד למעלה שאינו מתפשט למטה, כל קו הוא אור מתפשט. וכן כל התמונות כולם - כעניינם ממש למטה כך עניינם למעלה:

פרק י"ד

בניין ההנהגה להוציא אדם בוחר, וכל נקבע בכתר:

מה שעומד במציאות בניין הספירות, פירוש - כל מה שהוא בניין כל המדרגות, עניין המדרגות עצמן, עניין כל חלקיהם ותכונותיהם וכל

קַלְז"ז פָּתַזַי זַזְכַבַזָה לִרַבִזַז"ל

קשריהם - זה המונח הראשון של ההנהגה ששם אותו המאציל יתברך שמו, לפי שהוא ידע שזהו מה שצריך, לא פחות, ולא יותר, לסבב ההנהגה אחת שלמה, לבא אל המכוון אליו בבריאתו, שהוא ההטבה השלמה:

אחר שבארנו עניין התלוי במראה, נדבר מה שתלוי בעניין הספירות בעצמם לפי המידות:

א. מה שעומד במציאות בניין הספירות, פירוש - כל מה שהוא בניין כל המדרגות, הנה המחשבה העליונה שיערה לעשות אדם שיהיה לו שכל ויצר טוב, וגם שיהיה לו יצר הרע שיוכל לשלוט בו, ושיערה לתת בידו עבודה לזכות בו. או להענישו עד שיתוקן, ואחר כך לתת לו שכר נצחי. וכל הדברים האלה יש להם פרטים רבים לכל אחד. הנה צריך שנבין שהמחשבה העליונה שיערה כמה מדרגות היו צריכות לזה הדבר, ועשאם במניין מדוקדק, אין אחת יותר, ואין אחת פחות. הא למה זה דומה, למי שרוצה לעשות איזה דבר באש, אך שלא יהיה אש לוהט, הנה צריך שייתן כל כך עצים כמו שיוכל האש להתלהט אך מעט. והנה אם ייתן אחד יותר - יתלהט יותר, ואם ייתן אחד פחות - לא יתלהט כצורך. כך המחשבה העליונה ידעה באיזה מדרגה צריך שיהיה בנוי האדם, כדי שיהיה לו כל הדברים שזכרנו למעלה, ועשתה כל כך מדרגות, לא פחות ולא יותר, בכל כך קשרים, לא פחות ולא יותר. ועל זה אמרו חכמים, וירא אלקים את כל אשר עשה והנה טוב מאד - שלא יאמר אדם, אילו היו לי שלוש רגלים וכו', וכמו שנפרש במאמר שלאחר זה, שבזה אסור להם לשאול טעם. וזה כי לשער שיעור זה, היה צריך לדעת כל מה שידעה המחשבה העליונה, ואי אפשר זה. אלא לאחר שנקבעו המדרגות וחיבוריהם, וידענו שכולם הולכים רק אחר הכוונה התכליתית, אז נוכל להבחין הנהגת המדרגות ההם מה עניינם, ואל מה הם מכוונים, ואיך הולכים ומגיעים אל התכלית הכללי. כללו של דבר, כל מה שהוא במציאות הספירות ובניינם - זהו מה שאין לשאול טעם, כי אין לך טעם יותר מן המעשה שכך הוא, שבהיות אלה המדרגות כך. ובצאת האדם בהדרגה מהם - הוא יוצא בתכונה הזאת, שהיא המבוקשת בו:

ב. עניין המדרגות עצמן, הספירות ומהותם כל אחד בפני עצמו:

ג. עניין כל חלקיהם, התרי"ג אורות שלהם, מקבילים לאברים בדמות האדם:

ד. ותכונותיהם, הם המשפטים אשר לאורות, מקבילים למשפטי הטבע באדם:

ה. וכל קשריהם, הם המצבים וההתלבשות. כל אלה אין לבקש עליהם טעם, כי הטעם הכללי הוא - כי כולם צריכים לעשות המורכב הזה בתכונתו כך כמות שהיא דווקא, שהיא התכונה הנצחית לפי העבודה והשלמות כנזכר לעיל, וכדלקמן:

ו. זה המונח הראשון של ההנהגה ששם אותו המאציל יתברך שמו, כי הנה כל מה שאנו מדברים בספירות - אינה אלא בחוקות ההנהגה, שכולם מתראים בדרך אורות. והנה החוק הראשון שבכל החוקים הוא המונח הזה, הוא האור הראשון, והוא כתר, וכדלקמן:

ז. לפי שהוא ידע שזהו מה שצריך, לא פחות ולא יותר, לסבב ההנהגה אחת שלמה:

ח. לבא אל המכוון אליו בבריאתו שהוא ההטבה השלמה:

פרק ט"ו

המונח הראשון – כתר, בו אסור לשאול:

כל מה שתלוי במציאות הבניין, שהוא המונח הראשון של הספירות, אין לשאול טעם עליו, שהוא תלוי ברצון העליון. וכל מה שבא אחר המונח הזה - ניתן לשאול ולהבין, שהוא פעולות המדרגות האלה - מה הם בהנהגה:

אחר שביארנו המונח הזה הראשון, נבאר עתה במה אסור להתעסק בו ובמה מותר להתעסק בו:

כָּל"זז פַתזזי וזכַבה כָרבזז"כָ

א. כל מה שתלוי במציאות הבניין, שהוא המונח הראשון של הספירות, אין לשאול טעם עליו, והוא שאמרתי למעלה, וזהו כתר, שאמרו עליו, "במופלא ממך אל תדרוש". והיינו כי אור הכתר הוא סוד החוק הראשון שבמדרגות, שיהיו אלה, ושיהיו בדרך זה שהם עתה. ונמצא הכתר כללות הכל ממש. והנה הכתר נקשר בא"ס ברוך הוא, שהוא הרצון הכל -יכול. והיינו כי אי אפשר לדעת שורש המונח הזה, למה הוא דווקא כך, לפי שהוא מושרש בכל -יכול, בשלמות הרצון העליון. וכיון שוודאי אסור לנו להתעסק בא"ס ברוך הוא, דהיינו בשלמותו מצד עצמו בסוד כל -יכול, לפי שכבר אין המחשבה תופסת שם, ממילא אסור להתבונן על כתר, פירוש - לבקש טעמו ועניניו, שהם מושרשים למעלה כנזכר לעיל. ועל כן על כתר וא"ס ברוך הוא נאמר, במופלא ממך וכו' ובמכוסה וכו'. וזהו:

ב. שהוא תלוי ברצון העליון, וכמו שנבאר, אבל חכמה היא מחשבה שמחלקת הדברים כראוי, ולפי המונח הקבוע כבר, שכל כך מדרגות ועניינים צריכים - חכמה מפרטת כל עניני ההנהגה כראוי, בסוד, "כולם בחכמה עשית". והנה מה שיש בה יש בכתר, והיינו שגם כתר כולל כל מה שיש בהנהגה, אבל כיון שאינו בבחינת הנהגתם אלא בבחינה המצאם, אין אור זה מגלה ענין הנהגתם כלל, אלא המצאם. ושם יש הטעם על המצאם, שהיא תלויה ברצון העליון כנזכר לעיל. וזהו מה שאסור לבקש. אבל ההנהגה המפורטת בחכמה, אדרבא, מצוה עלינו לחקור ולדעת. ועל כן מחכמה ולמטה, והיא בכלל, מותר ומצוה להתבונן ולדעת. והנה בינה היא גילוי חכמה, וזו"ן הם כללות כל ההנהגה, מחולקות לארבע מינים. והם הם מה שנשרש כבר בחכמה, ונתחלק שם כראוי, שבינה הוציאה אותם כל אחד ואחד בפני עצמו אל מקומו כראוי. והיינו כי המחשבה שיערה את הכל בכלל, מקושרים אל התכלית שלהם, והוא כללות כל ההנהגה. אך בינה הוציאה לפועל כל אחד בפני עצמו, בלא שיתקשר עם חבירו, אלא אדרבא, יעשו הדברים במקומם, כל אחד כראוי. ומיני ההנהגה עצמה הם הם השבעה תחתונות. נמצא שכל מה שיבא אחר המונח הזה - ניתן לשאלה. וזה:

ג. וכל מה שבא אחר המונח הזה - ניתן לשאול ולהבין:

ד. שהוא פעולות המדרגות האלה - מה הם בהנהגה, שאין אנו עוסקים
לא בעצמות המאציל יתברך שמו, ולא אפילו בעצמות הספירות עצמם,
שכבר הם אחד עם עצמות המאציל, שהרי אינם אלא כוחות מחשבתו,
ואין אנו עוסקים אלא בפעולת כוחותיו והנהגתם, והיינו, "במה
שהורשית התבונן":

פרק ט"ז

אור ישר ואור חוזר בהנהגה:

יש בספירות אור ישר ואור חוזר משני מינים. אחד, שאחר שירדו
המדרגות מכתר עד מלכות, חוזר מלכות ונעשה כתר, וכן בדרך זה, עד
שכתר נעשה מלכות. וזה מראה שליטת [נ"א, שלמות] הא"ס ברוך הוא,
שממנו יוצא הכל, והוא סוד הכל, והיינו, "אני ראשון ואני אחרון",
והוא מתגלה כך בראשונה כמו באחרונה. והמדרגות - כל הקרוב קרוב
אליו מתגדל בשמו, ומה שהיה מלכות נעשה כתר. והמין השני, שום
אור אינו משלים ענינו אלא כשיוצא ועוד חוזר למקורו. והיינו כי יורד
עד למטה בכח, ואחר כך מידי עלותו מניח למטה מדרגה מה שמניח,
והוא מתעלה. ואז המדרגה נשארת בבניינה, וכן כולם:

חלקי המאמר הזה שנים. חלק ראשון, יש בספירות וכו', והוא הקדמה
בעניין הספירות. חלק שני, שאחר וכו', והוא פירוש הקדמה זאת:

חלק א:

יש בספירות אור ישר ואור חוזר משני מינים, פירוש - שבמראה נראים
כך שני מינים אלה:

חלק ב:

א. שאחר שירדו המדרגות מכתר עד מלכות, חוזר מלכות ונעשה כתר,
וכן בדרך זה עד שכתר נעשה מלכות, והנה המראה הזאת נראה כמראה
הבזק ממש, שיוצא הלהב, ונראה בתחילה יוצא מצד אחד, והולך אל
צד אחר. ומיד נראה מתהפך מן הצד השני לראשון. כך כל עשר

קל"ח פתחי חכמה לרמח"ל

ספירות, בכל מקום שהם, כשנראים - נראים כך, כתר יוצא בתחילה מן המקור, ויורדות המדרגות עד מלכות. ואחר כך נראה המלכות עצמה חוזרת להיות כתר, ויוצאת מן הא"ס ברוך הוא. וזה, כי הנה א"ס ברוך הוא הוא מקיף במראה הספירות מלמעלה ומלמטה. והנה מתלהט האור מלמעלה ויורד ומתפשט למטה. וכמו שמתפשט - כך מתחלש. וכשהגיע למטה, חוזר למקור למטה, דהיינו א"ס ברוך הוא שמקיף למטה, וחוזר ומתלהט מלמטה למעלה באותו הדרך עצמו. והיינו, "והחיות רצוא ושוב כמראה הבזק":

ב. וזה מראה שליטת הא"ס ברוך הוא, שממנו יוצא הכל, והוא סוף הכל, שאין הספירות דבר חוץ ממנו כלל, אלא אורו מאיר בדרך עד שהוא מתעלם. והיינו השלמות שהיה בו גם מתחילה, כמו שהוא עתה, וכמו שיהיה לבסוף - הנה זה נתעלם. ובין כך ובין כך נמצאו כל הספירות, שמהם כללות כל ההנהגה, שכולה נכללת בעשר ספירות אלה. וסוף כל ההנהגה מה היא, - החזרת כל השלמות כבראשונה. ונמצא שההנהגה מתחילת מכתר, אחר ההעלם, ואינה גומרת עד המלכות. וכשגומרת מה עניינה, שנמצא השלמות שנתעלם מתחילה מגולה ועומד. ועוד יתפרש לך זה לקמן בס"ד. ועל כן הושמה המראה כן, כי כל עשר ספירות היא הנהגה שלמה, יוצאת מא"ס ברוך הוא וחוזרת אל הא"ס ברוך הוא. והנה אם תמנה המדרגות מן ההעלם ואילך - הראשון יהיה כתר, והשני - חכמה, וכן עד הסוף. אך אם תראה המדרגות לגילוי הסוף, העתיד להגלות אחר כל הסיבוב, ושכל הסיבוב הולך לזה, הנה המדרגה הראשונה אחר ההעלם היא הראשונה להתקרב אל הסוף, ונמצאת היותר רחוקה ממנו. והנה מפני היותה קרובה אל הראש - נקראת כתר. ומפני היותה רחוקה מן הסוף - נקראת מלכות, וכן כולם. ועד שנמצא ירידת העולמות בהנהגת הספירות זו אחר זו - עליה אליהם. וזה מתבאר להלן:

ג. והיינו, אני ראשון ואני אחרון, והוא עניין ההיקף למעלה ולמטה, להראות שהוא הכל:

קְל"זז פָּתזזי זזכבמה לרמזז"ל

ד. והוא מתגלה כך בראשונה כמו באחרונה, כי להבין ההנהגה צריך להבין כך - בתחילה השלמות, והוא מתעלם, ונעשית ההנהגה, וסוף ההנהגה גם כן שלמות כבראשונה:

ה. והמדרגות - כל הקרוב קרוב אליו מתגדל בשמו:

ו. ומה שהיה מלכות נעשה כתר, פירוש - הקצוות, וממילא כל הנמשך אחריהם, וזה פשוט, כי כמו שלמות הראש - צריך להבין בתחילה השלמות, ואחר כך החסרונות, עד המדרגה האחרונה, כן להבין הסוף צריך להפך ממש:

ז. והמין השני שום אור אינו משלים עניינו אלא כשיוצא ועוד חוזר למקורו, פירוש - המין הראשון הוא תמיד, וזה השני בהתאצל האורות, ששום אור אינו נאצל אלא ברדת ההארה והסתלקה משם. שאז נשאר שם העניין ההוא שנשאר, וכדלקמן:

ח. והיינו כי יורד עד למטה בכח, פירוש - כשאור אחד צריך לעשות מדרגה אחת או מדרגות הרבה, כשיורד - יורד בלי שום חסרון ומניעה, אלא יורד בכח גדול, וחוזר ועולה, ומניח מה שמניח. וזה, כי אור א"ס ברוך הוא הוא היורד בבחינת עצמו, כי כל האורות ממנו יצאו, שבעמדם שם במקומם - אז היה מקבל מציאות האור הפרטי הנגבל לו כראוי למדרגה ההיא. ובהסתלק האור הגדול למקורו - אז נשאר החלק הזה. וזה גורם הקשר לאורות עצמם, שכולם נקשרים במקורם. והיינו כי כל ענף הוא שורש במקורו, ולא ככוחו למטה כוחו בשרשו למעלה. ואמנם כשיורד כח - בשורש עצמו הוא היורד, כי הענף לא נמצא עדיין, וכשמגיע למקום הענף - השורש מתעלה, ונשאר הענף עשוי למטה. והוא רודף אחר המקור שנתעלה למעלה:

ט. ואחר כך מידי עלותו מניח למטה מדרגה מה שמניח, והוא מתעלה, זהו כשיש לו לעשות מדרגות - יורד בכח, ואחר כך עולה, וכפי מה שעולה - כך מניח מדרגות, שהוא מתעלה מהם ומניח אותם:

י. ואז המדרגה נשארת כבנינה, וכן כולם, והיינו כי בהיות הכח הגדול של השורש פועל את הענף - יוצא, ואין הענף יוצא אלא במקומו, אלא

יורד כח השורש עד (המקור) [המקום], ומשם מתעלה, ונשאר הענף
ממילא עשוי בבנינו. וכך עושה - הולך ומתעלה עד סוף תשלום
המדרגות:

פרק י"ז

ספירה ופרצוף, הנהגה בכללות ובפרטות:

יש ספירה ויש פרצוף. ספירה הוא כח מן העשר כוחות בכלל, שהוא
המוסד שעליו נבנה כל בניין הפרטיות התלוי בו. אך פרצוף הוא שלמות
כל הכוח ההוא בפרט, נראה מפורש בסוד דמות אדם. ועיקרו בסוד
התרי"ג, שהוא כל בניין האדם:

עתה נדבר עוד ידיעה אחת שצריך שיהיה בעניין הספירות עצמם:

חלקי המאמר הזה שניים. חלק ראשון, יש ספירה ויש פרצוף, והוא
עניין ב' בחינות אלה. חלק שני, ספירה, והוא פירוש שתי בחינות אלה:

חלק א:

יש ספירה ויש פרצוף, יכולים להבין בעניין הספירות שני בחינות,
ספירה ופרצוף. והספירות עצמם לפעמים נראים כך ולפעמים כך. אבל
עתה נאמר שההנהגה כולה יכולה להיבחן בספירות וגם בפרצופים.
והוא עניין שני הדרכים של הרמ"ק זללה"ה. והרב הקדוש [**אח"י** -
האר"י] זללה"ה:

חלק ב:

א. ספירה הוא כח מן העשר כוחות בכלל, שכאשר אנו מדברים על
חוקות ההנהגה - הנה עשר ספירות הם סוגי החוקים כולם. וזה פשוט,
כיון שכל ההנהגה נכללת גם בהם, ופרטי ההנהגה הם רבים. אם כן
אלה הם עשר סוגים כוללים כל פרטיה:

ב. שהוא המוסד שעליו נבנה כל בניין הפרטיות התלוי בו, בכל ענייני ההנהגה יש לנו להבין שני דברים אלה - או איזה ספירה הוא, או איזה פרצוף הוא. והיינו כמ"ש למעלה כבר, איך הפרצופים אינם [אלא] סדרי התפשטות הכוחות חד"ר, ומדרגותיהם, בכל דרכיהם ומשפטי שליטתם והנהגתם. והנה עשר כוחות הם, ולא יותר, שהם מדרגות החד"ר כראוי, וכמו שכתבו המקובלים הראשונים גם כן. ואלה הם היסודות של כל ההנהגה. אך פרטיות דרכי כל אחת מן הכוחות האלה - הוא מה שאנו מזכירים בשם פרצוף. ואין פרצוף בלא ספירה, פירוש - שכדי להבין עניני הפרצוף - צריך להבין בתחילה הספירה, ולהבין עניינו בין שאר עשר הכוחות. אחר כך נבין דרכיו בפרט, ואז נבינהו פרצוף. ועל כן לא יקשה עליך איך פירש הרמ"ק זללה"ה כל הזוהר רק על הספירות, כי אמת הוא ודאי, אדרבא, כל ההנהגה תלויה בעשר ספירות, אלא שיודעים ההנהגה בהם אבל לא בחלקיהם, אלא יודעים בכלל מה שיוצא מהם. וכשיודעים הפרצוף, מלבד שיודעים מאיזה ספירה יוצא דבר מה בעולם, נדע גם מאיזה חלק ומאיזה תיקון של הספירה ההיא. נמצא שכל פרצוף בתחילה הוא ספירה, והיינו המוסד שעליו נבנה הבניין הפרטי ההוא, ועוד הוא פרצוף. וזהו:

ג. אך פרצוף הוא שלמות כל הכח ההוא בפרט:

ד. נראה מפורש בסוד דמות אדם, שלא די כדי להיקרא פרצוף שהוא פרט, אלא לפי שהפרט הולך על סוד דמות אדם - על כן יקרא פרצוף:

ה. ועיקרו בסוד התרי"ג, שהוא כל בניין האדם, זהו בהתפשטות החלקים. כי אמת שכל ספירה כלולה מעשר, והיו יכולים להיות כמה חלקים בפרט הספירה. אך האמת הוא, שמה ששיערה המחשבה העליונה הוא תרי"ג, שזהו מה שאנו רואים למטה בדמות אדם. וכן המצוות, גם כן הם כך, כי הכל הולך בשיעור הזה:

קָל"זז פָּתזזי זזכבמה לרבמזז"ל

עניין האותיות והשמות

פרק י"ח

האותיות - הוצאת ההנהגה לפועל:

כל האורות העליונים עד שיגיעו להיעשות מהם פעולה במעשה, צריך שיבאו לסוד האותיות. והם מציאות סדר אחד העומד להוציא כל הדברים לפועל, והוא סוד, "בדבר ה' שמים נעשו". כי אין מציאות לדיבור אלא באותיות:

אחר שבארנו עניין הספירות, נדבר בעניין האותיות שמזכירים בהם:

חלקי המאמר הזה שנים. חלק ראשון, כל האורות, והוא הקדמה, שלפעולה צריך אותיות. חלק שני, והם מציאות, והוא מה עניין האותיות:

חלק א:

א. כל האורות העליונים עד שיגיעו להיעשות מהם פעולה במעשה, הנה כל הכוונה בחכמה הזאת הוא להבין שורש כל פעולה ופעולה בפרט. והנה כל דבר שיכול להיות בלתי זולתו - שרשו בפני עצמו. ובנידון דידן, האורות הם ההכנות שהוכנו כל הבריות וכל ההנהגה בסוד המחשבה כנזכר לעיל, אך שיצאו הדברים לפועל - הרי זה עניין נוסף, כי אין המחשבה מוכרחת שיצא מה שנחשב - לפועל. אם כן לזה צריך שנבין שורש פרטי, וזה השורש הפרטי - הם האותיות. וזהו:

ב. צריך שיבאו לסוד האותיות, שהוא שורש אחד של הארה בפני עצמה, שמה שהוכן בספירות בסוד המחשבה - צריך שיכנס במדרגות השורש הזה, ואז יצא לפועל:

חלק ב:

א. והם מציאות סדר אחד, כל שורש שמבחינים לאיזה עניין או לאיזה פועל - הנה יש לו סדרים בפני עצמם לפי עניינו, שכל מי שצריך לבא אל השורש ההוא, ולעבור על ידו, צריך שיכנס תחת הסדרים ההם:

ב. העומד להוציא כל הדברים לפועל, והיינו שאין האותיות עניין עומד בסדרי ההנהגה, כמו המידות והספירות, אלא עומד להוציא ההנהגה המזומנת כבר לפועל. וסדריו הם מתוקנים על דרך זה - שתשלם פעולה זאת התלויה בו:

ג. והוא סוד, "בדבר ה' שמים נעשו", והיינו כי בתחילה יש המחשבה - א"ק, והיא נעלמת, וגלויה על ידי הדבור באותיות. והנה נמצא שכל מה שנעלם במחשבה - צריך לצאת על ידי הדבור. והנה אין חלקי וסדרי המחשבה שווים לסדרי הדבור כלל, כי המחשבה תחשוב העניין, והדבור יוציא המלות באותיות, ואף על פי כן צריך שמה שצויירה המחשבה - ישתעבד לסדרי הדבור לצאת על ידיהם. כך הוא למעלה, סדר ראשון - הוא המחשבה, והגילוי שלה - הוא הדבור. ומה שנצטייר במחשבה לפי סדריה - צריך שיצא בדבור לפי סדריו, והם סדרי האותיות כלדקמן:

ד. כי אין מציאות לדבור אלא באותיות, זה מופת מגלה הדבר הזה בבירור - הדבור איננו אלא באותיות. בריאת העולם בפועל היה בדבור, אם כן בריאת העולם בפועל היה רק באותיות, וכדלקמן:

פרק י"ט

עניין כללות הכ"ב אותיות:

כללות האותיות הם כ"ב מיני סדרים. שאין פחות מהם, ולא יותר מהם, לתת פעולה לאורות:

אחר שבארנו עניין האותיות, נבאר עתה עניין מספרם:

א. כללות האותיות הם כ"ב מיני סדרים. כבר שמעת שלכל פעולה יש שורש בפני עצמו, ואותו השורש מסתדר בסדרים הראויים לפי השורש ההוא, לפי הפעולה הנרצית בו. ומהות המדרגות וכמותם בכל הסדרים הם - הכל עניין פרטי, לפי עניין הפעולה הנרצית. ובנידון דידן - כל

אות הוא סדר אחד מן הסדרים האלה, מן קשרי האורות הצריכים לפעולות, וכדלקמן:

ב. שאין פחות ולא יותר מהם, זהו טעם למה הם כ"ב. והוא הכלל המונה הראשון שאין לחקור אחריו כנזכר לעיל, כי אלה הם המדרגות הצריכים לזה:

ג. לתת פעולה לאורות, שהאורות המוכנים בספירות יוציאו פעולותיהם, וכדלקמן:

פרק כ'

הרכבת כ"ב האותיות בסוד חד"ר:

כל עניין סוד סדריהם תלוי ונמשך מסוד חד"ר - ימין ושמאל ואמצע. מתחברים בהרכבות שונות, בבחינת סיתום וקמיצה, או פתיחה והתפשטות, והיינו קו ונקודה:

אחר שפירשנו שהאותיות הם סדרים, עתה נבאר מה עניין הסדרים האלה:

א. כל עניין סוד סדריהם, וזה פשוט, כי כל סדר אורות הוא חוק אורות הולכים על עניין אחד, לצאת בו העניין ההוא כראוי. וצריך להבין במה תלוי החוק הזה:

ב. תלוי ונמשך מסוד חד"ר, שכל פעולה נמשכת מכח הרכבה אחת של שלוש המידות חד"ר, המתרכבים בבחינת סיתום ופתיחה, וכדלקמן:

ג. ימין ושמאל ואמצע. היינו צדדי האותיות:

ד. מתחברים בהרכבות שונות, בבחינת סיתום וקמיצה, שהאורות מאירים בהעלם, ובדרך מקור לבד:

ה. או פתיחה והתפשטות, היינו הארת האורות המתפשטים. והנה יהיה לפעמים הסיתום באמצע, והפתיחה בימין או בשמאל, וכיוצא בזה:

ו. והיינו קו ונקודה, יו"ד - נקודה, וא"ו - קו. דרך משל, **א** - הנה יש סיתום בימין ושמאל, והתפשטות באמצע:

פרק כ"א

טעמים נקודות ותגין המתחברים לאותיות:

שלמות האותיות תלוי בטעמים נקודות תגים שמתחברים עמהם, כל אחד משלימים בהם פעולה כראוי להם. אך עיקר הפעולה באותיות:

אחר שבארנו עניין האותיות, עתה נבאר עניין טנ"ת המתחברים עמהם:

א. שלמות האותיות תלוי בטנת"א, וזה כי להיות כל דבר נבחן שורש פרטי, נבין מה שהוא עיקרי לבד, ומה שהוא שלמות לבד, ועניין זה של הפעולה העיקרית הוא האותיות עצמם, ושלמותם הם טנ"ת:

ב. שמתחברים עמהם, כל אחד משלימים בהם פעולה כראוי להם, זהו דבר הנראה לעיניים. כפי מה שהוא למטה - כך הוא למעלה. והרי אנחנו רואים ששלמות האותיות תלוי באלה שמתחברים עמהם, כך למעלה הוא עניין אחד מתחבר לעניין האותיות עצמם:

ג. אך עיקר הפעולה באותיות, גם זה אנחנו רואים - שלצורך ההבנה די בכתיבת האותיות לבד:

פרק כ"ב

טנת"א לפי סדר עסמ"ב בסוד שם הוי"ה ועשר ספירות:

כל מיני פעולות הנמצאות בספירות - כולם מתנהגות תחת סדר עשר ספירות, והוא סדר הארבעה אותיות השם ברוך הוא. ובסדר הזה מתנהגים טעמים נקודות תגים אותיות, בסוד ארבעה אותיות, וארבעה שמות שבכל אחד:

קָל"זז פַּתזזִי זזכַבזה לַרבזז"ל

חלקי המאמר הזה שניים. חלק ראשון, כל מיני, והוא עניין שכל הסדרים הולכים תחת הסדר הזה. חלק שני, ובסדר הזה, והוא עניין טנת"א לפי עניין זה:

חלק א:

א. כל מיני פעולות הנמצאות בספירות - כולם מתנהגות תחת סדר עשר ספירות, שכל מה שמבחינים בספירות - משקיף על הכל. ועל כן מיד נבחין עשר חלקים בסוד עשר ספירות. ואפילו שלצורך הפעולות היו צריכין האורות להתחלק למינים אחרים, עם כל זה צריך הכל לבא אל חילוק זה של עשר. ובין כל המדרגות שנתחלקו לפי החילוקים הפרטים - יעשו עשר:

ב. והוא סדר הארבעה אותיות השם ברוך הוא, כמשמעו, שארבעה אותיות השם ברוך הוא הם כללות העשר ספירות בסוד מחלקותם העיקרית, דהיינו חמשה פרצופים, בסוד, **י'** - א"א ואבא [**אח"י** – א"א קוץ של יו"ד, והיו"ד עצמה אבא] , **ה'** - אימא, **ו'** - ז"א, **ה'** - נוקבא:

חלק ב:

ובסדר הזה מתנהגים טנת"א בסוד ארבעה אותיות, כי טנת"א - כל אחד הוא פעולה בפני עצמה, ויוצאת מן המקור שיוצאת. אך מתנהגים תחת הסדר הכולל, שהוא סדר זה של שם הויה ברוך הוא. וארבעה שמות, היינו ע"ב ס"ג מ"ה ב"ן, שהם מילואי השם, הולכים גם כן אחר האותיות. שבכל אחד, היינו שכל אחד כלול מארבעתן, כי כל אחד מהם גם כן מתפשט בעשר ספירות. וע"ס הם ארבעה אותיות וארבעה שמות שזכרנו:

פרק כ"ג

צירופי האותיות - סוד השמות והתורה:

סוד השמות הוא מה שבאים האורות לבחינת פעולה, וכללותם היא התורה. לפיכך נקראת כלי אומנתו של הקדוש ברוך הוא:

קָל"ז פֵּתוֹיֵי וֹזכְמהֹ לרמבמ"ל

אחר שבארנו עניין האותיות, עתה נבאר עניין השמות המתחברים בהם:

חלקי המאמר הזה שניה. חלק ראשון, סוד השמות, והוא עניין השמות והתורה. חלק שני, לפיכך נקראת, והוא עניין הפעולות של השמות, שהוא סוד כלי אומנתו של הקדוש ברוך הוא:

חלק א:

א. סוד השמות הוא מה שבאים האורות לבחינת פעולה, כי הנה דבר זה אנו רואים, שכל הפעולות תלויות בשמות הקודש, והשמות עצמם הם רבים. והנה כולם נדרשים על קשרי המאורות והרכבותיהם, ושמהם המלאכים מקבלים. אך שורש זה העניין הוא ההקדמה הזאת אשר הקדמנו פה, כי האותיות הם המביאות האורות לידי פעולה. ומתחברות האותיות, ועושות שמות לצורך כל פעולה ופעולה, ואותם השמות הם המסוגלים לפעולות ההם, כי על ידיהם יוצאות לעולם. והנה התורה היא כללות כל השמות האלה, שכן ארז"ל, כל התורה שמותיו של הקדוש ברוך הוא:

ב. וכללותם היא התורה, והיינו כללות של הסדרים אשר נסדרו לצורך הוצאת הפעולות לעולם. וזה מלבד סודות התורה, כי הסודות של המלות הוא בסוד הספירות. אך אפילו השמות וצירופיהם הוא בסוד הוצאת הפעולות כנזכר לעיל. ולכן יש להם סגולה זאת של הפעולות:

חלק ב:

לפיכך נקראת כלי אומנתו של הקדוש ברוך הוא, שהתורה מצד סודותיה היא נקראת דפתראות ופנקסאות, לדעת איך עושה חדרים, איך עושה פשפשים, כמו שכתוב במדרש. אך מלבד זה, יש עוד עניין כלי אומנתו ממש לעשות הפעולה, והוא בבחינתה זאת של הצירוף, כמו השמות - שפעולתם נראית איך שהיא נעשית מיד בהזכיר אותם, או בשאר דרכי השימוש בהם. ונמצא הכל בתורה, בין המחשבות ועריכת הדברים, דהיינו בסודות של המלות, בין בהוציאתם אל הפועל, דהיינו בצירופי שמותיה הקדושים:

קָל"זז פַתזזי זזכבזה לַרבמזז"ל
עניין הצמצום
פרק כ"ד

פעולת הצמצום:

בעניין המשכת הפעולה לחוץ ממנו - רצה הא"ס ברוך הוא ועזב את בלתי -תכליתו, ולקח לו דרך פעולה מוגבלת, וזה נקרא צמצום א"ס ברוך הוא:

אחר שידענו מה שתלוי בהבנת הספירות, וידענו שהם מחודשות, צריך עתה לדעת דרך השתלשלותם אחרי שנתחדשו. הנה כבר שמעת, שיש בצפית המרכבה - מראה ופתרון, דהיינו הבנה וראיה. והנה עתה שאני מפרש לך הפתרון של המראה, שפרשתי לך כבר במקום אחר, הנה היית צריך להבין למפרע מהו הנראה במראה, שזה פתרונו. ולמען הקל מעליך מכאן ולהבא, אציין לך כל ידיעה - מה היא במראה:

חלקי המאמר הזה שלשה. חלק ראשון, בעניין המשכת הפעולה וכו', שהוא הידיעה במה היה הצמצום. חלק שני, רצה הא"ס ברוך הוא וכו', והוא ידיעת מה היה הצמצום. חלק שלישי, ולקח לו דרך פעולה, והוא ידיעת איך היה הצמצום:

חלק א:

בעניין המשכת הפעולה לחוץ ממנו, רוצה לומר כי הרצון העליון, שהוא א"ס ברוך הוא, כולל מיני כוחות לאין קץ ותכלית. אך אין אנו מדברים מן הבלתי -תכלית, שאין לנו שייכות בו, אלא מן הכח אשר בין כוחותיו הבלתי נספרים, שהוא סיבה לנו. הכח שהוא סיבה לנו הוא כח המשכת הפעולה חוץ ממנו, שעניינו בריאת נבראים והנהגת אותם. אם כן אין אנו מדברים אלא בעניין המשכת הפעולה חוץ ממנו. עוד מן הצמצום עצמו יתאמת לך כן. וזה, כי הנה הצמצום לא היה אלא לצורך הבריאה. כי אם היה לטעם אחר - היה נראה ממנו תולדה אחרת. וכיון שאין אנו רואים לו תולדה אחרת, והבריאה היא תולדה לו באמת, אם כן נאמר שהוא לצורך הבריאה. ועוד, פעולתו בעצמה אינה אלא הכנה לבריאו לפי מהות הנבראים, אם כן הצמצום הוא לצורך הבריאה. אך מה

כֹּל"בֹו פַּתֹגָּזִי וְזֶכְבָּה לְרַמֹבֹּ"ל

שנעשה בכל שאר הכוחות, חוץ מן הכח שהוא סיבה לבריאה - אינו לצורך הבריאה. אם כן אין הצמצום אלא במה שהוא לצורך הבריאה, שהוא כח המשכת הפעולה חוץ ממנו. עניין זה במראה, נראה הצמצום במקום אחד, וכל סביביו א"ס ברוך הוא, והיינו שלא הוסר הבלתי תכלית אלא ממקום אחד שהוא המצומצם:

חלק ב':

רצה הא"ס ברוך הוא ועזב את בלתי תכליתו, כי הנה ברור לנו, שהרצון העליון מצד עצמו הוא בלתי תכלית. ועל כן לא נחשוב שברא מה שהיה יכול לברוא, ויותר מזה לא היה יכול לברוא חס וחלילה. אלא ודאי היה יכול הרבה יותר, אלא שלא רצה. ולא פעל בדרך כל יכולתו ובלתי - תכליתו, אלא באותו כח ששיער היות שלמות נאה לפעול בו, לפי המכוון בפעולה עצמה. נמצא שאף. על פי שהוא בלתי תכלית מצד עצמו, עזב את בלתי תכליתו בדבר הבריאה. על כן נאמר שהכח הזה שהוא הסיבה, כבר נעזב מן הבלתי -תכלית, שסר ממנו. ויש לעזיבה הזאת שתי הוראות, אחד - שאין הספירות עניין חדש, שלא היה כבר כלול בא"ס ברוך הוא. שני - שבהיות הספירות כלולות בא"ס ברוך הוא, לא נוכל לומר שהיו בדרך שהם עתה, אלא בדרך אחר. ובהגלותם ממנו, נמצאו מתחדשים בדרך הזה שהם עתה. ראיה לב' הוראות, הבלתי -תכלית, רוצה לומר שכל כח שאפשר להיות בעולם, שאחר כך [נ"א, שבאחרים] היה נמצא לו גבול, בו עומד אותו הכח בלא גבול כלל, אם כן צריך לדמות הכח המוגבל, ולהעביר הכח הבלתי - תכלית על גבולו. נמצא הדרך המוגבל כלול בבלתי תכלית בלי גבול. יש להקשות, אם הוא בלתי תכלית ובלתי גבול, אם כן דרך המוגבל. תשובה, יש נושא כולל דבר מצד שהוא מקיים אותו, ויש שהוא כולל מצד שהוא הפכו ושולל אותו. המשל בזה, המוות - לא יובן מות בלא חיים שהמוות יסיר אותו. נמצא שבמות כלול החיים מצד שלילה, לא מצד קיום, מה שאין כן בחיים - שאין כולל המוות כלל. וכן הבלתי תכלית כולל הגבול מצד מה שהוא שולל אותו. ובדרך זה נמצאו הספירות בא"ס ברוך הוא, שכל הדרך שהוא פועל בה עתה - כבר הבלתי -תכלית היה מצייר אותו להיות נשלל ממנו. כשרצה הא"ס ברוך הוא, שלא יגע הבלתי - תכלית בחלק הזה, נמצא החלק הזה בדרך שהוא

עתה. וזה דבר ברור, כי הלא הדרך המוגבל חשבו הא"ס ברוך הוא, אלא שהעביר גבולו, מפני שהיה שולט עליו ומחזירו לענייננו. כשיסיר הא"ס ברוך הוא בלתי תכליותיו ממנו, יישאר כמו שחשבו, בלא הסרת גבולו. נמצא הספירות כלולות בא"ס ברוך הוא, שהיא הידיעה הראשונה, ולא עומדות כמו שהם עתה, אלא בדרך אחר, שהוא דרך הבלתי -תכלית, שהיא הידיעה השביה שזכרנו למעלה. עניין זה במראה ייראה, שהא"ס ברוך הוא מצמצם עצמו במקום אחד, ומשאיר מקום חלל ממנו. והוא עניין גילוי הפעולה שנמצאת שלולה מן הבלתי -תכלית.

חלק ג:

ולקח לו דרך פעולה מוגבלת, וזה נקרא צמצום א"ס ברוך הוא, רוצה לומר שאין הצמצום העדר לבד, אלא קיום. הבלתי תכלית נעדר בעניין זה, אבל הגבול מתקיים, והוא שורש הדין שנתגלה.

יש להקשות, אם הצמצום הוא רק הסתלקות - איך שייך בו קיום ומציאות. תשובה, הרצון הרוצה לגלות הדברים אל הפועל - הוא העושה כל זה. אך מה שהוא רוצה לגלות - הוא הכח המוגבל, שעל כן שולל ממנו הבלתי - תכלית. אם כן מעשה הצמצום הוא קיום לגבול המתגלה, שהרצון מגלה אותו. וההעדר לבלתי -תכלית. עניין זה במראה ייראה, במקום הנשאר מצומצם - היות שורש הדין מתגלה שם. שהוא מה שנתקיים במעשה הזה:

<u>פרק כ"ה</u>

תולדות הצמצום - גילוי אור הספירות שנאצל:

הצמצום הזה עשה שיראה ממנו ברוך הוא - האור והזיו. מה שקודם לכן - ומה שגם עתה אין הצמצום מגיע לו - אינו ניתן להיות נראה ומושג כלל. וזה האור שניתן ליראות, נקרא אור נאצל, כי הוא נראה כמו אור שנתחדש. אך באמת אינו אלא איזה בחינה מן האור הקדום, שנתמעט כוחו בסוד הצמצום:

כְּלָ"ח פַּתְוֹזי וֹחְכְמָה לְרַמְחַ"ל

אחר שנתפרש מציאות הצמצום, צריך לפרש מה נולד מזה, וזה מן הנולד בראשונה:

חלקי המאמר הזה שניים. חלק ראשון, הצמצום הזה עשה וכו', לדעת שהיראות הספירות הוא תולדת הצמצום. חלק שני, וזה האור, לדעת התולדה הזאת מה היא ועניניה:

חלק א:

א. הצמצום הזה עשה שיראה ממנו ברוך הוא, כי הלא כבר ידעת ושמעת שהבלתי -תכלית הוא הבלתי נראה. ואמנם הדרך המוגבל שהיה כלול בא"ס, היה גם הוא בלתי נראה, מפני שליטת הבלתי -תכלית עליו, שהיה הופכו אליו. כשבא הצמצום, והסיר מן הדרך הזה הבלתי - תכלית, נשאר דרך הזה נראה:

ב. עשה שיראה ממנו ברוך הוא האור, רוצה לומר האור שאמרנו למעלה שרצה הא"ס שימצא, והיינו הראות מדות החוק העליון בדרך הארה. ותבין בזה, שאין זה לבדה תולדת הצמצום, וגם לא יוצא בהכרח מן הצמצום, כנמשך מן הקודם. אלא הצמצום הוא רק שיסיר הא"ס ברוך הוא את בלתי תכליותיו מן המשכת הפעולה חוץ ממנו. ומן אז והלאה יהיה לפעולה חוק מסודר. אלא שבהצטרף לזה רצונו יתברך שהחוק יראה, אז נמצא עניין זה של היראות אור. נמצא, שלא זה לבד תולדות הצמצום, ולא דבר נמשך מן הצמצום לבדו. אבל עד שלא היה הצמצום, לא היה מציאות לדבר זה. אם כן נאמר שהצמצום עשה הדבר הזה, לא לפי שהוא [סיבה] לדבר, אלא לפי שהוא סיבה למציאות:

ג. האור והזיו - ענינו מה שמזהיר מן העצם המאיר, וסובב עליו. רוצה לומר אין ההארה דבר בלתי מתייחס באלקות, שיורה אותו רק על צד ההסכמה ורצון, אלא דבר מתייחס ומורה עליו ביושר. וזה, כי הנה כל מה שאנו רואים באלקות - הוא הספירות, אך הספירות הם דרך אחד שרצה הרצון העליון להראות בו חוקיו, שאינו דרך עצמי אליו, אלא רצוי ממנו. אם כן אין אנו רואים מן האלקות שום דבר עצמי, אלא נרצה ממנו יתע אם כן, לא תוכל לקרוא לספירות אלקות, אלא הוראת אלקות. דרך משל, השם בכתב מורה על בעל השם, ואין באותיות השם

קל"ח פתחי חכמה לרמח"ל

דבר עצמי ומתייחס אל בעל השם, אלא על דרך ההסכמה ורצון מורה עליו. אין האותיות אלא הוראת בעל השם, לא חלק או שום צד ממנו, שיהיה להם שום מהות ממה שיש בו. אך הספירות קראנום אלקות, אם כן צריך שבהארה תהיה דבר מתייחס אל האלקות.

אלא כן הוא האמת - הארה מתייחסת אל האלקות. ואיך מתייחסת, האלקות נסתר מן הנבראים, אך עם כל זה צריך שיהיה להם גילוי ממנו בשעה שמתגלה עליהם. הא למה זה דומה, משה רבינו ע"ה היה לו קירון אור, מי שעומד לפני משה ויבוש מלהסתכל בפניו - ישפיל עיניו למטה, אבל יראה את זיוו. כך האלקות מתגלה על הנבראים, ואינם רואים בו. ומה יראו, רק הזיו המתנוצץ ממנו, וזה הזיו הם הספירות. הזיו מתייחס אל בעליו, והוא גילוי הוד העצם הנכבד המסתתר, וזה מתגלה ממנו. ההארה ההיא, שהיא הספירות, היא זיו של א"ס ברוך הוא, דהיינו גילוי הודו. אם כן מתייחסים הם לא"ס ברוך הוא, שהוא בעל ההארה הזאת.

יש להקשות, הזיו לפי שהוא מתייחס - הוא עצמי לבעל הזיו. אך "הארה" אמרנו שהיא בדרך רצון, ולא עצמית. אם כן אינה זיוו, תשובה, רצון היה שיהיו הספירות מושגות אל הנבראים באיזה דרך שיהיה. ההארה בספירות היא התמשכם בהשגה אל הנבראים. אם כן ההארה היא רצונית, ולא עצמית. וגם הרצון היה - שהתמשכות זה יהיה בדרך הארה. והיה יכול להיות בדרך אחר, כל דרך שהיה. והוא שיהיה להמשיך השגתם אל הנבראים - היה כמו הזיו המתייחס לבעליו, שנותן השגה מהם בלי ראיית עצמותם. אם כן ההארה היא רצונית, ועם כל זה היא זיו מתייחסת לבעליו, רצונית מצד צורתה, אך מתייחסת מצד ענינה. על דרך זה אמרו חכמים - ונהנים מזיו השכינה - אותה אינם רואים, אבל כבודה משיגים, שעומד עליהם:

ד. מה שקודם לכן - ומה שגם עתה אין הצמצום מגיע לו - אינו ניתן להיות נראה ומושג כלל, והיינו שזהו אותו האור שאמרנו, שהוא ההפרש שבין הספירות המצומצמות ובין כל המציאות קודם הצמצום, וכן בין א"ס ברוך הוא גם אחר הצמצום:

קל"ח פתחי חכמה לרמח"ל

א. וזה האור שניתן ליראות, נקרא אור נאצל. שזהו מה שקוראים המקובלים אור נאצל. וזה שיכולים לטעות בלשון הזה - לפרש שהספירות הם אור חדש, שהמשיך והאציל ממש הא"ס מעצמו, ועדיין הוא אלקות, כי הוא דבק בו. וזה טעות ודאי, כי המשך דבר מדבר הוא מקרה גופני. אם כן אי אפשר לומר באלקות - המשיך דבר מדבר, שהדבר הנמשך יהיה גם כן אלקות. אלא אור נאצל נקרא, מפני הטעם הכתוב כאן:

ב. כי הוא נראה כמו אור שנתחדש, רוצה לומר אין צריך שיהיה נאצל מחדש עצם האור, אלא שיתחדש להיות במציאות אור. וזה, כי כל מציאות שניתן לנושא, שלא היה לו מתחילה, נקרא חידוש מציאות. אך במציאות ניתן מציאות אחד, שהוא המצא אור נראה, שלא היה כן מתחילה. אם כן הוא אור מחודש המציאות. שאף על פי שהעצם הוא הראשון, מציאות האור הוא מחודש, וזה רוצה לומר אור נאצל:

ג. אך באמת אינו אלא איזה בחינה מן האור הקדום, שנתמעט כחו בסוד הצמצום, כי הדרך המוגבל כלול היה בא"ס ברוך הוא, אלא שהבלתי - תכלית היה מגדיל אותו האור לבלי גבול. הוסר ממנו הבלתי תכלית - נשאר בכוחו הקטן. אם כן אור מהא"ס ברוך הוא עצמו הוא, אלא שהצמצום הקטין כוחו והגבילו. עניין זה במראה יראה, התאצל אור מחודש מן השורש הנעלם, שהוא א"ס ברוך הוא:

פרק כ"ו

עניין החלל הרשימו הממלא את המקום הפנוי:

זה האור שנאצל היה נקרא רשימו מן האור הקדום, שלרוב גדולתו לא היה מושג. וסוד זה הרשימו הוא הנקרא מקום כל הנמצא, לפי שהוא נותן להם מציאות, מה שלא היה נותן הבלתי תכליות. זה המקום נקרא שהוא חלל, והוא פנוי מאור הא"ס ברוך הוא, דהיינו שאין הבלתי תכלית נמצא בו כבתחילה:

קׂל"ז פַּתזׁזי זׁכבׂה לרבׁמזׂ"ל

אחר שנתפרש שמכוח הצמצום יצא אור חדש, יש לנו עתה לדעת ענייני האור הזה:

חלקי המאמר הזה שלושה. חלק ראשון, זה האור הנאצל וכו', והוא לדעת שזה האור הנאצל הוא רק רושם מן האור הראשון שנסתלק. חלק שני, וסוד זה הרשימו, לדעת שבזה האור יש כח המקום לנמצאים. חלק שלישי, וזה המקום נקרא שהוא חלל, לדעת ריקות [נ"א, חוקות] זה המקום:

חלק א:

א. זה האור שנאצל היה נקרא רשימו. פירוש - היה נקרא קודם שנתחדשו בו עניינים אחרים. וזה, כי לאורות נחליף שמותם ותואריהם לפי פעולותיהם. וזה האור עצמו עתיד להיקרא - עולמות ובניינים, בכמה שמות שונים. אך קודם שנבין בו התחדשות העניינים האלה, נקראהו לפי מה שהוא בראשונה, ואז היה נקרא רשימו:

ב. היה נקרא, רוצה לומר שנבחין אותו בדרך זה, אף על פי שלא לגמרי נוכל לומר כך ביושר. וזה, כי רשימו הוא רושם שנשאר מדבר אחד שהיה מן הסוג ההוא, רק שהיה יותר גדול, והרשימו קטן ממנו. אבל האור שנסתלק, לא היה אור נראה, וזה שנשאר הוא אור נראה, והרי אינם מסוג אחד, ואם כן אינו רשימו. והאמת הוא, שלא נוכל לומר - הוא רשימו מן האור, אלא נקרא רשימו. ולמה נקרא כך, כיון שאינו כך - זה תראה אחר - כך בהבחנה רביעית:

ג. רשימו מן האור הקדום, רוצה לומר שאין זה דבר חדש ממה שנסתלק, אלא כמו חלק קטן ממנו, שעד שלא נעשה מעשה הצמצום, לא היה יכול להיות ניכר בפני עצמו, ואחר הצמצום ניכר. ופירוש כל זה העניין הוא עניין המלכות למטה. המלכות היא שורש כל הנבראים, ומה היא המלכות, היא החלק האחרון של כל ספירות ז"א, כי שורש הנבראים התחתונים הוא החלק האחרון, דהיינו הכוח האחרון, הנמצא בכל ספירה. עתה נקשה ונאמר, אם כן שיש לתחתונים עשר שרשים, שהם עשר חלקים אחרונים שבכל ספירה. תשובה, מציאות חוק זה שיהיו נבראים תחתונים - זה הנקרא מלכות. והוא קשר כל הכוחות

קל"זז פתזזי וזכבה לרבמזז"ל

הנמצאים בכל הספירות להוציא התחתונים. על כן נאמר - מלכות הוא חוק המצא התחתונים. וממה בנוי חוק או אור זה, מכללות כח הנמצא בכל ספירה להוציא התחתונים. ועם כל זה אלה הכוחות תלויים ועומדים, כי הם צריכים לחוק אחד כללי, שהוא המצא התחתונים. ואז חוק זה יכלול כל הכוחות האלה, ויהיה הדבר מזומן לצאת אל הפועל. נמצא, שחיבור וקשר כל הכוחות האלה שבכל הספירות להיות ממציא התחתונים - זהו החוק הנקרא מלכות. וכשהבנת כל זה העניין למטה, עתה תבינהו למעלה. כי הגילוי הנשאר אחר הצמצום - נקרא הכל כמו מלכות א"ס ברוך הוא, פירוש - שתחשוב כל המסתלק מן הכח הפרטי של בריאת נבראים כדוגמת תשעה ספירות למטה. ומה שנשאר שהוא בריאת נבראים מוגבלים - מלכות ל ספירות אלה. ומהו מלכות, כללות חיבור כל הכוחות הנמצאים בכל ספירה להוציא התחתונים, והיינו מציאות חוק זה שיוציאו כל הספירות - תחתונים, כפי המושרש בהם. על כן האור המתגלה הזה נקראהו מלכות, ונאמר שהוא כמו חלק האחרון מכל מה שנסתלק, שחשבנום לדוגמת תשעה ספירות. ועל כן נקראהו רשימו מכל מה שנסתלק. אמנם שתי בחינות נבחין בזה, כי קשר החלקים האלה שהוא חוק המצא התחתונים, שהוא מלכות במקומה, לזה נקרא מקום לתחתונים, שהוא הכח הנותן מקום מציאות להם. אך היותה בנויה מרשימו של כל מה שנסתלק, שרוצה לומר שהוא כמו הכח שבכל ספירה להוציא התחתונים, לזה נקרא שורש ממש לתחתונים. וכן נמצאו ב' בחינות אלה במלכות למטה, כי היא מקום מצד מה שנותנת מציאות לתחתונים, ונוסף בה שהיא עצמה שורש פרטי לכל אחד מהם:

ד. שלרוב גדולתו לא היה מושג, זהו הטעם למה נקרא לזה רשימו, אף על פי שאינם מסוג אחד, כי באיזה צד יכולים לבא אל תחת סוג אחד. והיינו כיון שקראנו לא"ס ברוך הוא אור פשוט, וגם וה אור, אם כן הרי באו אל תחת סוג אחד, אף על פי שזה אור בלתי נראה וזה אור נראה. כי ההראות נחשבהו מקרה נופל ברשימו, שלא היה יכול ליפול באור הראשון. ומסייע לזה מה שהקדמנו למעלה - שאפילו בספירות אין ההראות חוק טבעי, אלא רצוני, שבכח המועט שהוא המוגבל רצה שיהיה, ובבלתי מוגבל לא רצה שיהיה. על כן נקרא רשימו - הכח המוגבל מן הכח הבלתי מוגבל, שבו רצה רצון העליון שיהיה נראה.

65

קָל"זז פָתזזי וזכבמה לרבמזז"ל

יש להקשות, איך נאמר שמה שנסתלק הוא תשעה ספירות, הלא הספירות הם מוגבלות, ומה שנסתלק הוא בבלי -תכלית, אם כן אינו סוד תשעה ספירות, ועוד, תשעה ספירות הם תשעה פעולות נבדלות זו מזו, ובבלתי תכלית אי אפשר לומר חלקים מובדלים, אם כן מה שנסתלק אינם תשעה ספירות, שבבלתי -תכלית אי אפשר לומר חלקים. שהוא ברור שאין חלק נבדל מחלק אלא מפני הגבול שמחלק ביניהם, ובבלתי -תכלית אין שייך גבול בשום צד, אם כן אי אפשר לומר חלקים. תשובה, אמת, הספירות הם מוגבלות ומה שנסתלק הוא בלתי -תכלית, ומצד זה לא היה לנו לדמות מה שנסתלק - להם. אבל התשעה ספירות, אף על פי שהם מוגבלות - מראים על עניין הבלתי -תכלית, והמלכות על הגבול ממש. וזה, כי הנה שורש העניין הוא, שהפעולות המוגבלות הצריכות לכל מציאות הנבראים, באמת הם תשעה חלקים, שהם בניין המלכות עצמה, וזה הדרך המוגבל שהיה כלול בא"ס ברוך הוא שאמרנו למעלה. והבלתי -תכלית היה מתחזק על כל אחד מן התשעה האלה, ומחזירם לבלי גבול. נמצא כאן סוד עשר ספירות - תשעה מדרגות של פעולה מוגבלת, כולם עניין אחד, נחשבים מספירה אחת. שליטת הבלתי תכלית על כל אחת מהם נחשב לסוד תשעה ספירות האחרות, ואינם מחולקים מצד עצמם, אלא שהבלתי -תכלית הוא השולט על כל חלק מן הדרך המוגבל, ומחזירו לבלי גבול. על כן הם סוד התשעה ספירות. אך הספירות שלאחר הצמצום, הנה כולם חלקי המלכות, על כן כולם מוגבלות, אלא שהמלכות שבספירות הוא עניין הדרך המוגבל הכלול למעלה ותשעה ספירות שבספירות הם הוראות הבלתי -תכלית השולט על הדרך המוגבל, ולא בלתי -תכלית עצמו, אלא הוראתו כפי מה שצריך לזה לצורך ההנהגה, כמו שיתבאר במקומו:

חלק ב:

א. וסוד זה הרשימו, רוצה לומר סוד המצא זה הרשימו, והוא מה שאמרנו לעיל, שקשר הכוחות שבספירות העליונות - זהו החוק של המצא התחתונים במקומו, שהוא מלכות, החוק העשירי שבעשר החוקים, שהם עשר ספירות. ועל כן קשר הכוחות האחרונים שבבלתי -תכלית, שנתחברו יחד לעשות הרשימו על הדרך הזה - הוא המלכות. ובחינה זאת הוא המקום של הנבראים, כי זה הוא החוק לתת להם

קָל"זז פַּתזזי זזכבמה לרמזז"ל

מציאות. אך הרשימו עצמו, שהוא הכוחות שנתחברו, הם השורש לתחתונים, כדלקמן:

ב. הוא הנקרא מקום כל הנמצא, לפי שהוא נותן להם מציאות, מה שלא היה נותן הבלתי -תכליות, רוצה לומר שהוא נקרא מקום, לפי שעושה מעשה המקום, שמכיל העומד בו. אך אינו מקום כמקום הגשמי, שהוא מציאות מקום ממש, לעמוד בתוכו מי שעומד. שאין שייך דבר זה בספירות כיון שהם אלקות, ובאלקות אין שום מקרה גוף:

ג. וזה המקום נקרא שהוא חלל, חלל רוצה לומר מה שיש לו בית קיבול לקבל אחרים. וזה רוצה לומר מדרגה אחת, שבבחינתה נותנת שצריכים למצוא בה אחרים סובלים ממנה. דרך משל, מלכות נותנת בחינתה שיהיו נמצאים עולמות סובלים ממנה, כמו ענפים שלה - נקרא שיש לה בית קיבול. ועד שנמצאת היא לבדה, ואין העולמות נמצאים - בית קיבול שלה חלול. וכשימצאו העולמות סובלים בה - נקרא שחלל שלה מלא. ואמנם עד שהיה הבלתי -תכלית שולט, היה הכל שלם בכל שלמות. כיון שנסתלק - נתגלתה המלכות, שהיא בית קיבול, וגם לא נגלתה מלאה בעולמותיה, אלא מקום חלל. ועם כל זה לא היה חלל לגמרי, כי הרי שורש העולמות העתידים לצאת היה שם בבחינת רשימו, אלא רשימו שהוא כמו אויר, שלא היו העולמות נודעים. ועל כן, אף על פי שהיה בית קיבולה מלא ממנו, היה נקרא חלל לגבי א"ס ברוך הוא, כי בתחילה לא היה צריך שום שלמות יותר. וכן א"ס המקיף אינו צריך שום שלמות. זה שעדיין צריך לשלמות - נקרא חלל. ולכן אחר כך כשירד הקו ועשה מן הרשימו - ספירות, הרי נקרא שמילא החלל הזה. ועל כן אמרו - שהקו מילא אותו. והוא מה שאמר אחר כך, שא"ק ממלא בעשר ספירות שלו כל החלל.

יש להקשות, מה צורך לומר שלגבי א"ס נקרא חלל, נאמר שכיון שצריך עדיין להשתלם - נקרא חלל. תשובה, הבית קיבול באותו הזמן היה מלא מן הרשימו - לא היה לו לקרא חלל. אלא שלגבי א"ס ברוך הוא, שהוא שלם בכל שלמות, שאין שייך בו שלמות יותר, נקרא חלל. וכן לגבי מה שהיה מלא זה המקום מן הבלתי תכלית שנסתלק ממנו - נקרא חלל. וכן לגבי מה שהיה מלא זה המקום מן בלתי תכלית שנסתלק

כָּל" זו פְתוזי וזכבמה לרמזו"ל

ממנו נקרא. והוא פני מאור הא"ס. ברוך הוא, דהיינו שאין הבלתי - תכלית נמצא בו כבתחילה, רוצה לומר שעל כן יכולים העולמות להימצא בזאת המדרגה בחלל שלה שלה חלל שאמרנו - שאין הבלתי -תכלית עומד שם, שאינו מניח מציאות למדרגות. עניין זה במראה נראה, מקום חלל פנוי, מלא באור דק שנקרא רשימו, שבזה המקום יעמדו כל העולמות כלם, ורוצה לומר העניין כמו שפרשתי.

פרק כ"ז

דרך הנהגת הקו את הרשימו:

בזה הרשימו נשרש כל מה שעתיד להיות. ומה שלא הושרש שם - לא יכול להיות אחר כך. ואף על פי כן, כל המושרש שם לא היה יכול למצא, אלא אם כן הבלתי -תכלית עצמו ינהג אותו. אלא שהבלתי -תכלית אף על פי כן לא יפעול אלא מה שמושרש ברשימו. והיינו כנשמה המנהגת את הגוף רק לפי מה שהוא. וזה נקרא קו אחד מא"ס ברוך הוא הנכנס בתוך החלל. כי זה העניין עצמו שהוא פועל ברשימו - היינו לפי הנבראים. אך הוא בעצמו פועל אותו בשלמותו. והנה זה העניין לפי הנבראים הוא הרשימו, אך ברקו הוא מה שהוא לפי שלמותו. ועוד, זה הנפעל לפי הנבראים הוא הרשימו, אך הדרך שהא"ס פועל אותו הוא הקו, שהוא לפי בלתי תכליתו, כמו שהוא בלתי -תכלית. אחר שנתפרש האור הנאצל מה הוא, עכשיו צריך לפרש מה נעשה ממנו:

חלקי המאמר הזה שלוש. חלק ראשון, בזה הרשימו וכו', והוא ידיעת מה היא סגולת הרשימו הזה. חלק שני, ואף על פי כן כל המושרש שם וכו', וזה שהרשימו צריך לבלתי תכלית. חלק שלישי, כי זה העניין וכו', וזה גדר ב' הדברים - קו ורשימו לפי פעולתם:

חלק א:

א. בזה הרשימו נשרש כל מה שעתיד להיות. וזה פשוט, שכבר נתבאר, שהרשימו הוא מה שנשאר מכל מה שנסתלק, שהוא כל מה שהיה כלול בכל מה שנסתלק בבחינת שורש התחתונים. אך כל מה שעתיד להיות

קָל"זז פְּתוִֹזי וזכמה לִרמזז"ל

בתחתונים היה כלול ודאי במה שנסתלק, בבחינה זאת של שורש התחתונים. אם כן הרשימו הוא שורש כל מה שעתיד להיות בתחתונים. ראיה לזה שכל מה שעתיד להיות היה כלול במה שנסתלק הוא פשוט, שהרי מה שנסתלק הוא א"ס ברוך הוא, בא"ס כלול הכל. אם כן במה שנסתלק כלול הכל:

ב. ומה שלא הושרש שם - לא יכול להיות אחר כך, רוצה לומר לא די שיהיה הרשימו שורש לכללים, שאחר כך יתפרטו הפרטים למטה, אלא כמו כן צריך להיות מושרשים כל התחתונים ברשימו, שכל פרט צריך שיהיה מושרש בו. ראיה לזה, בכל -יכול - אי אפשר להיות שום פרט שלא יהיה נכלל בו. הרשימו הוא גילוי כל מה שהיה כלול בכל -יכול בבחינת שורש התחתונים. אם כן גם הרשימו - צריך שאפילו כל הפרטים יהיו כלולים בו:

חלק ב:

א. ואף על פי כן כל המושרש שם לא היה יכול למצא, אלא אם כן הבלתי תכלית עצמו ינהג אותו, והיינו כי יש עצמים שתנועתם מצד עצמם, ויש שתנועתם מצד אחרים. דרך משל, הגוף תנועתו מצד אחר, הנשמה תנועתה מצד עצמה. ולכל זה צריך שיהיה שורש למעלה. אם כן גם באורות צריך שיהיו אורות שתנועותיהם מצד עצמם, והם שורש לעצמים שסגולתם כך, ויש שתנועתם יהיה מצד אורות אחרים, והם שורש לעצמים שסגולתם כך. הרשימו הוא שורש לגוף, והבלתי - תכלית - לנשמה. על כן הבלתי -תכלית מתנהג בעצמו, הרשימו תנועתו על ידי הבלתי תכלית. והבנת זה העניין הוא:

ב. אלא אם כן הבלתי -תכלית ינהג אותו, רוצה לומר שאף על פי שחוקות ההנהגה הם מה שמסודר ברשימו, ראשית ההנהגה אינה שם, אלא בבלתי -תכלית. ועניני הרשימו מתנהגים רק על ידו כגרזן ביד החוצב בו.

ושתי ידיעות יוצאות מן ההקדמה הזאת. אחד - שאין מציאות למעשה הרשימו אלא על ידי הבלתי - תכלית. והשני - שהבלתי -תכלית הוא מנהג את הרשימו. ומלה זו מורה יותר מתנועה, שאילו לא היה הבלתי

-תכלית אלא מניעה את הרשימו, היה לו לומר - לא היה יכול למצא
אלא על ידי הבלתי -תכלית. אבל אנו אומרים - מנהג אותו, שהוא מנהג
ומסדר עניני עצמו של הרשימו. ופירוש שתי עניינים אלה הוא, האחד
- שאין מציאות למעשה הרשימו על ידי הבלתי -תכלית. וזה, כי אף על
פי שמה שפועל הא"ס ברוך הוא לפי התחתונים היא פעולה מוגבלת,
לא מפני זה נאמר שהוא פועל אותה בדרך מוגבל כמו אדם. אלא דרך
פעולתו לא תוכל להיות מושגת ממנו, כי היא דרך בלתי מוגבלת, אלא
שבכוח גזרת רצונו, אף על פי שהוא פועל והולך כדרכו, אין מגיע לנו
אלא מה שמגיע, והיא הפעולה המוגבלת. ונמצא באמת שהפועל הוא
המוגבל, לא הפעולה, שהיא דרך הוצאת הפועל. כי אין התחתונים
מקבלים אלא לפי הכנתם. ועל כן כל מה שנדבר - לא נדבר אלא בפועל
נגבל, שהוא מוגבל. אבל הדרך שהא"ס פועל הפועל ההוא - זה נשגב
ממנו, ולא נדעהו, ולא נחקור אחריו, כי אין לנו שייכות לדעת אלא מה
שנעשה - מה ענינו, אך איך נעשה - זה אי אפשר לדעת. דרך משל,
נדע שיש ספירות מצומצמות נעשות מאורו, אבל איך עשה להעלים
אורו ולצמצמו - זה לא נוכל לומר. מה שאינו כן מן הצמצום ולמטה,
שנוכל לומר זה. כי הרי נוכל לפרש בפרצופים חלקיהם ושליטותיהם
ותולדותיהם איך יוצאים, ומה נעשה בהם בחדשם תולדות. מה שאין כן
בא"ס ברוך הוא, שאי אפשר לומר בו חלקים ושום עניין כאלה. על כן
אי אפשר לומר איך פעל, או איך מתלהטים עתה ממנו הספירות האלה.
אלא שכל זה הוא פעולה בלתי תכליתית.

ואביא לך ראיה שדרך הפעולה בכל הפעולות צריך שיהיה בלתי מוגבל.
וזה, כי הנה א"ס ברוך הוא צריך שלא יהיה בו שום שינוי. אך שיהיה
פועל בזמן אחד בדרך אחד, ובזמן אחר בדרך אחר - זה שינוי. אם כן
אין הא"ס ברוך הוא פועל פעם בדרך אחד ופעם בדרך אחר. מוכרחים
אנו לומר שפעולות הא"ס ברוך הוא שווים, ואותה הפעולה שמגעת לנו
בגבול - הוא פועל אותה בלי גבול כדרכו, אלא שאנו מקבלים מה
ששייך לנו. אמנם שלא יהיה שינוי בפעולות א"ס ברוך הוא - זה פשוט,
שהרי א"ס ברוך הוא צריך להרחיק ממנו כל מקרה גוף לגמרי, והשינוי
הוא מקרה גופני ודאי, אם כן לא יהיה בו. ועוד זה הדבר נתברר בדברי
רשב"י זללה"ה, שאמר לא אשתני בכל אתר. וכן ברעיא מהמניא
שהבאתי למעלה בעניין הנשמה, עיין שם.

כָּלּ"וֹ פָּתוֹוֹ וֹוֹכְמָה לְרַמְוֹוֹ"ל

כללו של דבר - יש לנו שני דברים, פועל א"ס ברוך הוא, ופעולתו. הפועל הוא המגיע לנו והוא מוגבל, הפעולה היא הנעלם ממנו, והיא בלתי מוגבלת. הפועל המוגבל הוא הרשימו. אך הפועל צריך לפעולה, והפעולה היא בלתי מוגבלת - פעולת הא"ס ברוך הוא שפועל בבלתי - תכלית. הרי שאין המושרש ברשימו נמצא אלא על ידי הבלתי תכלית. אך אם הייתה דרך הפעולה גם כן מוגבלת, אז היה הרשימו פועל לפי עצמו, בלא צורך לבלתי תכלית. השני - שהבלתי -תכלית מנהג את הרשימו הנהגה וסידור ממש. וזה בא בבת אחת עם מה שהפעיל את הפועל - הוא הבלתי תכלית בבלתי תכליותיו. כי בדרך זה הוא גורם שאף על פי שהנפעל הוא דרך אחר, אף על פי כן יהיה כללות תכליתו מסודר ממנו, ומתנהג לפי הנהגתו. ופירוש זה העניין - יש לבלתי - תכלית סגולה - שהוא שלם בתכלית השלמות, ובשלמות זה הוא כלו טוב, כמ"ש למעלה בעניין היחוד, שאין רע נמצא לפניו. אלא בהעלם שלמותו יש מציאות לרע. ובהתגלות שלמותו - הרע איננו עוד, בסוד, "בלע המות לנצח". אך כדי לגלות יחודו בדרך מבורר - העלים שלמותו, והניח דרך בלתי שלם לברוא הנבראים בלתי שלמים ולהנהיגם, וזהו הרשימו. כי הרי הנבראים אפילו שיהיו בתכלית השלמות, לא יוכלו להיות בשלמותו יתברך, כי כיון שהם נבראים לא יגיעו לעולם להיות במדרגת הבורא. ואמנם הרשימו הזה בהיותו יוצא בסוד העלם השלמות, הנה נשרשים בו חסרונות והעלמים רבים. והאמת, שכוונת החסרונות הוא, שעל ידו נתן הדרגה למצבי הנבראים להתקרב אל השלמות בקריבות של הדרגה. מה שאין כן הבלתי - תכלית, שאין בו הדרגות, ועל כן הוא שלם מתחילה. אמנם בשתי בחינות היה יכול להיות הרשימו הזה, או שיהיה חוק אחד בלתי שלם להנהיג בריות בלתי שלמות, שלא יצאו לעולם מן החסרונות שלהם, או שיהיה חוק אחד שהחסרונות האלה שבו, אדרבא, יהיו סובבים והולכים עד שישלימו בשלמות הנעלם מתחילה. ואתן לך משל על זה. דרך משל, השכר והעונש הם חסרון שלמות, כי בשלמות צריך שהכל יהיה טוב. אלא שבהעלם השלמות נשארה ההנהגה מסופקת, אם להיטיב או להפכו, לפי מעשה בני אדם התחתונים. וזה הדבר מושרש ברשימו, כי שם יש כל עניני השכר, ועניני העונש כנגדם, מזומנים להתעוררות התחתון. ואולם היה יכול להיות, שזה הדבר ילך לעולמי עולמים כך,

כֹּל זֶה פָּתַזִי וזכמה לרמזו"ל

הצדיקים יקבלו שכר והרשעים יענשו, זה היה אם הרשימו לא היה
מתנהג מן הבלתי תכלית. אבל כיון שהבלתי -תכלית הוא המנהג את
דרכי הרשימו, אם כן דרכי הרשימו צריכים לסבוב כדי לבוא אל
השלמות, לא להישאר כך. וזהו שניתן גבול לימי הבחירה והשכר
והעונש, דהיינו שית אלפי שנין הוי עלמא, שאז נמצא שהרשימו כמו
גלגל שיש בו כל כך מעלות, שאין בו לרכוב אלא כל כך מעלות, וסוף
הכל תהיה מנוחה בשלמות. נמצא שהא"ס ברוך הוא הוא הפועל
בשלמותו בבלתי תכליותו אפילו מה שנפעל בגבול. וכמו שהפעולה הוא
כך בשלמות - גם כוונת הפעולה היא השלמות. אלא שעל פי כוונה זאת
נפעל הפועל המוגבל הבלתי שלם. ומהו הריווח בזה, שאף על פי
שהאמצעי הוא בלתי שלם, דהיינו שהפועל חסר, אך תולדתו הוא
להביא ודאי אל השלמות בסוף הגלגולים:

חלק ג:

א. אלא שהבלתי -תכלית אף על פי כן לא יפעול אלא מה שמושרש
ברשימו, שאף על פי שאמרנו שראשית ההנהגה באה מן הא"ס ברוך הוא
לפי שלמותו, כבר גזר שלא יגיע לתחתונים מפעולתו זאת אלא אותו
הסדר המוגבל, שהוא הרשימו. ואף על פי שהכוונה היא לשלמות, וגם
אמיתת הפעולה היא שלמות שהכל טוב, כנזכר לעיל בסוד, כל מה דעבד
רחמנא לטב, ובסוד, "אודך ה' כי אנפת בי", בהגיע הדבר לתחתונים -
מתעלם השלמות, ולא יגיע להם אלא מה שנותן חוק ההעלם הזה. אלא
שחק ההעלם מסובב מן השלמות, עד שהוא מהלך בדרך אחד, שסופו
ודאי מגיע אל השלמות כנזכר לעיל:

ב. והיינו כנשמה המנהגת את הגוף רק לפי מה שהוא, ושתי הוראות
לענין זה, אחד - שאין ביאת הבלתי -תכלית לנהג את הרשימו מוסיף
ברשימו שום כח חדש, אלא מה שכבר מושרש בו מתנוע על ידו, וגם
מסודר על ידו. ודומה לזה - נשמה בגוף, שאינה מחדשת בו כלום אלא
מתנוע מה שכבר מוטבע בו. שני - שעניין המצא הקו של א"ס ברוך
הוא ברשימו - הוא עצמו - שורש גוף ונשמה בעולם הזה. על כן
מקריהם שווים:

כָּל"זֶ פָּתְזֹזִי וְזֹכְבָּה לָרַמֹזֹז"ל

חלק ד:

א. וזה נקרא קו, זה העניין שא"ס ברוך הוא נכנס בהנהגת הרשימו - נקרא שקו ממנו נכנס תוך החלל:

ב. קו, זהו מה שאנו אומרים שקו אחד נמשך מא"ס ברוך הוא המקיף, כמו צינור אחד אל תוך החלל, ושדרך הצינור הזה יורד אור מא"ס ברוך הוא למה שבתוך החלל, ועל ידו מתדבקים המאציל בנאצל. והעניין הוא, כי הנה בכלל הכל יכול הוא, להיות מביט גם אל פעולת זולתו. וכיון שנתחדש מציאות הדרך המוגבל, הנה יביט עליו הא"ס ברוך הוא גם כן בכל יכלתו. והרי לנו בכאן שלוש דברים - מה שהא"ס פועל לפי שלמותו, אותם הדברים עצמם שאנחנו מקבלים אותם בגבול, ומה שאנחנו מקבלים לפי הגבול, ומה שהשכל יכול מביט אל עניין הדרך המוגבל עצמו שאנחנו מקבלים. והנה הבטת הכל יכול זה הוא הצינור, שגם הוא קו מא"ס ברוך הוא, אלא שהיא הבטה אל הרשימו לפי מה שהוא רשימו מוגבל. ומה שאנחנו מקבלים - זהו כללות הרשימו. מה שהא"ס ברוך הוא, פועל אותו העניין עצמו לפי שלמותו, זהו מה שנמשך מן הא"ס ברוך הוא אל תוך החלל דרך הצינור. והיינו שבתוך מה שהא"ס ברוך הוא מביט אל הדרך המוגבל בכל -יכולתו, מתעלם ומתלבש מה שהוא פועל אותם הפעולות עצמם של הרשימו לפי שלמותו, לכן נקרא לזה צינור, ולזה אור נמשך בתוכו. וזה הנמשך הוא מה שנאמר - שהרשימו מקבל אורו מא"ס ברוך הוא, וכן שמתדבק המאציל בנאצל. וזהו דווקא המנהג את הרשימו, כנשמה את הגוף. כי הבטת הכל יכול כבר שמעת שאינה שום הארה מתחלפת מן הרשימו, אלא מביט עליו לפי מה שהוא, אך האור הזה הוא עניין המתחלף מן הרשימו, שהוא לפי השלמות העליון של א"ס ברוך הוא. ומה שברשימו הדברים הולכים בהעלמים וחסרונות כדלקמן - בנשמה הוא הכל לפי הטוב והשלמות. אמנם א"ס ברוך הוא הוא בלתי -תכלית בכל כוחותיו כנזכר לעיל, ואין עניין לבלתי תכליתו עמנו, אלא בבחינה זאת הפרטית. דהיינו בזה הכח עצמו של המשיך הפעולה חוץ ממנו, שגם זה פועלו - ואפילו עמנו - בשלמותו ובבלתי -תכליתו. אלא שאין אנו מקבלים אלא בגבול, כקול שהיה מדבר עם משה, שלא היה נשמע אלא לו, אף על פי שהיה קול גדול ולא יסף. על כן נאמר שבזה מתדבקים המאציל בנאצל.

והנה תבין, כי הצינור - אינו שום הבחנה פרטית בענייני הפעולה כנזכר לעיל, אלא האור הנמשך והרשימו. הרשימו הוא כלל כל חוקות השכר והעונש, שלפי זה הדרך נראה לכאורה כמה קלקולים שנתקלקלו בעולמות לפי הפגמים שפגמו החוטאים. והאור שבמנים הוא לפי דרך היחוד, שהכול טוב, ואין רע כלל, ואין פגם, בסוד, "שיחת לו לא". והוא המנהג את הרשימו כנזכר לעיל, שסופו יהיה רק טוב ושלמות. ואלה השתי דרכים נקראים שם וכינוי. והנה א"ס ברוך הוא המקיף - הוא השלמות השלם, והטוב שולל את הרע, ואין שייך שם להראות הרע ותיקונו, אלא מגיד מראשית אחרית, ונראה הכל טוב. אך אחר ההעלם, דהיינו הצמצום, שם מתחלקים הדברים לשניים, דהיינו השם וכינוי כנזכר לעיל. והכוונה - שהשם ישלוט ותתגלה בסוף הכל, ויחזיר כל הנהגות הכינוי אליו. ואז יהיה מה שהוא כבר בשלמות העליון א"ס ברוך הוא המקיף:

ג. קו אחד מא"ס ברוך הוא, כי הרשימו, אף על פי שיש בו חלקים רבים, אינם עניינים נפרדים, אלא חלקי בניין אחד שלם. רק שלגבי דידן הם הרבה, כי אין אנו משיגים אלא כל דבר בפני עצמו. אך החידוש מה שחידש הא"ס ברוך הוא, הרי כבר אמרנו שאינו אלא עניין אחד לבד, ועל הכללות הזה מביט הכל -יכול בכל יכולתו בכלל אחד. וכן פועל הא"ס בשלמותו פעולה אחת. על כן נאמר שהוא קו אחד. ותבין שאין אומרים חלק אחד, אלא קו אחד. והיינו כי בא"ס ברוך הוא אין הפרש חלקים, אלא בשלמותו, בכל בלתי -תכליתו, מביט אל העניין הזה. וזאת ההבטה הכללית נקרא קו, פירוש - ניצוץ, כמו ניצוץ השמש היוצא מהארת כל השמש:

ד. הנכנס בתוך החלל, זה פשוט לפי המראה, וכמו שנבאר לקמן:

ה. שבו נברא אחר כך וכו', שהרשימו נעשה עולמות, כדלקמן, אחר שבא הקו הזה ואסף אותו, וחילקו לחלקיו, והוא עצמו נתעלם בו. וזה מראה איך שהקו מנהג את הרשימו:

ו. ונמצא הקו הזה, זה פשוט כמו שנבאר לקמן, שהקו הוא מה שהא"ס ברוך הוא פועל הפעולה הזאת המוגבלת עצמה לפי שלמותו:

ז. והנה הקו וכו', וזהו מה שאמרתי למעלה - מן הצינור, שהוא כמו הלבוש לקו עצמו. עד שנאמר שמה שירד הא"ס ברוך הוא תוך החלל הוא כללות קו אחד - צינור ואור נמשך בתוכו. כי הקו מחובר משני אלה, ונקראים שניהם בכלל קו אחד, בדברי הרב זללה"ה:

ח. וזה מה שהשכול יכול וכו', וזה פשוט כמו שנתבאר למעלה. עניין זה במראה יראה - שמא"ס ברוך הוא המקיף יורד קו אחד, וממלא. וזהו צינור בין הא"ס ברוך הוא ומה שבתוך החלל, להדבק זה עם זה:

פרק כ"ח

הקו מתחלק לאור פנימי ומקיף:

קו הא"ס ברוך הוא, הנכנס בתוך הרשימו, נעלם בו בפנים בכל מדרגותיו, ונקרא שמנהגו. ועומד בחוץ ומקיפו, ונקרא שכולל כחו ומביט עליו לכל צד. ואף על פי כן, הכל רק בדרך מה שהוא משתווה לרשימו. וזהו אור פנימי ומקיף של ספירות, שהוא סוד הכלי:

אחר שזכרנו הכנס הקו תוך החלל, עתה צריך לפרש באיזה אופן הוא מתפשט בו:

חלקי המאמר הזה הם שלושה. חלק א', קו הא"ס כו', והוא האופן שנתפשט הקו בתוך הרשימו. חלק ב', ואף על פי כן, והוא שהקו משווה עצמו לפי הרשימו שהוא נכנס בו. חלק ג', וזהו אור פנימי, וכו', והוא חילוקי התפשטות בשם:

חלק א:

א. קו הא"ס ברוך הוא, הנכנס בתוך הרשימו, נעלם בו בפנים בכל מדרגותיו. והיינו לפי עניין שתי ההנהגות שזכרתי למעלה, הנהגת הטוב ורע והנהגת היחוד [נ"א, הנהגת שם וכינוי]. הנה הנהגת היחוד נעלמת בתוך אותה של טוב ורע הנראית, ועל כן נאמר שהקו נעלם, וזה מה שהרוויח הקו להתלבש ברשימו:

ב. ונקרא שמנהגו, והוא מה שאמרנו למעלה שהרשימו מתנהג על פי הנהגת היחוד. וזה מה שאמרנו שמרוויח הרשימו ממה שהקו נעלם בו:

חלק ב:

א. ועומד בחוץ, וזה כי האור שהלך לכנס בכלי - לא כולו נכנס, אלא חציו עומד בחוץ. וכן עושה פעולתו ועומד על משמרתו, זה שבפנים כמו זה שבחוץ. ועוד תבין אלה העניינים מה הם - בחלק השלישי מן המאמר הזה:

ב. ומקיפו, רוצה לומר שאינו עומד מרחוק, שלא יהיה לו שייכות עם הנפעל, שהוא הרשימו, אלא מקיפו:

ג. ונקרא שכולל כחו, רוצה לומר שהוא סיבה לו, ונמצא שכולל אותו כסיבה למסובב:

ד. ומביט עליו לכל צד, היינו שכל סיבה צריכה להספיק לכל חלקי המסובב ממנה. והמקיף הוא סיבה לכלי כנזכר לעיל. אם כן צריך להביט עליו לכל צד:

חלק ג, ואף על פי כן, הכל רק בדרך מה שהוא משתווה לרשימו, אף על פי שהוא מקיף, שלא נגבל בכלי, אינו כמו הא"ס ברוך הוא המקיף שהוא חוץ לכל גבול, אלא כל מה שנכנס לחלל משתווה הכל לרשימו. ולכן האור המקיף שייך לכלי:

חלק ג:

א. וזהו אור פנימי ומקיף. אלה הם השמות של שתי המדרגות:

ב. של ספירות שהוא סוד הכלי, וזה ביאור כל עניין זה של פנימי ומקיף. והוא מה שפירש ברע"מ פ' אמור על א"ס ברוך הוא, שהוא בגו כל ספירה ולבר מכל ספירה. והעניין הוא כמו שאמרנו כבר, איך הקו מנהג הרשימו בכל אותם הדרכים שזכרתי, דהיינו שהפעולה היא בדרך בלתי -תכלית, ושהיא בדרך השלמות. נמצא שעל כל מדרגה ומדרגה מן הרשימו יש השקפת הא"ס ברוך הוא על המדרגה בשלמותו. ואין קיום לחלקים אלא מפני שהרצון רוצה בהם. וזהו עניין הא"ס ברוך הוא

קֹהֶלֶת פְּתוֹזֵי זֹכְמָה לְרַמַזֵ"ל

הנמצא בכל ספירה וספירה בכל צד, שאין קיום לשום עניין של הספירה ההיא אלא ממנו. ונמצא שכל העיקר הוא הא"ס ברוך הוא, ומכל פעולה שהוא פועל לצורך הנבראים, אפילו מה שהוא לפי עניינם, עם כל זה אינו מתגלה ממנו אלא החלק היותר קטן שבה. ונמצא שהשקפת הא"ס על המדרגה המוגבלת, שהיא מה שמקבלים התחתונים - רוב ההשקפה נשגבה ממנו, וזהו האור המקיף. והחלק האחרון שבפעולה הוא אותו השלמות שמתלבש בפועל הנפעל. דהיינו שאפילו השלמות שאנו מבינים שיש בפועל, הנפעל בסוד קו שבתוך הרשימו, אינו אלא החלק הקטן שבפעולה ההיא, והוא העומד לנהג הרשימו הנראה, ששיעורו כנגד החלק הקטן ההוא. והנה ההשקפה הזאת נמצאת בכמה דרכים בספירה, בתוכה ממש, בכל חילוקי הדרגותיה, שהם הנקראים כלים - חיצון ופנימי ותיכון, והעיקר מבחוץ לה בסוד מקיף עליה. וכל אלה נקראים בשמות פרטיים לפי דרך התפשטותם. וכל הדרך המבואר בדברי הרב זללה"ה בעניין התפשטות אור פנימי ומקיף, הוא רק על ההשקפה הזאת המתפשטת גם היא במדרגות לפי סדר חוקות הרשימו ומדרגותיו. עניין זה במראה יראה, האורות בנויים מכלים מתוקנים, ובתוכם וסביבם אור א"ס ברוך הוא בסוד אור פנימי ומקיף:

פרק כ"ט

הקו מאיר בתוך הספירות על ידי הלבוש שלו:

הספירות הם מה שיצא מסוד המקום שנעשה בזמן הצמצום. כל ספירה - חלק מן הרשימו. ולפנים מזה יש פנימיות הנמצא מצד קו הא"ס ברוך הוא שנכנס בתוכו. והקו מאיר בתוך הפנימיות בסוד נשמה לנשמות. ומצד זה הוא שווה בכל המדרגות לגמרי. אך הנשמה שהיא הלבוש שלו - זאת נעשית לכל פרצוף לפי מה שראוי לו. ובה נבחנים הפרצופים זה מזה, שאין השינוי בקו, אלא בלבוש שלו שהיא הנשמה:

אחר שידענו הקו והרשימו בכלל, עוד יש לדעת פרטות העניין, איך מזה נעשו הספירות:

קַל"זו פתוזי וזכמה לרמזז"ל

חלקי המאמר הזה ארבעה. חלק ראשון, הספירות הם מה שיצא וכו', וזה בניין חיצוניות הספירות. חלק שני, ולפנים מזה, וזה עניין פנימיותם. חלק שלישי, והקו מאיר, וזה עניין פנימיות נעלם יותר. חלק רביעי, ומצד זה הוא שווה, וזה ההפרש שבין הפנימיות בין הראשון לשני:

חלק א:

א. הספירות הם מה שיצא מסוד המקום שנעשה בזמן הצמצום, היינו כי הנה כבר נתפרש למעלה, שהמקום הוא מה שנותן המציאות לנמצאים, עד שמה שאינו מוכן בו - אי אפשר לצאת אחר כך. וכן קודם שהיה המקום, לא היה אפשר לשום נמצא להימצא. ואחר שנעשה המקום - יצאו הספירות, ויצאו לפי מה שהוא המקום. אך לפי המקום לא יש אלא הרשימו, כי הוא לבדו נשאר כשניתן המקום. וכבר שמעת למעלה, שכל מה שהיה יכול לצאת לגילוי - כבר יצא ברשימו. אם כן אין הספירות אלא מן הרשימו:

ב. כל ספירה - חלק מן הרשימו, והיינו שהרשימו היה נקרא כך כנזכר לעיל, עד שלא היה פעולה אחרת כי אם להיות מה שנשאר מן הצמצום. אך אחר כך התחיל לפעול, שהיו חלקיו נבנים ונעשים עולמות ופרצופים, עד שכל ספירה בכל מקום שהיא - היא חלק אחד מן הרשימו. וזה פשוט, כי הנה הרשימו הוא כללות כל העתיד להיות בספירות בכל מקום שהם, אלא שהיה הכל בכלל אחד. על כן בבחינה זו נקרא רק שורש למה שעתיד. אבל באמת, הוא הכלל של כל מה שעתיד להיות, שמה שנהיה אחר כך - הכל פרטים ממנו. כל פרט הוא חלק מן הכלל, אם כן כל מה שהוא בספירות בכל מקום שהם - הוא חלק מן הרשימו. ואפילו שתצא אחר כמה מדרגות - לא אריא, שהרי לא יכלה לצאת אלא שם. אבל לא מפני זה [נאמר] שלא תהיה חלק מן הרשימו העליון, כי כבר שמעת שמה שלא נכלל שם בכלל - אי אפשר להיות אחר כך בפרט כלל:

כְּלֹ"זֹ פַּתוֹזֵי וֹזכֹמה לְרֹמֹזֹ"לֹ

חלק ב:

א. ולפנים מזה יש פנימיות, וזה, כי כבר כל זה הולך לפי סדר דמות אדם, כמ"ש עוד לקמן, וכמו שפירשנו למעלה בסוד נשמה וגוף. וזה הפנימיות הוא נשמה לכלי. אחר כך יש נשמה לנשמה, כמו שיש לאדם, כדלקמן:

ב. הנמצא מצד קו הא"ס ברוך הוא שנכנס בתוכו. וזה, כי כל חיבור שני דברים מוליד תמיד דבר נוסף אמצעי ביניהם. וזהו הנמצא מצד קו א"ס, שמן הכניסה עצמה נולד דבר זה. והאמת, שבהכנס הקו בתוך הרשימו - מזהיר ממנו זוהר לפי הכניסה הזאת, והוא מתייחס אל המקום שנכנס בו, וזהו הנשמה של הכלי. וזה סוד המוחין הפרטים של כל פרצוף:

חלק ג:

והקו מאיר בתוך הפנימיות בסוד נשמה לנשמות, וזה מה שהוזכר תמיד בס' הזוהר ובתיקונים עניין שקיו דאילנא, שזה אינו המוחין, כי המוחין הם דברים פרטים לפי בניין הפרצוף, כמבואר בדרושים:

חלק ד:

א. ומצד זה הוא שווה בכל המדרגות לגמרי, זה צריך לפי מה שנתבאר בזוהר - לא אשתני בכל אתר. דמציאות זה פשוט, כי הקו עומד רק בבחינת הפעולה השלמה של א"ס ברוך הוא, שהוא פועל בה החוקים הנגבלים כולם, וזה פירשנו למעלה כבר. אך הפעולה השלמה הזאת - כך נבחין אותה בכתר, שהוא החוק והספירה היותר עליונה, כמו במלכות שהיא אחרונה. כי כל מה שפועל הא"ס - פועל אותו בשלמות, ואין חילוק בזה בין קטן לגדול, אם כן הקו הוא שווה בכל המדרגות, ועוד שזה דבר נאות אל הא"ס ברוך הוא - שלא יהיה הוא משתנה כלל, אלא הספירות הם המשתנות. וזה, כי הספירות הם לפי מה שמקבלים הנבראים לפי הכנתם, וכיון שיש שינוי בהכנת המקבלים - ימצא שינוי בספירות. אך קו הא"ס ברוך הוא, שהוא לפי שלמותו, אין שייך בו שינוי.

<u>כָּל'זז פתזזי זזכבזה לרבזזז"ל</u>

ועוד דבר זה נראה בבחינת הנשמה והגוף גם כן. כי בגוף הוא חילוק האברים, ומה שמוטבע באבר אחד, אינו מוטבע באבר אחר. אך הנשמה כולה היא נשמה אחת, ולא נאמר שחלק הנשמה בחוטם אינה חלק הנשמה שביד, אלא כל הנשמה בכל חלק. והרי היא שווה בכל חלק מן הגוף, והפעולות משתנות בחלקי הגוף. אך הנהגת הגוף הוא על ידי הנשמה. הרי נמצא שהנשמה מנהגת את הגוף בכל שינוי פעולות בלא שתשתנה היא. והקו הוא כנשמה לגוף, שכבר פירשנו שהכוחות מחולקים ברשימו כגוף, אך הקו מנהיגו כנשמה, אם כן צריך שיהיה שווה בכל המדרגות. ושתי ההבחנות האלה שאמרנו - להיות הספירות לפי המקבלים, וכן עניין הנשמה והגוף, מבוארים יחד בדברי רעיא מהימנא פרשת פנחס (דף רנ"ד ע"ב) - ההוא אבר דעביד ביה פקודא אתקריאת נשמה לגביה וכו' עיין שם.

ועוד הבחנה שלישית בזה העניין - היחוד והשכר והעונש שכבר פירשתי לך, שהשכר ועונש עניינו בספירות, והוא משתנה לפי המעשים, על כן הם משתנות. אך היחוד הולך לתכלית אחת לבד בכל פעולה, בלי שום שינוי. וזהו הקו שהוא שווה בכל המדרגות. ותבין שההשוואה הזאת היא השואה גמורה, פירוש - כי יש נושאים משתווים זה לזה בערך, ויש שמשתווים לצד אחד, ששניהם באים בו אל מקום אחד, או תחת סוג אחד, ויש שמשתווים לגמרי. אך הקו השוואתו היא לגמרי, וזה פשוט מכל הראיות שהבאנו, שהרי פעולתו שווה ממש בכל מדרגה בלא שום שינוי כלל:

ב. אך הנשמה שהיא לבוש שלו, הלבוש בעניין הנשמה הוא עניין אחד בינה ובין הגוף, מתייחס אל הגוף, שבהתלבשה בו - פועלת הפעולות הצריכות לפי הגוף ההוא, וכשהיא חוץ ממנו - אינה פועלת כך. וזה הלבוש שמלביש הקדוש ברוך הוא את הנשמה בבואה לגוף, כמו שפירש בזוהר. שאם לא היה זה הלבוש - לא היה לה להתייחס עם הגוף כלל, והרי קודם שבאה לעולם הזה היתה כמו מלאך בלא יצר הרע, בלא בחירה. ובהכנסה בגוף, נעשית בעלת יצר הרע ובעלת בחירה. אך הכלל נמשך מהתלבשה בזה לבוש הגוף. וכל עניני הלבושים למעלה הם בסוד זה - משנים פעולה למתלבש בהם כפי עניינם. וכן אמרו בעניין הנחושת שהוא לבוש שלובשת השכינה. כשרוצה לזון את הקליפות.

וכן בתיקונים, לבושים דלביש ברמשא לא לביש בצפרא. כי העצם הוא אחד תמיד, ומתלבש בלבושים שונים, ועל פי עניינם פועל כל הפעולות השונות שפועל. ותראה שכן מצינו שכתוב, "ויעט כמעיל קנאה וילבש צדקה כשריון". ולפי העניין הזה ברצות הרצון העליון להכניס הקו לנהג את הרשימו, שהוא רחוק ממנו כגוף מן הנשמה, הוצרך הלבוש האמצעי ביניהם, כמו שיש בין הגוף והנשמה, ואז בהתלבשו שם - פועל ברשימו מה שיש לו לפעול:

ג. זאת נעשית לכל פרצוף לפי מה שראוי לו, כל פרצוף לפי מה שהוא צריך לקבל ההנהגה מן הקו השווה. אך אין קבלת הפרצופים ממנו אלא על ידי הלבוש הזה. אם כן הלבוש הזה צריך שיהיה בכל פרצוף לפי מה שהוא, כדי שבכל אחד מן הלבושים האלה יפעל הקו פעולתו השווה:

ד. ובה נבחנים הפרצופים זה מזה, כי כל הבחנות שנבחין בספירות למעלה, צריך שיהיה על פי סדר דמות אדם למטה, כדלקמן. שהרי דמות זה משתרש למעלה בכל המדרגות. וכמו שנוכל לדון מן הספירות אליו, כך נוכל לדון ממנו לספירות, וכדלקמן. והרי אנו רואים שהגופות שווים בבחינת האדם בצורתם הכללית, וההפרש בין איש לחבירו בעניין המידות והחכמה ויקר השכל - היא בנשמה. וההפרש באיש עצמו בין זמן לזמן, וכל עניני הנהגת הגוף ופעולותיו - מן הנשמה הן. ובאמת כך הוא למעלה. וכן תמצא כפי הנלקט מכל הדרושים אשר להרב הקדוש האר"י זללה"ה, וכל המאמרים מרשב"י זללה"ה. סוד כל זה הוא המוחין, שהם הפנימיות של הפרצופים, שבהם כל ההנהגה, וכל הפרצוף מתנהג על ידם. והם משתנים בפרצופים עצמם מזמן לזמן, ומשנים ענייניהם ופעולותיהם, וכמו שאפשר לך לקמן במקומו. ואלה הם הנקראים בשם לבוש הזה לקו הפנימי, שבהם נבחנים הפרצופים זה מזה בכל ענייניהם, אם במהותם, פירוש - להיותם חסד דין רחמים, אם בכמות ערכם, פירוש - להיותם גדולי הערך או קטני הערך. כי לפי מה שהם - כך מקבלים הארה מן הקו המלובש בם. וזהו:

ה. שאין השינוי בקו, אלא בלבוש שלו, שהיא הנשמה, כי לכאורה יקשה שינוי הפרצופים זה מזה בעניין גדולת ערכם, כי הנה זה תלוי לפי קרבתם או ריחוקם מא"ס ברוך הוא. אך קו הא"ס ברוך הוא עומד

קְל"ח פַּתְחֵי וְחָכְמָה לְרַמְחַ"ל

בכל המדרגות בשווה, אם כן היו צריכים להיות כולם שווים. אך העניין הוא זה שפירשתי, כי אף על פי שהקו שווה, אבל הלבוש הוא משתנה, וכפי ערך הלבוש כך הוא מקבל מן הקו. ונמצאו הפרצופים גדולים וקטנים - ולפי מה שמוכן הנשמה שלהם לקבל מן הקו שבה. ותבין ממה שנאמר במאמר הזה ובמאמר הקודם, כי שלשה דברים יש בספירות, הכלים, המוחין, והאורות הפנימיים ומקיפים. הכלים הם מדרגות הרשימו, החוקים הנמצאים אחר העלם השלמות. והאורות הפנימיים ומקיפים, הם מה שהא"ס נמצא בכל המדרגות. והמוחין הם הלבושים הנעשים בכל פרצוף לפי מה שהוא, שבם נמצא השקפת הא"ס ברוך הוא כנזכר לעיל. והמוחין יש בהם נפש רוח נשמה חיה יחידה מצד עצמם. ואין חיה יחידה אלו - המקיפים שאנו מזכירים מאורות פנימיים ומקיפים, כי הרי תמצא שהדרושים סותרים זה את זה לגמרי, ולא אאריך בזה עתה, כי הוא דבר נראה לעיניים בדרושים שנאמר בעניין המוחין, ומה שנאמר בעניין א"ס ברוך הוא ומקיף. והתירוץ הוא מה זה שאמרתי עתה, ותמצא בזה הכל מבואר, כי, יש גם כן לעניין זה של האורות דרך פרטי להתפשטותם. וכן הם מגיעים לפרצופים באותו הדרך הנאמר שם. בלבוש של החכמה וחלוק של בינה, והכל כמוזכר שם. עניין זה במראה, יראה הפרצופים במוחיהם עם הקו פנימיות שווה בכולם:

פרק ל'

דרך הנהגת הטוב והרע, ודרך הנהגת היחוד:

בצמצום הושרש שילכו הדברים לפי הנהגת העולם עד הסוף, פירוש - שיוכלו הקלקולים להימצא, אך שסוף הכל יחזור הכל לתיקון האחרון, שהייחוד יראה לאמיתו. ועל פי הדרך הזה הושם החוק - שסוף דבר נעשה המציאות בסוד טוב ורע, גם את זה לעומת זה, דהיינו שיתפשט עניין הספירות בכל מדרגותיהם וכל תולדותיהם, הכל לצד ההטבה. ושיברא בריאה אחת שתהיה בעניינה כל קלקולי הטוב, והיא הנקראת ס"א. ויהיה הכוונה שיתגבר כח ההטבה, עד שכל קלקול יחזור לתקון, ואז יוודע היחוד לאמיתו. עד עתה דברנו ממה שנעשה בראשונה

קָל"זז פַתזזי וזכבמה לרבמזז"ל

בחידוש הדרך המוגבל, ועניני התקשרו עם הבלתי -תכלית, מכאן
והלאה נדבר מן ההשתלשלות - מה שנעשה אחר זה. והוא התפרט הכלל
שברשימו לחלקיו, לפי כל ההכנות שהוכנו כבר בעניין זה, שהם אותם
שזכרנו. ועתה נאמר המונח הראשון של ההשתלשלות הזה, ויהיה זה
החוק הכללי שבכל מה שנמצא מכאן ולמטה:

חלקי המאמר הזה הם שלושה. חלק ראשון, בצמצום הושרש וכו', והוא
מה שהוטבע בתחילה במעשה הראשון הזה, לפי עיניך השתלשלות
הצריך להשתלשל ממנו. חלק שני, ועל פי הדרך הזה וכו', והוא מה הם
העניינים היוצאים בהשתלשלות מך השורש הזה. חלק שלישי, ויהיה
הכוונה וכו', והוא מה תהיה הכוונה בעניינים האלה:

חלק א:

א. בצמצום הושרש שילכו הדברים לפי הנהגת העולם עד הסוף, פירוש
- שיוכלו הקלקולים להימצא, וזה, כי כבר שמעת איך רק זאת היא כל
חכמת הקבלה - לדעת הנהגתו של הרצון העליון, על מה ברא כל
הבריות האלה, ומה הוא רוצה בהם, ומה יהיה סוף כל סיבובי העולם,
ואיך מתפרשים כל הגלגולים האלה אשר בעולם, שהם כל כך זרים. כי
כבר שיער הרצון העליון בעצמו סיבוב ההנהגה הזאת הגומרת בשלמות
הגמור. ואלה השיעורים הם מה שאנו מפרשים בסוד ספירות ועולמות.
והצמצום, כבר שמעת, שהוא השיעור הראשון ששיער הרצון העליון
לברוא כל הנבראים. וזהו מה שקראנוהו כבר מקום כל העולמות,
שאמרנו גם כן שהוא מקום מספיק לכל המציאות הנמצא. ונמצא,
שוודאי בתחילה היה משוער אצלו מה יהיה מציאות הנמצא, ועל פי זה
עשה המקום שיהיה מספיק לכולו. והשיעור הזה הוא הדרך המוגבל,
שאמרנו כבר שהיה כלול בו, והוא שיצא אחר כך בסוד רשימו בתוך
המקום הזה. נמצא המעשה הראשון הוא המקום הנעשה בצמצום, שזהו
החידוש הראשון כשהסילק הא"ס ברוך הוא את בלתי -תכליתו שבזה
ניתן מציאות לדרך המוגבל להתגלות ולפעול. הדרך המוגבל הוא הסדר
שבו ילכו הדברים לפי הנהגת העולם. אם כן - "בצמצום הושרש שילכו
הדברים לפי הנהגת העולם". שתי ידיעות יש בזה העניין, א' - שהמקום
עצמו, שהוא שורש לתחתונים, צריך להבין לו שורש לעצמו. ופירוש

העניין הזה הוא, כי לא נאמר הואיל והא"ס ברוך הוא ברא את העולם כך בסדר הזה שבראו - זה מה שהיה יכול לברוא, ולא בדרך אחר. פירוש - דרך משל נאמר, שנעשו כל כך עולמות, לפי שהעולם הראשון הוא אור כל כך גדול שאי אפשר לנבראים לקבלו. וכן דברים כיוצא באלה, שאומרים - הוצרך כך מפני שלא היה [יכול] בלא זה. לא נאמר שהא"ס ברוך הוא היה מוכרח לפעול כך, חס וחלילה, כי הא"ס ברוך הוא צריך להבין אותו - כל -יכול בכל מיני יכולת שהמחשבה תופסת, ושאינה תופסת. סוף דבר - לא שום גבול ולא שום מקרה אחר אפשר לשים בא"ס ברוך הוא, אלא הוא אדון הכל. והטבע הזה שאנחנו רואים אותו בעינינו בכל המוחשות שבו - הוא עשאו כך במוחשות האלה. והוא אינו מוגבל תחת שום סדר או חוק כלל ועיקר. אלא כל מה שאנו אומרים - אי אפשר בלאו הכי, רוצה לומר לפי דרך ההדרגה אי אפשר כן. וזה אמת, שלפי דרך ההדרגה אי אפשר להוציא נבראים תחתונים, דרך משל מן א"ק, ושיקבלו אורו, כי אחר שטבע ההדרגה עשוי לפי מה שאנו מבינים בו, אי אפשר לבריה שפלה לקבל אור הכתר העליון. אך כל זה אחר שידענו שרצה א"ס ברוך הוא בההדרגה. אבל אם הא"ס ברוך הוא לא היה רוצה בזה, היה יכול לעשותו כמו שהיה רוצה.

נמצא לפי זה, שראשית ידיעת ההנהגה תלוי בהדרגה, שהוא המונח הראשון שרצה בו א"ס ברוך הוא, ועל פי הרצון הזה עשוי המקום. הלא תראה כי הצמצום עצמו הוא על פי הקדמה זאת. שאם לא כן, היה א"ס ברוך הוא יכול בלא שום צמצום לפעול כרצונו כל הנבראים היותר תחתונים. ואדרבא, הצמצום הוא השורש הראשון של הקדמה זאת, שהרי כיון שרצה לצמצם עצמו כדי להוציא נמצאים, הרי שרצה להעמיד האור בערך עם התולדה שתצא ממנו, שעל כן סילק בלתי - תכליתו מזה, ואז יצא המקום שיצא, שהוא דרך ההנהגה על פי ההדרגה. והרי אם לא היה מצמצם אורו, היה נותן מציאות מן מקום אחר לנבראים, שהרי היה בוראם בלא עניין הדרגה. אם כן נבחין עתה, הליכת הדברים בהנהגה הזאת - זהו המקום. אך שיהיה זה המקום לנבראים - זה הושרש בצמצום עצמו. ותבין לפי מה שאמרנו, שאם לא היה הצמצום - לא די, שאף על פי שזה המקום היה כלול בכח, הרי לא היה יוצא בפועל. אם כן הצמצום הוא סיבה לו, אלא שהיה יכול להימצא מן מקום אחר.

כֹּל"זֶה פָּתוּזי וֹזכמה לרמח"ל

הידיעה השנייה נמשכת מן הראשונה, והיינו ששיעור הצמצום עצמו הוא עשה המקום לפי מה שהוא. פירוש - שאפילו בדרך מוגבל היה יכול העולם להיות בדרך אחר. והנה הכל יכול כולל הכל ודאי. ונמצא כיון שכמה מיני מקומות יכולים להיות לתחתונים כנזכר לעיל, כולם נכללים בכל -יכול, אם כן מה שרצה הכל -יכול להניח - זה נשאר מקום לתחתונים. ואיך (נשער) [נשאר] זה. אלא מה שרצה שלא יהיה - [נסתלק], ונכלל שם גם כל המקומות האלה שלא הוציאם לפועל. אם כן נאמר, כפי שיעור הסילוק - כך הוא המקום הנשאר, אם היה מסלק יותר - היה המקום פחות מזה, ועל כל פנים היו העולמות נמצאים. או אם היה מסלק פחות - היו העולמות יותר גדולים, ואף על פי כן נמצאים. אם כן שיעור הצמצום הוא העושה שילכו הדברים כמו שהולכים עתה.

והנה אם נבקש טעם לשיעור הזה, היינו יכולים להשיב - "וירא אלקים את כל אשר עשה והנה טוב מאוד", שאין לנו לחקור על זה, שהוא מה שאין אנו עוסקין בו, כמבואר במקומו. עם כל זה יש לתרץ תירוץ מספיק גם לזה, והוא, שרק בעניין ההדרגה הזאת - ידע הרצון העליון ששייך עניין הרע שצריך לחזור לטוב, ולא בטבע אחר כלל:

ב. שילכו הדברים לפי הנהגת העולם עד הסוף, שהנה עתה הדברים הולכים בדרך הבחירה ושכר ועונש, ועל פי דרך זה יהיו כל הקלקולים. וזה ודאי תולדות הצמצום לפי הדין שנתחדש בו. ואחר כך א"ס ברוך הוא ירצה להחזיר כל רעה לטובה בסוד היחוד. אך לא תחשוב שזה הוא דרך חדש שימצא אחר כך. אלא סוד העניין הזה הוא - "אין כל חדש תחת השמש", בראשונה הוכנו הדברים בדרך זה, והיינו ששיער א"ס ברוך הוא כל ההנהגה כמו שהיה באמת מתחילה ועד סוף. והתיקון עצמו, גם כי נראה שהוא הפך הצמצום ותולדותיו, האמת הוא שמתחילה שיער כך, ועל פי הכוונה הזאת נעשה הצמצום:

ג. שיוכלו הקלקולים להימצא, זהו עניין העלם השלמות שזכרתי, היינו כי הא"ס ברוך הוא הוא תכלית השלמות, שאי אפשר ליפול בו שום חסרון כלל, כי כל מה שהיה יכול להיות חסרון - הרי שלמותו כבר הספיק לשלול אותו. וזה הדבר נמצא בו מצד שלמות חוקו, אבל נקרא זה בכח, שהרי לא היה החיסרון מעולם בפועל, שיהיה שלמותו משלים

עליו. ולא ידענו מפעולות השלמות בבירור שלם, כי אין האור ניכר אלא מתוך החשך. כי כשאין אנו יודעין מה חסרונות גורם החשך - אי אפשר לדעת מה טוב ושלמות גורם האור. על כן לברר זה הדבר בפועל - צריך לפעול פעולה אחת שהשלמות יתעלם ממנה, ואז יראו כל החסרונות שיש להם מציאות בהעלם הזה. ואז נדע למפרע מה הם החסרונות שהשלמות הקדום שולל אותם. וזהו ממש עניין הספירות בסוד הרשימו, דהיינו הנהגת השכר והעונש, שהם עשויות על פי העולם הזה. ומכח זה הרי נמצא בפועל הקלקולים, שהם תלויים רק מפני שיש בהנהגה שליטה לדין. וההטבה מסופקת אם תהיה אם לאו, כיון שיש לה מונע, מה שאין כן בשלמות, שאין לה מונע כלל:

ד. אך שסוף הכל יחזור לתיקון, והיינו כי המצא הקלקולים בהעלם השלמות - מברר במופת גמור שהשלמות צריך שיהיה תיקון כל הקלקולים האלה, שהרי בלאו העלמו - אינם. וגם עתה בא"ס המקיף, שהוא מקום השלמות - אינם, ובמקום שהוא נעלם - ישנם. אך עדיין נקרא שלא נשלמה הידיעה בבירור, כי הקלקולים ראינום בפועל, וגזרנו במופת שהשלמות מתקן אותם, מפני שאינם נמצאים בו. אך לא ראינו בפועל התיקון הזה, ואיזה דרך הוא מהלך. על כן הכוונה היא שימצאו הקלקולים כנזכר לעיל, אך שסוף הכל יחזור לתיקון, ואז יוודע השלמות למפרע לגמרי:

ה. לתיקון האחרון, וזהו תשובה למה שרואים שהקלקולים נתארכו כל כך. והעיקר, שלפעמים נראה תיקון, וחזר לאחור, ונמצא השלמות לא נראה עדיין. אך האמת הוא, שמראש ימות עולם הגלגל סובב רק לנקודה אחת, שהוא השלמות האחרון שימצא אחר כל העניינים. ולא היה השלמות, שפעל, בשום זמן ובשום פעם, אלא אדרבא, דרך הסיבוב הוא זה - להתקרב פעם אל הקלקול פעם אל התיקון, ואחר שנתקרב גם אל התיקון - חוזר לקלקול. ולא נכנס עדיין השלמות לעשות את שלו, אלא התיקון האחרון, שהוא בגאולה העתידה שתהיה במהרה בימינו, וכל הנמשך אחריה, זה יהיה גילוי השלמות והחזרת הרע לטוב. ולכן אחר השלמות לא יהיה קלקול כלל, כי כבר נח הגלגל מתנועתו, ונתברר האמת. משם והלאה הוא זמן העונג - להתענג באמת שנתברר. ותראה המופת בזה ברור, בכל זמן שחשבנו שהיה תיקון, שהיה

השלמות פועל, או מתחיל לפעול, לא היה התיקון מגיע אלא לישראל בלבד. אך אומות העולם היו עומדים במרדם. ודברי העולם בקלקולם, מיתה הייתה, טומאה הייתה, יצר הרע היה. אך השלמות - רוצה לומר שלא יהיה עוד שום קלקול, והכל יהיה מתוקן. וכן תראה שלעתיד לבוא אפילו אומות העולם יתוקנו, ומקרא מלא צווח ואומר, "ביום ההוא יהיה ישראל שלישיה" וכו', "כי אז אהפוך אל עמים שפה ברורה" וכו'. בבהמות - "וגר זאב עם כבש" וכו', "לא ירעו ולא ישחיתו", והמוות - "בלע המות לנצח", והטומאה - "ואת רוח הטומאה אעביר מן הארץ", ויצר הרע - "והסירותי את לב האבן מבשרכם". זה נקרא פעולת השלמות - שמחזיר הרע עצמו לטוב. אך כל הזמנים הטובים הראשונים לא היו אלא מצד הספירות בדרך השכר והעונש, ושבהם הדבר שקול, אם לשלוט הקדושה על הס"א, והס"א תהיה נכפפת תחתיה ולא תוכל להרע, אך לא שתחזור טוב, אלא שתהיה קשורה ככלב רע בשלשלת, או שחס וחלילה הס"א תשלוט ותעשה הרעות הגדולות שיש בטבעה לעשות.

ובזמנים הטובים שלטה הקדושה כל כך, שאף על פי שהרע היה נמצא בעולם, לא היה יכול לפעול, והיה כפוי ומשועבד. רק דור המדבר במתן תורה היו הולכים על דרך גילוי השלמות על ידי משה, שהוא היה שלם בסוד הפנימיות, כמבואר בזוהר בכמה מקומות ממנו, ולכן נאמר בהם - "חרות על הלוחות". ועם כל זה לא היה השלמות עצמו שפעל, אלא היה הכח היותר חזק, הקרוב לשלמות, שהוא בסוד המוחין, כמ"ש למעלה. אך גם זה נחשב מגלגול הגלגל, שמצד סיבוב מצד המוחין הנכללים בו, מתקרב עניינו הרבה לשלמות, וכחו גדול להתקן הדברים על ידו. וזהו הכח הגדול של דור המדבר, וזה סוד התורה שנתנה להם, שהוא סוד היחוד העומד לשמור על כל פנים, אפילו בזמן הקלקולים, שאם לא כן היה העולם חרב חס וחלילה, ולכן התורה נתנה פעם אחת לעולמים. אך זה אינו נקרא פעולת השלמות, אלא פעולת ההעלם, שיש בו על כל פנים איזה בחינה מן היחוד עצמו. לפיכך אמרנו שהיא מצד המוחין, כי בסוד המוחין נמצא עניין זה של המצא עניין היחוד גם בזמן ההעלם, להיות המוחין הכח היותר חזק ומתקרב ומתייחס אל השלמות. אך פעולת השלמות עצמו יהיה רק לעתיד לבוא, והוא סוד, "תורה מאתי תצא", שפירשו ז"ל - חידוש תורה מאתי תצא. שהתורה לא נתנה

קָכְל"זז פָתֹזֹיֵ וֹזֹכָבֹמֹה לְרֹמֹזז"כֹל

מתחילה אלא בסוד מה שיש בבניין הגלגל עצמו - הארה מלחינת היחוד מפני קיום העולם. אבל לעתיד לבוא תינתן בשרשה העליון, דהיינו היחוד הפועל לפי עצמו. ולכן אחר כך לא יהיו עוד קלקולים כלל.

יש להקשות, איך נאמר שבהעלם עצמו נמצא איזה עניין מן היחוד, הלא ההעלם עשוי כדי להראות כל החסרונות, וכדי להראות תיקון כולם לגמרי על ידי שלמותו, שיהיה שלמותו נודע בפועל. אבל אם בהעלם הוא רוצה ליגלות באיזה צד, נקרא שאינו מניח החסרונות לגמרי, וממילא בתיקון האחרון אין שלמותו נודע לגמרי. תשובה, ההעלם לא יוכל לעשות שמה שישנו ודאי - שיעדר מציאותו. ורוצה לומר - תחשוב כמה חסרונות שתרצה, אבל מציאותו יתברך שמו הוא מוכרח מעצמו, ואם כן לא תוכל לחשוב חסרונות אלא אחר ההקדמה הראשונה שיש אלוה ודאי, אלא תאמר שהוא מתעלם, ולכן יצאו החסרונות, אך מציאותו נמצאת ודאי. אם כן בהעלם עצמו - דבר אחד נשאר קיים, שהוא מציאותו יתברך שמו, ומציאות שלמותו, שהכל אחד. וזה מה שנותן קיום לעולם שלא יחרב, שהרי מציאות אחר זולתו - אי אפשר לחשוב כלל. אך מציאותו הוא טוב שלם, אם כן אי אפשר לחשוב שום רע שלא יהיה עומד עליו באיזה צד מציאות הטוב השלם. ותראה ראיה מבוררת, אם היה נמצא רע שולט לגמרי בלא שום רשות אחר עליו, היה נקרא הרע רשות בפני עצמו, אך כיון שידענו שמציאות הא"ס ברוך הוא הוא מוכרח, הרי אין מקום כלל לרע לגמור לשלוט כלל וכלל. אם כן אפילו שתחשוב כל רע שבעולם, אי אפשר שלא תבין שיש מציאות אחד של טוב, שכיון שהוא מחויב המציאות - שולט על הרע הזה. והתולדה מזה - שלא יוכל לשלוט שליטה גמורה, ונמצא מחריב את כל העולם. אלא המציאות המחויב יכול להתעלם כמו שהוא רוצה, אמנם מציאותו לא יהיה מוכחש, וממילא אי אפשר לעולם להתחרב. נמצא בהעלם עצמו יש עניין היחוד הבלתי מוכחש.

עוד יש להקשות, ואם התורה היא מצד עניין היחוד המתגלה אפילו בהעלם, אם כן למה לא נתנה התורה מיד שנברא העולם. תשובה, התורה מצד היחוד הזה שנמצא בהכרח אפילו בהעלם, הוא סוד השבעה מצות בני נח שאדם נצטוה בהם, וידיעת התורה עצמה - כבר היו צדיקים בכל דור שהיו יודעים. אבל זה פשוט, כי גילוי היחוד הזה אינו

קֹכל"וֹ פֿתֹזֹי זֹכֹבֹמֹה כֹ'רֹבֹמֹזֹ"כֹ'

עושה אלא שלא יחריב העולם, אך מניח לס"א לפעול כל הפעולה הרעה שיש לה. אך יש אופן שיתחזק גילוי זה יותר, לפיכך מתחילה היו רק שבעה מצות, שפחות מהם אי אפשר, אך אחר כך נתגלה ביותר כח, ונתנה תורה. כללא דמלתא - כל מה שנעשה עד עתה, הכל הוא סיבוב הגלגל של השכר והעונש, הנהגת הספירות, שבהם או החסד שולט והדין אינו פועל, או להיפך חס וחלילה. ולכן הקדושה והס"א - או הקדושה גוברת והס"א נכפת, ועדיין היא רע, או חס וחלילה להיפך. והוא מה שרצה הא"ס ברוך הוא רק כדי להראותם כל הקלקולים להיות במציאות, כדי להראות אחר כך תיקון, כולם. אבל הגאולה האחרונה, שתהיה במהרה בימינו, היא פעולת השלמות בסוף הכל, שמתגלה לתקן כל הקלקולים כולם שרצה שיראו. ולכן יהיה שלמות גמור שלא יהיה אחריו שום קלקול כלל. והסוד הזה הוא מה שפירש בתיקונים, תיקון ע' - ובזמנא דאסתלק הוי"ה מכורסייא דדינא ומכורסייא דרחמי לית תמן לא עונשא ואגרא וכו', והוא בזמן התעורר היחוד לפעול, ואין כאן מקום להאריך בזה:

ו. שהייחוד יראה לאמיתו, וזהו מה שכתוב כבר, שכל זה עשוי כדי שכל מה שהיה כבר בכח היחוד העליון - יתברר במעשה:

חלק ב:

א. ועל פי הדרך הזה, וזהו מה שמבואר כבר - שלפי הצמצום נעשה המקום בכל ענייניו:

ב. הושם החוק, והיינו שתיקון הרשימו שנתקן לעשות עולמות ובנינים, הוא שהוכן ונקבע העניין הזה של טוב ורע, כמו שאכתוב:

ג. שסוף דבר נעשה המציאות בסוד טוב ורע, והיינו כי לא נגלה שם מיד עניין הטוב ורע ממש, אלא דרך אחד הוא שבהתפשטו לפי ענייניו - סוף סוף יוצא זה העניין של טוב ורע. ופירוש כל העניין הזה הוא, כי הנה ידוע שיש היפך ויש מתנגד, והנה מה שהוא רע באמת - הוא הס"א וכל תולדותיו, שהם כל הקלקולים, וזהו ממש היפך השלמות. אך יש מתנגד לשלמות, דהיינו שאינו עומד עם השלמות, אבל אינו הפכו. וזה כל החסרונות שאינם רע ממש, אלא שסוף סוף ישתלשלו מחסרון

לחסרון, עד שיצא הרע עצמו. אך כל זמן שאינו אלא חסרון ולא רע, לא נוכל לקרוא אותו היפך. והנה עתה צריך שתבין דבר אחד שנתחדש אחר הצמצום, והוא קו המידה, ועניינו - כח גבולים העושה ההעדרים והחסרונות. וזה, כי הנה כבר נקבע עניין אחד שלא היה מתחילה, שהוא החיסרון, שבתחילה היה הכל שלמות, ואז יצא החיסרון. וזה סוד הדין שנתגלה בצמצום, והוא הכח של ההעלמים וההעדרים. ובזה הכח יש לעשות כל החסרונות שיכולים להימצא, כמו שנמצאו. אך זה לא הוציא מיד החיסרון היותר גדול, שהוא ההפכי לשלמות כנזכר לעיל, אלא היה מוציא חסרונות אחר חסרונות בהדרגה, כולם דברים מתנגדים אל השלמות. ובסוף הכל יצא החיסרון הגמור, שהוא הפכיי, כדלקמן. והנה בתחילת הדברים לא היה עושה אלא חסרון הקטן שבחסרונות, שהוא ההעלם הראשון, דהיינו העלם השלמות. אך מניח הארה והשפעה והשגה גדולה, שהיא הקצה האחרון מה שיוכל להגיע השלם שבנבראים. ואחר כך עשה העלם יותר גדול, שאינו מניח הארה כל כך גדולה, אלא הארה פחותה מהראשונה. וכן הולך ועושה העלמים, ולפי ההעלמים הנוספים - כך מתחדשות תולדות. ואמנם גם בהעלם השני לא נתחדשה עדיין תולדה שנעשה רע וקלקול ממש, אלא חסרון הארה. ובדרך זה ירד כל המדרגות שירד, בהוסיפו העלם על העלם וחסרון על חסרון, עד שהתחילו הקלקולים ממש להתחדש, ואז יצא הרע כדלקמן. נמצא לפי זה, שמיד שנעשה הצמצום, הרי נמצא זה הכח של החסרונות שהיה עתיד להוציא הרע, ואדרבא, הכח הזה היה עיקרי מאד בפעולות הבאות אחר הצמצום, והיה עומד לרדת ולהתפשט מדרגה אחר מדרגה, עד שיצא הרע. אך כאשר לא הייתה הכוונה לעשות רק רע, על כן לא הוציא מיד הרע ההפכיי, כי אדרבא, הכוונה היא לעשות הטוב והרע ביחד, שזה ההפרש שבין השלמות לבלתי שלם, כי השלמות הוא כולו טוב, ובבלתי שלם יש בו טוב ורע. והיינו השלם אין בו אלא שלמות, והחסר יכול להימצא בו חסרונות רבים, זה קשה מזה. וכשתדקדק, תמצא שזה בא ממה שלא נעשה מיד ההפכיי, שהוא הרע הגמור, אלא העלם. ואז מה שנשאר עדיין מן שלמות שלא נתעלם כלו - זהו הטוב, ומה שחסר ממה שהיה השלמות - זהו הרע. והנה בהיעשות ההעלם הראשון לבד, אז מה שנשאר מן השלמות הוא הרבה, ומעט הוא חסר. ונוכל לומר, שלא יש חסרון - אלא ההכנה מה שיש בו שישתלשל ממנו

כְּלַ"זֹ פַּתְזֹזֹי זֹזֹכְבְמֵהֹ לְרַבְמֵזֹזֹ"ל

הרע, כיון שכבר הוא העלם, מה שלא היה משתלשל מן השלמות כלל. וזה שאמרנו למעלה שאין בו החיסרון, אלא שיש העלם. אחר כך נעשה העלם שני, ועדיין מה שנשאר מן השלמות הוא הרבה, ומה שחסר הוא מעט, וכן יורד מדרגות. אך בכל פעם מתמעט הנשאר מן השלמות, כי זאת דווקא היא פעולת ההעלם. עד שסוף דבר - מה שנשאר מן השלמות הוא מועט, ומה שחסר הוא חסרון גדול, שיתחיל להיולד ממנו הרע. ועם כל זה מה שיוכל לצאת ממנו אינו אלא התחלת רע. וכמו שמתגבר ההעלם לרדת עוד מדרגות, ימצא סוף סוף שיהיה מציאות חסרון כל כך גדול שיולד ממנו הרע ממש, הוא ההפכיי לשלמות שזכרתי. נמצאו בכאן שני דברים הנמצאים בכל הדרגה, הא' - הוא קו המידה, והוא העושה ההעלמים בשיעורים. הב' - הטוב ורע, והוא מה שנשאר מן השלמות לפי ההעלם הנעלם, ומהחיסרון שחסר. ותבין שהחיסרון שנעשה בצמצום הוא הנקרא שורש שרשי הרע, כי סוף דבר כשיתגבר זה לגמרי - יצא ממנו התפשטות אחת שהוא רע. נמצא שבצמצום הושם החוק - שסוף דבר נעשה המציאות בסוד טוב ורע, והחוק הזה הוא עניין מציאות הנשאר מן השלמות, והחיסרון המחודש, שנמצאו ביחד, שהנשאר מן השלמות אחר כך היה מוציא כל התפשטות הקדושה, שהוא הספירות וכל מה שמדברים בהם, והחסרון היה מוליד תולדה חדשה, כמו שהוא גם כן חדש, והיינו הס"א, כמו שנבאר לקמן:

ד. גם זה לעומת זה, לא די שנעשה הרע, אלא שנעשה מקביל לטוב, כדי שבהיות הדברים מקבילים זה כנגד זה - נמצא מקום לעבודה, כמ"ש במקומו. ורוצה לומר שלא ניתן שליטה לטוב מאליו, שאז אפילו שהיה רע בעולם - היה משועבד אליו. אלא גם את זה לעומת זה עשה האלקים, והיינו בכח שווה, במדרגות שוות, בפעולה שווה, שכל דבר מה שיש בטוב - יהיה ברע כנגדו, שאם הוא יפעל בעולם - יבטל הטוב ההוא. ושיהיה כח לרע לקטרג על הטוב, שלא להניח לו מקום לפעול, אלא אם כן יהיה נעזר מן התחתונים, עד שימצא עבודה ממש לאדם בתתו מקום לטוב, והרחיקו הרע. רק שלוש הבדלות גדולות יש ביניהם תחילה, ומהם נמשכות אחר כך הבדלות אחרות רבות עד אין תכלית. ההבדלה הא', שהספירות הם רצונו של המאציל יתברך שמו שהוא האדון היחידי, והס"א אינה אלא בריאה אחת שרצה וברא אותה האדון על כל, כמ"ש, "עושה שלום ובורא רע". והיא משועבדת לאדון היחיד, צריכה

לו, ואינה אלא שומרת משמרתו שהוא רוצה בכך. ונמשך מזה הבדלה הב', שכח הספירות הוא משוער לפי הרצון, פירוש - שהאדון ברוך הוא אינו רוצה לפעול אלא כך, אבל אם היה רוצה, ובכל מקום שירצה, הרי הוא מגביר כחם כרצונו. ומה שבכח שיש להם עתה - נראה שהס"א יכולה לקטרג להם, שלא להניח להם מקום. אך אם היה רוצה הא"ס ברוך הוא - כבר מגביר כחם כרצונו, ולא היה אפילו פתחון פה לסט"א עוד כלל. מה שאין כן הס"א, שכחה מוגבל באמת, שאין לה אלא מה שיש בה, ואי אפשר לה לצאת מגבולה כרצונה כלל. הבדלה הג', ששורש הטוב הוא שורש קדום, שלא הוצרך להימצא מחדש, ושורש הס"א הוא מחודש מן הא"ס ברוך הוא, והוא סוד החיסרון שנתחדש מאחר הצמצום. ודבר זה מתרץ קושי גדול המתראה לכאורה. כי לפי הנראה היה לרע שני מקומות, ולטוב רק מקום אחד. פירוש - בשלמא אם היינו מפרשים "גם את זה לעומת זה" - על הטוב ורע שבספירות עצמן, דהיינו על הנשאר מהשלמות והחסר כנזכר לעיל - ניחא, ואז נקרא לס"א תולדות הרע, כמו שקוראים לקדושה תולדות הטוב. אך אינו כן, כי הרי אנו אומרים שהקדושה כולה עם הס"א כולה - הם זה לעומת זה. ויש טעם גדול לומר כך, כי הרי מלבד אומות העולם ומלאכי חבלה, יש עוד ענין אחר, שהם עשר ספירות דקליפה, כמפורש בזוהר בכמה מקומות, והנה כנגד ישראל ומלאכי השרת יכולים לשים אומות העולם ומלאכי חבלו,, שיהיו כנגד השלמות והחיסרון, אך עשר ספירות דקליפה כנגד מי, אלא תשובת הקושי הזה הוא, מה שהקדמתי לך הבדלה שלושה שיש בין הקדושה לס"א, שהקדושה אין צורך לחדש לה שורש, אך הס"א הוצרך לעשות לה שורש גם כן, שאין לה. ועל כן כל החסרונות שבספירות אינם אלא שורש הס"א שמתיילד מחדש, אבל ההתפשטות היא הס"א עצמה. אם כן יש לנו בכאן שני שרשים ושתי התפשטויות - השורש הקדום ברוך הוא האדון היחיד שאין זולתו כלל ועיקר, א"ס ברוך הוא, והתפשטות שלו, שהם הספירות. ובהתפשטות הזה חידש הרצון העליון שורש אחד, שיהיה שורש להתפשטות אחר, שהוא הס"א עם כל עניניה. נמצא שאין להעריך הספירות עם חסרונותיהם, שזה ענף וזה שורש, אלא התפשטות עם התפשטות, דהיינו התפשטות הקדושה, שהוא התפשטות השורש הקדום, והתפשטות הס"א שהוא התפשטות מה שרצה וחידש הרצון העליון

לגלות שלמותו, בתקן אותו, כאמור למעלה. וזה סוד ישראל שהם בכורים באמת, כי הלא הקדושה מקדמת תמיד לס"א. ותראה איך יוצאת הס"א. בתחילה נשאר אור אחד של קדושה, וזהו ההתפשטות מן השורש הקדום. אך לפי שבאור הזה יש איזה חסרון, הנה זה החיסרון שורש לס"א. אך אין החיסרון הזה הענף שיוכל להקביל האור ההוא שבקדושה, אלא הוא שורש אחד, שאחר כך יוציא הס"א, ענף מקביל לענף, שהשורש ההוא נולד ממנו. וזה סוד מה שתמצא אחר כך שהקליפות דאצילות עומדים כנגד קודש קודשים דבריאה, כי אי אפשר לענף של הס"א להיות כנגד הענף של הקדושה. כי לא די הענף, אלא אפילו השורש עצמו אינו יכול להימצא אלא אחר שכבר נמצא הענף של הקדושה, והיה חסר. אז מן החיסרון שבו נולד השורש של הס"א. ומן השורש יצא אחר כך הענף. וזהו:

ה. דהיינו שיתפשט עניין הספירות, שבכאן נקרא לכל הספירות צד אחד, ולכל הס"א צד אחר, מן הטעם שזכרנו. כי הדין ושורש הרע שזכרנו בספירות - הכל נקרא התפשטות אחד מן השורש הקדום, לפי עניין הצמצום שרצה. וכל מה שנוכל להבחין, הוא, שהדין שבספירות יהיה השורש המתחדש לרע, לפי עניין כח החסרונות שנגלה בצמצום. והיינו כי בהתחבר ביחד מה שנשאר מן השלמות ומה שנתחדש בצמצום, שהוא כח החסרונות - נעשו הספירות. אך הכח הזה עצמו יצא בדרך רצון מן הא"ס ברוך הוא. כל מה שנוכל להבחין יהיה - שבספירות יש בהם מה שיש מצד המציאות הקדום שכולו טוב, ומה שיש מצד עניין המחודש בכח רצון שלו, שהוא שורש הרע, אך הכל התפשטות אחד. אחר כך עניין זה המחודש נעשה שורש לס"א, ואז יוצאת הס"א עצמה, מקבלת להתפשטות הספירות. ובשתי התפשטויות האלה נאמר, "גם את זה לעומת זה עשה האלקים", אך תמיד עם ההבדלות שזכרנו, ועם מה שהתחילתה תמיד שפל מסוף של הקדושה. וזהו, "ויבדל אלקים בין האור ובין החשך". אך השורש שלה עם השורש הטוב - אסור כמעט אפילו לשאול אם יש ערך ביניהם חס וחלילה, כי השורש הטוב הוא האדון היחיד הקדמון הנצחי ברוך הוא וב"ש לעולמי עולמים, ושורש הס"א הרעה הוא רק עניין אחד מחודש, שכל מציאותו תלוי רק לפי שרצה בזה הרצון העליון. ואם לא רצה - לא היה נמצא. ואם לא היה רוצה - לא היה מתקיים. וכשלא ירצה עוד

קָל"זז פָתזזי זזכבמה לְרבמזז"ל

בו - לא ימצא עוד כלל, אלא "בלע המות לנצח ומחה הוי"ה אלקים דמעה מעל כל פנים":

ו. עניין הספירות בכל מדרגותיהם, רוצה לומר התפשטות הטוב בכל מה שהוא מוכן לצורך התחתונים - להיטיב להם לפי עניניהם ומצביהם, לפי הצריך להם לקיומם, ולפי התלוי בעבודתם:

ז. וכל תולדותיהם, היינו הבריות הנפרדות, כי כל מה שהוא רק שיעורי הרצון העליון - הוא הספירות. ומה שנברא אחר כך - בריאה נפרדת מהם, או תולדה מהם, והיינו הנשמות והמלאכים וכל בריות העולם:

ח. הכל לצד ההטבה, רוצה לומר שכל זה נקרא המשך אחד, לפי שאם קטן אם גדול - הכל הוא מציאות בריאה מתוקנת, כל חלק ממנה לפי עניינו. מה שאין כן מציאות ס"א, שהיא כולה מציאות קלקול והפסד, על כן נקראת ס"א, וכדלקמן:

ט. ושיברא בריאה אחת, היינו שאין הס"א כמו הספירות חס וחלילה. שהספירות הם שיעורי הרצון העליון. נמצא שהם אלקות עצמו. מה שאין כן הס"א, שהיא מציאות נברא שהוציא הרצון העליון, כמו שהמציא כל שאר הבריות יש מאין:

י. שיהיה בעניינה כל קלקולי הטוב, פירוש - זהו מה שכתוב, "גם את זה לעומת זה עשה האלקים". כי הכוונה הייתה זאת - לעשות הטוב, וכל מה שיוכל להיות הפכו, והיינו כל מיני קלקולים. ולכן יש כל כך מדרגות בס"א, כי כל כך קלקולים אפשר להימצא כשיש מציאות של קלקול בעולם. יא. והיא הנקראת ס"א, זהו שם המציאות ההפכי הזה. ואמנם נקרא צד אחר - להיות ממש ענינו היפך מכל התפשטות הראשונה שזכרנו. והרי נעשית הבריאה על שתי הכוונות - אחת למציאות, ואחת להפסד, ונקרא להם שני צדדים:

חלק ג:

א. ויהיה הכוונה שיתגבר כח ההטבה, עד שכל קלקול יחזור לתיקון, והיינו שרק זאת היא הכוונה בסוד הקו שמנהג את הרשימו, שפירשנו למעלה:

ב. ואז יוודע היחוד לאמיתו, והיינו הסדר עצמו של ההנהגה נותן שזה יהיה סוף הדברים, בסוד התיקון השלם. והיינו כי מצד המעלות שיש לטוב יותר על הרע, שהטוב קדמון והרע מחודש, הטוב הוא מה שהוא האדון היחיד, והרע - ס"א, ס"מ, עבד נברא, זה יגרום שבהיות המלחמה בין הקדושה וס"א, הטוב והרע, צריך שהטוב ינצח. אך נצחונו יהיה רק מצד היתרון הזה אשר לטוב על הרע שזכרנו. והרי בזה יוודע היחוד באמת, במה שרק מפני המצא רק רשות אחת - הוא שסוף הכל הוא תיקון. והיינו כי הנה אנחנו רואים איך הרצון העליון הניח לכל כך קלקולים שימצאו בעולם, כמו שנמצאו עד עתה. ואחר כך בסוף הכל ידענו שיעורר יחודו, והיתקן הכל בסוד, "ומשתי את עון הארץ ההיא ביום אחד". והרי מיד יקשה - ממה נפשך, או שרוצה הקדוש ברוך הוא לתקן בדרך בחירת האדם או בכחו, וכי אינו מגיד מראשית אחרית, וכיון שידע שסוף סוף צריכים אותו - מתחילה היתקן. אך העניין, כי רצה א"ס ברוך הוא להוציא מלב הבריות הטעות של שתי רשויות, פועל טוב ופועל רע, ועל כן שם בתחילה עניין הספירות, והוא עניין אחד שאינו משתמש בו מיחודו ושליטתו השלמה. אלא אדרבא, הוא כח ככח אדם גבור שמשים עצמו בניסיון עם כח שכנגדו, שהוא הס"א, שעשאה בעלת כח כנגד זה. וכבר הראה איך כל מיני כח שבעולם, מה שהוא בבחינת כח לבד, שלא בבחינת שליטה, לא יכול לנצח הס"א. אלא אדרבא, כבר עשתה כל כך קטרוגים שלא היה אפשר להימלט ממנה, עד שהוצרכו לבוא אל היחוד. אך כנגד זה בהתעורר היחוד, שהוא יפעול בדרך שליטה, מיד יראה שאין עוד מקום לס"א כלל. ומזה נבין מיד שאין שום כח נצח לס"א כלל, אלא השליטה והיחוד. למה, לפי שכל כח אחר נמצא בה חוץ מזה. אך להיות רשות - צריך שיהיה שליטה גם כן, שליטה גמורה. אם כן הס"א אינה רשות חס וחלילה, אלא עבד משועבד שאין בו כח אלא מה שניתן לה, והכח שניתן בה הוא גדול, אך שליטה אין לה כלל. ואין אדון שולט אלא אחד לבד, ברוך הוא וברוך שמו לעולם ולעולמי עולמים:

קָל"זז פָּתזזי וזכבמה לרבמזז"ל
אדם קדמון

פרק ל"א

כל ההנהגה נסדרת תחת ארבע אותיות הוי''ה בסוד דמות אדם:

הסדר הראשון שקבל האור הנאצל לעמוד בסוד עשר ספירות בבחינת סדר דמות אדם - הוא נקרא אדם קדמון. והוא הסדר של שם הוי"ה ברוך הוא לעולם ולעולמי עולמים. וזה עניין - שכל הסדרים והחוקים כולם נמשכים ובאים תחת סדר ארבעה אותיות אלה. ולפי הסדר הזה הכל נדרש תמיד בסוד ארבעה אותיות השם ברוך הוא. עד עתה דברנו מן היסודות הראשונים, שהם הרשימו והקו, וכל התלוי בזה. עכשיו צריך לפרש הבניינים מה שנבנה מאלה, לפי ההכנה שהוכנה בהם:

חלקי המאמר הזה הם שלושה. חלק ראשון, הסדר הראשון וכו', יבאר סדר הראשון הנקרא א"ק. חלק שני, והוא סדר וכו', יבאר שזהו סדר השם ברוך הוא. חלק שלישי, וזה העניין וכו', יבאר עניינו של הסדר הזה מהו:

חלק א:

א. הסדר הראשון שקבל האור הנאצל, והיינו כי תחילת המצא הרשימו, כבר אמרנו שאינו אלא שורש ראשון לכל מה שיברא אחר כך, והיינו בדרך כלל העומד להיפרט. ואמנם כוחות הרבה נמצאים שם, והוא מה שביאר הרב זלל"ה - שיש בזה האצילות עולמות לאין קץ. ופירוש זה העניין, הנה בתיקונים אמרו, לית מלאכא דלא אשתכח ביה שם הוי"ה ברוך הוא וכו', וכל שמהן שוי כניוין לשמא דא. וברעיא מהימנא פרשת פנחס (רנ"ז ע"ב) אמרו, דאית ברנש דירית תלת מאה ועשר עלמין וכו' עיין שם, והעניין - כי אף על פי שאנו מזכירים רק ארבעה עולמות, האמת שיש עולמות אין מספר. וזה, כי כל סדר הנהגה שלם בסוד משפיע ומקבל - נקרא עולם, והיינו אילן אחד של כל המשפיעים והמקבלים וסדריהם וקשריהם. ומאלה האילנות יש כמה וכמה. וכלל הדבר, כל אילן הוא שם, כל שם הוא אילן בפני עצמו, שמסדר מדרגותיו והשפעותיו וכל מרכבותיו בסדר פרטי. ואלה הם העולמות

קַל"זז פַּתוֹזי וַזכבה לַרבמוֹזז"ל

שיורשים הצדיקים. דרך משל, בהתאצלות החכמה מן הכתר נמצאים ש"י אילנות שלמים, והוא סוד י"ש עולמות של הצדיקים. ועוד העולמות של הנשמות, שכל הנשמה היא עיקר גדול בהנהגה, ולכל נשמה יש אילן בפני עצמו, וזה סוד, לכל צדיק יש לו עולם בפני עצמו. ומי שאינו זוכה אלא לשרשו - נוטל העולם שלו, ומי שזוכה בכל - נוטל כל התאצלות החכמה, והם י"ש. ובכל עולם ועולם יש מיני התלבשות, מצבים, וזיווגים, עליות וירידות, הכל לפי העניין ההוא. ואין מספר אורותיהם הולכים לפי מספר עשר ספירות, אלא כל אחד יש לו מספר בפני עצמו. מניינם לפי מציאות האילנות. ואפילו משם הוי"ה הוא נמשכים ע' אילנות שונים זה מזה לגמרי, והם שבעים תמרים. אך סדר העשר ספירות בסוד אבי"ע נקרא רק אילן אחד. כמו שנבאר עוד בסעתיא דשמיא.

והנה כל האילנות האלה הם במרכבה למטה, אך שורש כל זה הוא למעלה. והוא, כי בהתפשט הקו בתוך הרשימו. והיה עושה שם סדרים להתפשט ההנהגה כראוי. מן המקבל הראשון עד המקבל האחרון, שזה נקרא בניין שלם, עושה סדרים הרבה. והם כל הכינויים כולם שנתגלו. דהיינו רחום, חנון וכו', שכולם נתגלו בסוד הרשימו. וכולם כמה מיני פעולות - שורש לכמה עניינים של עולם הזה, כל אחד מהם בסוד אילנות בפני עצמם. וכל הסדרים הגדולים והרבים אשר להנהגה, כולם היו נשרשים שם, כמו שנבאר, וכל אחד בסוד אילן בפני עצמו. ואז הוציא א"ס ברוך הוא סדר אחד שנתן לו שליטה על כולם, ושם שאר כל האילנות להיות רק כינוים ולבושים לסדר זה. שזה הסדר לפי מה שמדרגותיו יתעוררו - כך יעשו פעולותיהם, כל שאר האילנות על ידי האילן האמצעי הזה. אך הפועל באמת יהיה רק זה, ורק מזה יצאו התחתונים ויקבלו הנהגתם, ורק בזה יעבדו עבודתם. ותראה שאומר, "וכל שמהן שוי כינויים", ולא אמר, "הם כינויים", אלא "שוי", שהם לפי עצמם הם אילנות, כל אחד בפני עצמו, וא"ס ברוך הוא לקחם ועשאם לבוש סביב לאילן הזה.

והאילן הזה, שאנו מדברים בו, הוא אילן של ארבעה אותיות הוי"ה ברוך הוא, והוא הכולל מראשית א"ק עד סוף עשיה, בכל הדברים שאנו מדברים בו. וסביבו עומדים, כמו לבוש לו, כמה מיני עולמות האלה

קָל"זו פְּתוּזי וּזכְמוה לִרבוּזז"ל

שזכרנו. והם אינם פועלים כלל, אלא כמו הלבוש שעל גבי הגוף, שאינו פועל כלום, אלא הגוף פועל מלובש, כך האילן הזה פועל בלבושים האלה סביב. והרי נכלל בחלק הפועל - הלבוש שסביב לו, כך נכלל בחלק הפועל מן האילן הזה - העולמות שסביבו. ואינם לבטלה, כי אותם שהפועל מלובש בהם - הם שולטים, והפועל עצמו עושה כפי כחם, ומוציא לפועל כל שליטותיהם. אבל המלובש הוא הפועל לגמרי, ולא הלבוש כלל. ובני אדם - עבודתם וקבלתם בזה האמצעי. אך אחר כך זוכים גם לעולמות המלבישים, כי הרי ממילא נוחלים אותם בנחול המלובש בהם, כמו שנבאר.

ואמנם סוד האילן הזה - כבר אמרתי שהוא מראש א"ק עד סוף עשיה, ועניינו הוא א"ק והזיו שלו, כדלקמן. והיינו שיצא ממנו זיו, וחלקי הזיו הזה הם אבי"ע. ובעולמות האלה עצמם הראה מה שיש למעלה, פירוש כמו שיש למעלה כמה מיני עולמות, ועולם אמצעי בתוך הכל, כך נראו באלה העולמות סדר אחד של שם הוי"ה ברוך הוא העומד בסוד עשר ספירות, ועוד כמה סדרים אחרים העומדים בסוד המרכבה, והם נכללים בארבעה החיות בארבעה הפנים שבהם, ובכל עניני המרכבה, כל סדר - עולם בפני עצמו כנזכר לעיל. ועם כל זה חילוק זה הוא לפי שם הוי"ה, כדלקמן. והיינו שבסוד המרכבה בכל פינותיה ונתיבותיה יש העולמות האלה שזכרתי. ובאמצע כולם סדר העשר ספירות הכולל כל אבי"ע, שהוא סדר שם הוי"ה ברוך הוא, והוא העיקרי, וכל השאר - כינוים אליו. והאמת, שכל זה אף על פי כן נקרא סדר שם הוי"ה ברוך הוא, כי כל מה שיוצא מא"ק הוא סדר שם הוי"ה, אלא שהוא כמו ציור ממה שיש למעלה, מראה עניין אילן שם הוי"ה ברוך הוא שבאמצע, ושאר הכינויים שסובבים אותו, ובאלה הכינויים עצמה שבמרכבה - שולט שם שם הוי"ה ברוך הוא.

ותראה שעיקר העבודה לפי זה העניין - של שם הוי"ה ברוך הוא. וגם המרכבות עצמם נכללים בסדר תחת שם הוי"ה ברוך הוא, כדלקמן. ולפי סדר זה נקראים ארבעה חיות עם כל שאר העניינים המוזכרים במרכבת יחזקאל. והנה העניין הזה שהושם שם זה לשלוט על כל האחרים, הוא - לפי ששאר כל האילנות הם הנהגות לפי הרשימו הנשאר. אך בסוד קשר כל הדברים האלה לבוא לייחוד - הוא אילן שם

קּל"ח פַּתוֹזֵי וֹזכמַה לרַבַּזֵ"ל

הוי"ה ברוך הוא. וזה מה שעילת על כל העילות מגלה היחוד שלו, ומקשר כל ההנהגות בדרך אחד, בסוד החזרת הרע לטוב. ונמצא שזהו הסדר מה שעילת על כל העילות מחזיק יחודו על כל הסדרים ומחברם בסוד היחוד, שכבר פירשנו שהוא מה שאין שם חילוק חסד ודין, אלא הכל טוב בהשוואה אחת. וזה שכתוב שם הוי"ה לא אשתני בכל אתר בארבעה אתוון וכו'. פירוש - ששם זה מחובר באותיותיו - אינו נזכר אלא כשעילת העילות מייחד לכל המדרגות בסוד יחודו. וזהו אמונתם של ישראל כידוע, שהיא תלויה רק בעילת על כל העילות. שלכך מאמינים בו אפילו באורך הגלות, ואפילו שכמה דברים רואים היפך האמת, וכמה קטרוגים של הס"א. אך בכח היחוד עומדים הכל, כמבואר במקומו. וזה שכתוב, ובגין דא שוי אמונה דישראל בארבעה אתוון אילין, ואמר - בארבעה אתוון, והוא מה שכתוב בזוהר פרשת וירא (דף קי"ז ע"א), אמר ליה רבי יוסי שפיר קאמרת, בגין דאיהו גו רזא דאתוון, ולית לן לאתערא חושבן וכו'. נראה בהדיא שהגאולה תלויה בסוד אלה האותיות. והטעם הוא, שאלה האותיות הם מה שעילת כל העילות מייחד המדרגות כנזכר לעיל. ובזה תלויה הגאולה באמת, שאין לה ספק כלל.

נמצאת למד מכל זה, שכמה סדרים יש להנהגה על כל דבר ודבר, וכמה מיני עולמות יש, עולמות שלמים, אילנות שלמים כנזכר לעיל. אך סדר אחד יש עיקרי בהנהגה שמנהג אחריו כל האחרים, והוא סדר שם הוי"ה ברוך הוא, כדלקמן. וזהו הנמצא בכל העולמות אבי"ע. אך התחלת הסדר הזה הוא א"ק, וההשתלשלות ממנו הוא באבי"ע:

ב. לעמוד בסוד עשר ספירות, והיינו שאף על פי שכל הנמצא הוא רק עשר ספירות, אך כמה בחינות פרטיות נבחנות בכל ספירה וספירה בפני עצמה, בלא שיהיו שוות וו לזו. אלא כל אחת לפי ענינה נמצאים לה אלו המדרגות הפרטיות. ולפי דרך זה הם כל שאר האילנות לפי המדרגות הפרטיות של איזה ספירה, המדרגה שממנה האילן ההוא. אך האילן של שם הוי"ה ברוך הוא - הוא בסוד כל עשר הספירות ביחד, על העניין הכללי שלהם, פירוש - על מנין העשר, שבבחינה זאת אין חושבין המדרגות הפרטיות של הספירות, אלא כל ספירה בכל מדרגותיה נחשבת לאחת לבד, עד שבין כולם עושים רק עשר. ובמניין הזה תלוי כל תיקוניהם בדרך הכללי, בסוד החזרת הרע לטוב כנזכר

קְכָּל"זז פָּתזזי זזכבמה לְרבמז"ל

לעיל. והעבודה כולה תלויה בעניין זה של העשר ספירות, ולכך כל עניניהם הולכים הכל רק בסוד עשר, עם כל מה שתלוי בזה. יש להקשות, המניין שאינו מהות בו כלל, הוא מקרה נפרד מן הנושא. אם כן אילן שם הוי"ה ברוך הוא אינו כלום בספירות עצמם, כיון שאינו אלא לפי המניין. תשובה, עשר הספירות הם כל עצמות החוקים אשר להנהגה, ועם כל זה ההנהגה עצמה יוצאת רק מן הדרך שבו משתמשים מן החוקים האלה, פירוש - יש לפעמים שילך על פי חוק אחד עם כל פרטיו, או על פי חוק אחר עם כל פרטיו, והפרטים לפי זה רבים. ויש שנשתמש מכללות החוקים ביחד לפי כלליהם, ולא נחוש אל הפרטים. ואלה הם המניינים, כי הנה בלכתנו אחר דרך פרטי של ספירה אחת - יהיה מניין האורות מה שנותנת הספירה ההיא, ואחר זה כל משפטי ההנהגות באורות ההם, ואלה הם האילנות שזכרנו. אך הפעולה הכללית היא במה שנכנסים כל העשרה ביחד במניין זה של עשר, וההנהגה הולכת לפי מה שנותן מספר זה לפי ענינו. ואדרבא, כיון שראינו שחק זה הושם ראשון שיהיו עשר, נגזור מזה בלא ספק שזהו המניין היותר כללי ומוצרך, שהרי צריך שיהיו כך, לא פחות ולא יותר, ובזה הסדר כמו שהם מסודרים לפי מנין העשר. וממילא נכללים הפרטים כולם בזה המניין. וכן נבין מה גורם כל אחד מהם בחוק הזה הכללי, ונבין התיקון הכללי שעומד על פי דרך זה כראוי:

ג. בבחינת סדר דמות אדם, היינו שכללות הסדר הולך לא לבד על מניין עשר, אלא על עשר בכל סדרי מצביהם ופרטיותיהם בעניין זה, שזהו נקרא דמות אדם, יען אלו הסדרים הן הנדרשים על דמות אדם, שהם מקבילים לו ממש בכל פרטיו. אדרבא, הם סיבה לו ולכל פרטיו ממש. ואפילו לשם של אדם הם סיבה, בהיות התפשטם הוא סדר אחד שנקרא אדם, דהיינו בסוד שם מ"ה, שבו עשר אותיות, אך נכללים בארבע, דהיינו ארבעה פשוטות שעושים עשרה כשהם מלאות. ועם כל הדרכים האלה מובן אילן זה בכל משפטיו:

ד. הוא נקרא אדם קדמון, פירוש - הסדר הראשון של דמות אדם:

קָל"זֶז פָּתְזֵי וְזֶכְמָה לְרַבְזֶ"ל

חלק ב:

א. והוא הסדר של הוי"ה ברוך הוא, והוא מה שכתבתי למעלה בעניין האילנות, שזהו האילן של השם הקדוש הזה, והוא מתפשט והולך לפי עניין אותיותיו באותו הסדר שהם. דהיינו בסוד עשרה, ובסוד ארבעה, כנזכר לעיל. ובסוד עניין האותיות עצמן, דהיינו, **י** - א"א ואבא, **ה'** - אמא, **ו'** - ז"א, **ה'** - נוקבא, בזה הסדר עצמו ובסוד מילואיו. סוף דבר - כל מה שנמצא הם בסוד השם הזה ובסוד אותיותיו האלה:

חלק ג:

א. וזה עניין - שכל הסדרים והחוקים כולם נמשכים ובאים תחת סדר ארבעה אותיות אלה, שאין זה דרך פרטי, אלא כללי, דהיינו שכולל כל מה שיש בספירות בכל פרטיהם, ומביא הכל תחת הסדר שלו. שהרי אף על פי שהפעולות מושרשות בכמה מיני הנהגות בסוד השמות, עם כל זה אין להם מציאות פעולה אלא על פי הסדר הזה. נמצא הסדר הזה סדר המנהג כל הסדרים, והוא שורש מציאות הפעולות, והוא בנוי מכמה תנאים וחילוקים, מסודרים בסדר נכון, שלפי מה שהם מתקיימים כראוי, כך יוצאות הפעולות לכל צד, ממקום שהם צריכים לצאת. וגם זה כעניין הנשמה והגוף - שאר השמות הם אברי הגוף, וזה השם הוא כנשמה להם, וכל הכוונה צריך שתהיה להחזיק בזאת הנשמה, שתתן מציאות לפעולות הגוף:

ב. ולפי הסדר הזה הכל נדרש תמיד בסוד ארבעה אותיות השם ברוך הוא, וזה עיקר גדול הצריך בלימודי החכמה הזאת הרבה, כי בכל אנו מדברים תמיד לפי העשר ספירות, ונמצאים בזה דרושים סותרים הרבה. והעיקר הוא, כי להרבה חילוקים מתחלקים ומתפרטים המדרגות, לפי צורך הפעולה שיש להם לפעול. והחילוק אינו נעשה לפי העשר ספירות, אלא לפי הפרטיות של הפעולה ההיא. אך לפי שכל דבר צריך להיות נכלל תחת סדר דמות אדם, בה הוא סוד זה של עשר ספירות, על כן כל חילוק מיד שנעשה, נסדר בסדר עשר ספירות. אבל לא נעשה החילוק לפי זה, אלא החילוק הולך לפי טעמים אחרים ושרשים פרטים בעניין ההוא, אלא מסתדר תחת סדר עשר ספירות, והוא תחת סדר ארבעה אותיות הוי"ה ברוך הוא, תחת סדר ארבעה

מילואים, שהכל עניין אחד, כמ"ש כבר. ותבין בזה, שאם אותם האורות עצמם יצטרכו ליחלק בחילוקים אחרים, שונים מן החילוק הראשון, גם החילוקים ההם יסתדרו תחת סדר עשר ספירות, ואז יתחלפו תאריהם. דהיינו מה שהיה בתחילה דרך משל תחת ס"ג, יכול להיות תחת ע"ב, או תחת מ"ה, או תחת ב"ן, שכך מגיע מקומו לפי החילוק ההוא.

סוף דבר, כיון שסדר השם ברוך הוא הוא סדר כללי השולט על כל החילוקים והסדרים שבעולם, נמצא לפי זה לפעולות שני שרשים, אחד - בפרטי המדרגות, ואחד - בהסתדרם תחת השם. ואין שני השורשים מקבילים בעניינם זה אל זה כלל. אלא אדרבא, כל החילוקים המתחדשים בכח הפרטיות - הכל נכלל ובא תחת הסדר הזה. ואתן לך משל בזה, טנת"א - אנו אומרים שהם ע"ב ס"ג מ"ה ב"ן, וזה איננו רוצה לומר שהם עצמם ממש באים משם, כי אם היה כן, היו כמה מיני דרושים סותרים זה לזה, ובפרט בדברי הרשב"י זללה"ה, שצריך לתרץ אותם בשינויא דחיקא. והעיקר הוא, שהם ארבעה מיני תיקונים, דהיינו האותיות הם האורות עצמם של הנהגת זו"ן היוצאים מאימא. והנקודות והתגין, אחד - הוא מה שאימא שורה עליהם בבחינת מקור שלא נתפרשה מהם אפילו בצאתם, והיינו תגין על האותיות, ואחד - מה שאימא מנהגת אותם, והיינו נקודות המנהגות את האותיות. וטעמים הם תיקונים הבאים להנהגה השלמה מצד החכמה. כיון שנתחלקו הדברים בחילוק זה, מיד נקשרים תחת סדר הארבעה מלואים כנזכרים לעיל. וכן אורות אזן חוטם פה ועיניים, שבמקום אחד נאמר שהם ארבעה אותיות הוי"ה ברוך הוא, והיינו עיניים - **ה'** אחרונה. והרי אזן חוטם פה כולם אינם אלא **ה'** שבשם דהיינו ס"ג. אך העניין הוא מה שמבואר כבר, כי החילוקים מתחלקים לפי הצורך. אך כל החילוקים מסתדרים תחת סדר הוי"ה ברוך הוא.

והנה עתה באנו לסדר זה של דמות אדם, כי כל מה שאנו מדברים מכאן ולהבא הוא לפי הסדר הזה המשתלשל לפי עניין א"ק זה. ועל כן צריכים אנו לדבר תמיד לפי עניין דמות אדם, ועל זה יסובבו כל הדרושים מא"ק ואילך, לפרש כל ההנהגה בסוד דמות אדם, ודמות אדם בסוד ההנהגה:

קָל"ח פָּתוּחֵי זֹכְמָה לְרַמֹזַ"ל

פרק ל"ב

אדם קדמון והזיו שלו:

הפנים עשויות להאיר מה שנסדר בפנים בתוך הגוף, ומכל חוש יוצאות הארות מזה. ולכן יוצאים ארבעה עולמות של ראיה אשמיעה ריח דבור. וגם מן המצח יוצא הארתו. נמצאו כל העולמות רק זיוו והארתו של א"ק, וא"ק נשגב מהם יותר. ואינו מושג. כיון שאמרנו בכלל עניין א"ק, עתה נתחיל ללכת אחר פרטיו, לפי סדר דמות אדם, ולפרש מציאות אחד שצריך להבחין בדמות האדם עצמו, כדי שנבין אחר כך ההנהגה על פי סוד עניין זה:

חלקי המאמר הזה שנים. חלק ראשון, הפנים עשויות להאיר וכו'. והוא מציאות זה מה שצריך לדעת בדמות עצמו, והוא עניין הפנים. חלק שני, נמצאו כל העולמות, והוא הסוד לפי ענין זה בעולמות:

חלק א:

א. הפנים עשויות להאיר, ופירוש זה הדבר הוא, כי הנה מציאות אברי הגוף ועניינים למטה הוא מראה תמיד עניינים בהנהגה מקבילים זה לזה למעלה. ואמנם מציאות הפנים הוא חלק אחד של הגוף, שבו הנשמה פונה ומשגחת למה ששייך בין הגוף ובין זולתו, והיינו ההרגשתים, ראיה, שמיעה, ריח, דבור, שהנשמה עומדת במשכנה, ודרך האברים האלה מרגשת כל ההרגשים האלה. והנה שני דברים צריך להבחין בזה, מציאות הנקבים הנמצאים בפנים, והשימוש שמשתמשת בזה הנשמה עצמה. והאמת הוא, שהנקבים עצמם עשויים מן הנשמה, דהיינו בהיות בניין הולד נבנה, הרוח הבונה אותו - שם בוקע ונעשה הנקב, מה שבשאר האברים היה הוא עומד לפנים. ואחר כך על ידי הנקבים האלה נעשים ההרגשים. ואמנם אין הבקיעה תלויה בהרגשים, שהרי יש מי שיהיה לו אותו אבר, וללא ההרגש. ועוד שלא תמיד אדם שומע או מריח או מדבר, ואף על פי שנקביו אלה פתוחים. והנה כל זה הוא מצד הנקבים האלה שהנשמה משגחת על ידם כנזכר לעיל.

ועוד מציאות אחר, שהוא אבר הפנים, שמראה גם כן מצב הרוח במקומו, אם הוא בישוב או בזעף. וצריך שיהיו הפנים עצמם מוכנים לזה, שהרי בשאר אברי הגוף אינו כן. ועוד עניין אחר יש שאינו נראה עתה, אבל ראוי הוא שיראה, דהיינו שיהיה לפנים זיו, כמו שיש לשמש. וזה כבר נראה במשה רבינו עליו השלום בקירון עור שלו. וכן אמרו על פנחס שבשעה שהיה שורה עליו רוח הקודש היו פניו לוהטות כברקים. ומה שעתה אין דבר זה נראה, הוא מפני שאין דיוקן האדם שלם אחר חטא אדם הראשון. אבל אדם הראשון היה כך, כמו שפירשו בזוהר ובמדרשים. וגם לעתיד לבוא הכל יהיו כך. וכן כתיב, "והמשכילים יזהירו כזוהר הרקיע".

נמצא, מכל עניין זה נראה שהפנים הם עשויים לפנות אל האחרים, והם מוכנים לזה. ונבחין בזה שלושה עניינים, עניין הפנים עצמם המוכנים כבר בכל חלקיהם להתנוצץ ולהאיר אור הנשמה שבפנים, להראותה לחוץ בסבר הפנים ובזיו, עניין הנקבים הנעשים על ידי הרוח הבוקע אותם בזמן הבניין, ועניין ההרגשים שהנשמה מרגשת על ידי הנקבים האלה.

ונפרש עתה כל זה למעלה. כי הפנים הן הכלים מן הרשימו, שבהם אור הא"ס ברוך הוא, דהיינו בסוד הנשמה שבפנים - פונה אל האחרים לנהג את הפרצופים עצמם, שהם סדרי ההנהגה. שכבר שמעת למעלה, שכמו שהנשמה היא המנהגת את הגוף, כך הפנימיות הוא המנהג את הפרצופים. והנה הכלים האלה הם הפנים עם כל תיקוניהם בסוד י"ג תיקוני הדיקנא, שהם כוללים כל הפנים. והנה אלה כולם מאירים ועושים זיו הפנים כנזכר לעיל. ועם כל זה הוא זיו סתום, כי הוא צריך לעבור דרך הפנים עצמם. ואמנם כל מה שהוא נסדר בכל הגוף כולו - עומד להראות בפנים האלה. כי כך הוא הסדר - כל עניני הנשמה נראים בפנים, כמו שמפורש בסוד חכמת הפרצוף בדברי הרשב"י ז"ל בפרשת יתרו ובתיקונים. והנה שם עושה זיו הפנים כנזכר לעיל. וזה סוד הק"ן נהורין והש"ע נהורין, שמודיעים מציאות הנהגת הא"א וז"א. אחר כך לפי מה שהיא נכללת שם - מתלהטת ובוקעת ועושה ארבעה נקבים, שהם עיניים אזנים חוטם ופה.

ותבין מה עניין הבקיעות האלה למעלה, כי אין זה שבקעו פעם אחת ויצאו, אלא גם למטה, אם היה הזיו נראה, היו רואים איך מבחינת הנשמה שנכללה כבר בפנים להראות עניינה - נמשך ויצא זיו אחד, הבוקע ויוצא ממנו דרך הנקבים האלה ממש. ואין פעולת הזיו הזה אלא לעשות הבקיעות האלו. ומפני שהוא מבחינת נשמה, שעכשיו היא נסתרת, כמו שאין נראה הזיו בפנים, כך אינו נראה מה שיוצא מן הבקיעות האלה. אדרבא, בפנים יש על כל פנים סבר הפנים הנראה, יען יש לנשמה איזה לבוש, דהיינו הפנים עצמם. אבל בנקבים אין נראה כלום, יען הנשמה יוצאת מכל לבוש. ותראה הפרש גדול שבין הזיו הנראה בפנים או היוצא מן הנקבים. כי הנראה בפנים הוא הכללות של כל עניני הנשמה. אך מה שיוצא מן הנקבים הם עניינים פרטים, לפי המקום שיוצאים משם, והם המבינים עניני ההשגחה בסוד ראיה שמיעה ריח דבור.

ואחר כך הבקיעות האלה עם האורות שבהם נעשים ההרגשים, שהיא ההנהגה ממש. והוא מה שהנשמה משתמשת מן האורות האלה היוצאים כדי להשגיח כראוי. אבל שורש ההשגחה נדרש בפני עצמו לפי עניין החושים. ומה שאנו מדברים עכשיו - הוא מה שבוקע ויוצא לחוץ, כדי לעשות הנקבים וגם החושים, שמזה עצמו נעשה זיו מכסה על זיו הפנים עצמם. ולכן אמרו שנמשך נגד הפנים, ואינו מתדבק. וכל זה היה נראה אם היה הזיו נראה.

נמצא שהנשמה הפנימית נסתרת בתוך הגוף ואינה נראית כלל. אחר כך מתראית בדרך סבר הפנים בפנים, ומתחיל הזיו, וזהו הזיו הפנימי. ובהיותה עוד שם, מתחזקת ובוקעת, ונראית ממש בארבעה הבקיעות. ודרך שם יוצא ממנו זיו, מה שיוצא, ועומד על זיו הפנים, והרי זה כמו זיו בתוך זיו. ומן הזיו הזה השני נמצאים ההרגשים בכח תנועה שמתנועעת בתוך הזיו ההוא - הנשמה. אך מציאות הזיו בעצמו הוא מה שבקעה הנשמה לעשות החורים.

וזה פשוט, שאם עשתה ארבעה חושים משונים זה מזה, ולא פחות ולא יותר, צריך שבא זה מן הכח הכלול בה, שהיה יכול להוציא זה, לא פחות ולא יותר. ואם כן פעולה שהוא עושה בבקיעה אחת - אינו עושה

קְל"זז פַּתזזי זזכבמה לרמזז"ל

בבקיעה האחרת, שעל כן בבקיעה אחת הושרשה השמיעה, ובאחת הושרשה הראיה, ובאחת הריח, ובאחת הדבור. והאמת, שהוא לפי הכוחות שהיו בה - כך בבחינת כח אחד הייתה נמשכת אל אחד מן האיברים הראוי ומוכן לעניין הכח ההוא, ובוקעתו ויוצאת. ובחינת כח אחר אל אבר אחר, ובוקעתו ויוצאת. וזה מה שכתוב באוצרות חיים, "אך המשכיל יבין כי אור של המוחין נקרא ע"ב, ואור (האזן) נקרא ס"ג", כמו שמבואר בהג"ה.

כלל העניין הזה - הנשמה עשויה להאיר בפנים, וגם לבקוע ולצאת ביציאה גמורה, בלא מסך לפניה, להרגיש הרגשותיה. ואדרבא, בבחינת מה שהיא עומדת ומאירה בפנים - בבחינה זאת עצמה בוקעת לה הבקיעות של החושים. ונמצאו הפנים - כלים מוכנים לשני הדברים האלה, הפנים עצמן - להראות הארתה עודה תוך הכלים, והבקיעות של החושים - לתת לה מקום שליטתה להשגיח השגחתה כנזכר לעיל. ובעמוד הנשמה במקומה, הנה היא מתראית דרך הבקיעות שעשתה [נ"א, בתחילה] ועושה הזיו השני. והוא עצמו מה שנראה בזיו הראשון בכלל, שנראה באלה בפרט. ומתראה ממנה בכל בקיעה מה שמתראה לפי עניין הבקיעה עצמה שמתראה דרך שם. וכל זה מלבד החושים עצמם, שאף על פי שנעשים בבקיעות ההם עצמם, האמת הוא, שנעשים בתוך הזיו הזה, אך בכח תנועה אחרת שמתנועעת הנשמה לפי משפט הרגשותיה.

והנה מה שמתראה מן הנשמה בפנים, כבר אמרנו שהוא כללות עניינה ומצבה, ומן הבחינה הזאת יוצאות הבקיעות האלה שזכרנו. נמצא, שנוכל לדון מן הזיו הזה היוצא ונראה מן הבקיעות האלה על מה שיש בפנים עצמם, בסוד הזיו הפנימי שזכרתי. ומן הזיו של הפנים הזה נידון על מה שיש בתוך הגוף, דהיינו הנשמה עצמה לפי עניינה ומצבה.

כשתדקדק, תמצא ההנהגה נסתרת בלב ובכל הגוף, ומתגלית בפנים, ומשם מתגלית דרך הבקיעות. ונמצא הגלוי האחרון הוא הזיו של הבקיעות, וזה מה שאנו עוסקים בו, שזהו האור מה שמגיע לנו, שאפשר לנו להשיג באמת. וכל מה שהוא יותר פנימי מזה - הוא נשגב ממנו, ולא נדעהו. ופרטיות הזיו הזה הוא כל עניני העולמות. כי רק חלקי הזיו

כְּלַ"ז פְּתָחֵי חָכְמָה לְרַמְחַ"ל

הזה ותנועותיו הוא מה שמתגלה לנו, ולא יותר מזה. רק שנדע שזה הדבר מושרש לפני ולפנים בתוכיות ההנהגה העליונה. ותבין מזה כמה שפלה השגת הנבראים, כי הנהגה באמיתה נשגבת מהם הרבה, ואין נודע להם אלא השטחיות היותר קרוב להם. ובזה השטח נמצא כל הסיבוב של ההנהגה בשלמותה מראש ועד סוף, בסוד כל העולמות, כמו שנבאר.

אמנם הקדמה אחת צריך שתשמור תמיד, כי כל מה שנעשה במקום אחד - לפי המקום ההוא הוא נעשה. דרך משל, בנידן דידן מה שמתראה מן הנשמה בפנים, הוא בסדר אחד מה שראוי להסתדר לפי בחינת ההראות הזה, וכן ההגלות בבקיעות הוא בסדר הראוי לבחינת הגלותו זה. וזהו הסדר מה שאפשר לתחתונים להשיג, ונקרא שרואים רק שטחיות השיעור ששיערה להנהיג. אף על פי כן הוא אמיתיות הדבר לפי העומק של הדברים. אך כיון שאין שכל מספיק להשיג הדבר כולו בפנימיותו ועומקו ברוחב כל העניינים כמו שהם, נקרא שניתן להם ציור שלם ומספיק, להבינם הדבר לפי מה שהם יכולים לקבל. הא למה זה דומה, לחכם שרוצה ללמד חכמתו לתלמידו, ואם אינו יכול לקבל כל עומק חכמתו, נותן לו ציור מספיק מן החכמה מה שראוי לקבל. והציור אמיתי לפי כל עומק החכמה, אלא שהוא בדרך קיצור ומובן לתלמיד ההוא. שאם היכנס אחר כך בעומק החכמה, ימצא יתרון גדול בה ממה שהיה יודע מתחילה, כיתרון האור מן החושך. יש להקשות, ההנהגה אמרנו שהיא ברשימו, והקו נעלם בתוכו. ועתה לפי זה נמצא, שאדרבא, כל ההנהגה היא מן הקו, כי הרי ההנהגה היא רק במה שיוצא מן הנקבים האלה, שהוא מן הפנימיות, שהוא הקו. אם כן ההנהגה היא מן הקו, התשובה, מה שמתגלה אין נקרא שמתגלה לפי הנשמה, אדרבא, נקרא שהוא לפי הגוף. וזה, כי האדם הוא - שיש בנשמה מלובשת בתוך גוף בנוי נקבים וחללים. פירוש - כלים מכילים וכלים מוציאים, שתמלא הנשמה את המכילים, ותוציא אור דרך המוציאים, וכל זה לפי הנהגת הגוף בתכונות כליו. ובצאתה דרך הכלים האלה - תעשה לו זיו סביב. ואין הנשמה מוספת שום דבר בגוף אלא מה שהוא, שהרי אפילו בהוצאה אורותיה - אינה מוציאה אלא לפי ענייני הגוף, וכמ"ש בסוד שאור המוחין נקרא ע"ב, ושל האוזן נקרא ס"ג. אמנם הכלים המוציאים אינם אלא לגלות מה שנעשה במכילים. ונמצא שורש

קָל"זו פָּתזזי וזכבמה לרבמזז"ל

ההנהגה - מה שמתחברת הנשמה עם הגוף לפנים. וגלוי העניין הזה בפנים, וגילוי יותר בזיו הבקיעות, וכל אלה הגילויים. נמצא עניין הנהגת הקו בפני עצמו, והנהגת הרשימו המתנהגת ממנו, כי כבר אמרתי - הנשמה מוציאה אורותיה לפי הגוף, כדלקמן, וכשניקח סדר ההנהגה הכללי, שהוא א"ק בכל בניינו, נמצא סוד ההנהגה מה שמתגלה לנו - דהיינו סיבוב שלם כדלקמן - רק מה שמתגלה אחר שכבר נתלבש הקו בתוך הרשימו בסוד הזיו הסובב כנזכר לעיל. וכל מה שעושה הקו כהתלבשותו דה, מלבד מה שמתגלה מזה הזיו - אינו נודע לנו:

ב. מה שנסדר בפנים בתוך הגוף, מה שמתגלה הוא הסדר עצמו שנסתדר לפנים. על כן יקבילו הדברים זה לזה, מה שמתגלה עם מה שיש בפנים. אדרבא, נאמר בפרט, חלק זה של הפנימיות נתגלה במקום דה מן הפנים, וחלק זה במקום זה, כדלקמן:

ג. ומכל חוש יוצאות הארות מזה, הוא מה שמבואר למעלה, שמה שמאיר בפנים - יוצא בגילוי יותר בחושים:

ד. לכן יוצאים ארבעה עולמות ראיה שמיעה ריח דבור, כיון שהחושים הם ארבע, על כן ארבעה דברים יוצאים משם ומתגלים משם. אדרבא, כל מה שראוי להתגלות - יתגלה מתוך אלה הארבעה:

ה. ארבעה עולמות **ר**איה - **ש**מיעה - **ר**יח - **ד**בור, שאינם הרשר"ד עצממ, אלא עולמות שלהם, שהם היוצאים מתוכם, כנזכר לעיל:

ו. וגם מן המצח יוצא הארתו, וגם דה הוא דבר שאינו נראה עתה, אבל אם היה הדיו - היה נראה, כי יש בקיעה דקה מאד. וה"ס התפלין העומדים במצח, שעליהם נאמר, "וראו כל עמי הארץ כי שם ה' נקרא עליך":

חלק ב:

א. נמצאו כל העולמות רק זיוו, וזהו מה שנתבאר כבר בחלק הראשון, שכל העולמות שאנו מזכירין הם מדרגות הזיו הזה:

כְּכָל"זֶ פַּתְוָזִי וְזַכְמָה לְרִבְמִזֹּז"ל

ב. הארתו של א"ק, הארה נקרא מה שאינו עצם הדבר, אלא בהיקות שמבהיק מן העצם עצמו, והוא פחות במדרגה מן העצם עצמו. ונמצאו העולמות האלה רק מה שיוצא הארה לבד מן הא"ק, שאינו מתגלה בהם מה שהיה מתגלה בא"ק עצמו, אלא פחות מזה הרבה.

וזה תשובה למה שקשה לכאורה בעניין אלה העולמות, שנראה שאין עניינם בסדר שאר האילן. והיינו כי בריאה דרך משל, יוצאה מן האצילות, ורוצה לומר שהיא המשך אחד ממנו, והיא יוצאה כמו חותם מכל הספירות של האצילות, שעוברים דרך מסך, ומוציאים כל ספירה - ספירה כנגדה ממש בבריאה, וכן יצירה מבריאה, וכן עשיה מיצירה. ואז יתכן לקרוא אותה זה תחת זה, כי הם יוצאים אלו מאלו. וכן הפרצופים, גם כן יוצאים או"א מא"א דרך זיווגיהם, וזו"נ מאו"א דרך זיווגיהם. אבל אלו העולמות אינם יוצאים כך מא"ק, אלא יוצאים מתוכו דרך אבריו. ולפי זה יש שני קושיות, האחד - שלא נוכל לומר שאבי"ע הם תחת א"ק, כמו או"א זו"נ תחת א"א כמוזכר במ"א, שהרי אינם יוצאים כך ממנו, כמו אלה מא"א. והשני - שאין זה דרך ההשתלשלות, כי ההשתלשלות צריך שישתלם עולם אחד, ואחריו במדרגה יבוא עולם אחר, יוצא ממנו ממש, וכוחו פחות מעולם עליון. זהו הדרך שאנו רואים שהולכים דבר הספירות מאחר הצמצום והלאה. אבל זה נראה כמו דרך אחר שיוצא שלא כסדר. ויקשה מיד - למה לא באו העולמות האלה תחת א"ק, יוצאים ממנו ממש כשאר העולמות זה מזה. או אם אלה יצאו בדרך הזה, למה לא יצאו אחרים מן א"ק, כמו בי"ע מן האצילות, סוף דבר אין זה המשך ישר, כמו שהיה ראוי להיות בדרך ההשתלשלות, אלא נראה כמו דילוג, שמדלגים מדרך לדרך ומעניין לעניין. ואינו מובן קשר סדר אחד שלם בזה הדרך כלל.

אך לפי העניין הוא מה שאמרנו עד עכשיו, והיינו כי האמת, שרק מציאות אחד כללי לבד הוא הנעשה בתוך החלל, והיינו א"ק שלם בכל עניניו, פירוש - בנשמתו וגופו ובזוהר שלו. וזה כל ההנהגה של שם הוי"ה ברוך הוא, ותחת זה לא יש עניינים אחרים. אלא שבהיות ההנהגה הזאת הנהגה עמוקה - לא הבננו אותה, אלא הארתה לבד הוא שנתגלתה לנו, והוא הציור היותר קטן וקצר של זאת ההנהגה. וזהו מה שאנו מדברים בו. ובכאן נבין המדרגות זו תחת זו בהשתלשלות, דהיינו חלקי

ההנהגה המתגלית. אך אין זה יוצא בהמשך מדרגה והשתלשלות מן הא"ק, אדרבא זהו הגילוי שלו מה שאפשר לגלות מן הא"ק עצמו, ונחשוב גם זה לחלק א"ק עצמו. ונאמר רק - הא"ק הוא בכל המציאות לפי הסדר שם הוי"ה ברוך הוא, אלא שא"ק עצמו אינו מושג, אלא הארת א"ק היא המושגת, ובה כל העניינים האלה שאנו דורשים:

וא"ק נשגב מהם יותר, ואינו מושג, הרי זה ישוב למה שאנו מניחים עניני הא"ק, ומדברים באלה העולמות. שכיוונתינו בזה כנזכר לעיל, שא"ק עצמו הוא הנעלם מן ההנהגה, והזיו הזה הוא המגולה ממנו. ואין זה סדר מבולבל, לא מדלג מדרך לדרך כנזכר לעיל, אלא סדר נאות מסודר כראוי. והנה עניין זה במראה, יראה העניין כמו שכתוב, פרצוף אחד שפניו מזהירים, ויוצאים משם כל האורות האלה על הסדר שהם כתובים:

פרק ל"ג

פרטות עניין עסמ"ב דא"ק, שמהם מגלים דמות אדם:

ע"ב ס"ג מ"ה ב"ן מתגלים מא"ק. הע"ב לפי חכמתו של א"ק, ואינו מגיע הדברים להשגה, ומשלח הארותיו דרך שערות הראש, שהמוח מגלה בם ענינו, והוא נעלם. אך ס"ג מגלה האורות מה שנעלם בע"ב, והוא עניין האצילות שהולך ומתגלה מעט מעט. לכן בתחילה אור פנימי ואור מקיף רחוקים זה מזה, והולכים ומתקרבים מעט מעט עד הפה, שנעשה כלי שם. ושם נשרש דמות אדם כראוי, והוא עניין מ"ה וב"ן שנתגלה אחר כך אחר שזכרנו בכלל שהארות יוצאות מא"ק, עכשיו יש לנו לפרש פרטיהם:

חלקי המאמר הזה שלשה. חלק ראשון, עסמ"ב, והוא מה שמתגלה בדרך כלל. חלק שני, הע"ב לפי חכמתו, והוא עניין הע"ב בפרט. חלק שלישי, אך ס"ג, והוא עניין הס"ג בפרט:

כָּלֵ"זו פֵּתוּזִי וְחַכְמָה לְרַמַחַ"ל

חלק א:

ע"ב ס"ג ב"ן מתגלים מא"ק, וזהו כי הלא כבר שמעת איך כל מה שיש
בכל סדרי הגוף - מתגלה בפנים, ומה שמתגלה בפנים הוא המתגלה
בתוך הבקיעות. אך כל הכללות שבכל הגוף הוא עסמ"ב. אם כן מה
שמתגלה הוא עסמ"ב:

חלק ב:

א. הע"ב לפי חכמתו של א"ק, כי חו"ב סודם הוא כך, חכמה הוא סידור
הדברים בעומק המחשבה. אך בינה מגלה תמיד מסתורי החכמה. וע"ב
הוא לפי מה שמצטייר בעומק מחשבתו:

ב. ראינו מגיע הדברים להשגה, כי מציאות החכמה היא להסתתר
ולהתעלם:

ג. ומשלח הארותיו דרך שערות הראש, דהיינו שערות הראש הם הזיו
הראשון, כמו הדיקנא בפנים. ומשם יוצא אור הע"ב, בבחינת זיו שני
הנזכר בפנים:

ד. שהמוח מגלה בם ענינו, סוד השערות בכל מקום שהם, הם סוד מה
שנסדר במוח בתוך הראש - מתגלה בחוץ לראש בבחינת שערות, וכל
ענייניהם ומשפטיהם נמשך אחר ענין המוח, איך שהוא בפנים. ועוד
יתפרש זה במקומו בס"ד:

ה. והוא נעלם, אור הע"ב היוצא הוא נעלם, כיון שהוא לפי בחינת
חכמה:

חלק ג:

א. אך ס"ג מגלה האורות, והוא ענין בינה שאמרתי, שמגלה אורות
החכמה שהם סתומים:

ב. מה שנעלם בע"ב, שאין אורות הס"ג אורות אחרים, בלתי
משתלשלים מן הע"ב, עד שיהיה הע"ב עניין אחד בפני עצמו, שאין
פעולותיו ותולדותיו מתגלים, ואורות הס"ג עניינים בפני עצם לצד

קָל"זז פַתזזי וזכבמה לרבמזז"ל

אחר, שתולדותיהם מתגלים. כי אם היה כך, הרי היינו נופלים במבוכת פיזור העניינים, פירוש - הדילוג שזכרתי למעלה, הנראה לכאורה בעניינים האלה שמתחילים בעניין אחד, ואין נודע סופו, ומדלגים משם לעניין אחר, שאינו מתקשר עמו. וזה דבר שאי אפשר לומר כך, כי אין זאת ידיעה, אלא מבוכה. והראוי הוא, אם אלה האורות שאנו מזכירים הם אורות ההנהגה, שילכו בהשתלשלות זה אחר זה, מן הראש ועד הסוף. אלא האמת כך הוא, כל העניינים שאנו מזכירים מראשית הא"ק ועד סוף כל העשיה - כולם מקושרים זה בזה, ומשתלשלים זה מזה. וההבדל שביניהם - שכל עליון נעלם יותר מן התחתון ממנו, עד שבאים הדברים מהעלם אל גילוי, אך שלשלת אחת ממש הם. ונמצא שכל מה שמתגלה אחר כך בסוד אורות הס"ג, הוא מה שנעלם מתחילה באור הע"ב. ואורות הס"ג עצמם אינם עניינים הרבה פזורים ונפרדים. אלא הם עניין אחד עצמו, שהולך ומתגלה גילוי אחר גילוי, וכדלקמן:

ג. והוא עניין האצילות, כי מה שהייתה הכוונה מתחילה, הוא להמציא עניין שורש דמות אדם בדרך קרוב ומתייחס אל התחתונים, שתהיה בו העבודה כראוי. ועניין זה הוא אצילות הבנוי ממ"ה וב"ן, אחר שנתחברו ביחד. כי שם האורות הם סיבות ממש אל כל עניני העולם הזה, קרובות ומתייחסות להם כראוי. מה שאין כן קודם לכן, שאינו אלא שורש לסיבות האלה. וזה תבין במה שמבואר כבר בעניין ההעלמים, שהיה קו המידה הולך ועושה - שבכל העלם מתחדשות תולדות לפי ההעלם ההוא. והנה לא יכול לצאת על דרך זה לפי עניניו אחר זה ההדרגה, אלא אחר שנוספו העלמים על העלמים, עד שהגיעו למדרגה הנקראת אצילות, אך לא למעלה מזה. וזהו מה שביאר הרח"ו זלל"ה, שאף על פי שמכנים אוזן ועיניים בא"ק, אינו אלא לשבר את האוזן, כי שמות אלה אינם נופלים אלא במקום שהאורות עמדו בערך אחד מתיחס עם התחתונים, שיכולים התחתונים לצאת מהם לפי חוק ההדרגה. אך כאן למעלה, לא נוכל להזכיר תואריים האלה אלא בדרך השאלה, להיות כאן מקום שורש לעניינים האלה למטה. נמצא לפי זה, שמה שהיה צריך להתגלות - היה סוד דמות אדם, אם כן נאמר שמה שהיה צריך להתגלות היה האצילות, וההעלמים היו נעשים על פי כוונה זאת. להביא סוף אור אל המדרגה הזאת. אך כל מה שאנו מדברים עתה, הוא בחלקי הזיו הזה שזכרנו, שהם חלקים עומדים בהדרגה זה תחת זה, דהיינו על

קָלֹ"ז פתזֹוי זֹוכבמה לרבמזֹו"ל

פי עניין קו המידה, שכל תחתון אורו פחות מאור העליון ממנו, שסוף עניינם הוא האצילות כנזכר לעיל, וכדלקמן. אם כן נאמר שחלקי הדיו הזה עניינם - עניין האצילות שהולך ומתגלה מעט מעט בהדרגה, עד שיגיע להימצא. ולכן גם עניניהם הולכים בהדרגה ממש, אלו תחת אלו, כדלקמן:

ד. לכן בתחילה אור פנימי ואור מקיף רחוקים זה מזה, והולכים ומתקרבים מעט מעט, כי הנה זה זה אנו רואים ודאי באורות האלה - שיש מציאות עניין אחד ההולך בהדרגה, והוא עניין קרוב אור פנימי עם המקיף. וכיון שסוף ההדרגה הזאת הוא ממש מה שמוציא שורש דמות אדם כדלקמן, אם כן נבין בהדיא שבאורות האלה הולך האצילות ומתגלה מעט מעט:

ה. עד הפה שנעשה כלי שם, היינו מה שרואים שסוף ההדרגה הוא עשית הכלי כנזכר לעיל. והכלי הוא המתיחס לתחתונים, וכדלקמן:

ו. ושם נשרש דמות אדם כראוי, ושתי הוראות לעניין זה. הוראה אחת, הוא שעניין הכלי הוא המתיחס לדמות האדם. והיינו כי עיקר דמות אדם הוא עניין הגוף עם הנשמה בתוכו. ושורש עניין הגוף הוא הכלי באמת. וכיון שהכלי הוא סוף ההדרגה שראינו באורות אח"פ, אם כן נדע בבירור שאורות אח"פ הולכים בהדרגה אל עניין דמות אדם בסוד הגוף. הוראה שנייה, היינו שעניין אורות הפה הם עשויים ממש לתת השורש לנקודים. ומזה שהדרגה זאת נראית עוד בבירור ממש - במה שאנו רואים שאפילו אורות העיניים עצמם, כדלקמן, הם באים ההדרגה אחר הפה, והיינו שהאצילות הוא דמות אדם בפרט בסוד מ"ה וב"ן כנזכר לעיל, ששם יש עניין הכלים בכל פרטיהם. ושורש עניין זה הוא באורות הפה, דהיינו הכלי בכלל, קודם שיהיו עניניו מתגלים בפרט. כי הלא זאת היא ההדרגה תמיד - בתחילה יש הכלל, אחר כך הפרט, ואין לעשותם מדרגה אחת, אלא שתי מדרגות. נמצא לפי זה - אורות הפה שם עניין הכלי שהגיע כבר לגילוי, אך בדרך כלל וכמ"ש. אך באורות העיניים כדלקמן שם, עניין הכלי בפרט ממש, בסוד מ"ה וב"ן, כדלקמן במקומו. ועל כן נעשו מעשים באורות הפה, מה שהוצרך כדי לתת מציאות לעניינים הנמצאים בכלים במקומן, במקום פרטי

ענייניהם. וזה כללות הבנת כל מה שאנו דורשים באורות הפה שהם כולם הכנות למה שצריך להימצא אחר כך באצילות במקומו, והיינו גילוי הכלים ושלמותם, ושיהיה בדרך הסתלקות, בסוד שורש לענייני העבודה. והתיקון הוא להיות אחר כך באצילות, כמוזכר במקומו:

ז. והוא עניין מ"ה וב"ן שנתגלה אחר כך, היינו סוף כל ההשתלשלות, שהוא דמות האדם במקומו, בסוד מ"ה וב"ן כנזכר לעיל, וכדלקמן:

פרק ל"ד

הקשר בין עסמ"ב למקום יציאתם חוץ מא"ק:

המעברים שעוברים דרך שם האורות, הם נבחרים לפי מה שהם נקשרים לפנים עם ארבעה השמות הנסדרים שם. והם לפי הרכבות קשרי המאורות, ודרך הליכת הרוח בהם, מקום שהוא נוגע ראשונה - שם הוא יוצא:

אחר שביארנו הזיו המתגלה, צריך עתה לפרש עניין המקומות שהוא מתגלה מתוכם:

חלקי המאמר הזה שנים. חלק ראשון, המעברים וכו', והוא יחס נמצא בין המעברים ובין אורות העוברים. חלק שני, והם לפי וכו', והוא משפט היחס הזה איך הוא:

חלק א:

א. המעברים שעוברים דרך שם האורות, רוצה לומר כי יציאת האור הפנימי דרך הנקבים אינו על צד ההזדמן, כאש לוהט שנותנים עליו כלי נקוב, שבכל מקום שיש נקב יוצא אור האש. כי אם היה כך - שני דברים היו נמשכים מזה, שאנו יודעים שאינם כך, הראשון, כיון שהאש שתחת הנקבים הוא שווה, על כן גם היוצא מן הנקבים הוא שווה, כי הרי האש אינו מקבל תנועות חדשות, לצאת דרך מקומות פרטים,

שבהם יהיה משתנה, אלא שבכל מקום שמוצא נקב - יוצא, והוא יוצא בנקב זה כמו בנקב אחר. והשני, שהאש שהוא עומד מכוסה תחת הנקב הראשון - יוצא דרך הנקב ההוא, ושתחת השני - יוצא דרך הנקב השני, בלא יתחלפו כלל, לצאת מה שהוא תחת נקב אחד - לצאת דרך נקב אחר. ושני דברים אלה אינם כך באלה העולמות. הראשון, האור שבפנים הוא שווה, ושיוצא לחוץ אינו שווה, אלא הולך בהדרגה בכמה מקרים שונים. ואם היה רק על צד ההזדמן, שהאור יוצא לפי שמוצא פתח לפניו, כך היה האור היוצא מן האזן כמו מן החוטם, בלא שום שינוי כלל. השני, שמצאנו חילוף, שהרי אורות הס"ג - יוצאים מן האח"פ, ואורות הב"ן למעלה מן האח"פ, דהיינו מן העיניים, ואורות מ"ה למעלה מכולם, דהיינו מן המצח. אם כן מכל זה נראה בהדיא שאינו על צד ההזדמן, אלא נבחרים המעברים לאורות, ומוכרח האור ההוא ללכת במעבר ההוא ולא באחר, מפני היחס שיש לו עמו. ובשביל היחס הזה הרי הוא משתנה בצאתו ממנו, כי כבר נשתעבד גם הוא לכלי. פירוש - אם היה על צד ההזדמן, אז היה נקרא שאין האור משתעבד לכלי, אדרבא יוצא מן השעבוד, אם כן תחת שבזמן שהוא בתוך הכלי פועל בבחינת כלי מפני היותו סגור בו, ואף על פי שאין בו שינוים, הרי פעולתו משתנית, לפי שהוא משתווה לבחינת הכלי, וכמ"ש למעלה בסוד הקו והרשימו, הנה כשבוקע ויוצא - אובד השעבוד ההוא, ויפעל כמו נשמה חוץ מן הגוף. אבל כיון שאמרנו שעברו דרך הכלי הוא מפני יחס שיש לו לכלי ההוא בפרט, אם כן נקרא שאפילו בצאתו הוא משועבד לכלי, כי לא היה יכול לצאת מכלי אחר, ואף על פי שיוצא, אינו נקרא שיוצא מן השעבוד, אלא אדרבא, טבע הכלי ההוא להיות כלי מוציא, וכמ"ש למעלה בעניין הכלים מכילים וכלים מוציאים. וכיון שכך, נמצא שאין האור עושה אלא פעולת הכלי עצמו, ואז יהיה שינוי בפעולתו, כאילו היה פועל בתוך כלי המכיל עצמו:

ב. הם נבחרים לפי מה שהם נקשרים לפנים עם ארבעה השמות הנסדרים שם, היחס הזה אינו יחס נמשך מן המצב הנראה, כי אדרבא, זהו המתחלף, שהב"ן והמ"ה הם למטה, ועולים למעלה מן הכל. אלא הוא מקשר שנקשר בפנים בתוך הגוף. והרי נתפרש בכלל עניין היחס של האורות עם המעברים, שהוא יחס אחד פנימי תלוי בסדר שהשמות

כָּל"זו פְּתוּזֵי וזכְּמָה לְרַבְּזֵ"ל

עומדים בפנים בתוך הגוף, שנתקשר עמהם בחינת המעברים בסדר הזה שאחר כך מתגלים לחוץ:

חלק ב:

א. והם לפי הרכבות קשרי המאורות, כי אף על פי שאנו אומרים שכללות הפרצוף הוא עשר ספירות, כדי להבין ההנהגה היוצאת ממנו, אך צריך להבחין בהם פרטיות הרבה, שהוא כלל כל תרי"ג אורות שבו. ולא די זה, אלא העיקר הוא לדעת הקשרים שאלה האורות הם מתקשרים זה בזה, ונפגשים בדרך זה להתקשר קצה אחד עם קצה אחר, שבמצבם הם רחוקים זה מזה. וזהו מעניין הרכבות המאורות, שמתרכב אור אחד עם אור אחר, ויוצא משם התולדה. ובדרך זה נעשים היחסים שבגוף, שהחלק אחד מתייחס אל חלק אחר, עד שבהולד מקרה באחד מן החלקים ההם, יורגש המקרה בחלק השני, אף על פי שהחלקים רחוקים זה מזה הרבה, ויש חלקים אחרים ביניהם. ואותם שביניהם לא ירגישו, ואלה שבקצוות ירגישו.

ושורש העניין הזה הוא, כי צורת כל פרצוף בכלל ובפרט תלויה בשם מ"ה, בסוד, "ודמות פניהם פני אדם". והנה שם זה יש בו כוחות מספר מה שיש בו. ואלה הכוחות הם שנחלקו לכמה פרטים, ועשו האברים של הגוף עם כל תכונותיהם. ויש שפרטי כח אחד הלכו בהדרגה בהשתלשלות זה אחר זה, ויש שפרטי כח אחד נתחלקו, והושמו - אחד במקום אחד, ואחד במקום אחר רחוק ממנו. ואחר כך הושם הסיבוב של הרוח הסובב על כל החלקים, ומגיע הכל אל הצורה הכללית, העומדת בסוד שקיו דאילנא, העומדת בסוד שם מ"ה שזכרתי. ובהרגיש חלק אחד מן הפרצוף איזה מקרה, יגיע הדבר אל השורש - שם מ"ה שזכרתי. ומשם יגיע מיד אל החלק השני שהוא גם כן חלק אחד מן הכח, שחלקיו הוא החלק שהרגיש בתחילה. והנה כך הוא באדם למטה גם כן, שהנשמה הבונה את הגוף, הנה עושה זה בכח אחד כללי שיש בה, שהוא דמות אדם, והוא שם מ"ה שזכרנו. שגם באדם צריך שיהיה בסוד שקיו דאילנא. ומזה יוצא כל הבניין, והוא המרגיש כל הרגשות חלקי הגוף, וממנו נמצא היחס הזה. והנה הרוח הוא המתפעל במקום שהוא יושב שם. ובהתפעלו באחד החלקים, לפי תכונת החלק ההוא, הנה

בהתפעלות הזה יתפעל החלק האחר, שהוא בן גילו של החלק הראשון. ובהתפעל באמת בחלק הא', הצורה הכללית תריצהו לחלק הב', ויתפעל שם בדרך הזה גם כן, מפני הצורה הכללית שמחברת אותם. והחלקים שבאמצע אינם מרגישים כלום, כי הוא לא יתפעל בהם כך, אלא בחלק בן גילו של החלק הראשון. כמו המים - שלפי המקום כך הם מתפעלים. והשפעות הכוכבים גם כן יוכיחו זה, שעוברים בכל האויר, ואינם נרגשים אלא במקום המוכן להם, כי שם השפע ההוא מתלהט לפעול, ולא במקום אחר:

ב. ודרך הליכת הרוח בהם, דהיינו שהרי גם לזה העניין יש דין פרטי - מה שניתן הרוח להתגלגל בו:

ג. מקום שהוא נוגע בראשונה - שם הוא יוצא, כי השמות האלה מתגלגלים בפנים לגוף בחוקים שנחקק להם, ומוצא אברים מה שמוצא ראשונה, והוא נכנס באברים, ומוציא ההארה, במה שיש בחלקי הפנים מתייחסים לאברים ההם. ובדרך זה אפשר למצוא שיצא הב"ן מן העיניים וס"ג מן האח"פ, כי במקום שהס"ג מתהלך לפי סדר סיבובו, פוגע בראשונה אברים שבני גילם הם אח"פ, ומיד יצאו הארותיו דרך שם, והב"ן לפי סיבובו פוגע באברים שבני גילם העיניים, וכן מ"ה למצח.

יש להקשות, שהרי אמרנו למעלה, שזיו הבקיעות יוצא ממה שנכללת הנשמה בפנים, ומה עניין עתה למה שסובב בגוף, תשובה, הילוך הדבר הזה כך הוא, כל מעשה שעושה הרוח בגוף - כבר אמרנו שיש לו להתגלות בפנים, על כן כל מעשה שעושה הרוח הזה בגוף, הוא מוציא כנגד ומיד כח אחד בפנים. עומד לגלותו. ומיד עשותו המעשה בגוף, יעלה ויראה בבחינת סבר הפנים בפנים, ועדיין אין זה סוף הילוכו, כי כל מה שנקבץ בפנים, כבר שמעת שמתפרט בבקיעות החושים. על כן כל מעשה הרוח בגוף יש כנגדו כח אחד מתחיל בפנים ומסיים באחת מן הבקיעות. והצורה הכללית חלקה כך כוחותיה, כל המעשים שעושה ע"ב דס"ג - המציאה כנגדם לגילוי בפנים - כוחות מסוימים באזנים, ואחרים בחוטם, ואחרים בפה, וכן ס"ג דס"ג, וב"ן - המציאה כנגדם כוחות מסוימים בעיניים, על דרך שפירשנו למעלה, שהצורה הכללית

מפרטת כוחותיה בגוף. והנה נמצא שהכוחות המקבילים לע"ב הושמו למטה, ושל ב"ן למעלה, ושל מ"ה למעלה. אך ההקבלה אינה בין חלקי הרוח לחלקי הגוף, כי אינם תחת סוג אחד, אלא בין חלקי הגוף לחלקי הגוף, אם כן צריך שנאמר שאותם האברים שב"ן סובב עליהם - הם הם שהקבלתם בעיניים, על כן בהגיע ב"ן שם למטה, יאיר מיד בחלק שכנגד החלקים ההם בפנים, ומשם לעיניים וכן כולם:

פרק ל"ה

באורות הבוקעים מענפי א"ק ומתגלה שורש הכלי שבהם:

בא"ק נעשה החבור של הקו עם הרשימו - שלקחו לו לכלי. והאור היוצא דרך החושים הוא אור שכבר נתחבר בכלי, שלכן אחר כך הוא מוציא כלי באורות הפה. ורק זה הוא האור הראוי לבנות ממנו כל הבניינים. ויצא מה שצריך לבנות ממנו כל הבניינים הנרצים, ונתפשט בהדרגה לפי צורך הנרצה בבניינים האלה:

אחר שבאארנו עניין האור היוצא מן הבקיעות, ועניין המקומות שהם יוצאים משם, עתה נפרש מה שצריך בעניין מהות האור היוצא עצמו:

חלקי המאמר הזה שנים, חלק ראשון, בא"ק נעשה החבור, והיינו שהאור הזה היוצא מא"ק יש בו בחינת כלי מעורב בו. חלק שני, ורק זה וכו', למה צריך שיהיה כך:

חלק א:

א. בא"ק נעשה החבור של הקו עם הרשימו, שכל עניני א"ק בעצמו הם עניינים מה שצריך לחבור הקו והרשימו ביחד, כי הלא אלה הם שני יסודות ההנהגה, כמ"ש למעלה. ושכל הכוונה הוא לעשות החזרת הרע לטוב. והרע משתרש בהנהגה שאחר ההעלם בכמה חוקים שבה. ועל כל אחד מהם צריך שיתגבר הקו, וישלוט להחזירו לטוב. וזה עצמו סוד הנשמה והגוף באמת, כי בגוף משתרשים כל עניני הרע, והנשמה לכוונה זאת הושמה בו - שתהיה שולטת על כל אחד מעניניו ומחזירתם

לטוב. וזה בכח סגולת המצוות שהכין הרצון העליון לצורך זה. וכשתדקדק, תמצא לפי זה, כי כל העניין הנמצא, הוא רק לבוא אל הנשמה והגוף, ששם נמצא עניין החזרת הרע לטוב ממש. והאדם הגשמי - סוף כל המציאות, דהיינו סוף כל זה העניין. וא"ק ראש כל המציאות - ראש כל זה העניין. כי שם נעשו כל השיעורים הצריכים להיות שורש לעניין זה, שיהיו באחרונה בפועל ממש. וכל אלה האורות היוצאים ממנו, הולכים כולם בהדרגה זה אחר זה תמיד, בסוד נשמה וגוף, עד שיוצאים אלה השניים למטה במקומן, וכדלקמן בחלק שני:

ב. שלקחו לו לכלי, היינו זהו החיבור שנעשה, שנתקן חוק זה שיהיה פנימיות בסוד אורות, וחיצוניות בסוד כלים, והאור יהיה מאיר בכלי ומזכך אותו:

ג. והאור היוצא דרך החושים הוא אור שכבר נתחבר בכלי, לא תחשוב שזה האור היוצא הוא אור פשוט, כי הרי הוא מבחינת החיבור הנעשה כבר, שמשם והלאה לא תצא עוד שום תולדה בלא התחברות שניהם. ולכן זה האור, אף על פי שנראה בתחילה שאין שם כלי, האמת הוא שיש בלועים בו מבחינות הכלי ודאי, אלא שבהיות האור גובר הרבה, אין בחינות הכלים האלה ניכרים כלל:

ד. שלכן אחר כך הוא מוציא כלי באורות הפה, זו ראיה שיש בחינות כלי בלועות באור, שהרי מצינו שסוף סוף יוצא כלי מן האורות האלה היוצאים עצמם, ואם האור היה פשוט, לא היה אפשר לכלי לצאת משם. כי הרי כבר שמעת, איך הכלי והאור הם שני סוגים שונים לגמרי, ואי אפשר לסוג לצאת מסוג מתחלף לגמרי ממנו, כי אין הסיבה יכולה להוציא מסובב שאינו מעניינו, אלא ודאי, שבחינות הכלי ישנם בלועים באורות, אלא שלמעלה אינו ניכר, וכל מה שיורד - הולך ומתגלה, עד שמתגלה לגמרי. ותדע שזה סוד האותיות שדורשים באורות אח"פ, שהרי כל מקום שיש אותיות - מורות על בחינת כלי. אלא שבאורות האוזן שרשי הכלי לא ניכר אלא מעט, והיינו אות אחת, ובחוטם מתגלה יותר, ובפה יותר. ובמעשה שנעשה באורות הפה מתגלה לגמרי:

קָל"זז פָּתחזי וזכבוּה לרבזזז"ל

א. ורק זה הוא האור הראוי לבנות ממנו כל הבניינים - טעמא דמסתבר שהאור יכלול בו בחינת הכלי, כי הרי הבניינים צריכים ללכת על פי עניין גוף ונשמה, אם כן צריך שהאור יהיה מבחינה זה:

ב. ויצא מה שצריך לבנות ממנו הבניינים הנרצים, זה תירוץ לקושי גדול, הנראה לכאורה, שהדברים אינם הולכים בסדר שלם, שלהיות סדר שלם, היה צריך שיוציאו כל השמות אורותיהם בשווה. והרי מע"ב יצאו כל הענפים, אלא שהם נעלמים, ומס"ג יצאו שלושה בחינות של ע"ב שלו, ותחילת ס"ג שלו לבד. ואחר כך יצא מ"ה בכלל, וכן ב"ן בכלל. והתשובה לזה הוא - שרק זה הוא האור וכו'. פירוש - לכל פעולה צריך שיתחברו אורות מה שיתחברו להוציא אותה לפי התכונה שהיא צריכה להימצא. ומעניין זה תמצא מבואר לקמן בעניני בירורי ב"ן. ואין לנו לשאול למה אלה, כי הרצון העליון ידע שכדי להוציא המציאות מה שצריך להוציא, צריך דווקא הרכבת אותם השרשים, לא פחות ולא יותר. אדרבא, בהרכבה אין הולכים כסדר, אלא צריך להותיר ממין אחד ולהחסיר ממין אחר, עד שיעמוד המורכב בתכונה הנרצית. והנה בכאן הכוונה הייתה להוציא אצילות בסוד דמות אדם. כדי לעשות עניין זה, הוצרכו שלוש בחינות מע"ב, ואחת מס"ג, ואחת כללות מ"ה וכללות ב"ן. ומבין כולם - דמות אדם בתכונה שנמצא. מה שאין כן אם הייתה הוצאה זאת לפי עניין המוציאים, היו צריכים לשמור ביניהם סדר. אבל כיון שהוא לפי עניין המורכב ותכונתו הנרצית בו, זולת זה האור, בהיותו יוצא לעשות הבניין, יצא רק מה שהוצרך לפי מציאות הבניין הנרצה:

ג. ונתפשט בהדרגה לפי צורך הנרצה בבניינים האלה, פירוש - כיון שזה האור יוצא לבנות הבניינים, הוא צריך להספיק לכל מה שצריך לזה. ולכן היה הולך ממעבר למעבר, ויוצא בדרכים שונים, מה שצריך להכין הבניינים לפי הכוונה התכליתית שבהם, הלא הוא האדם הגשמי למטה, שבעבורו כל המציאות הזה. ותראה ההדרגה הזאת איך שהולכת ומשתלשלת בסוד גוף ונשמה, כי הנה דבר ברור הוא, שבהיות הגוף עב וגס - אינו יכול להיוולד אלא בחסרון הארה והעלמה. ועל כן בהיות

האורות מתגברים, מה שהוא שורש הגוף לא יהיה ניכר ביניהם. ועל כן בע"ב שהאורות מתגברים הרבה - לא נזכר שום אות, כי לא נראה שום שורש כלי, באוזן מתחיל להתגלות, והוא מעט, בחוטם - יותר, ובפה - יותר, עד שמתגלה לגמרי. וגם תראה כי כוחות הנשמה הן נר"ן נקודה לנקודה. וע"ב הוא נקודה לנקודה שהוא קצה היותר גדול שבהארה, לכן אין שורש הגוף מתגלה כלל. באוזן נעלמה הנקודה לנקודה, ומתחיל להתגלות הגוף. בחוטם נעלמה גם הנשמה, והגוף מתגלה יותר. בפה נעלם גם הרוח, והגוף מתגלה לגמרי. וזה סוד שאורות הפה יצאו רק בסוד נפש. ופרטיות עניין זה הלא הוא מבואר במקומו במקום אחר:

עולם הנקודים

פרק ל"ו

גדר עולם הנקודים:

עולם הנקודים הוא מה שהאצילות עם כל ענפיו היו הולכים ונעשים, כאומן העושה כלי מחתיכת עץ, שבתחילה הוא גולם, ואחר כך בהשתלם צורתו - אז נראה היופי שלו בצורה שלמה. עכשיו מתחיל עולם הנקודים והוא עולם התוהו, זה ראוי להתבאר תחילה אחר הקודם לו, כי זה הוא האור היוצא אחר האורות שזכרנו למעלה:

חלקי המאמר הזה שנים. חלק ראשון, עולם הנקודים הוא מה וכו', והוא גדר עולם הנקודים. חלק שני, כאומן וכו', והוא משל על עניין זה העולם:

חלק א:

א. עולם הנקודים הוא מה שהאצילות עם כל ענפיו, רוצה לומר האצילות - כל מה שבאצילות, וענפיו - בי"ע עם כל תולדותיהם. ותמצא שכל אלה בחדא מחתא מחתינהו, שהכל עניין אחד וקשר אחד. מתחיל באצילות ומסיים בעשיה, שהוא השורש האמיתי לעניני התחתונים, מה שלא היה עד שהגיענו למדרגה זאת. ותראה האדם עצמו מורכב

כָּל"זז פָּתזזֵי זזַכְמַה לְרַמזַז"ל

מאבי"ע בסוד נר"ן ונר"ן. ואפילו הנבראים הולכים על זה הדרך בסוד דצח"מ:

ב. היו הולכים ונעשים, רוצה לומר שלא רצה הא"ס ברוך הוא להוציא עניין זה בתשלום צורתם מתחילתם, אלא בהדרגה. מתחיל בשלמות מועט, ואחר כך בשלמות יותר, עד שנשלם לגמרי. ונמצא שמה שהוא באחרונה הוא מה שהיה בתחילה. אך בחסרון השלמות, שהוא עתיד לבוא אחר כך:

חלק ב:

א. כאומן העושה כלי מחתיכת עץ, רוצה לומר שלא רצה הא"ס ברוך הוא לפעול כפי עצמו. שאז היה מוציא שלמות העניין בבת אחת. אלא עשה כאומן שאינו יכול לעשות אלא בהדרגה. ולוקח החתיכה לפניו, ומציירה מעט, וכמה חילופים מתחלפים עליה מצורה לצורה, עד שמסתיימת בצורה השלמה:

ב. שבתחילה הוא גולם ואחר כך בהשתלם צורתו - אז נראה היופי שלו בצורה שלמה, שבתחילה הוא גולם גמור, והנה אחר כך הוא הולך ומצטייר. אך עם כל זה רק כשנשלם צורתו נראה היופי, ומי שרואה הגולם בראשונה, או בציוריו הראשונים, לא יראה אלא דבר בלתי נאות. ובסוף נראית הצורה היפה, ומראה גם כן שכל זה היה צריך כדי לבוא אל היופי. ואמנם בדרך זה ממש היה עניין זה של האצילות, כי התחיל הרצון העליון לצייר למעלה במחשבה העליונה, ובעוד שהיה מתחיל להצטייר, ולא השלים צורתו, היו יוצאים אורות הנקודים, והם לפי בחינת האצילות בלתי מושלמת. אחר כך השלים להצטייר, ויצא הוא עצמו בציור היפה, שהוא התיקון כדלקמן. ושתי ידיעות יש בעניין זה, אחד - שעולם הנקודים נמצא מהתחלת הצטייר עולם האצילות, קודם שהיה נשלם, דהיינו שהיה האצילות ככלי שעדיין לא נשלם צורתו. השני - שאין עולם הנקודים עולם האצילות עצמו, אלא מה שיצא לפי בחינת צורת האצילות הבלתי מושלמת. והוא הסוד שפירש באדרא זוטא - כד אכתיש אומנא בפרזלא. ופירוש העניין זה הוא, כי בשלמא שאר ההדרגות שקודם עולם הנקודים, נוכל לקרוא אותם הדרגות ממש לעולם האצילות, כי הרי יש להם מהות מה שיש להם

קָל"זז פָּתְזֵי וְזֹכְמָה לְרַמְזז"ל

תמיד. וכשנבחין אותו - נמצאהו מהות אחד מתקרב לעניין דמות אדם של האצילות, אך רחוק ממנו מעט, כפי שיעור ההדרגה. אך עולם הנקודים לא נוכל לקרא אותו כך, כי הרי אין מציאותו קיים, אלא היה ונתבטל, ועכשיו במקומו יש אצילות ממש. אם כן אין הנקודים הדרגה לאצילות, שהרי אם היתה הדרגה - צריכה היתה להתקיים תמיד. דאם לא כן, הרי יש דילוג - שחסרה מדרגה אחת, והכוונה העליונה להעמיד כל האורות בסדר זה תחת זה. ואם עכשיו אינה צריכה להדרגה זאת - גם מתחילה לא הוצרכה. אלא צריך לומר, שאין זה לפי טעם ההדרגה, אלא עניין אחר. והוא עניין הזיקין ביצוצין שזכר הרשב"י זללה"ה, ועניינם הוא מה שנבדל מגוף הברזל בשעת התקנתו, מפני כח ההכאה המתקנת עניינה. לפי זה, באצילות הוא - שהמחשבה העליונה הייתה לוקחת סוד דמות אדם להעמידו על מכונו, ואז הייתה מבררת מה שצריך להסיר משם, ומהו שצריך להסיר - אלא עניין הרע, דהיינו שהאורות ההם היו עומדים להוציא הרע, כי כבר הגיע ההעלם למדרגה זאת שאפשר לצאת הרע משם. והנה אין זאת הכוונה בדמות האדם - שיהיו אורותיו מוציאים הרע, אדרבא, שיהיו טהורים ומתוקנים כדלקמן. ואז זה מה שעומד להוציא הרע - נבדל מגוף דמות אדם, שהוא העומד להכין הדברים בהכנה ראויה, ואז הוציא מן הדמות זה העניין, וזה העניין יצא ונראה בפני עצמו, והם הם זיקין דאתלהטו ואתדעכו. והנה עשו שלהם, שבתחילה יצאו בדרך להיטה, כאילו גם הם מנהיגים, שהרי מהנהגתם בא הרע, ואם לא היה להם מקום בהנהגה, ולא היו פועלים כלום, לא היו כלום. אלא נתלהטו ונראו ושלטו, ומפני הרע נחרבו. וזאת היא פעולת הס"א - לגרום חורבן לזה השורש, וזה שאמרו, מחשבה זריקת ביצוצין לש"ך עיבר, שהוא כללות כל המלכין האלה.

נמצא העניין כך, האצילות היה הולך ומצטייר, והנה בתחילה קבל ציור אחד שהיה בו עניין זה של הוצאת הרע, וזהו המצב הבלתי שלם שלו, וזה בהיות בו כוחות עומדים במצב בלתי נשלם, ראוי להוציא הרע. ומצב זה הוא המצב הנראה אחר כך במלכים עצמם, דהיינו הג"ר בלתי מתוקנות לצורך התחתונות, והתחתונות בלתי מתקיימות כלל. ונמצא שבהיות בדמות האדם עניין זה, היה מוציא הרע. מה עשתה המחשבה העליונה, הוציאה עניין זה ממנו, והיינו זה הכח שהיה כלול בו לעשות

קָל"חּ פָּתזּיּ וזכבּהּ לרבמזּ"ל

העניין הזה, והוציאו לבדו, ואינו העיקר, אלא כח קטן מן הדמות, שעיקרו לעשות דברים מתוקנים. וזה הכח מתחלק גם כן לפרטים רבים, ואז הוציאה המחשבה כל הפרטים האלה לבד, ונתן להם עניין השליטה, כדלקמן. אך אם היה רוצה הרצון העליון, היה יכול להוציא הדמות מתוקן מתחילה, שלא יהיה בו עניין זה כלל. אלא רצה שיהיה בו, ושיצא ממנו בדרך זה, ויישאר מתוקן רק בסוף, שהיא הצורה השלמה אחר שהוסר כל מה שהיה מונע אותה. ומה היא הצורה הזאת השלמה - תראה לקמן בסיעתא דשמיא:

פרק ל"ז

שבירת הכלים, ותיקונם הוא בשורש הקלקול:

שורש מציאות קלקול ותיקון הוא עניין שבירת הכלים ותיקונם. כי אם לא היה קלקול בהם - לא היה קלקול בעולם, ואם תיקונם היה נשלם לגמרי - היה סוף הכל. אך בהיות שהיה הקלקול בא, ואחר כך התיקון, ולא גמור, אלא בשיעור שהיה נותן שורש לקלקול ותיקון לסבב בעולם. וסוף הכל יהיה תיקון שלם, שלא יהיה אחריו עוד קלקול כלל:

אחר שנזכר עניין הנקודים בכלל, עתה נבוא לפרטיו:

חלקי המאמר הזה שנים. חלק ראשון, שורש מציאות וכו', והיא הנחה הראשונה בכלל, על עניין הנקודים ותיקונם. חלק שני, כי אם לא היה קלקול וכו', והוא פרט ההנחה הנזכרת לעיל:

חלק א:

א. שורש מציאות קלקול ותיקון, והיינו כי הרי הספירות הם השיעורים - מה ששיערה המחשבה העליונה לצורך כל ההנהגה, ואם היה והפסד יש בעולם - צריך שיהיה מושרש בספירות:

ב. הוא עניין שבירת הכלים ותיקונם, והיינו כי לכאורה היה נראה שֶׁשׁורש ההויה יהיו אורות של חסד, ושורש ההפסד יהיו אורות של דין, אך לא שיהיו אורות מפסידים ומבטלים אורות אחרים. אלא בין

ההויה ובין ההפסד אינם נופלים אלא בנבראים. אך כח ההפסד אינו מבטל כח ההויה, והרי אנו אומרים שהיו הספירות, ושנתבטלו ושנשברו. וכן קשה, שאנו אומרים שמן הספירות האלה עצמם יצאה הס"א, והרי אין ההפסד יוצא מן ההויה. אך שורש כל עניין הזה הוא, מה שנתפרש כבר למעלה, איך כל הנהגת המחשבה העליונה היא רק לגלות אור השלם שלה, שתהא הטבה כללית בסוף הכל מתפשטת לכל. והאדם עם כל שאר הנבראים אינם אלא גילוי ההנהגה הזאת, שמלבד שהוא מנהג כך, רצה לגלות הנהגתו בבריאת האדם, ועשה האדם כך, ואחריו כל הנבראים, עד שהאדם בכל חלקיו רומז בכל מיני ההנהגות שהקדוש ברוך הוא מנהג את בריותיו. ונכלל בזה כל מה דאפשר לדבר מן ההנהגה. פירוש - גם הדבר הזה עצמו, שתבוא ההנהגה נרמזת ומתגלית בגוף האדם - גם זה תלוי בדמות האדם עצמו, וכן בסדרי הטבע וחקותיו. ונמצא שהימצא ההנהגה למעלה, והמשכה לגלות בדרך זה באדם, והעשותה באדם, והמצא ממנו האדם - הכל תלוי בדמות אדם עצמו. ובצייר המחשבה העליונה דמות זה - היה כל זה, רוצה לומר שהייתה מצויירת ההנהגה בכל חוקותיה. נמצא לפי זה, כל השיעורים הנראים משוערים במחשבה העליונה - הם הם הנבראים עם כל חלקיהם. כי שרשי הנבראים הם הם חוקות ההנהגה ודרכיה, שלתת שורש לחלק מן הנבראים - צריך חוק אחד בהנהגה. וכל הדרגות האורות הם כך, כי העולמות העליונים הם הם הנבראים מושרשים בשורש גדול, והתחתונים מהם, אותם הנבראים עצמן, מושרשים בשורש קטן מן הראשון.

והנה בתחילה המחשבה העליונה שיערה הנמצאים בלתי מתוקנים, ורוצה לומר שיהיה בהם חלקים הרבה של רע, ולמעלה הם הם ההנהגות של הפסד, העתידים להפסיד אותם הנמצאים עצמם, והיו החלקים האלה כלולים בהם. אחר כך שיערה הנמצאים האלה עצמם - נפסדים ומבוטלים, דהיינו שאלה החלקים של רע, שהיו מעורבים בהם, היו מתגברים ושולטים וגורמים להם עצמם הפסד. ואז נראה בשיעור העליונים - הנמצאים עצמם נפסדים ונבטלים מחמת החלקים של הרע שׁשׁולטים בנמצאים עצמם. והנה כיון שהיו הנמצאים בשיעור העליון, גם נפסדו, הרי ניתן להם מציאות של הויה והפסד. אך ההפסד בתחילה היה שולט וגובר, שלא היה מניח לנמצאים מציאות כלל. אחר כך

שיערה המחשבה העליונה את הנמצאים האלה מתוקנים, אך לא לגמרי, אלא מתוקנים כמו שהן עתה, דהיינו שאינם חרבים, אלא הווים וגם נפסדים. והנה שיעור הנמצאים כך - הם הספירות שיש עתה אחר המתקלא, כדלקמן. אך עוד עניין אחד צריך שתבין, והוא, כי כמו כשהתגבר ההפסד - היה מחריב הנמצאים לגמרי, כן היה צריך לתקן תיקון, היפך הקלקול, דהיינו שתשתלוט ההוויה לגמרי, שלא יהיה עוד מציאות לקלקול כלל. ואמנם בין חוקות ההנהגה גם חוק זה יש, שישתלמו הדברים בשלמות כזה. אלא שזה הדבר לא נהיה עדיין, והיינו שיצאו כל הדברים כל מה שנותן להם המציאות, אך לא מה שנותן להם קיום נצחי. כי אדרבא, עדיין כח ההפסד גובר, שלא להניח שלמות זה להימצא. ואדרבא, זה ההפסד הוא הגורם שהנמצאים לא יהיו מתקיימים בשלמותם, אלא יהיה להם הוויה והפסד, לפעמים תגבר ההוויה ותתארך, או להיפך - יגבר ההפסד ויפסידם חס וחלילה. אך כשיצא השלמות לגמרי, וינתן חוק זה לנמצאים להשתלם לגמרי, הנה יהיה ענינו - שיבטל הרע ביטול גמור. וגם בנבראים עצמם יש חלקים שאינם בהם עתה, שהם מקבילים לשלמות הזה, ומגלים אותו. והנה כאן שני ענינים, יש הס"א, שהיא היפך ממה שנתקן, והיינו מה שנדחה מן הספירות. ויש הנשאר מן המלכין שלא נתברר עדיין. הס"א היא - מה שהיה נותן בנמצאים להימצא, כנגד זה היה נדחה מהם ההפסד שלא יחריבם, אבל לא היה עובר מן העולם, אלא שלא מפסידם באותו הזמן, כמו שהיה החרבן בתחילה. אבל הוא מוכן להתעורר בזמן שהוכן לו, ובגבול שהוכן לו. אך מה שלא נתברר, הוא שחלקי ההפסד מעכבים על ידיהם איזה חוקות מן ההנהגות שלא יהיה להם מציאות עתה, וכן חלקים בנפרדים, והם חוקות השלמות, שעניינם שלא יהיה עוד רע כלל. ואלה הם הבירורים שנתבררים תמיד, והריווח שמרוויחים בכל יום, כמו שיתפרש במקומו. וכשישלמו אלה להתברר ולהינתן להם מציאות - הנה יעשו כפי ענינם, דהיינו שלא יהיה עוד רע כלל ועיקר בעולם, ויהיה תיקון שלא יהיה שום אחריו שום קלקול כלל ועיקר:

חלק ב:

א. כי אם לא היה קלקול בהם - לא היה קלקול בעולם, וזהו מה שכבר פירשנו לך, כי שיעור הנמצאים בהפסדם - הם הם המלכים שנתבטלו:

קָל"זז פָתחזי וזכבה לרבמזז"ל

ב. ואם תיקונם היה נשלם לגמרי - היה סוף הכל, זהו מה שכתבנו עניין השלמות שצריך לצאת בנמצאים שיתקיימו:

ג. אך בהיות שהיה הקלקול בא, ואחר כך התיקון, ולא גמור, והיינו שני ההתחלות - ההוויה וההפסד, שפירשנו למעלה:

ד. אלא בשיעור שהיה נותן שורש לקלקול ותיקון. פירוש, כי זה פשוט כבר, שכל הדברים עשויים בשיעור מדוקדק, והיינו אם לא היה נעשה התיקון בכל אותם המדרגות שנעשה, לא היה אפשר לעבודת האדם להוסיף תיקון על תיקון. ואם היה נעשה יותר, כבר לא היה צריך עוד עבודה:

ה. נותן שורש לקלקול ותיקון לסבב בעולם, שכיון ששניהם בשיקול אחד, לפעמים נוסף זה, ולפעמים נוסף זה:

ו. וסוף הכל יהיה תיקון שלם, שלא יהיה אחריו עוד קלקול כלל, היינו שהכוונה הייתה מתחילה לתקן, אלא שרצה הרצון העליון להתחיל הוא, ולהניח תשלום הדבר ביד בני אדם. וכשכבר יהיה נגמר גם מעשה בני האדם - יהיה גמר המלאכה, ויהיה התיקון שלא יהיה אחריו קלקול כלל:

פרק ל"ח

אבי"ע - עולם אחד עם שלוש לבושים:

כללות עניין אבי"ע הוא עולם אחד עם שלושה לבושים. והיינו כי האצילות עצמו אינו שלם אלא עם לבושיו. אמנם כשנבחין הלבושים כל אחד בפני עצמו, נקראים כל אחד עולם בפני עצמו. ובאמת יש לכל אחד פעולה בפני עצמה. נמצא, כשנבחין בי"ע עם האצילות - לא יחשבו אלא ללבושי האצילות. וכשנחשבים לפי פעולותיהם - נקראים עולמות בפני עצמם:

חלקי המאמר הזה שנים. חלק ראשון, כללות עניין אבי"ע, והוא העניין הכללי שלהם. חלק שני, נמצא וכו', והוא שתי בחינות הנמצאים בהם לפי עניין זה:

קָל"זז פָתוזי וזכבוה לרבמזז"ל

א. כללות עניין אבי"ע, רוצה לומר שאבי"ע אינם ארבעה עולמות של הדרגה, מובדלים ממש זה מזה, כמו שהם אורות אח"פ, אלא כולם עניין אחד. ראיה לזה - כשאנו אומרים עולמות של הדרגה, צריך שכל עולם יהיה שלם בפני עצמו, עד שכל תחתון יהיה כמו עליון ממש, וכל כוחות שבעליון יהיו בתחתון, אלא שיהיו בהדרגה אחרת. אך לא שיהיה שום פעולה פרטית לשום אחד מהם שלא יהיה בחברו, שאם כן כמו שאם יפעול התחתון לבדו, הייתה הפעולה חסרה חלק הפרטי אשר לעליון, כך אם יפעול העליון תהיה חסרה החלק של התחתון. אם כן אינו שהעניין עצמו משתלשל ממדרגה למדרגה, אלא שהם הרבה מדרגות, כולם סבות לעניין אחד הצריך לכולם. אך אבי"ע - כל אחד נותן חלק אחד בפני עצמו בנבראים, דהיינו בריאה נותנת הנשמות, יצירה נותנת המלאכים, עשיה נותנת הגשמים. אם כן הנפרדים הם עניין אחד, יוצא מסבות הרבה, שהם כל העולמות, לא דבר אחד משתלשל משורש לשורש.

ואם תאמר גם זאת הדרגה, כי הם הם הנשמות, הם הם המלאכים, הם ההגשמים. אינו כן, שהרי אמרו, אימא מקננא בכרסיא, ז"א מקנן בשית סטרין, שכינתא מקננא באופן. וכמו שאימא וזו"ן אינם השתלשלות הדרגה זה מזה, אלא כל אחד עניין בפני עצמו, אף על פי שיוצאים בדרך השתלשלות, כן בי"ע אינם אלא עניינים בפני עצמם, שלכל אחד יש הפעולה שלו. ואלה הפעולות הם אותם שאמרתי - הוצאת נשמות מלאכים וגשמים, שהם לפי אימא זו"ן. ועוד תראה, שהנשמה עצמה היא באה ממש מארבעה עולמות אבי"ע, ואין נשמה שלמה בלא ארבעה חלקים נקודה לנקודה ונר"ן. ואלה אינם עניין אחד משתלשל בהדרגה, כי הם כוחות משונים זה מזה, לכל אחד פעולה בפני עצמה, נפש - היא הזנה את כל הגוף בכבד, רוח - העולה והיורד והעושה ההרגשים כולם, הנשמה - שופטת המחשבות השכליות במוח. אם כן נמצא אבי"ע כולם סבות מתחברות להמציא כללות אחד, דהיינו כללות הנפרדים, או כללות הנשמה, אם כן אינם הדרגה. אלא כיון שכולם מתחברים לעשות כללות אחד, נבין שהם כולם עניין אחד, שצריך כל הדברים האלה להיות שלם בכל חלקיו:

ב. הוא עולם אחד עם שלושה לבושים, כי יש בעולם הזה גוף ולבושיו, ושורש זה צריך שיהיה למעלה. והנה לבוש הוא מה שמכסה גוף אחד שכבר הוא שלם בכל עניניו, שאין זה המכסה - חלק מן הגוף כלל. ויכולים להימצא הרבה לבושים זה על גב זה, ששום אחד מהם אינו מוסיף דבר בעניני הגוף. וכן הם בי"ע לגבי אצילות, כי הלא כל ההנהגה כבר ידענו שהיא נשלמת באצילות, ושם נעשים כל הזיווגים, כל העניינים הצריכים לכל הבריות שבעולם. אלא שאינו מתגלה לתחתונים אלא מלובש בלבושים, שהם בי"ע, שאינם אלא העלמים מסתירים את האצילות. וכבר שמעת שכל אבי"ע עניין אחד, שאינם לפי עניין ההדרגה לבד, אלא הם שלשת מעלימים אור האצילות, ומלבישים אותו להגיע אל התחתונים:

ג. והיינו כי האצילות עצמו אינו אלא שלם אלא עם לבושיו, כיון שמן הראוי הוא שיהיה האדם מלובש בלבושיו, אם כן כשמדברים על דמות האדם העליון נבינהו מלובש בלבושיו. ועל כן כשאנו מזכירים אצילות, צריך להבין שיהיה לו השלושה לבושים, דהיינו בי"ע בבחינת לבושים, וכדלקמן. והיינו שהאצילות אי אפשר לעשות אפילו מה ששייך לו, אלא אם כן יהיו עליו בי"ע ללבושים, שנעשים לשכינה כנפיים כמו שמבואר בזוהר:

ד. אמנם כשנבחין הלבושים כל אחד בפני עצמו, היינו כי כל האורות העליונים לפי פעולותיהם - כך הוא ענינם. פירוש - לפעמים יש האורות שאינם אלא טפלים לאורות אחרים בפעולת מה, אך כל אחד בעצמו הם אורות גדולים, כוללים עיקרים גדולים. וכשאינם נטפלים לאורות האחרים ההם - הם נקראים עיקרים, ואז צריך להבחין בהם חילוקים לפי ענינם בפרט. וכך הוא העניין בלבושים האלה, יש זמן שהם טפלים לאצילות, פירוש - יש מציאות הפעולות הנפעלות בעולם שצריכים הלבושים להיטפל לאצילות, ויש תנאי הפעולות שהם צריכים להיות עיקר בהם, ובבחינה זאת נבחנים בפני עצמם:

ה. נקראים כל אחד עולם בפני עצמו, היינו כי כל פעולה הנמשכת שלמה בכל מדרגות הצריכות לה נקראות המדרגות ההם עולם שלם, וכמו שמבואר למעלה:

ו. וכאמת יש לכל אחד פעולה בפני עצמה, והיינו הפעולות שפירשנו
למעלה, וכדלקמן:

חלק ב:

א. נמצא, כשנבחין בי"ע עם האצילות - לא יחשבו אלא ללבושי
האצילות, והיינו כמ"ש למעלה, הפעולות שאינם נעשות אלא באצילות,
ובי"ע טפלים להם, שאינם אלא נמשכים אחריו, ואין להם שום פעולה
- בבחינה זאת נקראים לבושים:

ב. וכשנחשבים לפי פעולותיהם - נקראים עולמות בפני עצמם, היינו
במה שמגיע אליהם לפעול, והוא גילוי הפעולה שנעשית באצילות:

פרק ל"ט

עולם הנקודים הוא החומר שממנו כל הפרטים:

עולם הנקודים היה כמו חומר אחד שממנו צריך לפרט אחר כך כל
הפרטים. והיינו כי כל הנמצא בין למעלה ובין למטה - הכל הוא רק
עניין אחד, בנוי מפרטים רבים. והוא איננו כללי אלא אם כן כל פרטיו
עומדים בו בשווה, כי כך כל הנברא הוא רק לכבוד הבורא, והוע עניין
"כל פעל ה' למענהו". ובזה נכללות כל הבריות הטובות והרעות, כי
הכל עניין אחד ומציאות אחת לבד של בריאה המשלמת גילוי יחודו
וכבודו של א"ס ברוך הוא:

אחר שביארנו עניין כללות אבי"ע, כדי לבאר על פי זה ענייני עולם
הנקודים, עכשיו נבוא לביאור עולם הנקודים לפי עניין זה:

חלקי המאמר הזה שניים. חלק ראשון, עולם הנקודים היה וכו', וזאת
היא הנחה ראשונה בעניין עולם הנקודים, שהוא כללות כל הנמצא אחר
כך. חלק שני, והיינו וכו', והוא ביאור זה הדבר איך הוא:

קְל"זז פָתוזֵי וזכבמה לרבמזז"ל

א. עולם הנקודים היה כמו חומר אחד, לפיכך לא נקרא לעולם הנקודים - הדרגה, כי הוא רק כללות כל הנמצא בהדרגה אחר עולם העקודים. אלא שהכל היה עדיין כמו חומר שלא קבל שום צורה. ופירוש זה הדבר, שהוא חוק אחד כללי, שאינו אלא מציאות כל מה שעתיד להימצא. פירוש - שכבר שמעת איך העולם הזה של נקודים אינו אלא הכח הפרטי שיש בדמות האדם שעומד להוציא הרע. אך אין סוף הכוונה להוציא הרע, אלא שיחזור לטוב. אלא שאי אפשר לו לחזור בפועל אם לא יהיה מתחילה רע בפועל. והנה נבחין עתה פרטי העניין הזה, כדי שיחזור כל הרע לטוב, צריך כל הנמצאים שנמצאו מן ראש האצילות ועד סוף העשיה. ואין דבר זה נשלם לא בספירות לבדם ולא בנפרדים לבדם, אלא זה וזה צריכים להשלים העניין הזה. ואדרבא, בבחינה זאת אין הפרש בין ספירה עליונה שבספירות לנפרד שפל שבנפרדים, ששניהם הם רק לגילוי יחודו של א"ס ברוך הוא וברוך שמו לעולם ועד, והיינו - "כל פעל ה' למענהו", כדלקמן. והנה זהו העניין הראשון שנתגלה עתה באורות העיניים, והיינו מה שציירה המחשבה העליונה כל ההנהגות העליונות, וכל הנפרדים גם כן, רק בבחינה זאת שבהם, שהם עומדים לגלות היחוד העליון בבחינת החזרת הרע לטוב.

והנה תראה הפרש גדול בין ציור זה לכל ציור אחר בכל מדרגה שהיא. ועל כן אינו שווה עולם הנקודים לשום עולם אחר, לא שקודם לו, ולא שאחריו. כל שאר העולמות הם נפרדים מצויירים במחשבה העליונה, אך הציורים הם מיני הנהגות. דרך משל, אם עין האדם יצטייר במחשבה, ירצה לומר שנצטיירו שם מיני הנהגות בעניין ההשגחה, שהם הם למטה העין של אדם בכל גווניו וחלקיו. אך בכאן נוסף שיש ב' ציורים, ציור התחתונים בדרך הנהגה כנזכר לעיל, ועוד ציור התחתונים לפי מה שהם. פירוש - כי הרי שני מציאויות צריך שיהיו, והיינו שדמות האדם יתפרש בשתי דרכים, אחד - בדרך הנהגה, ויהיה כל כך מיני הנהגות. שני - בדרך ציור מראה ההנהגה, והם הנפרדים למטה. וצריך חוק אחד כללי שיתן מציאות לזה ולזה. ולנפרדים עצמם צריך שימצא כח אחד גורם להם הצורה בדרך מה שהם מצטיירים, הוא העומד על הנפרדים עצמם להעמידם בצורתם, והוא הנקרא בספר

קַכ"וז פָּתזזי וזכבזה לרבזזז"ל

יצירה - **צו''ר ט''**ק, ובו יש כח להוציא הנפרדים יש מאין, לפי בחי'
שיהיו ענפים שלו, בהיותו מין הארה אחת שאין לה להוציא ענפים
אחרים אלא נפרדים, יש מאין לפי בחינתה. ואמנם כח זה אינו נמצא
בספירות מצד עצמם, פירוש - אינו הדרגה אחרונה שבאורות הספירות,
יען הוא נמשך לפי היש מאין שאינו הדרגה. כי בהימצא נפרדים, שהם
בריאה יש מאין, נמצא ההתפשטות מן הספירות עליהם, להמציאם כמו
ענפים להתפשטות ההוא. והנה יש הפרש בין מה שהיה נכלל בזה
העולם מן דמות אדם בדרך הנהגות, ומה שנכלל בו מדמות אדם בדרך
ציור המראה. כי אותו של הנהגות היה יכול להימצא כולו בכל ענפיו,
שאינם אלא אורות, כמו השורש. אך אותו של הנפרדים לא היה יכול
להימצא אלא הכח **צו''ר ט''**ק בפועל, וענפיו בכח, שכבר יש בטבעו
ומהותו להוציא ענפים נפרדים ממנו לפי כל פרטיו, מה שאין כן שאר
הספירות, שאין בטבעם אלא להוציא אורות אחרים שיהיו ענפים להם.

כלל הדבר, שני מיני שרשים יש - יש שורש מוציא ענפיו במינו, ושורש
מוציא ענפיו שלא במינו. וכלל שני שרשים אלה הוא עולם הנקודים.
פירוש - לא השורשים עצמם, אלא הסוג של שני מיני שרשים אלה,
והוא חוק המציאות של שני שרשים אלה, עם כל תולדותיהם הצריכים
להימצא בהם. ונקרא זה התחלת כל אלה התולדות שבאים גם כן בדרך
הדרגה, מצב אחר מצב, שניהם תחילתם בנקודים, שהוא כמו חומר
כללי להם, שמשם אחר כך יוצאים כל השורשים אחת אחת, ולובשים
צורתם בפני עצמם, ומוציאים ענפיהם כל אחד בפני עצמו, הא כדאיתא
והא כדאיתא.

יש להקשות, אם כן נקודים הוא הדרגה לאצילות, אם כן נמנהו בין
העקודים והאצילות, והרי אמרנו למעלה שאין לו למנות כך, שאם היה
כך - לא היה יכול להיות דבר המתבטל. תשובה, ההדרגה הזאת אינה
למנות עם הדרגת האורות ענפי א''ק, שאינה בסוג תחתיה, כי הדרגת
האורות היא הדרגת דמות אדם מכח אל כח, מכח גדול לכח פחות ממנו.
אך הדרגה זאת היא הדרגת כח אחד ממצב למצב שבו, ואין מתחלף
ערך מצב אחד עם עולם העקודים, מערך מצב אחר עמו.

כְּכְלֹ"זֹ פַּתֹזֹוֹ וֹזֹכְבֹמֹהֹ לְרֹבֹמֹזֹ"לֹ

נחזור לעניין, עולם הנקודים הוא סוג המצא שני מיני שרשים אלה עם כל תולדותיהם, אורות אבי"ע לפי שורש אחד, הנפרדים לפי שורש אחר. וזהו פירוש מה שתמצא תמיד שאנו אומרים שהכל נעשה מברורי המלכין קדמאין, כי כך יוצאים מן הסוד הזה האורות כמו שיוצאים הנפרדים. ואמנם כל זה הוא רק בבחינת החזרת הרע לטוב, שבזה הוא שהכל שווים כנזכר לעיל. אבל אף על פי שאנו אומרים שהוא סוג, צריך להבין אותו יותר מסוג, דהיינו חומר אחד. וזה כמ"ש למעלה בעניין הרשימו, כי הוא סוג בבחינת מה שכולל עניין כל הפרטים שיפרטו, אך נקרא חומר אחד. והיינו כי הוא עצמו כללות כל העצמים הצריכים להתחלק, כל אחד בפני עצמו, לפי הצורה הראויה להם:

ב. שממנו צריך לפרט אחר כך כל הפרטים, זהו מה שמבואר למעלה, שכל הנמצאים, בין באורות בין בנפרדים, אינם אלא פרטי הסוג הכללי הזה:

חלק ב:

א. והיינו כי כל הנמצא בין למעלה ובין למטה - הכל הוא רק עניין אחד, בנוי מפרטים רבים, בין למעלה ובין למטה, פירוש - בין באורות בין בנפרדים:

ב. והוא איננו כללי אלא אם כן כל פרטיו עומדים בו בשווה, שכיון שהכוונה בכאן הוא שכל מה ששייך בו רע באיזה צד - יחזור לטוב, עד שמהחזרה הכללית הזאת יתגלה ויראה אמיתת היחוד, הנה כל צד שחסר מאלה הפרטים, לא נשלמה עדיין הכוונה הכללית, שהוא גילוי היחוד הזה:

ג. כי כך כל הנברא הוא רק לכבוד הבורא, והוא עניין "כל פעל ה' למענהו", הוא מה שאמרתי לך למעלה, שהעניין הזה שאנו אומרים שהוא כלל בנבראים - הוא הכבוד העליון:

ד. ובזה נכללות כל הכריות הטובות והרעות, כי כך נגלה היחוד מן הטובות, מצד מה שמתחזק בהם הטוב, כמו מן הרעות, מצד מה שאף על פי שהם רעות, הרי הם צריכים לחזור לטוב:

ה. כי הכל עניין אחד ומציאות אחת לבד של בריאה, שלפי העניין שאמרנו, נמצא שנוכל לקרוא לכל הנמצא מעולם הנקודים ולמטה - מציאות אחת לבד, שכל המדרגות שנזכיר, אינם אלא חלקי המציאות הכללי הזה:

ו. המשלמת גילוי יחודו, היינו כי כל המציאות בכל חלקיו צריך כדי שיתגלה היחוד העליון בשלמות:

ז. וכבודו של א"ס ברוך הוא. כי זהו גדר כל העניין הזה - מציאות העשוי לכבודו של א"ס ברוך הוא, לגלות כבוד יחודו במציאות הזה:

<u>פרק מ'</u>

היחס שבין בי"ע לאצילות, ושורשם בעולם הנקודים:

זה החומר הכללי היה לו להיחלק לפרטיו, ואז ראשית הכל היה המונח הכללי, ונקרא אצילות עם שלושה לבושיו. ואחר כך היה מגיע שליטה לכל לבוש בפני עצמו, והיו נקראים שלוש עולמות בי"ע. כי האצילות מתוקן בתיקוניו הוא שורש הכל. ובי"ע - מוציאי תולדות האצילות, כל אחד מוציא תולדה בפני עצמו הראוי לו. וכולם אינם אלא תולדות מה שיש באצילות כבר:

אחר שנתבאר איך עולם הנקודים הוא חומר אחד שצריך להיחלק לפרטיו, עכשיו נבאר מה ששייך בעניין התחלקו לפרטים:

חלקי המאמר הזה שנים. חלק ראשון, זה החומר הכללי, והוא ההנחה בכלל בעניין התחלקות החומר לפרטים. חלק שני, כי האצילות וכו', והוא ביאור וטעם זה העניין:

חלק א:

א. זה החומר הכללי היה לו להיחלק לפרטיו, כי התחלת המציאות הוא החומר לבדו. אחר כך צריך שינתן מציאות לכל פרט בפני עצמו, לפי העניין והצורה הראויה לו, כנזכר לעיל:

ב. ואז ראשית הכל היה המונח הכללי - החומר הראשון הזה הוא כלל אורות הס"ג היוצאים מן העיניים, שמהם אנחנו מדברים. וכדי להשתלם יציאת כל פרט מן החומר הזה, צריך שימצאו כל הנמצאים העליונים והתחתונים, כי החומר הוא חומר לכל, כנזכר לעיל. אך עניין הראשון מה שצריך לצאת בהתפרט החומר לפי עניין השתלשלות ההנהגה, הוא, כח אחד כללי שיכלול הכל כאחד, אך שחלק מן הפרטים האלה שנכללים בו יהיו בדרך עיקר, והשאר טפלים אליו להשלים עניינו. וכל זה נקרא רק פרט אחד, שהרי אין עניין זה נשלם אלא בחוק אחד לעיקר, והאחרים לטפלים לו. ותראה מה שבין המונח הזה לחומר הכללי. החומר הכללי הוא כולל כל החוקים וכל הנמצאים, לפי [מה] שהם מושלמים בכל תנאיהם, וזה המונח - אינו בכלל, אלא עניין אחד בדרך עיקר, והאחר טפל להשלים עניינו:

ג. ונקרא אצילות עם שלושה לבושיו, והיינו אצילות הוא העיקר, ושלושה לבושים הם הטפלים, ואחריהם נמשכים גם הנפרדים:

ד. ואחר כך היה מגיע שליטה לכל לבוש בפני עצמו, וזהו תשלום עניין החומר הכללי, שהוא כולל כל החלקים לפי מה שהם, ונכלל בזה להיות כל לבוש שולט בפני עצמו ועושה את שלו. שכל מה שהוא עושה - אינו אלא תנאי אחד ממה שנבחן בכללות ההנהגה, שהוא האצילות עם כללות ענפיו:

ה. והיו נקראים שלוש עולמות בי"ע, והיינו כמו שמבואר כבר למעלה, כי כל מה שניתן לו שליטה בפני עצמו קונה שם בפני עצמו, ומגלה כוחותיו בפני עצמם, כי מה שכשהוא נטפל לאחרים אינו נקרא בשם בפני עצמו, אלא כמו חלק קטן מן האחרים שהוא נכלל בהם:

חלק ב:

א. כי האצילות מתוקן בתיקוניו. שלעשות פעולותיו - צריך כל מה שיש בו, וגם שיהיה לבוש במלבושיו:

ב. הוא שורש הכל, שאצילות עניינו הוא - הכנת כל הדברים בתחילה, בבחינת כל המדרגות ותיקוניהם, הצריכים להימצא:

ג. ובי"ע - מוציאי תולדות האצילות, שזהו גדרם של בי"ע ממש - להוציא פעולות האצילות:

ד. כל אחד מוציא תולדה בפני עצמו הראוי לו, והיינו שלפי מהות העולמות בבחינת תיקוניהם ומציאותם - הם מוציאים מן האצילות פעולות לפועל. והדברים הולכים בהדרגה, כי כח מה שמוציאה היצירה הוא פחות משל בריאה. אך מלבד ההדרגה, יש להם עניינים כל אחד מוציא תולדה בפני עצמו, אלא שכוחם הוא הנבחן בערך ההדרגה:

ה. וכולם אינם אלא תולדות מה שיש כאצילות כבר, שאין נוסף מהם שום דבר חדש ממש, אלא המשכת איזה עניין מעניני האצילות:

פרק מ"א

הטעם שלא התחבר האור עם הכלים עד לאחר התיקון:

המונח הזה הכללי היה צריך לקבל אורו בתחילה בסוד הקו המתחבר עם הרשימו. אך בתחילה היה צריך להשתלם, כי מפני כך היה הצמצום בתחילה - כדי שימצא מקום לרע שיהיה ניתקן, וסוף הכל יהיה טוב. ולכן האור, שהוא מן הא"ס ברוך הוא, צריך להמתין גם כן שיהיה הכלי שלם, שבו מושרש עניין הרע, ואחר כך יאיר בו, ואז יהיה הכל נשלם. על כן לא נתחבר בתחילה האור עם הכלים, אלא נעלם למעלה, עד שישלימו הכלים את עניינם, והוא שיתנו מקום לרע לשלוט, וגם תשלם שליטתו, ויבוא תיקונו לחזור הכל לטוב, אז יאיר בו האור:

אחר שביארנו עניין הנקודים והנכלל בהם, צריך לבאר מה שנעשה בהם בבחינת הוייתם וביטולם:

חלקי המאמר הזה שניים. חלק ראשון, המונח הזה הכללי וכו', והוא עניין חיבור שהיה צריך האור להתחבר עם הכלים לפי טעם ההנהגה. חלק שני, על כן לא נתחבר, והוא המעשה איך שנעשה על פי טעם זה:

כְּלָ"זז פַּתזזי וזכבה לרבמזז"כ

חלק א:

א. המונח הזה הכללי היה צריך לקבל אורו, והיינו כי כל הפרטים שהיו יוצאים מן החומר הראשון, הנה היו כולם בסוד הרשימו בבחינת כלים. ואחר כך היה צריך לינתן בהם פנימיותם בבחינת הקו, כמפורש למעלה במקומו:

ב. בתחילה, והיינו כי הראשון שיצא מן החומר היה זה. ומיד אחר צאתו היה צריך להשלים עניינו בסוד אור זה:

ג. בסוד הקו המתחבר עם הרשימו, והוא מה שנתבאר כבר - איך עניין זה הולך בכל המדרגות, להיות ההנהגה חקוקה בסוד הרשימו, ומתחבר בה הקו, לשלוט בהם לפי עניינו, וכדלקמן:

ד. אך בתחילה היה צריך להשתלם, כי הנה כבר שמעת איך הקו והרשימו הם שורש לגוף ונשמה. ונפרש עתה העניין בגוף ונשמה בתחילה, הנה הגוף הזה הוא גוף עכור, וגם בו מושרשים כל ענייני הרע, כל החטאים וכל מדה רעה. אבל הנשמה היא טהורה, אלא היא סגורה במאסר הזה המבדיל אותה מן האור העליון, והיא עצמה אינה יכולה להאיר אורה כראוי. ופעולתה בגוף לזכך אותו ולטהר אותו מן העכירות שלו. והעיקר - בהחזרת הרע לטוב, שמה שהיה רע - שיתוקן לטוב, ומאירה היא מתוכו, והיא תהיה העיקר, ותהיה מתפשטת הארתה כראוי, ונקשרת באור העליון, ומתענגת בו, והגוף עמה.

והנה שורש כל זה למעלה הוא בקו ורשימו כנזכר לעיל. דהיינו, הרשימו הוא מדה אחת נולדה מהעלם השלמות והיחוד, בה תלויים כל ענייני הדינים, ובהם כל ענייני הרע, כמפורש למעלה. ובזה הדרך נבראו העולמות. ואין זה לפי השלמות, אלא אדרבא, העלם השלמות הוא. ונמצא שלמות הרצון העליון רחוק מן העניין הזה, ואין אורו השלם מגיע להתגלות בדבר הזה. והקו הוא שורש הנשמה, הולך בכח יחודו לשלוט על כל חלקי הרשימו, ולהראות סוף סוף - שכל מה שנראה היפך מן האמת בכח ההעלם, הנה חוזר להראות האמת ולגלות יחודו העליון. וזה יעשה בפועל כשיהיה שלמות העולם לגמרי שכל רע חוזר כבר לטוב, שזהו פעולת הקו. ואז אין הרשימו עוד עניין מרחיק שלמות

העליון ממנו, כי אדרבא, זה המראה כח אמיתת שלמותו - בהתקן כל החסרונות שלכאורה היו נראין בעולם, ובהתגלות יחודו - נתקנו.

וכבר בארנו שעניין מה שהקו מתקן את הרשימו - הוא השלמות הנראה אפילו בתחילה ברצון העליון, אלא שזה גילוי בפועל, ובהבחנה פרטית. והנה אז שלמות העליון מגיע אל עניין הקו והרשימו, שהם האור הבורא את העולמות, עד שנמצאו העולמות שנבראו מהם - נהנים משלמותו הנצחי, וזהו הנצחיות. והגעת השלמות הזה אל עניין הקו והרשימו, הוא כעניין האור העליון הצריך להגיע אל הנשמה, שהיה נמנע מפני הגוף הבלתי מתוקן, ואחר כך מגיע לה כשהוא מתוקן. ונודע שהעיקר הוא היחוד, דהיינו הקו, כנשמה בגוף המאירה בכל אורותיה, כך היחוד השלם מתגלה בכל ענייניו כראוי. וכמו שהגוף טפל לנשמה, מזוכך ומאיר, כך הרשימו טפל לקו, והוא כבר מתוקן, שאין רע יוצא עוד ממנו, אלא אדרבא, הוא עומד לגלות שלמות היחוד, בהראותו החסרונות שנתקנו בכח היחוד. ונראה שזה העניין - אף על פי שהיה לו כל כך שליטה - הוא עניין אחד קטן שרצה בו הא"ס ברוך הוא להראותו, כדי להראות בו שלמותו שיתענגו בו הנמצאים. והיינו להראות החסרונות שהיו יכולים להיות לולי יחוד שלימותו, והתיקון שתקנם היחוד השלם.

ותראה תשלום עניין זה בנשמה וגוף, כי החיבור שצריכה להתחבר הנשמה בגוף - הוא החיבור השלם והקיים, והוא מה שיהיה אחר התחיה. והכוונה ממש על דרך זה, אם לא היה אדם הראשון חוטא - היה גופו טהור, ונתקן גופו ברגע אחד. ואחר חטאו, היתה הזוהמא בגוף האדם, והנשמה אינה מתחברת עמו חיבור שלם, אלא אדרבא, מסתלקת ממנו, והיינו המיתה. ואז הגוף נמצא לבדו, ומוציא כל הרע שיש בו, והרע ההוא שולט וגובר, עד שהשלים להוציא כל הרע שיש לו להוציא. ואז הוא זמן שיכול להבנות בטהרה, וזה בתחיית המתים, שאז יחזיר ויבנה. ואז תכנס בו הנשמה להיות עמו בתמימות לנצח נצחים, ומאירה בו הארה אחר הארה, עד שתעלה אותו לעליה העליונה הראויה לו. והנה גם בתחילה כשהייתה בגוף קודם המיתה, היתה נותנת לו הארה מה שנותנת, אדרבא, לפי ההארה שנותנת לו אז - כך הוא מה שנותנת אחר כך אחר התחיה, כי כל אחד כפי מעשיו - כך מזדכך ומאיר.

קַכְּלוֹז פֿתזוי וזכּבה לרבמזו"ל

והנה כל זה הוא למעלה בקו ורשימו. הנה קודם שיתחבר הקו ברשימו חיבור ממש, שילך הכל בדרך אחד, צריך להניח לרשימו שיעשה את כל שלו, והוא שיוציא בפועל הרע שיוכל להיוולד מהשתלשלותו, ואחר כך יטהר ממנו, כדלקמן. ואז יתחבר בו הקו חיבור שלם, כמו מתחילה שהוא נכנס בו. כפי הארה שהוא מאיר קודם שבירת הכלים - כך הוא מאיר אחר כך בתיקונם. והנה כשיהיו הכלים נטהרים מן הרע, יאיר בתוכם הקו, ותגבר הארתו אחר תגבורת, עד שיזדכך לגמרי, ויהיה התיקון השלם העתיד להיות בסוף הכל. ונמצא שאין לאור להתחבר עם הרשימו אלא אם כן נשלם, פירוש - שהוציא את הרע, וגם נטהר ממנו:

ה. כי מפני כך היה הצמצום בתחילה - כדי שימצא מקום לרע שיהיה נהיתקן, וסוף הכל יהיה טוב, אפילו לפי סדר הטבעי צריך שלא יתחבר הקו אל הרשימו, כי אם אחר ההתברר מן הרע כנזכר לעיל, כיון שהם בהדרגה. והוא כי הצמצום עצמו, שממנו נולד הרשימו, כבר אמרנו שהיה בדרך זה - שיהיה בתחילה הרע יוצא, ושיאחר כך הרע ההוא עצמו יחזור לטוב. אם כן הרשימו לא נקרא שנשלם ענינו עצמו, אלא אם כן הוציא הרע, ואחר כך יעמוד לחזור לטוב. אם כן חיבור ממש - צריך שלא ימצא אלא אחר שהוציא הרע, ואחר כך יתוקן בסוד החזרה לטוב. שאחר שהשלים הרשימו, יתחיל הקו הבא אחריו.

יש להקשות, אם כן לא היכנס כלל אלא אחר הבירור, תשובה, כניסה וחיבור הם שני דברים, אדרבא, להיכנס יכול להיכנס מיד, אלא שצריך להניח לו שליטה עד שישלים ענינו, שלא יבטלם באמצע. ולכן אינו מתחבר בו לזככו ממש, ולהעלותו בעליותיו, אלא אחר שהשלים עניניו. אלא שצריך שיתחיל להאיר מתחילה, וכדלקמן:

ו. ולכן האור, שהוא מן הא"ס ברוך הוא, צריך להמתין גם כן שיהיה הכלי נשלם, שבו מושרש ענין הרע, ואחר כך יאיר בו, היינו מטעם שפירשתי - שלפי הסדר ראוי כך, כי הצמצום הוא מה שנתחדש, והא"ס ברוך הוא רוצה לגלות קדמותו - שיוודע שאין החידוש הזה אלא העלם אחד שהוא רוצה בו, שיהיה ניכר מתוכו שלמותו, וכנזכר לעיל

במקומות רבים. ועל כן יש לו להמתין שיעשה הצמצום כל ענייניו, ואז ילך להחזיר הכל אל יחודו, ולהראות שלמותו בכל העניינים האלה:

ז. ואז יהיה הכל נשלם, שלתשלום כל המלאכה הנרצית צריך כל זה, שיעשה הצמצום כל ענייניו. ולא די זה, אלא שבסוף כל העניינים יאיר אור הא"ס ברוך הוא, וכמפורש למעלה:

חלק ב:

א. על כן לא נתחבר בתחילה האור עם הכלים, היינו שכך היה המעשה סוף סוף - שהאור נעלם למעלה, כי אף על פי שנכנס, לא היה יכול להתחבר, אלא חזר ונתעלם, וכדלקמן:

ב. אלא נעלם למעלה, והרי זה כמו הנשמה שעומדת למעלה בג"ע כל זמן שהגוף נטהר בעפר, ומוציא הרע ממנו. וגם מלמעלה מאירה על הגוף מה שצריך בזמן ההוא, וכך בכלים האלה, וכדלקמן. ואמנם התעלם האור בין למעלה ובין בגוף - הוא הסתתרו במקום טהור שאין שם אחיזה לס"א, כמי שמסתופף במקום אחד, וממתין עד שיעשה איזה מעשה שיהיה לו, בין כך ובין כך יש לו מקום ללון בו. כך הנשמה בג"ע, והאורות למעלה, הם נאספים אל בית מלון, שאין יכול פגם להגיע להם שם, עד שיעשה מה שצריך לעשות בכלים ובגוף:

ג. עד שישלימו הכלים את ענינם, דהיינו שיעשו מה שמושרש בחוקם לפי מה שהם:

ד. והוא שיתנו מקום לרע לשלוט, וגם תשלם שליטתו, שהרי כל אלה המדרגות כולם קבועות בחוק הכלים, כמפורש למעלה:

ה. ויבוא תיקונו לחזור הכל לטוב, אז יאיר בו האור, והוא מה שנכנסו אחר כך בזמן התיקון, וכדלקמן:

כָּל"זז פְּתוזֵי זֹכְמַה לְרַמֹזֹ"ל

פרק מ"ב

כפי התיקון הנעשה בכלים כך האור מתחבר בהם:

תיקון הכלים היה הולך ונעשה מעט מעט. וכפי מה שהיו ניתקנים - כך היה האור הולך ונכנס בהם. סוף תיקונם יהיה לעתיד לבוא, וכן סוף כניסת וחיבור האור בהם:

אחר שביארנו שהאור אינו נכנס אלא בתיקון הכלים, עכשיו צריך לפרש איך הוא מציאות הכנסו, לפי עניין זה:

חלקי המאמר הזה שניים. חלק ראשון, תיקון הכלים וכו', והוא פירוש מה שנעשה עד עתה. חלק שני, סוף תיקונם, והוא פירוש מה שעתיד עוד לעשות בהם להשלים עניינם:

חלק א:

א. תיקון הכלים היה הולך ונעשה מעט מעט, כי לכאורה יקשה איך אנו אומרים - שאין האור נכנס אלא כשיהיה נטהר הכלי, והרי ידענו שעדיין לא נשלם בירור השבירה, וכדלעיל, אם כן למה נכנסו אורות בכלים אפילו אחר התיקון, שהרי לא נשלמה הטהרה, תשובה לזה, שאין התיקון נעשה בבת אחת, אלא בהדרגה, כי התחיל מזמן התיקון, והולך ונעשה דבר יום ביומו, שהם הבירורים החדשים שנבררים בכל יום. ולפי התיקון הנעשה - כך האור נכנס ובא, כדלקמן:

ב. וכפי מה שהיו נתקנים - כך היה האור הולך ונכנס בהם, כי הנה מיד שהגוף יחזור ויבנה אחר תחיית המתים - הנה הנשמה תכנס בו, ותתחיל להתחבר עמו. ועם כל זה, כמה עליות יש עד שתגיע לסוף העניין. ונמצא שכפי הטהר הגוף - כך הנשמה באה ומתחברת, כי צריך להיטהר תחילה מן הזוהמא, ואחר כך אפילו מרושם הזוהמא, וכן כמה פרטים בעניין הזה. ובכל פעם נוסף הארה בנשמה. כך הוא למעלה - בתחילה האור נכנס, והוצרך לחזור ולצאת, אחר כך נתקנו חלקים מן הכלים, והתחילו האורות לבוא בתוכם. וכל מה שהולך הכלי וניתקן יותר חלקים - גם האור נכנס ובא יותר. וכשישלים הכלי להתברר בכל חלקיו

קל"ח פתחי חכמה לרמח"ל

- ישלים כל האור להיכנס. אך הזיכוך, מה שכל כלי מזדכך והולך - זה
הוא בסדר העליון שזכרנו:

חלק ב:

א. סוף תיקונם יהיה לעתיד לבוא, וזה הדבר כבר נתבאר למעלה, שאין
הרע חוזר לטוב אלא לעתיד לבוא, והוא בסוף ההנהגה, אחר שכבר
קבלו כל החוטאים עונשים גדולים. וישראל נתחזקו באמונתם אפילו
באורך הגלות ובמרירות הגדול הזה - הם דברים קוראים לייחוד
להתגלות. ועל כן בסוף שליטת הרשימו, שאז נעשו אלה העניינים, יהיה
סוף בירור הכלים, שזהו מה שכופה הרע, ומחזירו סוף סוף לטובה,
והוא בגודל אמונתם של ישראל בגודל הגלות:

ב. וכן סוף כניסת וחיבור האור בהם, כן האור משלים להיכנס ולהתחבר
לגמרי, והיינו סוף העליות כנזכר לעיל:

פרק מ"ג

שורש הרע בפועל בבי"ע:

הרע לא היה מושרש כי אם בסוד הלבושים דאצילות שהם בי"ע. ולכן
כדי להשלימם, הוצרך לפרטם לכל ענייניהם, שיניחו בתחילה מקום
לרע, לפי מה שהיה מוכן בהם. וסוף סוף יחזרו לתקן כל הקלקולים.
עכשיו צריך להשלים הדבר כסדר מה שהיה בכלים האלה. ועתה צריך
לפרש יותר בפרט ענייניהם, והעיקר - עניין הרע שהיה מושרש בהם:

חלקי המאמר הזה שניים. חלק ראשון, הרע לא היה מושרש וכו', והוא
שורש הרע היכן היה. חלק שני, ולכן כדי להשלימם, והוא מה שצריך
להיות בכלים האלה לפי עניין זה:

חלק א:

א. הרע לא היה מושרש, היינו כי באצילות אין שם אלא שיעורי
המחשבה, שהם הספירות, אך ההוצאה של הענפים תלויה בבי"ע. וכבר

קִל"ח פִּתְחֵי וֹחָכְמָה לְרַמְחַ"ל

בארנו עניין שתי השורשים, שורש הוצאת הענפים ממין השורש, ושורש הוצאתם שלא במינו, דהיינו נפרדים, ודבר זה הוא לכל אחד מבי"ע. נמצא, כי הרע נמצא שם בפועל בענפים שלהם, מה שאין כן בענפי האצילות, שהם האלקות עצמו, שאין שייך שם רע כלל:

ב. כי אם בסוד הלבושים דאצילות, ויש לעניין זה שתי הוראות, אחד - בסוד דמות אדם, שהדבר היותר חיצון הוא הלבוש, וגם למעלה הוא כך. וגם שאינו עצם האדם, אלא מה שהוא רוצה להתלבש בו. וכן למעלה עצם האורות הוא באצילות, ובי"ע הם הלבושים שהאור רוצה להתלבש בהם, ונחשב כמו מקרה לעצם האורות. ורק מצד זה יש עניני הרע, שאינו מצד עצם האורות עצמם, אלא מצד הלבושים שהיו רוצים להתלבש. וחוץ מאותם הלבושים אין בהם חושך ופגם כלל. השני - שאף על פי שאין הרע אלא מבי"ע כנזכר לעיל, עם כל זה נחשב באיזה צד גם לאצילות עצמו, יען הם לו לבחינת לבושים כנזכר לעיל. פירוש - שאם היו רק עולמות בפני עצמם בדרך הדרגה, הנה היה הוא נשגב מהם, ולא נחשב כלל. אבל מצד שהם לבושים שלו, טפלים לו, לשיהיה הוא שלם כנזכר לעיל, על כן נחשב הדבר גם לו:

חלק ב:

א. ולכן כדי להשלימם, והוא עניין שפירשנו למעלה, שלעשות הכלים את כל שלהם - צריך כל אלה הדברים:

ב. הוצרך לפרטם, שלא די שיהיו בבחינת לבושים לאצילות, כי הם טפלים, ואין המעשה שלהם נעשה בפרט כמו שראוי, אך עניני הוצאות הרע הם במעשיהם בפרט, כשניתן להם שליטה, ופועלים, כיון שהכל הוא רק מצדם כנזכר לעיל. אם כן צריך שיצאו מבחינת לבושים לבחינת שליטתם, שאז עושים מעשיהם, ואז יוציאו הרע:

ג. לכל ענייניהם, שצריך שיצאו כל מיני הפרטים שבהם, ובזה תלוי כל הנמצא עתה בעולמות, וכדלקמן:

ד. שיניחו כתחילה מקום לרע, והוא כל כל ענייניהם בשבירה:

ה. לפי מה שהיה מוכן בהם, דהיינו כל מה שנעשה בשבירה - הכל הוא גילוי עניינם, מה שהיה כבר כלול באלה הלבושים לעניין הוצאות הרע:

ו. וסוף סוף יחזרו לתקן כל הקלקולים, הוא כל מה שהולך לדרך התיקון, דהיינו כניסת האור בכלים, שגם זה הוא מה ששייך לכלים עצמם כנזכר לעיל:

פרק מ"ד

הטעם ששורש הס"א בעולם הנקודים בפרט:

האורות אינם מוציאים תולדותיהם עד שיעמדו בערך אליהם. כי אור גדול לא יקרא עילה לנברא אחד קטן כי לא יצא ממנו לעולם, שהרי המאציל יתברך שמו שם חוק ההדרגה. ולפי זה, הדין שנתגלה ברשימו, לא הגיע למדרגה שיוכל להיקרא סיבה כלל אל הס"א, עד שהגיע לעשות הכלי בנקודים, כי למעלה מזה לא נראה שום עניין שייך לענייני הס"א כלל. אך בנקודים נגלה איזה דבר שיש לו שייכות לעניינה, כי רק כאן היה המונח הכללי של כל אבי"ע האלה, המגיעים עד הגשמיות, ועד סוף כל הנמצא. כיון שאמרנו שבספירות האלה היה שורש לענייני הרע, עכשיו צריך לפרש שורש זה מה הוא:

חלקי המאמר הזה שנים. חלק ראשון, האורות אינם מוציאים, ומבאר מתי אור אחד נקרא סיבה לעניין אחד. חלק שני, ולפי זה הדין, ומבאר העניין הזה בנידון דידן:

חלק א:

א. האורות אינם מוציאים תולדותיהם עד שיעמדו בערך אליהם, והיא ההקדמה שהביננו בכל הנזכר במאמרים הראשונים, שברצות הרצון העליון חוק ההדרגה, הנה רצה שכל אור יעמוד בערך עם התולדה, שזה נקרא דרך סיבה ומסובב, שאין הסיבה נותנת אלא מה שיש בה, ואין מסובב יוצא אלא לפי עניין סיבתו. ועיקר הידיעה הזאת הוא בכאן, כי כאן צריך להבחין שורש ענייני הרע, שלא הוזכר אלא פה, ואין זה אלא

כָּל"זֶ פַּתְוֹזִי וֹזְכְמָה לְרַמְזַז"ל

לפי חוק ההדרגה. כי כבר לתכלית זה היו הולכות כל המדרגות, אלא שלא הגיעו להיות בערך אלא כאן. וההקדמה היא, שאף על פי שהוצאת התולדות היא לאורות בכלל, פירוש - לספירות, שהם מה שרצה להמציא הא"ס ברוך הוא לברוא בהם הנבראים, אך צריך שכל אחד יהיה בערך אל התולדה שיש לו להוציא. ולכן צריכות ההדרגות, וצריכים התיקונים וההעלמים, הגילוים, הכל כדי להעמיד האור בערך ראוי העומד להמצא ממנו התולדה:

ב. כי אור גדול לא יקרא עילה לנברא אחד קטן כי לא יצא מנונו לעולם, אף על פי שבכלל מאתים מנה, והעליון - נכלל בו התחתון, אינו נקיא סיבה, כיון שלא יוולד משם:

ג. שהרי המאציל יתברך שמו שם חוק ההדרגה, היינו מה שבארנו למעלה שאין לומר שאי אפשר למאציל יתברך שמו לעשות אלא כן, חס וחלילה, אלא אחר שרצה בהדרגה - לפי ההדרגה הענין הוא כך:

חלק ב:

א. ולפי זה. הדין שנתגלה ברשימו, לא הגיע למדרגה שיוכל לקרא סיבה כלל אל הס"א, והיינו תירוץ - שאין אומרים שורש לס"א אלא בנקודים, אף על פי שכבר הדין נתגלה למעלה, כי הדין למעלה לא היה בערך עם הס"א כלל ועיקר:

ב. עד שהגיע לעשות הכלי, כי כבר שמעת ששורש הרע הוא בכלים, כמו שהוא גוף האדם, כי הכלי הוא הסיבה לגוף, וכנזכר לעיל:

ג. בנקודים, דהיינו לאפוקי עולם העקודים, כי אף על פי שהיה גם שם כלי, כיון שלא היה בשליטתו, ולא נתפרט לעניניו, לא היה עדיין נקרא שורש לס"א. אלא כיון שנתגלה בכל תנאיו, ושלט, דהיינו בעולם הנקודים, אז הגיע בערך אל המדרגה זאת:

ד. כי למעלה מזה לא נראה שום ענין שייך לעניני הס"א כלל. אך בנקודים נגלה איזה דבר שיש לו שייכות לעניינה, פירוש - סימן לדבר זה - שרק בכאן נוכל להזכיר תואר של שורש לס"א, הוא, כי למעלה לא נראה שום ענין שייך לעניינה, וכאן נראו מיד עניינים שייכים

לעניינה. ועל כן אם למעלה היה סיבה רחוקה, הנה לא היה נגלה ונראה כלל, וכאן נודע מיד שהוא כך. ומה הוא והנראה שייך לעניינה - יתפרש לקמן בס"ד:

ה. כי רק כאן היה המונח הכללי של כל אבי"ע האלה, המגיעים עד הגשמיות, ועד סוף כל הנמצא, כללות שני השרשים שזכרתי למעלה שם יש כל הנפרדים, ובהם אפילו הגשמיות, וכן הס"א, והיינו - עד סוף כל הנמצא. ופירוש העניין, לא די שכך רואים המעשה שהוא כך, שכאן נגלה מה שלא נגלה באחרים הקודמים, אלא שיש הבנה מבוארת - מה שייכות יש לשורש הזה עם עולם הנקודים בפרט, והוא, כי כאן הוא המונח הכללי של הנמצאים האלה דווקא, ששוערו כולם בפרט, מן הראש ועד הסוף. ובכלל זה יש גם כן הס"א, מה שאין כן בעולמות הקודמים, שאינם אלא חוק להמציא נמצאים, ולא נפרטו הנמצאים לפי מה שהם. ואף על פי שמה שנעלם בחוק הזה היה המצא גם הס"א, כי גם היא בכלל הנמצאים, הנה לא היתה נרשמת ונזכרת כלל. אך כאן שנתפרטו הדברים - גם היא מתפרטת. ונמצא שיש בכלל הנקודים עצמם - הס"א עצמה, והיינו על דרך שנמצאים בהם כל הנפרדים בסוד הסוג של שני השרשים שפירשנו למעלה במאמר. והנה עתה נקרא שעמדו האורות בערך לנמצאים, כי הרי שוערו הנמצאים בפרט, הם ולא אחרים. וגם הדין עומד, ושיער גם הס"א בפרט. וכל שכן שכל זה העולם, כבר פירשנו למעלה בסוד זיקין ניצוצין, שהוא הולך רק לעניין מה שיש בכל הנמצאים לסוד היחוד, בסוד החזרת הרע לטוב, שבזה נמצא הימצא הס"א, וההיתקן כל הדברים אחר כך:

פרק מ"ה

הרע מושרש בסוף הכלי, לכן בהגיע האור לשם נשבר הכלי:

רק בחלקים היותר שפלים שבכלים היה נראה זה הרושם מעט של שורש לס"א. ועל כן נכנס האור הכללי בתחילה. והיה הולך ומתפשט בסוד המונח הראשון עד החלקים השפלים האלה. והם הם עניין הלבושים, הנחשבים לרגלי האצילות. ולכן עד שלא הגיעו להם - לא

הייתה השבירה. ובהגיעם שם - הייתה. ואז חזרו לאחור, ויצאו אפילו מן החלקים העליונים:

אחר שאמרנו שהיה גילוי הס"א בנקודים האלה, עכשיו נציין לו מקום הפרטי:

חלקי המאמר הזה שניים. חלק ראשון, רק בחלקים וכו', הוא המקום המצוין לשורש זה. חלק שני, ועל כך נכנס, והוא מה שנעשה לפי עניין הזה:

חלק א:

א. רק בחלקים היותר שפלים שבכלים, שאין מקום לשורש הרע אלא בחלקים האחרונים של המדרגה. וזה, כי חלקי המדרגה הם עניינים שהם גם כן בהדרגה, זה תחת זה כמיני הסוג. והעניין האחרון שבכולם הוא הוצאת הרע, שהוא היותר שפל במעלתו, ושעניינו פחות מן האחרים בשליטה והנהגה:

ב. היה נראה זה הרושם מעט של שורש לס"א, הוא הרושם שזכרנו למעלה שנראה בנקודים, ויתפרש לקמן:

חלק ב:

א. ועל כן נכנס האור הכללי בתחילה, היינו האור הראוי למונח הכללי, שגם הוא כללי כמוהו:

ב. והיה הולך ומתפשט בסוד המונח הראשון עד החלקים השפלים האלה, שלא הייתה השבירה מיד בכלים, שהרי מלוכה כתוב בהם, אלא שהיה האור מתפשט עד סופם, ובכל אותו הזמן היה להם מלוכה, ורק כשהגיעו לסוף - הייתה בהם השבירה, כשהגיעו למקום שהיה שם שורש זה, וכדלקמן:

ג. והם הם עניין הלבושים שנחשבים לרגלי האצילות, כי כבר אמרנו למעלה איך כל הסדרים נכללים תחת סדר העשר ספירות. ונמצא שאף על פי שהגוף עצמו שלם בעשר ספירות, בחשוב עליו הלבושים - יהיה הגוף כמו תשע ספירות, והלבוש - מלכות להם:

ד. ולכן עד שלא הגיעו להם - לא הייתה השבירה. ובהגיעם שם - הייתה:

ה. ואז חזרו לאחור, ויצאו אפילו מן החלקים העליונים, והיינו כי אז גזרה המחשבה - שכיון שאי אפשר להידבק האור עם הכלי מחמת עניין זה שיש בכלי, אין טוב אלא להניח לכלי לעשות את שלו. ואחר כך יבוא האור והיכנס בו, ויתחבר חיבור שלם:

פרק מ"ו

נפילת ושבירת הכלים:

כשהוצרך לתת שליטה ללבושים בפני עצמם לתקן את עצמם, נתעלם החלק העליון שהיה בנקודים, והוא עניין האצילות שלהם, ואז היו שולטים הלבושים בפני עצמם. וזה נקרא להם נפילה, כי היו נופלים ממה שהיו נכללים באצילות בסוד לבושיו, ושולטים בפני עצמם, ולא בסידור ותיקון, אלא בקלקול, ריקים מן האורות שנתרחקו מהם. ואז היו פונים תמיד לתת מקום לרע לצאת ולהימצא, כרי שיתוקן לבסוף:

אחר שביארנו עניין הלבושים האלה, ושהיו צריכים לשלוט כדי להוציא הרע, עכשיו נפרש שליטתם זאת ועניינה:

חלקי המאמר הזה שניים. חלק ראשון, כשהוצרך לתת שליטה, והוא עניין שליטת הלבושים. חלק שני, וזה נקרא נפילה, והוא ששליטתם נקראת נפילה, והטעם לזה:

חלק א:

א. כשהוצרך לתת שליטה ללבושים בפני עצמם, זהו מה שכתבתי למעלה, שהרע היה מושרש רק במעשה שעושים הלבושים בשעת שליטתם, שהם נבחנים לעולמות בפני עצמם, כי כל מה שעומד בבחינת אצילות - נאמר בו, "לא יגורך רע". והנה בהיות הכוונה להוציא עניין הרע, על כן צריך שישלטו הלבושים האלה, ואז יוציאוהו:

ב. לתקן את עצמם, זהו גם כן מה שכתבתי למעלה - שכל זה הוא לצורך התיקון. כי עד שלא יצא הקלקול בתחילה, ונזדמנו הדברים להיתקן בסוד החזרת הרע לטוב - אין לאור לבוא, כי אדרבא, בעבור זה נעלם האור להניח לכלים לעשות עניינם זה:

ג. נתעלם החלק העליון שהיה בנקודים, והוא עניין האצילות שלהם, היינו כי פעולות העולמות האלה, היינו, אחר שנתאצלו האורות באצילות להמשיכם לחוץ לצורך התחתונים, וכל אחד לוקח מן האצילות מה שלוקח, וממשיכו למקומו, וזהו הסדר המתוקן. אבל עתה לא זאת היא הכוונה, כי עתה צריך לברר מציאות העולמות האלה לפי עצמם, שיהיו ראויים אחר כך לעשות הפעולה הראויה להם, דהיינו ההמשכה מן האצילות. הא למה זה דומה, לצינורות שנוטלים מים מן הנהר וממשיכים אותו למקומם, כל צינור - החלק הראוי לו להגיע אל מקום הראוי לו, הרי זה סדר מתוקן. אך כשרוצים לתקן הצינורות בפני עצמם, דהיינו לעשותם כלים מוכנים, להיות אחר כך צינורות שיהיו למי הנהר, הנה אין הנהר שייך להם בזמן התקנם כלל, אדרבא אין לו לשפוך על ידם, וכאילו אינם צינורות שלו. ובאמת כשהם הולכים ונבנים חוץ ממנו, אינם צינורות שלו, אלא כלים נבנים, עתידים להיות צינורות שלו. כן הדבר הזה, כשבי"ע עם אצילות אחר שכבר הם בנויים - אז כל אחד לוקח מן האצילות וממשיך. אך בהיבנותם כל אחד בפני עצמו, אין שייך אצילות בזה, אדרבא, הוא מתעלם, ומניח להם להיות רק גולמי כלים, שהולכים ונבנים מעט מעט, עד שנשלם כל התלוי בהם לבניינם, כדי שאחר כך יהיו לצינורות אליו. ועל כן עתה שהוצרך לעשות דברים התלויים במציאותם, דהיינו הוצאת הרע, והחזרת הקלקולים תיקון כנזכר לעיל, הנה האצילות נתעלם מזה הדבר, כי אינו שייך בו. ונשארו העולמות הם לבדם, שהולכים להתברר ולהתקן. שאין לאצילות חלק ונחלה בהוצאות הרע כלל, אלא אורו ימשך דרך בי"ע, כשיהיו מתוקנים לצינורות לו:

ד. ואז היו שולטים הלבושים בפני עצמם, כי אז אין להם להחשב לרגלים לו, אלא מרגלים שהיו - נשארו עולמות בפני עצמם:

חלק ב:

א. וזה נקרא להם נפילה, אף על פי שהתפשטות כסדר הוא, שיהיו בי"ע בתחילה לבושי אצילות - אחר כך עולמות בפני עצמם. אך בנידן דידן אינו כך, אלא נקרא נפילה, והיינו מיתת המלכים, וכדלקמן:

ב. כי היו נופלים ממה שהיו נכללים באצילות בסוד לבושיו, ושולטים בפני עצמם, סדר התפשטות הוא - שהאצילות נשאר, והלבושים הם מתפשטים, דהיינו שניתן להם שליטה לכל אחד, להמשיך מן האצילות חלקו, כנזכר לעיל. אך כאן נתעלם האצילות, ואין הלבושים ממשיכים ממנו בסדר הנזכר לעיל. אלא אדרבא, נפילה הוא להם, שלא הם נתפשטו, אלא אצילות הוא שנסתלק. ואז מה שהיו הם רגלי ולבושי האצילות - נשארים עולמות בי"ע בפני עצמם, יען חסר מהם הגוף שהיו מלבישים. ונמצא שבסדר ההשתלשלות, בבחינה אחת הם לבושים, ואחר כך הם נבחנים בבחינה אחרת בזמן שליטתם, והם עולמות. [נ"א, אבל אף על פי כן שתי הבחינות צודקות בהם בכל פעם], אך כאן אותה הבחינה עצמה שהייתה בסוד הלבושים - נשארה עולמות, שחסר מהם בחינת היותם לבושים, יען חסר מהם הגוף המתלבש, כמ"ש. ואין זה אלא שהם צריכים עתה להבנות, כדי להיות אחר כך על דרך זה לבושים לאצילות, ואז יהיו בפעולתם הראוי להם. וכן תבין שאין דומה שליטתם זאת לשליטה שיש להם כשהם מתוקנים עם האצילות. כי בשליטה שיש להם כשהם מתוקנים עם האצילות - הוא ששולטים להמשיך אורות האצילות לתחתונים. אבל שליטה זאת אינה כך, אלא שהם שולטים בסוד החלקים שלהם ממש, בלא שייכות עם האצילות כלל. אלא שהם שולטים בסוד חלקיהם ממש - לגלות כוחותיהם ופעולותיהם הפרטיות בבחינת בניינם, כדי להוציא עניני הרע הבלועים בין הכוחות האלה:

ג. ולא בסידור ותיקון, אלא בקלקול, זה השבירה שאנחנו מזכירים. כי יש נפילה, ויש שבירה. נפילה - רוצה לומר שנפלו ממדרגה עליונה לתחתונה כנזכר לעיל, ושבירה הוא שלא היו שולטים בסידור חלקיהם כראוי, אלא אדרבא, באותם הקלקולים שגורם הרע כשהוא שולט. כי כבר שמעת שהשבירה הייתה שליטת כוחות ההפסד, שהיו מפסידים אותם, ונעשו בכל מיני קלקולים, בכל מיני רעות שיכולים להיות

בעולם. והם הם למעלה כל מיני פגמים וקלקולים שיכולים להימצא באורות העליונים. שהרי זה הוא שיעור כל ההפסדים, כי מה שלא שיער מתחילה - לא היה יכול להיות אחר כך:

ד. ריקים מן האורות שנתרחקו מהם, גם זה חסרון גורם להם כח לעשות הפעולה הנרצית בהם בשבירתם זאת. והיינו כי האור הוא בסוד היחוד המחזיר כל הרע לטוב. אך בכאן הכוונה היתה להוציא הרע בבחינת רע. והנה בזה מוסיפים כח הכלים האלה, לעשות פעולה, במה שנתרחק מהם האור, ושהם יורדים עזובים ממנו, שאז רצה לומר שאינם מתנהגים על פיו, אלא אדרבא, מהיעלמו הגדול נמשך העניין הזה של השבירה. ואז הם נותנים כל מגמת פניהם להוציא הרע, וכדלקמן. ולא היה באמת מעשה מעלים השלמות כזה - שהאור מאס אפילו להיכנס כלל בעניין הכלי. ואז נשאר הכלי שולט רק בבחינת הדין הקשה:

ה. ואז היו פונים תמיד לתת מקום לרע לצאת ולהימצא, כי כיון שנתרחקו מן עניין השלמות הרחק גמור. אז נשארו פונים רק לעניין זה, והיו כל הדברים רק לזה:

ו. כדי שיתוקן לבסוף, עם כל זה לא היתה הכוונה לעשות רק רע, אבל הכוונה התכליתית הרחוקה עם כל זה היתה רק לתיקון. וכן תראה שלא עזב על כל פנים האור מהאיר מרחוק אל הכלים. אפילו כשלא האיר עוד, שאז נעשית הנפילה - נפילה גדולה, על כל פנים היו הרפ"ח ניצוצין שירדו עם הכלים. כי הכוונה סוף סוף היא רק, אדרבא, לעשות מן הקלקול הגדול הזה - תיקון גמור שלם לגמרי:

מהלך תיקון הכלים מהרע אבל לא בשלמות:

כשרצה המאציל יתברך שמו לתקן עניני הלבושים האלה, היה מברר מדרגותיהם אחת אחת, שלא תהיינה פונות אל הרע, אלא יחזרו פניהם להסתלק ממנו. ואז כל מדרגה היתה מניחה עניין הוצאת הרע למדרגה שלמטה ממנה. ונמצא, שהיה לה חלק בזה, רק שהיתה מסתלקת

קְל"זז פְתזזי זזכבזה לרבמזז"ל

ומתנקית ממנו. ואז היא היתה ראויה לקבל אור. וכן כל מדרגה למדרגה שתחתיה, עד שנתבררו כל המדרגות של אבי"ע. כמו שהם עתה. והניחו עניין הוצאת הרע אל המדרגה התחתונה שבכל המדרגות במלכות דעשיה. ואז הוכנו כולם לקבל את האור, חוץ מזאת האחרונה, באשר שאין לאור להתפשט אלא בכלי שנוקה מן הרע.

וכל זה נקרא רק תיקון הלבושים של הנקודים, שכמו שהיו הכלים מתוקנים - כך היה האור הולך ונכנס בהם. וכל כלי שהוא רחוק יותר במדרגתו מעניין הרע - ראוי לאור יותר גדול. אך האצילות הראשונה לא חזר ונתגלה, כי זה לא נקרא תיקון שלם של אלה הלבושים כל זמן שיש מדרגה זאת האחרונה כך - פונה להוציא הרע, וריקה מן האור בשבילו:

מי שחפץ להבין עניין אחד היטיב, צריך שיקבל מתחילה ציור אחד מספיק מכללות העניין ההוא מן הראש ועד הסוף, אחר כך ילך לפרטים. והטעם לזה פשוט, תחילת המחשבה סוף המעשה, וכל המעשים הראשונים נעשים על פי המחשבה המכוונת למה שבא אחרי המעשה ההוא. אם כן אי אפשר להבין המעשים הראשונים ההם, על מה הם באים, אלא בידיעת מה שבא אחריהם, כיון שהכוונה בהם למה שיבוא אחריהם. וכן עד סוף כל המעשים, שהרי הכל נעשה בעבור הסוף. והנה תנאי המעשים הם לפי מה שמכוון בהם, אך מה שמכוון בהם הוא מה שבא אחריהם. וסוף המכוון הוא המעשה שיבוא בסוף הכל. אם כן מי שירצה להבין עניני המעשים הקודמים - צריך שידע בתחילה הילוכם עד הסוף, ואחר כך יחזור לפרטיהם. ואז לא יצטרך להיות תלוי ועומד בהבנת פרטי הראשונים עד הגיעו לסוף. אלא כשכבר ידוע לו ההילוך, כל פרט ופרט יבינהו במקומו. ועל כן עכשיו שהתחלנו לפרש עניין הלבושים, איך שניתן להם שליטה בפני עצמם כדי שיוציאו הרע מהם, ואחר כך יהיו ראויים להתחבר בהם האור, הנה צריך לפרש בכלל כל הילוך עניינם עד הסוף - שבאים לתיקון. ואחר כך יובנו כל הפרטים שנדבר בהם במעשים הקודמים לזה הסוף:

חלקי המאמר הזה שניים. חלק ראשון, כשרצה המאציל יתברך שמו

כְּל"זֹ פֹתַזֹי וֹזֹכְבֹה לֹרֹמֹזֹ"ל

וכו', והוא עניין תיקון חזרת הכלים לקבל אורם. חלק שני, וכל זה נקרא וכו', והוא שכל זה הוא רק עניין [תיקון] הלבושים, ולא תשלום התיקון:

חלק א:

א. כשרצה המאציל יתברך שמו לתקן עניני הלבושים האלה, והיינו כי היו המלכים שבורים כל כך זמן כמו שנותנים כוחות הרע שנתגלה מהם. ופירוש זה הדבר, הנה ישראל ירדו בגלות, יש להם לעמוד כל כך זמן כמו כל כך מדרגות שיש ברע השולט עליהם. כך אלה המלכים היו עומדים בחורבן כל כך זמן, והיינו כל כך מדרגות כמו שנותן חלקי הרע. ואחר כך יתגלה הרצון העליון והיתקן בסוד היחוד, כאמור למעלה. כי הרע, אדרבא, הולך ומתגבר בכל יום, אלא שהרצון העליון ישים קץ בסוף הכל. והנה שורש כל זה הוא עניין המלכים האלה. על כן ירדו ונשברו, ועמדו שבורים לפי עניין הרע שהיה הולך ומתגבר במדרגותיו. וכשרצה הרצון העליון - שם קץ לזה הדבר, וחזר ותקנם. וזה עצמו זמן עמידת ישראל בגלות וגאולתם. והיינו כי הרע אינו מתקיים אלא עד שישלימו כוחות הספירות, שהם כוחות דמות אדם, לעשות את שלהם. כי הלא הכוונה כבר נתפרשה למעלה שהקדוש ברוך הוא רצה להראות, שמה שכנגד כל כח של הספירות - יכולה הס"א לקטרג. אך כנגד כח היחוד השולט לא יכלה לעמוד אפילו רגע אחד, וזהו גילוי יחודו, כמפורש למעלה. וזה מה שנעשה במלכים האלה, כי הניח כל הכוחות התלויים בדמות אדם - שכנגדם יהיה הרע שולט, והם כל כך מדרגות של רע שכנגד כוחות האלה, ועל כן לא היה מגלה יחודו. וכך היו הולכים הדברים תמיד, אדרבא, הרע הולך ומתחזק יותר. אך כשנשלמו אלה הכוחות של הספירות - אז גלה רצונו, ורצה בכח שליטתו לתקן הכל. והנה מאז והלאה הוקבעו כוחות של הרע, כי כבר נתגלו, והיינו כנגד כל מה שהיה כח בספירות - כך יצאו כוחות של הרע. ואחר כך נתגלה הרצון. וכן הוא עתה להיות הס"א שולטת בכל מדרגותיה, והם הם כנגד מדרגות הספירות. אך הרצון כבר נקבע להגלות בסוף מדרגות אלה, והוא יום הגאולה:

ב. היה מברר מדרגותיהם אחת אחת, שלא תהיינה פונות אל הרע, כי בתחילה היה בחזק המדרגות הוצאת הרע, והם הם שיעורי הנמצאים

קל"ח פתחי חכמה לרמח"ל

בלתי מתוקנים, שכך יצאו אחר כך אפילו למטה, והיינו, "והארץ הייתה תהו ובהו". כי בתחילה נבראת, ואחר כך נחרבה. והיינו נבראת מלאה מן הרע, עד שיצא הרע שבה והחריב אותה עצמה, שלא היה מניח לשום בריה מציאות. אחר כך, "ויאמר אלקים יהי אור", והתחילו להתברר הנבראים אחד אחד. ועם כל זה לא עבר הרע מן העולם, אלא שהנברא לא היה הוא עצמו מלא רע, אלא היה מבורר מן הרע, ומכוון עצמו להסתלק ולהינצל ממנו, והרע היה נשאר כפוי ונשפל. אלא שלפי שלא היה מתוקן לגמרי הנמצא ההוא, יוכל אותו הרע לחזור ולהתגבר ולהחריבו, אך לא יהיה דבר מוכרח זה העניין כמו שהיה מתחילה. כי מתחילה היה הרע כבר מוכן ועומד להתגבר, ועכשיו אדרבא, הוא משוקע ועומד להיות שוקט במקומו, אלא שיוכל להתעורר. ולא עוד, אלא שהחלק היותר קשה של רע שהיה גורם התגברות הראשונה - אינו עוד. פירוש - כי הנה בתחילה - לא די שהיה בכל הנמצאים רע גדול, אלא שלא היו החלקים מסודרים בדרך שיוכל אותו סדר לצאת לפועל, וזה עצמו הוא רע גדול.

והנה אחר כך נעשו הדברים בהדרגה, כי נסדרו הדברים בדרך אחר, וניתן מציאות חדש לנבראים עצמם, יותר נבחר ומתוקן, שמה שהמציאות הראשון לבדו היה גורם כל זה החורבן, מציאות השני הזה אינו גורם זה. ולא די זה, אלא שבהיות גם המציאות הראשון עמו - הוא עצמו נסדר בסדר, מה שלא היה לו מתחילה, עד שגורם לו שלא יהיו החלקים הרעים כך עומדים לצאת, אלא משוקעים במקומם. והרי אבד החלק הקשה, שהוא חסרון הסדר, כי הרי הסדר ניתן. ואז הרע אינו עומד להתגבר עוד תגבורת כל כך גדול. אדרבא, עומק הכוונה הולך לעשות שאותם החלקים שנשארו, יתהפכו סוף סוף לטובה.

והנה כל זה הוא למטה, ושורש כל זה הוא למעלה. כי שיעור הנמצאים הוא הוא ההנהגה. ובתחילה היו הספירות חוקים של ההנהגה, כוללים בהם עניין הרע להוציאו לפועל, כדי שאחר כך בתיקונו יגלה היחוד. ועל כן כל מדרגה בפרט, בזמן הנפילה, שניתן ללבושים שליטתם, הייתה הכוונה בהם להוציא הרע. ועל כן חסר מהם השלמות לגמרי, שהוא המבטל הרע, כדי שיוציאו הרע. והנה הוציאו אותו, והיה גורם להם עצמם חורבן, והיינו שלא היו הכוחות הטובים שבהם אלא בדרך

שלילה, והכוחות של ההפסד הם השולטים. אחר כך שיערה המחשבה העליונה הנמצאים היוצאים מן החורבן, והוא ההויות יוצאות מן ההפסד, ונתן להם מציאות, לכל הויה בפני עצמה. ואין הכוונה עוד עתה להוציא הרע, אלא אדרבא, לצאת מן הרע, בסוד היחוד העליון, שאף על פי שהיה הרע - יבוא התיקון, והיינו גילוי השלמות שנתעלם בראשונה. אך לא נתגלה כל השלמות בבת אחת, שלא יישאר עוד רע בעולם, אלא מעט מעט. הנה התחילו להימצא הנמצאים שהרע היה מחריב אותם, ולא החריבם עוד הרע כבראשונה. אלא שלא נקבע מציאותם לגמרי, כי יכול עוד הרע להתגבר עליהם ולהחריבם.

אבל תבין ההפרש הגדול שיש בין מצבם הראשון ובין מצבם זה. שבראשונה היו מדרגות שכוונתם להוציא הרע. והיה נקרא שהעניין היה בהם עצמם בכל חלק וחלק, שכל חלק וחלק היה לו להוציא הרע שכנגדו. אך עתה כל מדרגה שהייתה נתקנת, רוצה לומר שהייתה יוצאה מעניין הזה של הוצאת הרע, אדרבא, עומדת להיתקן מן הקלקול שהיה הרע גורם לה, אלא שלא עבר הרע מן העולם כנזכר לעיל. ואם כן נמצא שהיה הרע עומד יכול לקלקל המדרגה ההיא, כי לא נקבע ענינה בשלמות לגמרי, שיוכל לשלוט ולהתקיים לעולם. אך נקרא שהרע חוץ מהם, פירוש - חוץ מעניינם. והיינו, כי הנה עתה המדרגות מתבררות מן הרע, ענינים היפך עניין הרע, יען ענינים עתה התיקון, ולא הקלקול כמו שהיה מתחילה, שהיה אדרבא, בעניינם להוציא הקלקול כנזכר לעיל. אלא שכיון שיש הרע בעולם, רוצה לומר שאין עניינם נמלט מן הקלקול, שיכול לבוא עליהם ממקום אחר, אך לא שהם סיבה לו, על כן נאמר שהרע חוץ מהם.

ונמצא שהבירור שהיה נעשה, היה - שהייתה מדרגה אחת יוצאת מתוך החורבן, שהיה מחריב אותה, והייתה נקבעת חוק בהנהגה שאין עוד ענינה להוציא הרע כלל, אלא אדרבא, תיקון, אחר שכבר היה הרע וקלקל, וכדלקמן:

ג. אלא יחזרו פניהם להסתלק ממנו, שאף על פי שמצד טבעם היה להוציאו, הנה עתה הם שמים עצמם להתקן בדרך היחוד, ומסתלקים מעניין זה. והוא גילוי השלמות שזכרתי למעלה, שזהו כל עניין התיקון

של הספירות. שכיון שנתגלה בהדרגה, גם תיקון הספירות הולך בהדרגה, פירוש - עתה הם חזרו לדרך היחוד להתקן. אך הרע לא נתבטל. והאמת, מה שהרע לא נתבטל - לפי שלא כל הספירות נתקנו לגמרי בדרך זה, אלא נשארה מלכות, כדלקמן. וזה ודאי, שאם היו כל הספירות נתקנות לגמרי - הנה לא היה מציאות לרע כלל. אך נמצאת למד שכל תיקון הספירות הוא רק גילוי השלמות, שאז נהפכות המדרגות לדרך היחוד, ונמצאו מסתלקים מעניין הוצאות הרע, והרע הוא רק חוץ מהם, כי הוא רק עניין באותה המדרגה שלא נתקנה כך, וכדלקמן:

ד. ואז כל מדרגה הייתה מניחה עניין הוצאת הרע למדרגה שלמטה ממנה, בתחילה היו המדרגות כולם פונות להוציא הרע, וכולם נחרבו. והנה נחשוב עתה כללות כל הנחרב - כללות אחד, והמדרגות יוצאות מתוך הכללות הזה, אחד אחד. והנה כל מדרגה שיוצאה מן הכלל, להיות נקבעת חוק בהנהגה - הרי עניינה הטוב נקבע. אך עניין הרע שיצא ממנה אינו מתבטל עתה. וזה, כי לא הגיע גילוי השלמות, אלא לקבוע הנהגה אחת שתצא מן הרע, אך לא שתבטל הרע. ואמנם אין דבר בלא שורש, ואם אנו אומרים שהרע אינו מתבטל, מאין הוא מתקיים, אך העניין הוא, כל מדרגה הייתה מתחילה מוציאה הרע, וכשנעשה הבירור - נברר לחוק בהנהגה מה שיוצא מן העניין ההוא. ועם כל זה נשאר איזה שורש לרע מצד המדרגה ההיא עצמה, כי לא נגלה השלמות לגמרי עדיין, אלא שאותו השורש לא נחשב עוד למדרגה הנתקנת כלל. כי המדרגה הנתקנת היא חוק אחד נקבע לפי התיקון, ואין שייכות לאותו החלק בזה. ועל כן נשאר אותו העניין לחוץ, עם כללות כל השאר מה שלא נכנס בבניין המדרגה הנתקנת. ואחר כך יצאה מדרגה אחרת תחתיה, ונתקנה בדרך זה, והניחה השורש של קיום הרע שלה, וכן השורש של המדרגה הראשונה, עם כללות כל השאר. אמנם כשבאה להתברר המדרגה השנייה מן הכללות, הנה בכללות היה מה שלא נברר עדיין, שבו כל הרע העומד להידחות, וכן מה שנדחה מן המדרגה הראשונה. כי הרי היה הכל כמו כרי אחד שנוטלים ממנו מעט מעט, וזורקין השאר, עד שסוף סוף נברר הכל. ונמצא, שבהתברר דרך משל כתר, הניח מה שהניח ממנו, כי הוא אינו מקיים עוד הרע שלו, אלא איזה בחינה מה שנשאר עדיין, יען לא נגלה השלמות לגמרי. אך זה אינו נחשב לבחינת

כתר, אלא לבחינת החכמה שעדיין לא נבררה, ויש בה מה שמוציא הרע עדיין, שם הולך גם כן שורש עניין זה. ונמצא, אפילו הרע שנדחה מן הכתר - עתה מקום מן החכמה שבאה אחריו. וכן החכמה נבררת, והרע נדחה ממנה, ועדיין הוא מקום, אלא הקיום של הרע נשאר לבינה שבאה אחריה, והיינו קיום הרע של הכתר וגם הרע של חכמה. עד שסוף נשאר כל הרע למדרגה אחרונה דמלכות דעשייה, שהיא מקיימת כל הרע של הספירות העליונות גם כן, והיא ספירה אחת שגם נבררה מן החורבן, שאם לא כן לא היתה נמצאת, אך נבררה מעט, והיינו שאדרבא, היא נמצאת להעמיד הס"א כל זמן שצריך, אבל להעמידה מנוהגת מן הקדושה, בסוד, "ומלכותו בכל משלה". אך יען ענינה עדיין הוא לקיים הס"א - נקרא שלא נבררה כאחרים, וכדלקמן.

יש להקשות, אמרנו תרתי דסתרי אהדדי, כי אמרנו שהוא כמו הכרי שנוטלים אחד אחד, וזורקים השאר לכרי, ואמרנו שקיום הרע של כתר נשאר לחכמה, וכן של חכמה לבינה. והלא אין זה משל הכרי, כי הכרי הוא הכללות, ולא בהבחנת מדרגות, ובאמת כן מסתברא יותר, כי מה יש יחס לחכמה לקיים את הרע של כתר יותר מן האחרים. תשובה, האמת הוא שגם בזה הדבר יש הדרגה, פירוש - שהרע עצמו בתחילה היה לו שורש גדול, שהיה משתרש גם בכתר. אחר כך ירד מדרגה אחת, ולא נשתרש אלא מחכמה ולמטה. ואחר כך ירד ולא נשתרש אלא מבינה ולמטה. וזה מורה תיקון העולם - שאין שייך הרע אלא בחלקים התחתונים, ולא בעליונים. ועל כן אף על פי שמצד אחד נראה שנזרק הפסולת לכרי, אך האמת שהיה מגיע הדבר מיד לחכמה, ומכל שכן משם ולמטה. ובהתברר חכמה - היה מגיע רק לבינה, וכן כולם, עד שנשאר במדרגה התחתונה שזכרתי:

ה. ונמצא שהיה לה חלק בזה, כי הנה ודאי הוא שצריך שיהיה בס"א מה שמקביל לכל הספירות הקדושות. וההקבלה כך היא נעשית - שכנגד הטוב נדחה הרע לחוץ, ונעשה מדרגה אחת מן הס"א. אם כן צריך שלכל הספירות יהיה חלק בה:

ו. רק שהייתה מסתלקת ומתנקית ממנו, והיינו כי זה הוא התיקון - להסתלק מן הרע שהיה יוצא ממנו:

ז. ואז היא הייתה ראויה לקבל את האור, והיינו מה שפירשנו למעלה, שצריך בתחילה שיטהרו הכלים מהוצאת הרע - אז יקבלו האור. ועל כן כל מדרגה שהייתה מתבררת - היה האור נכנס בתוכה:

ח. וכן כל מדרגה למדרגה שתחתיה, עד שנתבררו כל המדרגות של אבי"ע:

ט. כמו שהם עתה, אחר שנעשו מבי"ע - אבי"ע, וכדלקמן:

י. והניחו עניין הוצאת הרע אל המדרגה התחתונה שבכל המדרגות - במלכות דעשייה.

יא. ואז הוכנו כולם לקבל את האור, חוץ מזאת האחרונה, שבכולם יש האור הפנימי, ובזאת אינו. והוא מה שכתב הרב זללה"ה - שנקראת עשוק, שצריך להצילה מיד עושקה.

יב. באשר שאין לאור להתפשט אלא בכלי שנוקה מן הרע, זהו הטעם מה שביארנו למעלה לכל עניין הבירור הזה:

חלק ב:

א. וכל זה נקרא רק תיקון הלבושים של הנקודים, אף על פי שעכשיו יש אבי"ע. הנה האמת הוא שכל זה רק בי"ע של הנקודים. ונקרא כל זה ששלטו הלבושים עד שנתקנו. ועדיין לא נשלמה שליטתם, כי לא נשלמו מעשיהם עד שיהיו נשלמים כל הבירורים:

ב. שכמו שהיו הכלים מתוקנים - כך היה האור הולך ונכנס בהם, שהרי כל העניין של עשיית אבי"ע אינו אלא הניקיון של הכלים, כי מי שמתנקה יותר - מתעלה יותר, ומקבל אור יותר גדול. אך עם כל זה לא בא עדיין האור הגדול השלם, שהוא האצילות שנתעלם, כי הלבושים עצמם לא השלימו תיקונם, כדלקמן:

ג. וכל כלי שהוא רחוק יותר במדרגתו מעניין הרע - ראוי לאור יותר גדול, שההדרגה נמצאת בעניין הריחוק, [והוא] נמשך מהמדרגה של קיום הרע, שהמדרגה התחתונה שבכל המדרגות הנה היא המקיימת את הרע כנזכר לעיל. והמדרגה העליונה ממנה וסמוכה לה, אף על פי

שאינה מקימתו, אך על כל פנים אינה רחוקה הרבה ממנו. והעליונה יותר - רחוקה יותר. וכנגד זה האורות גדולים בכלים לפי ניקיונם:

ד. אך האצילות הראשונה לא חזר ונתגלה, זה מבואר בכל מה שכתבתי למעלה, שכל זמן שהלבושים שולטים להשלים בניינם - אין שייכות לאצילות שם:

ה. כי זה לא נקרא תיקון שלם של אלה הלבושים כל זמן שיש מדרגה זאת האחרונה כך - פונה להוציא הרע, עניין הלבושים בכלל לא נתקן עדיין כל זמן שיש חלק אחד מקיים הרע. ולא עוד, אלא כי לכל שאר המדרגות גורמות חסרון, כי הנה נשאר בכלים ריחוקם מן הרע. אך על כל פנים יש להם שייכות עמה. ועל כן לא נתגלה עתה מן האצילות שום חלק, כי לא נשלם הלבוש:

ו. וריקה מן האור בשבילו, הנה זאת ראיה - שלא נשלם עדיין תיקון זה, כי עדיין הדברים היפך הכוונה התכליתית, שאנו רואים, שיש מדרגה אחת שהיא ריקה מן האור, והלא כל המדרגות צריכים שיהיה בהם האור, שזהו שלמותם, אלא שלא נשלמו הדברים עדיין:

פרק מ"ח

תיקון המדרגה האחרונה, ספירת המלכות:

תיקון מדרגה זאת האחרונה תלוי במעשה בני אדם, שהם יגבירו כח הקדושה, ואז לא יהיה עוד עניין לרע כלל, אלא הכל עומד לכבוד הבורא לבד. ואז יקרא שנתקנו כל הלבושים תיקון שלם, וחוזר הכל להשלים המונח הראשון שהושם - להיות כל הבריאה בהשוואה אחת, חוק אחד של תיקון שלם בעניין גילוי יחודו של מקום ברוך הוא. ואז יתגלה האצילות של הנקודים, שהוא המונח הזה הראשון. וישלים להיכנס האור בכלים כולם, והלבושים יהיו נמשכים אחר האצילות, ויהיה הכל בתיקון שלם. כדי להשלים הילוך הכולל של המלכין קדמאין, צריך לפרש גם עניין המדרגה הזאת הנשארת באחרונה:

כָּל"זֶ פָּתֹזֵי וֹזֹכֹבֹה לִרֹבֹמֹזֹ"לִ

חלקי המאמר הזה שנים. חלק ראשון, תיקון מדרגה זאת, והוא מה יהיה תיקון זאת המדרגה. חלק שני, ואז יתגלה וכו', הוא מה שיהיה בתיקון המדרגה הזאת:

חלק א:

א. תיקון מדרגה זאת האחרונה תלוי במעשה בני אדם, כי זה ממש מה שהכינה המחשבה העליונה לצורך השכר והעונש, כי הוא יתברך הבדיל הרע מן הספירות העליונות, והעברתו לגמרי הניח ביד בני אדם, וזהו תיקון מדרגה זאת:

ב. שהם יגבירו כח הקדושה, שאין צריך עניין חדש לבני אדם, אלא די שיגבירו הם כח הספירות הקדושות בכח מעשיהם. והרי זה הבדל שבין התיקון העשוי בידי שמים ובין התיקון העשוי בידי בני האדם, שכל מה שהיה עניין חדש - הוצרך להיעשות בידי שמים. ומה שהוא רק הגברת התיקון וקביעותו - זה יעשה ביד בני אדם:

ג. ואז לא יהיה עוד עניין לרע כלל, כי אפילו המדרגה הזאת אינה מקיימת הרע, אלא לשיהיה מקטרג בזמן שצריך. והנה אינו צריך אלא בזמן שיש פגמים וחטאים. אך כשכל הנשמות ישלימו חוקם, הנה אין שייך עוד רע, כי אין שייך עוד קטרוג, כיון שאין ראוי עוד לעונש. ועוד, שבחירת האדם היא הנותנת שליטה לקדושה או לס"א בעולם, וכוונת המצוות הם לתת שליטה לקדושה, ולהעביר הס"א שלא תשלוט. וכיון שהשלימו כבר כל חוקם, ונשלמה כל עבודתם, שבה נתנו השליטה לגמרי לקדושה, והעבירו השליטה מן הרע - אין שייך עוד רע:

ד. אלא הכל עומד לכבוד הבורא לבד, אפילו הרע שהיה, חוזר להיות לכבוד הבורא ממש, וכדלקמן:

ה. ואז יקרא שנתקנו כל הלבושים תיקון שלם, זהו תיקון הלבושים ממש, שמה שהיה בהם רע - שיהיה חוזר לטוב. ומזה נמשך מציאות החק הראשון - שיהיה הכל לכבודו של א"ס ברוך הוא, וזהו:

ו. וחוזר הכל להשלים המונח הראשון שהושם - להיות כל הבריאה בהשוואה אחת, כי הכוונה היא להשלים זה העניין הכללי, כי זה מה

שיצא בתחילה, ועומד עדיין להשתלם, שכל הסיבובים שהיו - היו כולם
להשלים תיקונו:

ז. חוק אחד של תיקון שלם, זהו טעם מה שחוזר הכל אל זה העניין.
אלא שזהו באמת עיקר המציאות שהמציאה המחשבה העליונה, וזהו
מה שצריך שיצא לפועל, והיינו החוק של התיקון השלם:

ח. בעניין גילוי יחודו של מקום ברוך הוא, דהיינו כי זה תכלית
המחשבה מתחילה - לגלות יחודו העליון, שהוא השלמות השלם, כדי
שבו יתענגו הנמצאים, כמפורש למעלה:

חלק ב:

א. ואז יתגלה האצילות של הנקודים, שהוא המונח הזה הראשון, כי זה
האצילות - הלא הוא התאצלות האורות, שבו כל ההנהגה, להתענג בה
הנשמות, כמפורש למעלה. אלא שזה צריך שיהיה לפי המצב השלם
ומתוקן. ועל כן אחר שנתקנו הלבושים, ונתקנו כל הקלקולים - אז
נתגלה האצילות, שהוא האצלת האורות לפי כללות המונח של כל
הנמצאים, בהיותם כולם לכבודו של מקום ברוך הוא:

ב. וישלים להיכנס האור בכלים כולם, כי האצילות הזה שאנו מזכירים
הוא בכלים של הנקודים. וכשזה יהיה נמצא, היכנס בו האור הפנימי
בבחינת כלי בשלמותו. וזאת היא ההנהגה השלמה:

ג. והלבושים יהיו נמשכים אחר האצילות, כי עתה מה שהיו מלבושי
האצילות - כבר אמרנו שנפלו להיות עולמות בפני עצמם, לפי שחסר
מהם הגוף המתלבש. ובחזרו להתגלות - יחזרו להיות לבושים לו:

ד. ויהיה הכל בתיקון שלם, כי האורות יהיו שלמים, והלבושים שלמים
בבחינתם, וכל הנמצא יהיה בשלמות בלא קלקולים:

קַל"זז פַּתזזי זזכבמה לרבמזז"ל

פרק מ"ט

עניין בי"ע שנעשה אבי"ע, וחזרתם לבי"ע:

שיהיו הכלים הלבושים האלה שורש לרע - זה אינו קלקול. כי אדרבא, זהו שלמות הבריאה לפי הכוונה בה - לגלות היחוד העליון ברוך הוא. אך שבתחילה היו שורש לרע, שהיה רע ממש. וצריך שזה הרע שיחזור לטוב על ידי תיקוני בני האדם, והוא עצמו יהיה לכבודו של מלך - שזכו על ידו בני האדם. וכדי לעשות בפועל זה הדבר, הוצרך שאלה הלבושים יתנו מקום לו להימצא, וזה על ידי הבירור וההדרגה שנעשה בהם, עד שנשארה המדרגה האחרונה של מלכות דעשייה לבדה להוציא אותו, ונעשה מבי"ע - אבי"ע. וכשכבר ניתקן וחזר לטוב - חוזרים הדברים כבראשונה, ואין צורך לו להימצא בפועל, כי די שהיה ככר, וניתקן.

וזהו, "בלע המות לנצח". ואז חוזרים אבי"ע לבי"ע, וחלק המלכות דעשייה נכללת בכלל שלה, ומתגלה האצילות העליון של כללות הנקודים. ואז נשארים הלבושים שורש לרע שהיה ככר, וניתקן, והוחזר לטוב, ונקרא שהשלים אז א"ס ברוך הוא את מעשיו, ונשגב לבדו בייחודו:

אחר שאמרנו שיחזרו אלה העולמות להימשך אחר האצילות בסוד לבושים, צריך להשלים ביאור זה הדבר לפי העניין שמבי"ע נעשה אבי"ע, וצריך שיחזרו בי"ע:

חלקי המאמר הזה שנים. חלק ראשון, שיהיו וכו', זהו בעניין הלבושים, איך הם קודם הוציאם הרע, ואיך הם אחר הוציאם. חלק שני, וכדי לעשות זה, והוא איך המעשים שנעשו בהם הולכים לפי ההנחה הזאת:

חלק א:

א. שיהיו הכלים הלבושים האלה שורש לרע, זה פשוט כי כיון שבשליטתם (הם) בפני עצמם הוציאו אותו, אם כן ודאי שלפי טבעם הם כך:

ב. זה אינו קלקול, היינו שאם זה היה קלקול, היה צריך ליבטל, כמו שמתבטל הרע עצמו בסוף. כי השלמות המעביר החסרונות כך היה לו להעביר קלקול זה, שהוא החיסרון - סיבה לרע, כמו שהוא מעביר הרע עצמו. אלא שאינו קלקול, כדלקמן, ולכן יתקיימו:

ג. כי אדרבא זהו שלמות הבריאה לפי הכוונה בה - לגלות היחוד העליון ברוך הוא, כי כל הכוונה היתה להראות השלמות באמת על ידי שיהיו נבחנים החסרונות מה הם, שנוכל להבין מכוחם השלמות מה הוא - שהוא המעביר החסרונות האלה. ואם סוף סוף לא היה נשאר שום דבר שמראה החסרונות, הרי מה הרווחנו בכל מציאות העולם. הנה חוזר השלמות להיות כבראשונה - רק שלמות מצד עצמו שהוא שלם, אך לא שנבחין אמתו כמו שצריך, מצד החסרונות:

ד. אך שבתחילה היו שורש לרע, שהיה רע ממש, זה ודאי, ששורש זה של הרע כשהוצרך להימצא כדי להראות השלמות, הנה בתחילה היה צריך להימצא כדי לתת מציאות לחסרונות מצד העלם השלמות. אך אחר כך שההחסרונות נתקנו, הנה נשאר זה השורש להראות מה שהיה חסרון מתחילה - שנתקנו כבר. ונראה בבירור הסדר והדרך שנתקנו בו בגילוי השלמות, שהיה הולך ומתגלה מעט מעט בהדרגה, ומתקן החסרונות כמו כן בהדרגה זאת. וכל זה נראה ומובן בשורש הזה, והיינו שבתחילה היה שורש לרע, שהיה רע ממש. פירוש - כי אם הרע פועל רעתו, שיש לו כח לעשות קטרוגין - זה נקרא רע ממש. אבל רע שבטבעו הוא כך, אלא שיש בו מה שמתקן אותו, רוצה לומר שאינו יכול עוד לפעול רע - זה נקרא רע שחוזר לטוב, שהרי הפך ממש ענינו - בתחילה היה רע, שבשביל טבעו היה מונע ההשפעה במקום שנמצא שם, אך כשחזר לטוב הוא מרבה ההשפעה במקום שנמצא שם, ויותר שרע הוא - נתרבה ההשפעה. כי מן הדין כך הוא - הרע שבטבעו היה חזק, ושאף על פי כן נוצח מן האדם, הרי הוא העד על האדם עצמו, להמליץ בעדו ולהראות זכותו. וכל מה שהיה יותר חזק - מתגלה יותר זכות מכח האדם שנצחו. וכן לעניין השלמות - רע שעדיין לא ניתקן, הרי כביכול הוא פגם לכבודו של מלך, אבל רע שכבר שלט עליו היחוד העליון ותיקן קלקוליו, הרי הרע עצמו חוזר להיות לכבודו של מלך, לומר - ראו רע גדול כזה, אינו יכול לעשות כלום בעבור שלמותו של

כָּל"ז פְּתוֹרֵי וְזִכְבָּה לְרַבִּמַזֹז"ל

האדון היחיד. הרי הרע עצמו חוזר לטוב, וההשפעה מתרבה, כי עיקר ההשפעה היא הבאה מן היחוד, שבה תענוג הנשמות, וכמפורש למעלה. ומתחברים שני דברים אלה שאמרנו לעניין אחד, דהיינו גילוי יחודו וכבודו של מלך, וזכותו של האדם. כי כל עבודת בני האדם הוא לגלות יחודו זה, וכשמתגלה - מתגלה על ידי האמונה החזקה של ישראל המאמינים בייחודו, ומתחזקים בזה בתוקף הצרות. ואפילו כל קיום המצוות הוא הכל סוד גילוי היחוד שהתחיל בתיקון הכלים כנזכר לעיל. והנה נמצא לרע שני עניינים, אחד - בתחילת המצאו, שאז עושה כל החסרונות, והרי הוא כביכול פגם לכבודו של מלך, ובמקום שהוא נמצא ממעט ההשפעה, וזה נקרא שהוא רע ממש. שני - אחר שנמצא, וכבר שלט עליו היחוד, והוא אינו פועל עוד, אלא היחוד הוא הפועל בשלמות שלו, שאז הרע עצמו מראה כבוד היחוד הגדול של המלך, לומר - זה מה שנצח המלך ברוב שלמותו. ובמקום שנמצא יותר - מרבה ההשפעה יותר, הכל לפי רוב המעשה, וכפי גודל הרע שניתקן מן האדם - כך הוא זכותו של האדם:

ה. וצריך שזה הרע יחזור לטוב, שיהיה עניינו טוב, כמו שמפורש למעלה. והיינו שיהיה החיסרון המתוקן - שהוא עצמו יהיה גורם גילוי השלמות יותר בכח. אדרבא, כל מה שהרע מתחזק - רוצה לומר ששלמות יותר גדול רוצה להתגלות. וזה פשוט, השלמות - רוצה לומר מה שמתקן החסרונות, והשלמות הוא יותר גדול כשהוא מתקן חסרון יותר גדול. אם כן, כשרצה הרצון העליון לגלות שלמותו הגדול מאוד - צריך שיגלה בתחילה החיסרון הגדול מאוד. וזה רוצה לומר גילוי השלמות עצמו, כי אי אפשר להבין השלמות בלא חסרון שקודם לו, שהשלמות מתקן אותו. אם כן כשרוצה לגלות הכח השלם והנכבד מאוד, שבו תענוג הנשמות תענוג גדול מאוד, אי אפשר כי אם שיגלה בתחילה חסרון הגדול מאוד, כי כפי החיסרון שמתגלה - כך מדרגות השלמות שמתגלה בסופו. ובחסרון היותר גדול מתגלה כח היותר שלם. ולא תאמר - יותר טוב היה אם לא היה חיסרון, והיה בתחילה הטוב שעתיד להיות לבסוף. כי אינו כך, כי שלמות אינו רוצה לומר - טוב סתם, אלא רוצה לומר - תיקון חסרון. ואם לא היה חסרון - לא היה מתגלה שלמות, אלא טוב. אך תענוג הנשמות האמיתי אינו בטוב, אלא בשלמות, שהוא עניין יחודו, וכמו שפירשנו למעלה:

כְּלָ"זז פֶּתְזזִי זזְכְּמָה לֹרֹמֹזז"ל

ו. על ידי תיקוני בני האדם, שזה הדבר תלה אותו הרצון העליון בתיקוני בני אדם, שהם יהיו המגלים סוף העניין הזה. והיינו שהם יגרמו שירצה היחוד העליון להגלות בפועל ולשלוט, ולהראות שבכוחו הוא - שסוף הרע יחזור לטוב. והנה לא די שניתן להם שכר טוב על מעשיהם, דהיינו הטוב, אלא שניתן להם שכר על עמלם - שאין להם אפילו בושת. הרי שהרע עצמו חוזר לטוב, כי הוא הגורם התיקון היתר הזה. ואז ממילא נודע השלמות העליון, שמתקן כל החסרונות האלה, שהם עונשי החוטאים. כי הרי הרע עצמו אינו אלא לפי רצונו שרצה להתעלם, ואם אינם מטיבים מעשיהם - הרי הם סובלים הצרות. ואדרבא, בסוף הכל מתגלה היחוד, והרי הרע עצמו חוזר לטוב, שמתגלה היחוד, והחסרונות נתקנים:

ז. והוא עצמו יהיה לכבודו של מלך - שזכו על ידו בני האדם, בזה העניין שגילוי היחוד תלוי במעשה בני האדם, נמצא עוד תיקון לרע עצמו, שאפילו מציאותו בבחינת רע הוא לכבודו של מלך, שזה מה שגורם שיהיה זכות לבני אדם, שהוצרכו לעבוד ולתקן ולגלות היחוד העליון שאם לא היה בבחינה זאת, לא היה להם זכות. נמצא בתיקוני בני האדם - החסרונות עצמם נתקנים על ידי גילוי היחוד והשלמות, ואז גם המציאות שהיה כבר בבחינת רע - הוא עצמו טוב:

חלק ב:

א. וכדי לעשות בפועל זה הדבר, הוצרך שאלה הלבושים יתנו מקום לו להימצא, זהו מה שמבואר למעלה, שרצה הרצון העליון שיהיה נבחן הדבר בהבחנה פרטית - החסרונות לבד והתיקון לבד:

ב. וזה על ידי הבירור וההדרגה שנעשה בהם, כי בתחילה אף על פי שנשברו הכלים כנזכר לעיל, הנה היה הכל רק בספירות, ולא יצאו עדיין הנפרדים. פירוש - שמה שאנו אומרים שהיה הרע מתגלה - אינו הרע עצמו שהוא הס"א, אלא שרשי הרע, שהם הדינים, וכל עניני הפגמים הנמצאים באורות עצמם. אך הרע עצמו לא יצא אלא אחר כך, אחר התיקון, דהיינו אחר שנעשו כל המדרגות לפי תיקונם, שהוקבעו להיות חוקים בהנהגה, שאז הוציאו אחר כך הנפרדים, ויצאה הס"א, לפי השרשים ההם שנגלו לה בשבירת הכלים. ובזה העניין הייתה

קל"זז פתזזי וזכבוה לרבוזז"ל

ההדרגה שזכרנו למעלה, שכל מדרגה הייתה מסלקת עצמה מזה, ונשארה רק מדרגה התחתונה שבמלכות דעשייה מוציאה הרע, והיא הוציאה אותו ממש לפי כל השרשים שיש לה מכל הספירות. שהרי מלכות זאת כוללת כל אותם השרשים, והוציאה עניינם אל הפועל, והיינו הס"א ממש.

והנה לעשות זה, הוצרכה הדרגה גדולה בלבושים שנפלו, והיינו שמשלוש נעשו ארבע. ונמצא שמלכות דעשייה של עתה - אינו אלא חלק אחד ממלכות דעשייה, כי שאר החלקים נתעלו יותר, ולא עמדו במדרגתה השפלה. והכוונה בזה, כי בהיות כל המדרגות מתכוונות לסלק עצמם מן הוצאת הרע, הנה השאירו לפעולה הזאת רק מלכות דעשייה זאת, ונסתלקו החלקים האחרים ממנה. ועם כל זה נסתלקו כל האחרים זה מזה, עד שנעשו מבי"ע אבי"ע. והמדרגה האחרונה מאלה, שכבר אינה עניין גדול, אלא חלק ממה שראוי להיות מלכות דעשיה - היא נשארה לעניין זה. וכשאין צריך עוד הוצאת הרע - הנה תחזור המדרגה הזאת להיות נכללת עם החלקים האחרים שנסתלקו ממנה. וכולם ביחד יהיו מלכות דעשייה, לא חלק זאת לבדה, ויחזרו אבי"ע להיות רק בי"ע. ואצילות עליון מתגלה עליהם, דהיינו מה שהיה קודם השבירה:

ג. עד שנשארה המדרגה האחרונה של מלכות דעשייה לבדה להוציא אותו, כי המדרגות הן הן כוחות מתפשטים זה אחר זה, כל כח פחות מחבירו, שההעלם מתגבר בשני יותר מן הראשון. ואף על פי שבכלל מאתים מנה, ובעליון נכלל התחתון, אך עניינו של התחתון אינו מתגלה שם, כי העליון פועל, וההעלם לא הגיע להוציא התחתון, על כן תולדותיו לא היו יוצאים. ובהיות הכוונה להוציא הרע - הנה היו המדרגות מסתלקות מן החלקים האחרונים כנזכר לעיל, וכנגד זה נוסף ההעלם בחלקים האלה. כי בכח זה הם נבדלים מן החלקים העליונים - שבאלה ההעלם מתגבר יותר, עד שמהם יכול לצאת הרע, מה שאין כן בראשונים. והנה ביאור כל זה הוא כמו שמבואר, איך כל מי שקונה פעולה בפני עצמו - קונה שם בפני עצמו. ונמצא שמדרגה זאת התחתונה לא היה לה להיות עניין בפני עצמו, אלא להיטפל אל עניין החלקים האחרים שנסתלקו ממנה, והיה עניינה כעניינם. ואז לא היה עניינה

166

להוציא הרע, אלא תשלום הראשונים. וזה פשוט, כי על כן אנו קוראים לה מדרגה בפני עצמה, מפני שהאור נמצא בה בההדרגה תחת העניין הראשון, מה שבתחילה הייתה נכנסת גם היא בכלל העניין הראשון. וזאת היא ההדרגה שאנו אומרים בכאן:

ד. ונעשה מבי"ע אבי"ע, כי לא במדרגה אחת לבד נעשה זה העניין, אלא הדרגה רבה צריך כדי לבוא לזה, עד שנעשו ארבע - אבי"ע. שזאת העשייה היא שפלה הרבה, עד שמלכות שבה, המדרגה התחתונה שלה, היא המוציאה הרע:

ה. וכשכבר ניתקן וחזר לטוב - חוזרים הדברים כבראשונה, כי הנה כבר שמעת איך שיש שתי מציאויות לרע, מציאות אחד - בהיותו רע ממש, פועל רעתו, ומציאות השני - שאותם עניינים עצמם שהם עניני הרע יהיו משוקעים במקומם, ולא פועלים. וזה נקרא שחזר לטוב כנזכר לעיל, כי זהו גילוי השלמות, וזהו המרבה ההשפעה כנזכר לעיל. והנה התיקון האחרון הוא, שרע פועל רע - לא יהיה, אלא אדרבא, אותם עניינים יהיו רק בדרך שלילה, פירוש - בלתי פועלים מפני גילוי היחוד שגורם להם שלא יפעלו. והנה אין דבר בלא שורש, וכל פעולה ופעולה בפני עצמה צריך שיהיה לה שורש בפני עצמו. והנה הלבושים הם המדרגות שבהם מושרש עניני הרע כנזכר לעיל, אך בהם בחינת יכולת להימצא בפועל - לא נמצאים. והרי הוא בשיקול, אם הם שולטים לבדם, בלתי נמשכים אחרי האצילות - זה מראה שהההעלם מתגבר, ואז הולך ומתגבר ההעלם עד שיוציאו הרע, רע ממש. ואם הם נמשכים אחרי האצילות - אז מראה שהייחוד עדיין מתגלה ושולט, ואז אין ההעלם מתגבר עד שיוציאו הרע, רע ממש. והנה שורש היות הרע רע ממש - הוא חלק המלכות דעשייה שזכרתי למעלה. וכשרצתה המחשבה העליונה להוציא הרע - אז העלימה האצילות מן הלבושים, ושלטו לעצמם, וגבר ההעלם, עד שיצא הכח ההוא השפל, ויצא הרע - רע ממש. וכשיחוד חוזר ומתגלה, וגובר לתקן הקלקולים, הנה מציאות היות הרע רע ממש - צריך להתבטל. וכנגד זה אותו הכח שהיה מוציא אותו אינו צריך להימצא, וההעלם שהיה מוציא אותו מסתלק. ואדרבא, נמצאו הלבושים כמו שהיו מתחילה, פירוש - שהרע ביכולת להיות רע

ממש, אלא שאינו יוצא מפני היחוד שחזר והבליעו, ואינו מניח אותו
להימצא להיות רע ממש. וזה שצריך להראות בבירור פעולת היחוד:

ו. ואין צורך לו להימצא בפועל, רע כמו שהוא רע ממש - לא נראה
בלבושים שיכול להיות, אדרבא, אינו נמצא מפני היחוד כנזכר לעיל:

ז. כי די שהיה כבר, וניתקן, בתחילה היה צריך לצאת, כי לא ידענו
עדיין מה הוא, עד שנבחין ממנו השלמות. עכשיו שהיה כבר, וניתקן -
די שיראה כך שהוא אותו הרע שהיה כבר, ושהיה יכול להיות, והיחוד
הוא המתקן ואינו מניח רע:

ח. וזהו, "בלע המות לנצח", פירוש - שזהו מה שאנו אומרים שהרע
נבלע בשרשו:

ט. ואז חוזרים אבי"ע לבי"ע, היינו שבחזור התיקון לעתיד לבוא, הנה
צריכים להיות הנקודים כמו שהיו קודם השבירה. וזהו פשוט, שכיון
שהשבירה היתה שנפלו הכלים לבי"ע, ואחר כך מהם נעשה אבי"ע,
הנה חסר מהם האצילות האמיתי, שהוא מה שהיה קודם השבירה, וזהו
מה שיתגלה לעתיד לבוא. אם כן אלה העולמות צריכים לחזור כולם
[להיות] בי"ע לגבי אצילות האמיתי שיתגלה:

י. וחלק המלכות דעשייה נכללת בכלל שלה, שהיא חלק אחד מן מלכות,
נכללת עם הכלל שיצאה ממנו. זאת היא הבחנת כל המעשים שיעשו
בזמן התיקון, שהם לתקן כל מה שנתקלקל בזמן השבירה. כי הנה כל
מה שנתקלקל בשבירה הוא זה, ראשונה - שנעלם אצילות. שנית -
שנפלו הלבושים וירדו, עד שנעשו מבי"ע - אבי"ע. ונמשך מזה שנשאר
חלק האחרון דמלכות דעשייה שהוציאה רע בבחינת רע. שלישית -
שכל הלבושים נשארו פגומים מצד שהם המוציאים את הרע, ואפילו
שהמדרגות העליונות נסתלקו מזה - אינם מסולקים לגמרי כל זמן
שהמדרגה האחרונה שלהם עדיין עושה המעשה הזה. ובתיקון השלם,
הנה מציאות הרע במה שהוא רע - מתבטל. וכן חלק המלכות שהייתה
מוציאה זה - נבלעת עם חלקים העליונים. וממילא ההדרגה שבי"ע
נעשה אבי"ע - מתבטלת, כי לא נעשית אלא לצורך הוצאת הרע. ואז
נשארים רק בי"ע, ומתגלה עליהם האצילות שנעלם. ואז נשארים

קְכֹּ"זז פַּתזִזי זזכמַה לַרבְמַזז"כֹּ

הלבושים בלתי פגומים, כי בתחילה היו שורש לרע, וגם היחוד היה
מתעלם מהם, עד שסוף סוף הוציאו זה הרע במה שהוא רע. אך עכשיו,
אדרבא, הנה הכוחות האלה של הוצאת הרע אינם מוציאים אותו, מפני
היחוד שכבר נתגלה, שמחזיר הרע לטוב, ואין מציאות לרע במה שהוא
רע.

יא. מתגלה האצילות העליון של כללות הנקודים, כי אחר שנשארו
העולמות רק בי"ע - בא האצילות והשלימם, כי הרי זה הוא התיקון,
שעל כן נכללו להיות בי"ע - כדי לקבל אצילות זה עליהם. יב. ראז
נשארים הלבושים שורש לרע שהיה כבר, ונהיתקן, והוחזר לטוב,
שעניינם בתחילה היה להוציא הרע בהעלם היחוד. ועניינם עתה - אותם
הכוחות שיכולים להוציא הרע לולי היחוד, אבל בעבור היחוד אינם
יכולים להוציא אותו עוד. והרי נמצא בם גילוי היחוד באמת, כי נראה
שם כל העניין כראוי כמות שהוא, שהרי כבר היה הרע כשנתפשטו
כוחותיהן. ועתה איננו עוד מפני היחוד המתגלה עליהם.

יג. ונקרא שהשלים אז א"ס ברוך הוא את מעשיו, כל הסיבוב הוא זה,
כי לגלות היחוד הוצרך כל זה הסיבוב, וכשנשלם זה - נשלם כל המעשה
שהיה צריך להיעשות. משם והלאה הרי היחוד כבר מגולה, והעליות
הם עליות לפי היחוד שנתגלה כבר. ונמצא שהם בדרך אחר. וזהו סוד
מנוחת העולם באלף השביעי, כי כל הילוך המעשה הזה הוא כל זמן
השית אלפי שנין, דהיינו משהתחיל ההעלם עד שנתגלה היחוד, שכל
זה הוא מעשה ממש שהוצרך להיעשות כדי לבוא אל בירור הידיעה
האמיתית, שכבר נודעה כך האמת בראשונה, שהיחוד הוא האמת
הקדום, אלא שרצה הא"ס ברוך הוא לגלותו בגילוי ברור - להראות
גודל שלמותו. ולעשות זה, הוצרך לעשות מעשה גדול, שהוא העלם
שלמותו זה, עד שימצאו החסרונות, כדי שסוף סוף יחזור ויתגלה,
ויראה לבסוף מה שהיה כבר מתחילה. ואז נקרא שכבר נח מענינו זה,
והשלים מה שחשב לעשות, והרי נגלה היחוד הזה הקדום. ומשם והלאה
יהיה התענוג הנצחי, שהוא מה שיתענגו הנשמות בבירור אמיתו, שזה
הוא העונג האמיתי, וכמפורש למעלה. והנה לפי היחוד שנתגלה - יעלה
את האדם עליות אחר עליות, כאשר שיער במחשבתו הנעלמת.

אך הנך רואה שיש הפרש בין שית אלפי שנין למה שבא אחר זה, כי כל השית אלפי שנין הם הסיבוב ההולך וסובב, עד הגיע אל הנקודה שממנה נסע, דהיינו היחוד, כי ממנו נסע הגלגל הזה, ואליו יחזור, ואז נח, והיינו מנוחה לחי עולמים. ומה שיהיה משם והלאה - הוא דרך אחר ועניין אחר, שאינו לפי הדרך הזה כלל. והנה ביאת המשיח הוא ראשית גילוי היחוד, והוא סוד "שמחנו כימות עניתנו", כי ימות המשיח מקבילים לכל החסרונות שהיו כבר, כי בזמנו עד סוף אלף הששי צריך שהיחוד יגלה עניינו לכל צד, וכל החסרונות יתוקנו בו. ובסוף אלף הששי, אחר שכבר נעשה אפילו יום הדין הגדול, שבו מתבררים כל המעשים שנעשו לאמיתתם - אז נקרא שחזר היחוד היה ונתגלה, ונשלם המעשה הזה, ואז הוא מנוחה לגלגל הסובב. משם והלאה יראה עניינים פנימיים, שהם שרשי הילוך הזה, והם דברים מתגלים אחר ידיעת היחוד, והם שרשי ההנהגה בדרך היותר עמוק, שאינו מושג לנו עתה כלל. ובאלף השביעי עצמו הנה יתגלה שורש העניין שנהיה בעולם הזה כל זמן הסיבוב, עד שנמצא השית אלפי - בסוד עולם הנקודים, ותיקונם השלם - אלף השביעי, בסוד עולם העקודים, שגם שם יש כלי, רק שהוא נשוא מן הנשמה, כמפורש במקומו. וכבר שמעת איך בו נעשו מעשים, שהם השרשים למה שיהיה אחר כך בעולם הנקודים, אך שם היה הכל עדיין בגילוי היחוד, עד שלא היה מקום לא לשבירה ולא לשום אחד מן הדברים האלה שיהיו אחר כך. ועל כן אחר שנתגלה הייחוד - יוודע מה שנזדמן בהנהגה העליונה, אפילו בגילוי היחוד, לבוא לעניין הזה, כי כבר נגלה שם כלי הנזכר לעיל, והוכנו הכנות שם למה שיהיה אחר כך. אחר כך יהיה חידוש העולם בדרך אחר, שאין שם שייכות לעניינים אלה כמו שיש לעקודים, אלא משם והלאה הם כולם השגות אחרות בתענוג נפלא לנשמות, שישיגו מה שישיגו מן השלמות העליון שיתגלה, ודי בזה עתה.

יד. ונשגב לבדו בייחודו, הוא סוד "ונשגב ה' לבדו ביום ההוא". דהיינו שעד עתה הנה לא רצה לפעול כמו אדון יחיד, אלא כמו גבור בעל כח, כמו שפירשתי למעלה, עד שהיה מקום לס"א לחשוב להלחם בקטרוגיה נגד כח זה. אחר כך הדבר הולך בדרך אחר, שהרי הא"ס ברוך הוא פועל בדרך יחוד שליטתו כמו אדון יחיד ממש, ואז אין שייכות עוד אלה העניינים - הקטרוגים של ס"א, וקלקולי הרע. אלא הוא לבדו פועל

קַל"ח פִּתחֵי חָכְמָה לרמח"ל

בכחו וברצונו, שהוא טוב גמור. ועל כן כל הדברים בתיקון ובשלמות כראוי:

פרק ב'

כניסת האור לכלים ויציאתו:

אין שום דבר לבטלה, ועל כן מה שנכנס האור בתחילה, ואחר כך חזר ויצא, והלא היה יכול לעשות כל ההדרגה הזאת בתחילה בלא זה - גם לזה יש פעולה ותולדה עיקרית. וזהו שורש פרטי מה שצריך לתת מציאות להנהגת העולם הזה בקלקוליו ותיקוניו. בשכר ועונש, לפי השיעור השלם מה שצריך לזה, לא פחות ולא יותר:

אחר שנתבאר ההילוך הכללי של המלכין קדמאין, עתה צריך לחזור ולפרש הדברים הראשונים לפי ההילוך הזה:

חלקי המאמר הזה שנים. חלק ראשון, אין שום דבר לבטלה וכו', והוא ביאור העניין שנכנסו האורות בכלים, ואחר כך חזרו ויצאו. חלק שני, וזהו שורש פרטי, והיינו טעם העניין הזה:

חלק א:

א. אין שום דבר לבטלה, וזה דבר פשוט משני צדדים, אחד - שאין נחשוב דבר זה במחשבה העליונה, כי הלא מה שהוא לבטלה הוא דבר שאינו הגון כלל, אך דבר שאינו הגון אי אפשר להיות במחשבה העליונה. אם כן דבר לבטלה אי אפשר להיות במחשבה העליונה. שני - כי הרי כבר אמרנו שהספירות הם הם מה ששיערה המחשבה העליונה את הנמצאים בכל חלקיהם, ואין הספירות דבר חוץ מזה. אם כן אין בספירות דבר שאין בנמצאים, ואם כן אין דבר לבטלה:

ב. ועל כן מה שנכנס האור בתחילה, ואחר כך חזר ויצא, אפילו שלא היינו יודעים מה היא התולדה היוצאת מדבר אחד, בכח ההקדמה הזאת שאין בה ספק, ודאי נדע שהדבר ההוא יש לו תולדה, אלא שלא השגנוהו. ואדרבא, נקבע מזה ידיעה שגם זה צריך להעמיד הנושא. -

קְכָּל"זז פַּתזזי וזכבמה לְרבמז"כ

שהדבר ההוא נפעל בעדו בתכונה הצריך לנושא ההוא. ובניידן דידן, כיון שראינו שהיה כך, פירש שנכנסו האורות בכלים, וחזרו ויצאו, ודאי צריך שיהיה לו טעם. אך טעם ההדרגה איננו, כי הרי היה אפשר להיעשות בלא זה. אם כן צריך לומר שהוא בשביל טעם אחר מלבד זה. אך בשביל שאנו רואים שזה הדבר בא לעשות ההדרגה, שהרי על ידו נעשית, אם כן נבין מיד, שאף על פי שההדרגה הייתה נעשית זולת זה, הנה צריך בה איזה תנאי שלא היה אם לא הייתה נעשית על ידו, וכדללקמן:

ג. והלא היה יכול לעשות כל ההדרגה הזאת בתחילה בלא זה, שהרי האור לא עשה כלום, אלא שלא נתחבר בכלי, מפני שלא היה נשלם, והמתין עד שתעשה ההדרגה שנעשית, שבה תלוי תיקון הכלי. אם כן אין האור עושה כלום בהדרגה, אלא שהוא ממתין שתעשה ההדרגה. אם כן למה נכנס מתחילה,.:

ד. גם לזה יש פעולה, שוודאי הכנס האור בכלים פועל איזה דבר בכלים ההם:

ה. ותולדה עיקרית, כל הפעולות הנעשות למעלה יש להם תולדה בהנהגה:

חלק ב:

א. וזהו שורש פרטי, רוצה לומר שורש תכונת הנמצאים בפרט הוא הרכבת האורות למעלה, פירוש - כל מה שהוא גילוי למעלה - גורם תוספת כח בנמצאים, ומה שהוא בהעלם - גורם חולשה. והנה כל כך עניינים שצריך בנמצא - כל כך אורות יש למעלה, והעניין שצריך להיות חלש בנמצא - האור שהוא שורש לו צריך שיהיה סתום. ומה שצריך להיות חזק, צריך שהאור שלו יהיה פתוח. נמצא שהרכבת כל כך גילוים וכל כך העלמים נמצא במקומות שהם, פירוש - באותם האורות הפרטים שהם הם עושים עניני התכונה הפרטית בנמצא למטה בכל עניניו:

ב. מה שצריך לתת מציאות להנהגת העולם הזה, שזאת היא   התולדה

קָל"זז פָתוזי וזכמה לרמזז"ל

היוצאת מזה השורש בהרכבה הפרטית הזאת:

ג. בקלקוליו ותיקוניו, מה שאנו רואים בכאן שרשים של קלקול ותיקון, פעם הדברים הולכים לפי צד אחד, ופעם לפי צד אחר, זהו לפי שבעולם הזה הורכבו הקלקול והתיקון להימצא בו בכמה מיני אופנים. שלכן נבחין כל השורשים האלה:

ד. בשכר ועונש, לפי שזהו העיקר היוצא מעניין הזה:

ה. לפי השיעור השלם מה שצריך לזה, לא פחות ולא יותר, המחשבה העליונה שידעה לשער מציאות מה שצריך לשלמות הדבר הזה, היא גזרה כמה שרשי קלקולים ימצאו, וכמה שרשי תיקונים, ובאיזה סדר ודרך יהיו נמשכין זה אחר זה:

מצבי ג"ר ושבעה תחתונות דנקודים

פרק נ"א

מצב ג"ר דנקודים בשבירה:

שורש הבריות הוא רק בשבעה תחתונות, שהם ש ימי בראשית. והשלוש ראשונות הם רק עטרות על השבעה תחתונות, להנהיגם ולתקנם. על כן במציאותם אין שייך קלקול, כי הם למעלה ממעשה בני אדם. והעוונות אינם פוגמים אותם, אלא מסלקים אותם, ועל כן נמצאו ונתקיימו. אך מה שנמצא בהם לצורך השבעה תחתונות - זה לא נתקן אפילו בהם, כי אם היה נתקן, היו כל השבעה תחתונות מתוקנים גם כן. ולכן גם בהם מה ששייך מהם לשבעה תחתונות - נפגם. וזה עושה שלא יתפשט כוחם היטב לתקן השבעה תחתונות, כי אם היה מתפשט תמיד - לא היה קלקול בעולם:

אחר שנתבאר עניין כללות עניני השבירה הזאת שהם לצורך ההנהגה, עתה נבאר המקרים שלה בפרט על פי זה השורש:

קָל"ח פתחי חכמה לרמח"ל

חלקי המאמר הזה שניים. חלק ראשון, שורש הבריות וכו', והוא מה שהיה מתוקן כבר באלה הספירות. חלק שני, אך מה שנמצא וכו', והוא מה שהיה נשאר עדיין:

חלק א:

א. שורש הבריות הוא רק בשבעה תחתונות, זה דבר מוסכם אצל כל המקובלים שקראו לאלה השבעה - שבעה ספירות הבניין, וכן נאמר, "עולם חסד יבנה", שהוא הראשון בבניין:

ב. שהם שבעה ימי בראשית, הרי דו ראיה ברורה, כי כל מה שנברא הנה נכלל רק בשבעה ימים. ואפילו לפי הפשט הנראה - אם נעשה הכל באלה שבעה ימים, אם כן השבעה ימים אלה די להם לשורש. כל שכן שכבר ידענו ששבעה ימים הם ממש שליטת השבעה ספירות, שכל אחת פועלת לפי כוחה ביום ההוא. וכיון שמהם יצא הכל - אם כן מן הספירות האלה ודאי צריך שיצא הכל:

ג. והשלוש ראשונות הם רק עטרות על השבעה תחתונות, כל מה שהוא חוץ מן המציאות העיקרי, שהמציאות העיקרי שלם חוץ ממנו, אי אפשר לו להיות אלא עיטור יתר בנושא ההוא, אך לא חלק ממנו. וכן הם הג"ר, שאינם שורש לענייני העולם הזה - הרי הם עטרות להם. ותבין כי כן המידה, יען לכל מעשה ולכל מקרה שבעולם צריך שורש בפני עצמו ודאי. והנה דברי העולם צריך שלא ישנו את מציאותם, אלא מעלתם צריך שתשתנה לפי מעשה בני האדם. אם כן צריך שיהיה בכאן ב' שרשים, שורש המציאות בלתי משתנה, ושורש המעלה המשתנה. על כן הושמו שבעה תחתונות וג"ר. שבעה תחתונות - הם השורש של הבריות, בלתי משתנה. נ"א, ושבעה תחתונות הם המולידות, כי מן החסד יצא תמיד מים, ומן הגבורה - אש, ומן היסוד יצא תמיד הבנים, ומן החסד - חכמה, ומן הגבורה - עושר, ומן התפארת - חיים, וכיוצא. אך היותר והפחות במעלה בכל העניינים האלה - לפי הג"ר הוא, שבהיותם מאירים בשבעה תחתונות הרבה - יוציאו השבעה תחתונות תולדותם במעלה רבה ובתיקון גדול, ואם יאירו מעט - תולדת השבעה תחתונות תהיה שפלה ובלתי מתוקנת. נמצאו השבעה תחתונות - שורש לבריות, והג"ר - עטרות על גבם:

כְּלָלִים פְּתוחִים וְהַקְדָּמָה לְרַמְחַ"ל

ד. להנהיגם, כבר פירשתי איך השבעה תחתונות מתנהגין בכל מן הג"ר. אם כן יש בג"ר גם כן חד"ר לצורך ההנהגה שלמה, לתת שליטה לאיזה חלק שצריך:

ה. ולתקנם, שבהאירם על השבעה תחתונות נמשך עליהם מיד תיקון יותר וחשיבות יותר, רק מצד היותם מושפעים מהם. ובהיותם מסתלקים - ממילא נמצאים קלקולים הרבה מוטבעים בטבע השבעה תחתונות:

ו. על כן במציאותם אין שייך קלקול, שאין האדם מעלה ומוריד במעשיו כי אם בשרשו:

ז. כי הם למעלה ממעשה בני אדם, כי אין מעשה בני האדם אלא בעניני העולם, שהם עשויים לצרכיו, ובכל שורשיהם:

ח. והעוונות אינם פוגמים אותם, כל זה לפי עניינם. כבר אמרנו היאך הם עטרות של ההנהגה, שמשפיעים על השבעה תחתונות ומתקנים אותם. נמצא שיש בהם מה ששייך לו מעשה בני האדם, ומה שאין שייך. מציאותם הוא מה שאין שייך בו מעשה בני האדם, אך השפעתם שייך בו מעשיהם, כיון שהיא מגעת לשבעה תחתונות ולתיקונם. נמצא שהעוונות - אי אפשר לפגום אותם ולגרום חושך בהם, כמו שמולידים בשבעה תחתונות, שהחסרה מהם ההשפעה, ואז חשך נשאר תחתיה:

ט. אלא מסלקים אותם, דהיינו שזהו פגם השבעה תחתונות, והוא החשך שזכרתי שמתיילד בשבעה תחתונות, בהיחסר מהם ההשפעה:

י. ועל כן נמצאו ונתקיימו, כי כיון שבהם אין שייך פגם, על כן לא הוצרך להיות בהם השבירה, כי אין השבירה אלא לתת מקום לקלקולים, וכאן אין שייך קלקול:

חלק ב:

א. אך מה שנמצא בהם לצורך השבעה תחתונות - זה לא נתקן אפילו בהם, כי לכל דבר יש תיקונים וסידורים, כדי שאותו העניין יצא כראוי.

וגם עניין ההשפעה מג"ר לשבעה תחתונות צריך סידורים, כדי שיצא כראוי, לא פחות ולא יותר ממה שצריך, וזה מה שלא נתקן בהם:

ב. כי אם היה נתקן, היו כל השבעה תחתונות מתוקנים גם כן, בחינה זו שאנו מדברים עליה היא בחינת מציאות מה שהג"ר מתקנים את השבעה תחתונות, וזהו מה שאנו אומרים שהיה חסר. וזה פשוט, אם זה היה, רוצה לומר שהם היו מתקנים את השבעה תחתונות, אם כן היו השבעה תחתונות מתוקנים, והרי שבעה תחתונות צריך שלא יהיו מתוקנים בספירות האלה. אם כן מוכרח שתיקון שבעה תחתונות תלוי בג"ר, דהיינו שבין עניניהם יש עניין מציאות זה שהם המתקנים אותם. בחינה זאת של תיקון השבעה תחתונות תהיה חסרה מן הג"ר:

ג. ולכן גם בהם מה ששייך מהם לשבעה תחתונות - נפגם, והיינו האחוריים שלהם, שהם השייכים לשבעה תחתונות. וכן אחורי נה"י דכתר, שהם המביאים חסדים וגבורות לאו"א, כמפורש במקומו:

ד. וזה עושה שלא יתפשט, כבר אמרנו שהשבירה היתה שורש כל הקלקולים, ובהיות שצריך שתהינה הספירות עשויות בדרך שיוכלו להיפגם, פירוש להֵחָשֵׁךְ כנזכר לעיל, על כן נעשה בהם השבירה, והיתה הכנה לקלקול זה. וכן שבירת אחורי או"א היה הכנה לקלקול. אך הקלקול אי אפשר להיות באו"א עצמם, אלא הרי הקלקול באותה הבחינה שהייתה בה השבירה, והבחינה שהייתה בה השבירה הוא מה ששייך לשבעה תחתונות. אם כן הקלקול הוא במה ששייך לשבעה תחתונות, והיינו שלא יתפשט כחם של או"א בשבעה תחתונות תמיד לתקנם:

ה. כוחם היטב לתקן השבעה תחתונות, כי כח על כל פנים צריך שיצא מג"ר לשבעה תחתונות. אלא הקלקול הוא שלא ימשך הכח כראוי, אלא מועט הרבה. והוא סוד המוחין דקטנות, כמפורש במקומו:

ו. כי אם היה מתפשט תמיד לא היה קלקול בעולם, הרי טעם כטעם שאמרנו למעלה, שלא היה בהם מה ששייך לשבעה תחתונות, לפי שצריך שהשבעה תחתונות יהיה בהם שבירה. והרי זה עצמו הטעם

לקלקול הצריך, שיכול להיות קלקול בשבעה תחתונות, שאי לאו כן לא
היה:

פרק נ"ב

מצב שבעה תחתונות דנקודים בשבירה, הממותק על ידי אימא:

שורש מציאות הז"א הוא הדינים של אימא - חמשה גבורות שלה. ולפי
מציאות זה כל אור עומד בפני עצמו, ואינו מתחבר עם חבירו. וזה כי
טבע הדין - שלא להראות אחוה, אלא הכל עוצב ופנים זועפות. אלא
שאימא מגברת עליו המיתוק שלה. וכמו שהדין נשקע - העוצב עובר,
והאחווה נמצאת. ועל דבר זה נכנסת אימא בו. ועושה לו אחוה בין
ספירותיו. אך זה עושה על ידי המלכות, כי היא הושמה מאבא דכולא,
שלא ישפיעו האורות כל אחד בפני עצמו, אלא ילכו כולם רק אל מקום
אחד. ואז מתעורר ביניהם חיבור, ופונים כולם אליה, בסוד, "אילת
אהבים". והם עצמם מתחברים זה עם זה. ויותר שהם פונים אליה -
מתגברת ביניהם האחווה, ומגעת אל השמחה הרבה.

וזה מה שהיה חסר במלכין קדמאין, כי הו"ק לא היו פונים אל המלכות,
ולכן לא יצאו מן העוצב וזעף הפנים, ואימא הייתה מנחת אותם כך
עדיין. וכנגד זה היו חסרים ג"ר של ז"א, שהם מה שאימא באה
ומתקנתו. ואז היו נקראים רשות הרבים, וזהו מצב שממנו יצאה הס"א,
שעל כן טבעה ופעולתה רק להפריד:

אחר שביארנו עניין הג"ר, עתה צריך לבאר עניין השבעה תחתונות:

חלקי המאמר הזה שנים. חלק ראשון, שורש מציאות וכו', והוא
הקדמה בעניין חיבור הספירות והתקשרם. חלק שני, וזה מה שהיה חסר
וכו', והיינו ביאור עניין זה במלכין קדמאין:

חלק א':

א. שורש מציאות הז"א הוא הדינים של אימא, עניין הז"א הוא הנהגת
הדין, וזה סוד מה שנאמר, הוי"ה - בעתיקא, הוא האלקים - בז"א. והיינו

קְל"זו פָּתוזִי וזככמה לרבמוז"ל

כי א"א הוא הנהגת החסד, כל עניניו מיתוקים, למתק כל הדינים בכל מקום שהם, אך ענין ז"א הוא להיפך, שרשו הוא דין, אלא שמיתוקים מתגברים עליו. ועל כן הם יכולים להסתלק ממנו, ונשאר הדין בתקפו, ואז עושה חס וחלילה כליה. מה שאין כן א"א, שהוא חסד מעצמו, שאינו צריך למיתוק אחרים, ועל כן הוא תמיד חסד. והנה שורש הדינים הוא למעלה, אבל אינו ניכר ונודע, כי החסד שולט שם. אלא כשמגיע ליסוד אימא - שם הגיע כבר למדרגה שהוא מתגלה, ועושה שם החמשה גבורות, בסוד, דינין מתערין מינה. והוא בדיוק - מתערין מינה, שאינה עצמה דין, אלא שממנה נמשך מדת הדין. ונמצא שחמשה גבורות שביסוד אימא כבר הם דין מגולה, ומשם נעשה שורש הז"א, שהוא הנהגת המשפט, כדלקמן, שעיקרו הראשון דין, והמיתוק מתגבר עליו כנזכר לעיל, בזמן שמתגבר. והוא סוד מה שאמרו, "הכל היה מן העפר - ואפילו גלגל חמה," והיינו הגבורות, שכבר הגיעו למדרגה זאת להיות גבורות ממש. ומשם נבנה ז"א, שעיקרו גבורות ודין, ואחר כך המיתוק מתגבר עליו:

ב. חמשה גבורות שלה, הם שמתגלים ביסוד שלה, כבר נודעו לבחינת גבורות, לכן משם מקבל שורש:

ג. ולפי מציאות זה כל אור עומד בפני עצמו, ואינו מתחבר עם חבירו, כי ענינו הוא כמו נשמה עציבה, שכוחותיה עומדים בה בלתי התלהטות, ואז הפנים נראות כך עציבות. אך אם הכוחות מתלהטים - הפנים נראות שוחקות ושמחות. והנה הכוחות ישנם בנשמה תמיד, אבל [כל] כח בפני עצמו בלתי מתלהט, ודהו ענין העוצב:

ד. וזה, כי טבע הדין - שלא להראות אחוה, אלא הכל עוצב ופנים זועפות, כי החסד ענינו ימין מקרבת, ואהבה - שהנמצאים עצמם כל אחד מתנהג באחווה עם חבירו, כל אחד בפנים שוחקות זה לזה. והדין הוא השנאה והריחוק, וזעם הפנים, הכל בעוצב. ונמצאים בכאן שני דברים נמשכים זה מזה, והיינו כי החסד גורם אהבה, ובה הנשמה מתלהטת בשמחה, ומראה פנים שוחקות. והדין גורם השנאה והריחוק, והנשמה עציבה, ואינה מתלהטת, ונראה זעם הפנים. ועל כן בהיות הספירות מדרגות הדין, שהם מרחיקות את הנבראים שלא להדבק בם,

קַל"זֹ פָּתֹזֹי וזֹכמֹה לרֹמֹזֹז"ל

נגד זה אותם המדרגות עצמם עומדות כמו בעוצב, בלתי שמחה והתלהטות. אך בהיותם מדרגות חסד, שמביאות האהבה אל התחתונים, כנגד זה גוברת בהם השמחה וההתלהטות. ועוד, שכבר שמעת שהספירות הם שיעורי הנמצאים, ושיערה המחשבה העליונה הנבראים בקלקולם, שכל אחד מתרחק מחבירו בשנאה ועוצב. אך כבר נקשרים הדברים האלה זה בזה, כי כבר שמעת איך עניני הנבראים נראים בעצמם, פירוש - הריחוק הנראה בעניינם הוא הריחוק הנעשה להם:

ה. אלא שאימא מגברת עליו המיתוק שלה, זהו הסוד מה שאימא משלמת ז"א, ונעשית עצם מעצמיו ובשר מבשרו. כי ז"א בעניינו הוא דין כנזכר לעיל, ואימא מחלקת ממיתוק שלה, הטבוע בה, אליו. וכפי מה שמגברת בו עניין זה - כך הוא מתמתק. וזה סוד המוחין דז"א בסוד קטנות וגדלות, כי בקטנות אין ניתן לו מעניינה של אימא אלא החיצוניות, והוא מיתוק מועט לו. ובקבלו מוחין יותר גדולים, הרי הוא ממותק יותר, עד שנמתק לגמרי. וזה כלל הדין, שכוונתו לעשות משפט ולייסר את הרשעים. אלא כפי מה שנתמתק אינו עושה רע, עד שנתמתק לגמרי והוא עושה טובה. ועם כל זה הוא מלך המשפט, כי תוכיות לבבו הוא לעשות דין, והמיתוק הוא המתגבר עליו ומשקיע הדין:

ו. וכמו שהדין בשקע - העוצב עובר, והאחווה נמצאת, היינו שאינו עובר, אלא בשקע מפני מיתוק שגבר עליו, אך אינו מחליף טבעו, רק העוצב הוא שעובר, שהוא תולדת הדין שמתגבר:

ז. ועל דבר זה נכנסת אימא בו. והיינו מה שמבואר לעיל, שאימא נעשה עצם מעצמיו:

ח. ועושה לו אחוה בין ספירותיו, היינו הקשר שקושרת חלקיו בהתלהטות ובשמחה:

ט. אך זה עושה על ידי המלכות, זה סוד, כל השרוי בלא אישה שרוי בלא שמחה, וכן סוד השבת, דהיינו השבח הגדול שיש לשכינה, שהיא שלמות הזכר. והסוד הוא זה, שאימא אינה שורה על ז"א אלא בהיות הנוקבא עמו, ודבר זה מבואר בזוהר ובתיקונים במקומות הרבה. והכוונה - שנוקבא היא שורש המקבלים, ובהיות האורות מביטים

קל"ח פתחי חכמה לרמח"ל

להשפיע אל מקבליהם - הכל בשמחה ובהתלהטות גדול, וזה סוד, "ישמח ה' במעשיו". אך זה תלוי במעשה התחתונים, כי אם התחתונים מוכנים - הנה נוקבא, שהיא שרשם, מזדמנת להימלא, ואז האורות מתלהטים בכח גדול ובשמחה, וכל השערים נפתחים, וצדיק, שהוא המשפיע, מתברך ומתמלא כל טוב. ואם התחתונים אינם מוכנים חס וחלילה - הרי שרשם, שהיא הנוקבא, אינה מזדמנת לקבל, ואז נאמר, ויתעצב אל לבו, וכל האורות נסתמים, וזה סוד, "אזלו מים מני ים ונהר יחרב ויבש", וכמבואר בכל מקום. והנה אימא שהיא המנהגת את הז"א - היא העושה כל זאת, כשרואה נוקבא מוכנת לו - אז מתעוררת היא ומנהגת את הז"א במיתוקיה, והפנים מאירים, והכל בשמחה. עד שנעשית ההשפעה בשמחה רבה בסוד הזיווג, כמ"ש במקומו בסעתיא דשמיא:

י. כי היא הנשמה מאנא דכולא, זהו הגורם החיבור בין למעלה ובין למטה. למעלה הרי האורות באים כולם אל מקום אחד. והכוונה בכל ענין להיטיב לתחתונים, ולמלא את שרשם. ונמצא שכל הרצון הוא לזה, אז הכל הולך בהתלהטות אחת לזה. והרי כל מיני מחשבה ועצה - הכל הולך בהתלהטות אהבה אל הסוף הזה.

והנה תבין סוד זה למטה, כי כשהנשמות יש להם להדבק כולם בשכינה - אז אהבה נמצאת בין זה לזה, ונקראים ישראל, "גוי אחד בארץ", שהרי הם נעשים ממש אחים ורעיים, כולם רצים אל ענין אחד. וכשלא יש זה, אלא כל אחד פונה איש לבצעו מקצהו - אי אפשר להיות כי אם שנאה. אך הקשר הזה אי להיות אלא בזמן תיקון גדול, כמו שהיו על הר סיני, דכתיב, "ויחן שם ישראל נגד ההר", וכמו שיהיה לעתיד לבוא.

יא. שלא ישפיעו האורות כל אחד בפני עצמו, אלא ילכו כולם רק אל מקום אחד, זה כבר הוכן בחוק - שכל ההשפעות באות על ידי המלכות, ועל כן בהתעוררה היא - ממילא מתעורר החיבור. והנה מלכות - סודה כנסת ישראל, שהכל הולך רק אל מקום אחד, והיא מעוררת האהבה ממש של המחשבה העליונה בכל ענינה, שכבר אין להם פנייה אלא אליה. ועל כן בהיותה מוכנת לקבל - מיד כל האורות, מחמת האהבה שבין קדוש ברוך הוא לכנסת ישראל, תמיד מתעוררים כנגדה, וממילא

קָל"ז פְּתזזִי זזכְבמה לרבמזז"ל

נעשה ביניהם חיבור והתלהטות. הא למה זה דומה, לאדם שאוהב את בנו אהבה רבה, או את אשתו, שכל מחשבותיו להיטיב אליהם, כשמזדמנים לקראתו - מתלהטת נשמתו בכל כוחותיה לפנות רק אל הילד ההוא או לאשתו.

יב. ואז מתעורר ביניהם חיבור, והוא מה שביארנו כבר, שמהזדמן הנוקבא - ממילא החיבור מתעורר.

יג. ופונים כולם אליה, והוא מה שאמרו, ופניתי אליכם - פונה אני מכל עסקי וכו'. והיינו כי העיקר הוא זה - שכל המחשבות העליונות כולם פונים רק לישראל. ועל כן כל האורות פונים להאיר אל השכינה, ומניחין כל עניין אחר בשביל זה.

יד. בסוד, "אילת אהבים", שנוקבא נקראת כך לשון חיבה, להורות שבהזדמנה - אהבה מתעוררת לקראתה.

טו. והם עצמם מתחברים זה עם זה, הוא סוד ההתלהטות שזכרתי, שבהתרבות השמחה - הנשמה מתלהטת בכל כוחותיה. וכן האורות העליונים נעשים הכל חיבור אחד לצורך השכינה.

טז. ויותר שהם פונים אליה - מתגברת ביניהם האחווה, ומגעת אל השמחה הרבה, מתחיל ההתעוררות מתחילה, ומתלהט תמיד יותר, כי התדבקות המקבל מתגבר, וכן התדבקות המשפיע לנגדו, ואימא מרבה השפעותיה, והולך מרבוי לרבוי. וזה דבר כבר מורגש בחוש שכך הוא בטבע:

חלק ב:

א. וזה מה שהיה חסר במלכין קדמאין, כי כבר אמרנו שלא נעשו מתחילה בתיקונם. והנה זה מה שהיה חסר, כי הנה רע לא היה, אלא ראשית עניין ז"א בבחינת הדין, כנזכר לעיל. ואדרבא, רצתה המחשבה העליונה לשער ולהראות עניין הדין מצד היותו דין, לא מצד היותו ממותק. ואחר כך יתגלה מיתוקו, ויראה פעולת המיתוק. כי הרי כל הכוונה העליונה היתה להעלים השלמות, כדי להראות החסרונות, ולהראות תיקונם, ואיך הם מתתקנים. על כן צריך שֶׁיֵּרָאֶה כל דבר בפני

כָּל"זז פַּתזֹזֵי זזֵכְבַּזֹה לְרַבְּמַזז"ל

עצמו. ואחר כך הנהגת העולם הולכת על דרך זה - שתהיה שורש לגילוי
ידיעה זאת, וזה בין בנבראים עצמם בצורתם ותכונותיהם, בין בהנהגה
הנעשית בהם:

ב. כי הו"ק לא היו פונים אל המלכות, הנה זהו מראה עיקר עניין
הבריאה כולה - איך שהכל הוא רק לפנות אל התחתונים, והיינו אל
ישראל, בסוד כנסת ישראל. והוא עניין, "ישמח ה' במעשיו", שתלוי
כל התלהטות האורות רק בתחתונים. וכאן נראה עניין העבודה, הכל
כראוי, כי כאן נראה הקשר שבין האורות לכנסת ישראל. שכשלא
הייתה זאת מתוקנת ומזומנת אל האורות העליונים - הנה היו כל
השערים סגורים, ובהזדמנה - מיד נפתחים. וכפי התדבק האורות עמה
- יותר השערים נפתחים. ואימא עילאה היא המפתח של כל העניין הזה,
כי היא הסוגרת ופותחת לפי הזדמן הנוקבא לז"א. על כן הראה העניין
הזה - כשלא נזדמנה נוקבא לו"ק - איך הכל הולך בקלקול:

ג. ולכן לא יצאו מן העוצב וזעף הפנים, שהדין עומד בתקפו. ובכאן
נראה פשוט עניין תיקון העבודה, כי בהיות הדין עומד רק למנוע
השפעתו יתברך שמו אל התחתונים בזמן שאינם מוכנים, הנה אין יש
תרופה אלא שיהיו התחתונים מוכנים, ואז ישפיע. ונמצא שעד שאין
הנוקבא מזדמנת - הרי העוצב שולט, והוא המונע האורות מלהאיר,
שאינם מגלים טובם כלל, אם לא יש הכלי המוכן לקבלם. ונמצא
שהדבר הראשון המושרש בעניין הז"א הוא הדין בעצבו כנזכר לעיל,
אלא שבא המיתוק ומעבירו. ואם כן קודם שבא המיתוק, הנה הדין עומד
בעצבו. ותולדות זה העניין הוא מה שרצתה המחשבה העליונה לגלות
בתחילה:

ד. ואימא הייתה מנחת אותם כך עדיין, זה פשוט הוא במה שפירשנו
כבר, איך הכוונה היא להראות מה נולד מן הדין לולי היה ממותק:

ה. וכנגד זה היו חסרים ג"ר של ז"א, שלא נגלו בז"א ג"ר, כדי להראות
מה נולד מן הדין לולי היה אלא הוא בעצמו, בלי מיתוק אימא כלל. כי
אחר עניין השבירה - זה הדבר לא היה עוד, פירוש - לא נמצא ז"א בלי
מיתוק אימא, כי אפילו בקטנות על כל פנים יש לו מוחין. ועל כן מצב
השבירה הוא קשה ממצב הקטנות, שבשבירה אין שם השראת אימא

כלל, ומשם יוצא החרבן ממש, דהיינו התהו ובהו. וכן מהתעוררותו היה המבול גם כן, שהחריב חרבן ממש. אלא שיש איזה הפרש ביניהם, שבמבול לא נתעורר לגמרי השבירה, כיון שהיה בחינת אימא נשארת, שהיא התיבה, וכנגד זה לא נשחתה כל הארץ עצמה אלא כשיעור המחרישה, ולא אאריך עתה בזה. די שתבין, כי מצב השבירה גורם חרבן ממש, ומצב הקטנות אינו גורם כל כך, אלא גלות נעשה, וגם בו נאמר, "ראיתי את הארץ והנה תהו ובהו", עם כל זה אינו תהו ובהו ממש, כי לא חזר העולם לתהו ובהו:

ו. שהם מה שאימא באה בו ומתקנתו, הוא מה שכתבתי למעלה - שאימא נעשה עצם מעצמיו, כי ז"א בסוד עצמו הוא רק דין - ו"ק, והמוחין הם מיתוק - אימא:

ז. ואז היו נקראים רשות הרבים, בשם זה קראום המקובלים, והוא שהיו זה תחת זה. כי ההנהגה הנכונה צריך שתצא בהסכמת כל הספירות כדלקמן, וצריך שיעמדו זה כנגד זה, והקו האמצעי יחברם, ואז תצא התולדה מוסכמת מכל המדרגות, וזה נקרא רשות היחיד. אך בתחילה לא ניתן בהם תיקון זה, אלא כל אחד היה עניין בפני עצמו, כאילו היה להם להשפיע כל אחד בדרך בפני עצמו, והיינו שלא על ידי המלכות, אלא כל אחד משפיע מעצמו. וגורם דבר זה ריבוי בנפרדים, ריבוי של פירוד. ונמצא שאין ביניהם שייכות אלא של השתלשלות, שגבורה יוצא מחסד, ותפארת מגבורה, וכן כולם. אך לא היו מתקשרים בהנהגה, לעמוד כל דבר ביחד. והוא כמו איש אחד שחושב מחשבות הרבה, ואינו משלים עצמו להתבונן בקשר מחשבותיו להוציא תולדה שלמה, אלא חושב דבר אחד במחשבה גרידא, ואחר כך חושב דבר אחר, ואינו נותן משקל להם לאסוף הדברים ביחד. ומה שיוצא הבחינה זאת - עומד בפירוד גמור, בלא התחברות בין מיניו כלל. והתועלת בידיעה זאת, היא ידיעת עניין הס"א, וכדלקמן בהבחנה תשיעית. ואמת הוא - שאין זה בדרך ההשפעה, ועל כן בהיותם במצב זה - לא ניתן להם להשפיע:

ח. וזהו מצב שממנו יצאה הס"א, היינו כמו שפירשתי כבר, איך בתחילה נעשו כל השיעורים של כל עניני ההנהגה, כל עניין בפני עצמו, עד שנראה שולחן ערוך לפנינו מכל ההילוך, מהעלם השלמות עד חזרו

להגלות, להבין במהלך הזה - עניין החזרת הרע לטוב וסוד היחוד כנזכר
לעיל. ואחר כך מכל שיעור ושיעור בפני עצמו יוצאת תולדה אחת
בנפרדים, כפי השיעור ההוא. וכן יוצאים נמצאים ומקרים בנפרדים,
מראים על עניין ההוא, וטבע הנמצאים בטבע שרשם פועלים לפי הטבע
ההוא, מה שניתן להם לפעול לפי הילוך ההנהגה השלמה:

ט. שעל כן טבעה ופעולתה רק להפריד, זה כל עניינה, למנוע השפעת
המשפיע מן המקבלים, להעציב בכלל או בפרט האורות העליונים -
להסתים אורם. והיינו מה שהיה העניין בזמן היות הדין בלתי מיתוק,
וגורם שלא תבוא ההשפעה, כמ"ש למעלה. כי אין לומר שתבוא
ההשפעה בפירוד, כי אי אפשר, אלא אם יש פירוד חס וחלילה -
ההשפעה נמנעת:

פרק נ"ג

סדר התיקון:

כל מה שנתקלקל בזמן השבירה הוא מה שצריך ללכת לתקן מעט מעט.
והיינו בין ירידת אחורי או"א, בין שבירת שאר הספירות, כל מה
שנחסר באותו הזמן - הרי התחיל מילואו בזמן התיקון. וסוף מילוי הכל
- הוא התיקון השלם שיהיה לעתיד לבוא:

אחר שנתבארו הפרטים העיקרים של השבירה, עתה צריך לבאר איך
נמשך אחריהם עניין התיקון:

חלקי המאמר הזה שניים. חלק ראשון, כל מה שנתקלקל, והוא הקדמה
על עניין תיקון השבירה. חלק שני, והיינו בין ירידת, והוא סדר מהלך
עניין התיקון הזה:

חלק א:

א. כל מה שנתקלקל. כי הלא הכוונה הייתה להראות מה נולד מן הדין
בלתי מיתוק, כדי להראות אחר כך איך המיתוק מתקן הכל. והנה כל
מה שנתקלקל בשבירה הוא כל מה שהיה יכול להיוולד מן הדין בלתי

מיתוק. אם כן, זה כל מה שהיה צריך להראות בו המיתוק, שהוא התיקון:

ב. הוא מה שצריך ללכת לתקן מעט מעט, והוא סוד ההדרגה, שלא רצה הרצון העליון שתתגלה השלמות בבת אחת, אלא אדרבא, מעט מעט. וזה עצמו נותן מקום לזכות בו בני האדם:

חלק ב:

א. והיינו בין ירידת אחורי או"א, בין שבירת שאר הספירות, והיינו כי זה חסרון בשרשי הבריות, וזה חסרון בתיקוני השרשים, והם כללות הקלקולים, ושניהם צריכין להיתקן. ונתקנו שניהם ביחד, שהתיקון הא בבת אחת - כשנתקן זה נתקן זה. דאם הג"ר מתקנים תמיד את השבעה תחתונות, הרי השבעה תחתונות מתוקנים תמיד, וכן להיפך, אם השבעה תחתונות מתוקנים תמיד - אין חסר הארת הג"ר שמתקנות אותם:

ב. כל מה שנחסר באותו הזמן. הוא הפרטות של התיקונים שהיה להם לימצא, שבקלקולי השבירה חסרו, והם רבים:

ג. הרי התחיל מילואו בזמן התיקון. וסוף מילוי הכל - הוא התיקון השלם שיהיה לעתיד לבוא, והוא מה שכתוב כבר למעלה, שהמחשבה העליונה הרי נתנה תיקון לדברים מצד עצמה מה שנתנה, ואחר כך הניחה הסוף לעשותו מעט על ידי בני אדם:

עניין רפּ"ח ניצוצין

<u>**פרק נ"ד**</u>

הקדמה לעניין רפּ"ח:

בזמן שנשברו הכלים - ניטל מהם כח ההנהגה. וגם לא היו עומדים בסוד צורה שלמה, אלא מיני כח בלתי שלמים ובלתי ראויים לפעול פעולה.

קָל"זז פָּתוזי וזכבוה לרמזז"ל

ומקורם היה מקיימם כך, עד בא האָרה חדשה שתשלימם, ותיתן להם צורה ופעולה:

אחר שנתבאר עניין השבירה, עכשיו צריך לבאר מה היה אחר כך:

חלקי המאמר הזה שניים. חלק ראשון, בזמן שנשברו הכלים ניטל וכו', והוא כללות מה שנעשה בכלים בזמן השבירה. חלק שני, ומקורם היה, והוא מה שהיה בין השבירה והתיקון:

חלק א:

א. בזמן שנשברו הכלים - ניטל מהם כח ההנהגה, והוא מה שרוצה לומר שבירה - דברים שאינם ראוין למלאכתן. דבר זה מתפרש בשני דרכים שהם אחד. כי הנה כבר שמעת איך הספירות הם שיעורי הנמצאים, והם הם חוקות ההנהגה. אך העניין הוא, שהנמצאים הם נושאי ההנהגה, והם הם חוקות ההנהגה עצמה, שבשלוט חלק אחד בנמצאים - תמצא הנהגה אחת, ובשלוט חלק אחר - הנהגה אחרת. ונמצא, שכאשר שיערה המחשבה העליונה הנמצאים בלתי מתוקנים, רוצה לומר לפי עניין הדין בלתי ממותק, הנה נראה התולדה מזה - שבאלה הנמצאים לא יכולים להימצא אלא קלקולים, והיינו קלקול הנמצאים בהם עצמם. ואז נראו הנמצאים נפסדים מעניינם הטוב, ואין שולט בם אלא חלקיהם הרעים, העושים לצורתם הפסד. ונראה למעלה הנהגות מקולקלות, שאי אפשר להם לעשות מעשה. והוא החרבן שפירשנו למעלה, שלא היה מניח מציאות לחוקים הטובים, וכן לנמצאים:

ב. וגם לא היו עומדים בסוד צורה שלמה, שבירה רוצה לומר שני דברים, שאין הכלי ראוי למלאכתו, וגם שאין צורתו שלמה. והנה נמשך זה מזה, שמשום שאין צורתו שלמה - אין ראוי למלאכתו. ואמנם יכול להיות שבירה שיישאר לו צורה למלאכה אחרת. אבל מה שהוא שבירה גדולה - אין נשאר לו שום צורה לשום מלאכה. ושבירת הכלים הייתה שבירה אחת שלא הייתה מנחת שום צורה כלל, והיינו שיעור הנמצאים בלי שום מציאות מתוקן. והם עצמם הנהגות שאינם יכולים לעשות שום פעולה של הויה:

ג. אלא מיני כח בלתי שלמים ובלתי ראויים לפעול פעולה, לא שנתבטלו ההויות והחוקים, אלא שישנם, אבל שאי אפשר להם לפעול כלום, מפני החרבן המגביר ההפסד עליהם, שאי אפשר להם לצאת ממנו. ונמצא שישנם, אלא שחסר מהם מה שהיה צריך להם כדי שיוכלו לפעול:

חלק ב:

א. ומקורם היה מקיימם כך, כי הנה לא נתבטל מציאותם, ועל כן נמצא שמקורם קיים ומקיימם, אלא שמקיימם כך, ולא ניתן להם שום תיקון, עד בא הארה חדשה, כדלקמן:

ב. עד בא הארה חדשה, והיינו כי זה היה רק עניין אחד לבד, כמו שמבואר למעלה בסוד זריקת הניצוצין. ואחר כך רצה הרצון העליון להשלים דמות האדם בכל עניניו. ואז באה הארה חדשה והשלימה אותם, והיינו שם מ"ה, כדלקמן:

ג. שתשלימם, על ידי שתתן להם מציאות, והוא סוד הבירור, ששם מ"ה מברר ומאסף אליו חלקים מב"ן, כדלקמן:

ד. ותיתן להם צורה ופעולה, זה מציאות הפרצופים, שנעשים אחר כך בסוד התיקון, וכדלקמן:

פרק נ"ה

עניין העי"ב הוא א"א, והוא שורש לעסמ"ב או"א זו"ן:

מנין אחד שישני שמות או יותר באים אליו בדרכים שונים - נודע שהוא עיקר אחד שצריכים להתחבר שם כל אחד לפי הדרך שלו. אך שבסוף מסיבותיו יגיע שם. וזה סוד העי"ב, שיש בכל הארבעה שמות ע"ב ס"ג מ"ה ב"ן, שלכל אחד יש דרך בפני עצמו, אך כולם מגיעים לזה. זה מראה שהוא עיקר אחד שצריכים כולם להגיע אליו, כל אחד לפי דרכו. והאמת, שזה בא מא"א, שממנו יוצאים או"א זו"ן, והוא ע"ב אחד,

כָּל"זו פָתזוי וזכבוה לרבמזו"ל

שארבע יודי"ן שבו מוציאים עסמ"ב. וכל אחד מהם צריך להגיע אל הוראת שרשו, שהיא הע"ב, וזה הכח היותר חזק שבהם:

כיון שביארנו שהיה לכלים קיום בזמן שלא היו עושים כלום, ולקמן נאמר שהוא בסדר רפ"ח, עכשיו צריך לפרש עניינים כלליים מה שצריך להקדים בזה:

חלקי המאמר הזה שנים. חלק ראשון, מנין אחד, והוא הנחה כללית בעניין זה. חלק שני, והאמת, והוא הנחה פרטית בנידון דידן:

חלק א:

א. מנין אחד ששני שמות או יותר באים אליו בדרכים שונים, כי הרי כל אחד צריך להתפשט על פי אותיות, ואם כן צריך להם דרכים שונים כדי להגיע אל המניין ההוא. שאין אנו מדברים עתה מן הגימטריאות השוות, שעניינם עניין אחר, והיינו שאז נראה שיש להם שייכות זה עם זה בבחינת מספרם, ומתייחסים שניהם לכל הפעולות, שגימטריא שלהם שוה למספר השמות, אך כאן הוא עניין אחר, כשרואין מנין אחד, שאיזה שמות צריכים להתפשט בדרכים שונים כדי להגיע אל המניין ההוא:

ב. נודע שהוא עיקר אחד שצריכים להתחבר שם, כי הנה כבר שמעת למעלה, איך המניין אינו דבר בלא טעם, אדרבא, הוא עניין גדול, מראה מספר הכוחות המתחברים בפעולה ההיא, וטעם כמותם נמשך מן השליטות של המדרגות השולטות בפעולה ההיא, וכמו ש כבר בעניין האילנות, כי יש מדרגה ששליטתה גורמת התפשטות אחת, ומדרגה אחרת גורמת התפשטות אחרת. ולפי ההתפשטות - כך הם הפעולות הולכות באותם המספרים בהדרגות ההם. כשרואים ששני שמות באים למניין אחד, נודע מיד שזה המניין הוא סדר אחד עיקרי, שאליו צריכים להגיע שאר המדרגות:

ג. כל אחד לפי הדרך שלו, אך שבסוף מסיבותיו יגיע שם, זה מראה שיהיה בדבר ההוא שני עניינים. האחד - דרך פרטי לכל אחד מן השמות לפי עניניהם שיוצאים משם, שכל אחד יש לו תולדות רבות בהנהגה,

ומסיבות גדולות. אך שסוף כל סוף כל תולדות וכל המסיבות יסתיימו בעניין אחד, ההולך לפי שליטה אחת השולטת בכלל על כל השמות ההם וכל מסיבותיהם:

ד. וזה סוד הע"ב שיש לכל הארבעה שמות ע"ב ס"ג מ"ה ב"ן, זה כבר ברור בדברי הרשב"י והרב הקדוש זללה"ה, היות בכל אחד מן הארבעה שמות - ע"ב בדרך אחר, דהיינו ע"ב בעצמו, ס"ג - כשנחשוב גם הי' אותיות שלו, אך לא המספר, מ"ה - כשנחשוב המספר של הפשוט, ולא האותיות, ב"ן - כשנחשוב הריבוע של הפשוט:

ה. שלכל אחד יש דרך בפני עצמו, אך כולם מגיעים לזה, הוא מה שמבואר שלהגיע לזה - צריך לחשוב בכל אחד חשבונות אחרים:

ו. זה מראה שהוא עיקר אחד שצריכים כולם להגיע אליו, כל אחד לפי דרכו, פירוש - בכלל חוץ מן נידן דידן, צריך שיהיה מציאות זה בשמות אלו, ועוד אפילו בניידן דידן, ועם כל הטעמים שנאמר בכל שם ושם בפני עצמו, כמפורש בדברי הרח"ו זללה"ה. וכי אפשר דאתרמי מלתא דווקא בכי האי גונא שיהיה ע"ב בכל אחד, ולא יהיה טעם לזה, שכולם סוף סוף מגיעים לזה העניין. ודאי הלא דבר הוא, שרואים שזה צריך שיהיה. ואדרבא, נמצאו כל כך טעמים עד שיצא זה - צריך שיהיה איזה סיבה פנימית לזה הדבר:

חלק ב:

א. והאמת שזה בא מא"א, שממנו יוצאים או"א זו"ן, זה סוד שאמרו באדרא זוטא, דלא אשתכח אלא בוצינא בלחודוי, שאין ערך או"א זו"ן עם א"א, כערך זו"ן עם או"א, כי או"א זו"ן הם כולם מדרגות מלבישים לא"א, שכך מלבישים או"א מן הגרון ועד הטבור, כמו שמלבישים זו"ן מן הטבור ולמטה. מה שאין כן א"א, שהוא פרצוף אחד כולל כל העולם מראש ועד סוף, ואו"א זו"ן כולם ענפים ממנו, ומלבישים עליו. והאמת, כי תשעה ספירות דא"א, כבר אמר הרב זללה"ה, שנקראו שרשיות לאצילות, וכל השאר - ענפים ממנו. ועל כן צריך לעשות מהם שתי מדרגות, והיינו עתיקא קדישא הוא א"א, ושאר הארבעה פרצופים נקראים ביחד שמיה דעתיקא, כמו שפירש באדרא:

ב. והוא ע"ב אחד, שארבע יודי"ן שבו מוציאים עסמ"ב, כי אנחנו רואים שיש עסמ"ב, והם או"א זו"ן, ולא נמצא שם לא"א, ולפעמים שע"ב הוא א"א. אך העניין הוא זה, כי יש שם ע"ב שרשי לכל שאר הארבעה שמות, שהם יוצאים מארבע יודי"ן שלו, שכבר ידענו שכל יו"ד מראה על הוי"ה, כמו שכתוב בתיקונים. וזה הע"ב הוא א"א, ומארבע יודי"ן יוצאים עסמ"ב, שהם או"א זו"ן:

ג. וכל אחד מהם צריך להגיע אל הוראת שרשו, שהיא הע"ב, כי הלא המה ארבע לבושים או ענפים של א"א, שכל אחד פועל פעולה בפני עצמו, על כן יש להם לכל אחד שם בפני עצמו, מורה פעולתו הפרטית. אך בזה כולם שוים - שיוצאים משורש אחד, והרי הם ארבע פרטים שונים שיוצאים משורש אחד. וזה מה שצריך להם ממש להראות - שענייניהם הפרטים יוצאים מן השורש השווה, ועל כן כל אחד בדרך פרטי, לפי מה שהוא, צריך להגיע אל הוראת שרשו, שהוא הע"ב:

ד. וזה הכח היותר חזק שבהם, כי מה שהשורש נראה בענפיו - מראה התדבקות של השורש והענף ביחד. ופשוט הוא, שהכח היותר חזק שבאו"א זו"ן הוא היותם מתדבקים בא"א, שהוא השורש, משני טעמים, אם שהשורש הוא מקור - הענף כל עוד שיהיה מתדבק בו ישפיע בו קיום גדול, אם שא"א בעצמו הוא השורש הגדול והנורא, שאין פגם מגיע לו כלל, שאין הס"א מגיע לו כלל וכלל, ובהאיר בענפים - התדבקות שלו נותן בהם ודאי כח גדול, מן הכח הגדול הזה שלו:

<u>פרק ב"ו</u>

ההבדל שבין הע"ב שבעס"מ לבין הע"ב שבבי"ן:

אף על פי שמספר הרבוע, שהוא ע"ב, ישנו בכל השמות, אין נחשב להם אלא מה שהוא פרטי להם, כל אחד בפני עצמו. רק ב"ן, שאין לו בפני עצמו - נחשב לו מה שיש לו. וזה מראה שלכל אחד יש הוראה שווה בתחילה, אפילו בבחינת הפשוט, כי זה לפי מציאותם. אך בהימלאם, שהם משתנים זה מזה, ניתן לכל אחד הוראה בפני עצמה,

קָל"ז פָּתזֵי וְֹחַכְמָה לְרַמְחַ"ל

לפי הפעולה שהוא פועל בפני עצמו. וב"ן שאינו פועל בפני עצמו, אלא שמקבל מה שנותנים לו, לכן אין לו הוראה אחרת, ומתחבר עם האחרים בהוראה הראשונה הכללית:

כיון שביארנו הע"ב שבכל השמות, צריך לבאר עוד עניין אחד פרטי, שנראה קשה בזה העניין:

חלקי המאמר הזה שניים. חלק ראשון, אף על פי שמספר, והוא תירוץ קושיא אחת שנראה נופלת בעניין הע"ב האלה. חלק שני, וזה מראה, והוא הבנת התירוץ הנזכר לעיל:

חלק א:

א. אף על פי שמספר הרבוע, שהוא ע"ב, ישנו בכל השמות, אין נחשב להם אלא מה שהוא פרטי להם, כל אחד בפני עצמו, היינו שהרי קושיא אחת נמצאת בעניין הזה, ממה נפשך, או שאנו אומרים רק שיהיה מספר הע"ב בשמות בכל מקום שהם, או צריך שיהיה דווקא במילואם. אם בכל מקום שהם - אם כן נחשוב שבכל הויו"ת ברבוע יש ע"ב בלא מילוי. ואם זה אינו די, לפי שאינו פרטי למילוי אינו נחשב לע"ב, שאנו רוצים למצוא במלואים עצמם, אם כן תקשה - ב"ן שאין לו אלא ברבוע, וזה אינו יכול לחשוב לו, כי כך הוא בו כמו באחרים. ולכן באה התשובה, אף על פי כי כי אמת שיש ע"ב בכל אחד, ועל פי האמת כך הוא, שאינו נחשב בפעולה זאת של הוראת א"א כנזכר לעיל, כיון שיש להם ע"ב אחר בלא זה, פרטי לעניינם. אך ב"ן שאין לו אחר, מראה בזה שיש לו. פירוש - אדרבא שזהו מה שרואים, שאף על פי שאין לו אחר, אף על פי כן אינו יוצא מכלל זה, שלא יש בו מה שמורה השורש, כי ודאי יש לו, לא יהיה אלא שהוא שם הוי"ה. אך יתירים עליו עס"מ, שמלבד מה שיש להם מצד זה, יש להם גם כן בפני עצמם. ונמצאת הכוונה עולה כהוגן, להראות שאי אפשר להימלט שום ענף מלהיות בכלל תחת א"א, שהוא שורש לו, כי אפילו ב"ן שאין לו בפרט, על כל פנים יש לו לפחות ממה שהוא שם הוי"ה. ולקמן אפרש למה שינוי זה:

ב. רק ב"ן, שאין לו בפני עצמו - נחשב לו מה שיש לו, והוא מה שביארנו, שאין חסר אפילו לב"ן, אף על פי שאין בו בפרט, שבאיזה צד לא יהיה דבר זה בו גם כן:

חלק ב:

א. וזה מראה, והיינו מה שכתבתי, שאין המניינים דבר מקרה בלא טעם, אלא מראה סדרי ההנהגה הרבה:

ב. שלכל אחד יש הוראה שווה בתחילה, אפילו בבחינת הפשוט, שמיד שהם נמצאים - יש להם הוראה על שרשם, והיינו כי תחילת מציאותם הוא ארבעה הוי"ה, שכן הם נרמזים בא"א בארבע יודי"ן שווים זה לזה, והיינו מצד היותן אורות ענפי א"א. אך מצד הפעולה הפרטית שיש לכל אחד מהם, יש להם המילוי, כל אחד בפני עצמו. אדרבא, הכוונה היא להודיע שאף על פי שהם מדרגות שונות, אך סוף סוף כולם אינם אלא שם הויה ברוך הוא. אם כן, ראשית מציאותם הוא המין הראשון, היינו שם הוי"ה ברוך הוא אך אחר כך נוסף בהם פעולה פרטית. והמילואים עצמם מורים הפעולה הפרטית שיש להם. ונמצא שמצד מציאותם הראשון כבר מראים על שרשם, אחר כך גם בפעולות הפרטיות שלהם מראים עדיין על שרשם, להודיע שאפילו בבחינת פרטיותם הם מתדבקים ונקשרים בא"א, שהוא השורש:

ג. כי זה לפי מציאותם, והיינו בסדר הויו"ת כנזכר לעיל:

ד. אך בהימלאם, שהם משתנים זה מזה, דבר זה ברור הוא, שבבחינת הויו"ת הם שווים, ובבחינת המילואים הם מתחלפים. והכוונה מבוארת - שבבחינת מציאותם כולם שווים שהם אורות ממין אחד, שהם שם הוי"ה ברוך הוא, ועל כן בזה מורים על השורש, כולם בדרך אחד, אך פעולתם מתחלפת, והיינו המילואים. ועל כן צריך שכל פעולה, לפי מה שהיא, מורה על השורש, להודיע שבבחינה זאת היא מתדבקת בשרשה, והיא הוראה פרטית. וזהו:

ה. ניתן לכל אחד הוראה בפני עצמה, לפי הפעולה שהוא פועל בפני

כָּל"זו פְּתוֹי וְחָכְמָה לְרמח"ל

עצמו, שכשנשתנה עניינם, היינו הפעולה, נשתנית עמה הוראתם זאת
גם כן:

ו. וב"ן שאינו פועל בפני עצמו, כמו שהיא פעולה פרטית לעס"מ -
לפעול כל אחד בפני עצמו, כך היא פעולה פרטית לב"ן - שלא לפעול,
אלא לעמוד ולקבל:

ז. אלא שמקבל מה שנותנים לו, עניין שם ב"ן - רוצה לומר שהוא
מקבל ואינו פועל, כנזכר לעיל:

ח. לכן אין לו הוראה אחרת, כי הוראה זו הפרטית רוצה לומר שניתן
להם לפעול פעולתם, וממשיכות אותם מן השורש. אך ב"ן אינו פועל
כלום, אלא מקבל מה שנותנים לו. כל מה שהוא מקבל - כבר מקבלו
לפי השורש, כיון שהפעולות נמשכו מן השורש. אם כן אין שייך לו
הוראה פרטית, אלא בהוראה ראשונה - לדעת שגם אורו בבחינת
הוי"ה, כמו אחרים. ונודע שהוא המקבל מאחרים, שלכן אין לו הוראה
אחרת, כי אין לו מעשה:

ט. ומתחבר עם האחרים בהוראה הראשונה הכללית, על כל פנים צריך
גם הוא להיכנס בעניין זה - לתת הוראת שליטה לשורש על הענפים.
והנה הוא נכנס בזה במה שיש בו מוכן לזה, שהוא לפי החלק אשר נתן
לו השורש, שלא נתן לו פעולה כלל, אלא מציאות אור ממין שם הוי"ה
ברוך הוא בפשוט:

<u>**פרק ג"ז**</u>

פעולת הרפ"ח ניצוצין בכלים:

עיקר המרכבה הוא אלה הע"ב, שהוא התחזק ארבעה הפרצופים בא"א,
שהוא נשגב מן הקלקולים. וכאן הכסא נושא את נושאיו. על כן מכאן
הוצרך לרדת רפ"ח ניצוצין, להחזיק ולקיים הכלים היורדים, שלא
יעשה חרבן גמור, אלא בדרך שיחזור להיתקן. וכן הושרשו עניני

193

כָּל זֶה פָּתוּחִי וְחָכְמָה לַרְמֹז "כל

העולם הזה שיעמוד כך כח אחד, שלא לעזוב העולם להיחרב חס וחלילה. אלא בכח הזה הנשאר - יתוקן מה שנתקלקל:

אחר שביארנו עניין העו"ב הזה, צריך לבאר מה פעולתו, ומה עניינו בעניין הכלים הנשברים:

חלקי המאמר הזה שלשה. חלק ראשון, עיקר המרכבה, והוא ענייך פעולת העו"ב הזה שזכרנו. חלק שני, הוצרך וכו', מה שנעשה לפי זה בכלים. חלק שלישי, וכן הושרשו עניני עולם הזה, מה שנמשך מזה העולם:

חלק א:

א. עיקר המרכבה הוא אלה הע"ב, המרכבה הוא הקשר של ההנהגה הנכללת בארבעה מדרגות, שהם ארבעה החיות. ועיקר עניינם הוא ארבע ע"ב אלה, שכבר שנתפרשו בדברי הרב זללה"ה, שהם סוד אברהם יצחק ויעקב ודוד. ולפי הנראה הוא קשה - אם אלה הם מספרם של אורות שירדו בזמן השבירה, לפי הנראה בדרוש רפ"ח ניצוצין, מה עניין ארבע רגלי המרכבה אברהם יצחק ויעקב ודוד בזה. אך העיקר הוא, שישורש עניין ארבעה ע"ב אלה הוא בסוד המרכבה האמור כאן, אלא שמכאן ירדו בחינותיהם, כדלקמן:

ב. שהוא התחזק ארבעה הפרצופים בא"א, שהוא נשגב מן הקלקולים, זה מה שפירשנו למעלה, שבע"ב הוא הוראת השורש, ולכן הוא התחזק שלהם:

ג. וכאן הכסא נושא את נושאיו. עניין המציאות הזה כבר נזכר בדברי רז"ל - הכסא נושא את נושאיו, והוא מה שא"א מציל את שאר הפרצופים מן הקלקולים בכחו:

חלק ב:

א. על כן מכאן הוצרך לרדת רפ"ח ניצוצין, הנה ניצוצות רבות היו יורדות עם הכלים, כמפורש במקומו באריכות. אך אחר כך הוצרך לעשות בהם מנין פרטי שייבאו לחשבון רפ"ח. דהיינו שאם לא היה זה

קָלֹ"זז פֿתזזי זזכבמֹה לֹרבמזז"ל

- או שלא היה צריך מבין כלל, או שהיו נמנים כל הניצוצות שירדו כאחת, או שהיו נמנים המדרגות הראשונות שבכל שם. אך העיקר הוא, שבאלה הניצוצות שנפלו, הוצרך להגלות עניין זה של ארבעה הע"ב, ואז היו מתבררים כל אותם המדרגות בדרך המפורש במקומו, אך שסוף סוף נשארים שולטים הארבעה הע"ב ונכללו בהם כל האחרים. והאמת הוא - שהע"ב עצמם מאירים בפרט בכל שם, לפי מה שהוא, לשגבם מן הקלקולים, כל אחד לפי מה שהיה מגיע לו. פירוש - אותם המדרגות שאנו רואים שנפלו בשבירה - הם אותם שהפגם יכול להגיע להם. ולפי שיש הפרש בין המקום שמגיע הפגם בשם אחד, ולמקום שמגיע בשם אחר, יש הפרש ממה שיפול בשבירה. וכן יש הפרש בדרך גילוי הע"ב, כי הוא מתגלה במה שיכול להיות נפגם, במה שהוא עיקר בעניין זה, ומשגב אותם. כלל הדבר - הע"ב הם מה שא"א משגב את הפרצופים, אך הוא משגב אותם במקום שהיו יכולים להיפגם, כל אחד לפי עניינו. והמקום שהיו יכולים להיפגם נראה במעשה השבירה, כי מה שנפל - נודע שהוא מה שהיה יכול ליפגם. נמצא שמה שירד - ירד מבחינת הע"ב, על כן הוא הנמנה, אלא שהוא במקום שהוא - במדרגות. אבל אם לא היה יורד ממנו אלא שהניצוצין היו יורדים לפי מעלת השמות - היו נמנים כולם, או לא נמנים כלל:

ב. להחזיק ולקיים הכלים היורדים, ונמשך זה אחר העניין שפירשנו למעלה, שהייחוד אף על פי שמתעלם - אבל מציאותו מוכרח, ולכן אפילו בשעת החרבן לא נעשה חרבן גמור, אלא נתקיים בסוד היחוד, בדרך שאין היחוד מעכב השליטה הגדולה של ס"א, אלא שאין מניח לה שליטה גמורה:

ג. שלא יעשה החרבן גמור, אלא בדרך שיחזור להיתקן, [חרבן] פירוש - ביטול גמור, אלא שיוכל אחר כך לחזור ולהיתקן:

חלק ג:

א. וכן הושרשו עניני העולם הזה, שהרי כל מה שנעשה בספירות - אינו אלא שורש למה שצריך בתחתונים:

ב. שיעמוד כך כח אחד, שלא לעזוב העולם ליחרב חס וחלילה, שלא
יהיה שום נפילה שלא ישאר איזה חלק של אור מקיים, אם מיתה - יש
הבלא דגרמי, אם גלות - לא זזה שכינה להאיר באיזה אור של ישראל:

ג. אלא בכח זה הנשאר - יתוקן מה שנתקלקל, זה הנשאר, אף על פי
שהוא קטן, הוא מקיים בדרך שאחר כך יהיה התיקון:

פרק נ"ח

מ"ה בונה את הב"ן, והשפע מז"א לנוקבא:

היופי וההחמדה של מלכות אינו בה אלא כשהיסוד עמה, כי שלימותה
ממנו. ובהיותה בלא הוא - אדרבא ממנה כל חסרון וכל עוצב. ובהיותה
עמו - ממנה כל שמחה לזכר עצמו. ולכן נתחילה היה הכל בסוד ב"ן,
והיא הנוקבא בלי הזכר, משם כל העוצב. והו"ק לא פנו אל המלכות,
כי לא ניתנה להם ההחמדה. אך כשבא יסוד בסוד מ"ה - אז היא נשלמה,
והיא עצמה מעוררת ההחמדה בזכר עצמו, וזהו התיקון:

זה תירוץ לסתירה אחת שנראית לכאורה בעניין זה של המלכין קדמאין,
שאנו אומרים [שהיו] מצד מלכות, ועם כל זה [נ"א, ועל כן] היו כך
בלתי תיקון. ובמקום אחר אנו אומרים - אדרבא ששליטת המלכות
גורמת התיקון:

חלקי המאמר הזה שנים. חלק ראשון, היופי וההחמדה, והיא הקדמה
בעניין המלכות, שממנה השמחה והעוצב. חלק שני, ולכן וכו', והוא
עניין המלכין קדמאין על פי ההקדמה הזאת:

חלק א:

א. היופי וההחמדה של מלכות, מה שביארנו למעלה, שמלכות היא אילת
אהבים, שמעוררת האהבה באורות, וגורמת להם ההתלהטות, כי זה
הוא הנקרא בה יופי וחמדה. דהיינו יופי הוא הסידור הנאה של

כְּלָ"זו פָתזֹוי וזכבֹמֹה לרֹבמֹזֹו"לֹ

התיקונים, שאין שום ערבוב של חשך, אלא הכל מסודר בדרך ההנהגה שלמה, לפי התיקונים הצריכים להשפעת הטוב. וההחמדה היא נמשכת מן היופי, וכן נאמר, "ויעלת חן", פירוש - האורות מתלהטים לקראתה, כמו שמתעוררים רחמי האב על הבן שישר בעיניו, ואהבת האיש לאשתו:

ב. אינו בה אלא כשהיסוד עמה, זה הדבר מבואר הרבה בזוהר ותיקונים, והוא סוד, "ויתרון ארץ בכל היא". וזה סוד הלבנה שמעצמה היא אספקלריא שאינה מאירה, ובכח השמש היא מאירה ונראית יפה, וכן נאמר, "יפה כלבנה". וזה טבע הדין, וכל הבא ממנו, אם הוא ממותק - ממנו כל השמחה, ואם אינו ממותק - ממנו כל הרע, מה שלא יש בחסד. וגם האש כך הוא, אם הוא חום כשיעור הצריך - הוא נחת רוח גדול, ואם מתלהט הרבה - שורף. וכן היין, אם שותים כראוי - הוא יין המשמח, ואם הרבה - הוא יין המשכר. ובספר זוהר היא נוקבא, אם היא ממותקת ומתוקנת בחסדים - מעוררת כל השמחה וכל האהבה. ואם היא בלא מיתוק, אדרבא, היא גורמת כל העוצב. והיסוד הוא העומד דווקא למתק את המלכות:

ג. כי שלמותה ממנו, כי זה מה שנותן היסוד לה - הוא מה שראוי לה, כדי להיות שלמה ומתוקנת. אלא שנסדרה ההנהגה בסדר זה - שלא תהיה מתוקנת השכינה מצד עצמה, אלא שתיקונה יהיה תלוי ביסוד:

ד. ובהיותה בלא הוא - אדרבא ממנה כל חסרון וכל עוצב, זהו מה שאמרנו, שאם אינה שלמה - ממנה כל חסרון. והוא כעניין הפירות בלתי מבושלים - שהם רעים, יען אינם מתוקנים ושלמים. ובהשתלמם - הם נעשים מתוקים וטובים:

ה. ובהיותה עמו - ממנה כל שמחה לזכר עצמו, הוא עניין, "אילת אהבים" וכו', בהיותה כבר כפרי המבושל ומתוקן. וזהו תירוץ הקושיא, כשאומרים ששליטת המלכות גורמת תיקון - הוא שליטת המלכות עם אור הזכר. אך כשאומרים להיות המלכין קדמאין מהב"ן - היו חסרים, הוא להיותם, ממלכות בלא אור הזכר:

קְהִל"ת פַּתְחֵי וְחָכְמָה לְרַמֲחַ"ל

א. ולכן בתחילה היה הכל בסוד ב"ן, והיא הנוקבא בלי הזכר, הוא מה שביארנו, שכשאומרים שהמלכין קדמאין מב"ן, רוצה לומר מבחינת מלכות, בלא חיבור אור הזכר שלה:

ב. משם כל העוצב, בסוד, "הסבי עיניך מנגדי", שפירשו בזוהר, שעד שהנוקבא אינה ממותקת מן היסוד, הז"א פונה ממנה, ואינו רוצה להשפיע. ואז יש העוצב שפירשנו למעלה, דהיינו סיתום האורות. יש להקשות, אמרנו שכל שלמות הנוקבא מן היסוד, שהוא הזכר. אם כן כל עוד שהזכר אינו פונה לה - אין לה שלמות, ובעוד שאין לה שלמות אין הזכר פונה לה, אם כן איך יהיה לה שלמות, תשובה שהוכר פונה לה - רוצה לומר לתת לה השפעה, ואין זה שהיסוד מאיר בה, פירוש - הארת היסוד בה - דבר התלוי בבניינה, והוא תלוי במעשה התחתונים, שהוא הבונה ממש את הנוקבא, שהיא שרשם, וכנזכר לעיל. וכל השפעת הזכר הוא שפע וברכה, לא בניין עצמה, וזה בא אחר שנבנית כולה מן התחתונים:

ג. והו"ק לא פנו אל המלכות, כי לא ניתנה להם החמדה - אף על פי שכבר מלכות הייתה גם בספירות, לא הייתה החמדה אליה, לפי שבנינה היה חסר עדיין:

ד. אך כשבא יסוד בסוד מ"ה - אז היא נשלמה, שבספירות מ"ה היה זה העניין בכללות ההנהגה, שהיסוד האיר במלכות. ונמצאת בהנהגה - כל הבניינים והעולמות בבחינת מלכות מתוקנת כבר מן היסוד, פירוש - שלמה בבניינה. שזהו הגורם כל הפתיחות וההשפעות:

ה. והיא עצמה מעוררת החמדה בזכר עצמו, תיקון ב"ן נתיתקן כך, כשניתן השלמות לנוקבא מצד היסוד - מיד בא הזכר ומתחבר בה, והיינו עס"מ המתחברים לב"ן, בסוד, כמשלש חדשים, המפורש בדברי הרב זללה"ה. ולפי סדר זה נתקנו העולמות תמיד בסוד דוכרא ונוקבא. אך כללות הזכר נכללו כולו במ"ה, והנוקבא - ב"ן, מקבלת ממ"ה, בתחילה הארת היסוד המשלים בבינה, ואחר כך בחינת ההשפעה גם כן. ולפי סדר המתוקן הזה נבנו אחר כך כל העולמות:

ו. וזהו התיקון - כל עיקר התיקון תלוי בחיבור הכללי הזה, כי כיון
שנעשה בכלל שורש ההנהגה, נעשה אחר כך בפרט בעולמות עצמם,
וכדלקמן בס"ד:

ענייַן עולם התיקון

פרק נ"ט

שורש התיקון - חיבור מ"ה וב"ן:

התיקון הוא שנקשרו שתי ההארות - של המצח והעיניים דא"ק ביחד,
והם מ"ה וב"ן. ומיד נתעוררה האהבה בין האורות, ואינם עוד בעוצב
כמו בתחילה, אלא כל אחד מראה פנים לחבירו. ונקשרים אלה באלה,
בסוד אב ואם בן ובת. שכל אחד מראה קורבה לחבירו כפי העניין הראוי
לו:

אחר שביארנו עניני השבירה נבוא עתה לבאר התיקון שנעשה
אחריהם:

חלקי המאמר הזה שלושה. חלק ראשון, התיקון הוא שנקשרו, והוא
שורש הראשון של התיקון. חלק שני, ומיד נתעוררה האהבה, והוא
תולדות השורש הזה. חלק שלישי, ונקשרים, והוא סדר שנתחדש לפי
עניין זה:

חלק א:

א. התיקון הוא שנקשרו שתי ההארות, זהו השורש הראשון מה
שנעשה, שאחר זה נמשכים כמה עניינים אחרים, והוא מה שאמר
בספרא דצניעותא - מתקלא, וכדלקמן. והיינו שנתחברו אלו שתי
ההארות ביחד, ונולד מחיבורם האהבה, שתמצא בכל הספירות
היוצאות מהם, כדלקמן:

ב. של המצח והעיניים דא"ק ביחד, המצח הוא בסוד בקיעת התפילין,
כמ"ש זה למעלה:

קָל"זז פָתוזי וזכבמהֹ לרבמזז"ל

ג. והם מ"ה וב"ן, זה פשוט, שהאור היוצא מן המצח הוא מ"ה, ומה שיצא כבר מן העיניים הוא ב"ן, כדלעיל:

חלק ב:

א. ומיד נתעוררה האהבה בין האורות, והיינו כי השורש למעלה נתקן בסוד דוכרא ונוקבא, שהם מ"ה וב"ן. וכל היוצא משם הכל הוא בטבע שרשו - תולדה מאירה באהבה כראוי:

ב. ואינם עוד בעוצב כמו בתחילה, אלא כל אחד מראה פנים לחבירו, זה רוצה לומר שהם נסדרים בהנהגה כל אחד לעבר חבירו, והם זה כנגד זה בהבטה של אהבה, כל אור מתלהט כנגד חבירו, לא כמו שהיה בתחילה - זה תחת זה, אלא כל אחד בקו שלו עומד נגד קו חבירו, והאמצעי מחברם. ונמצא שההנהגה נעשית על ידם בחיבור אחד, כי הימין והשמאל מקבילים זה לזה כנזכר לעיל. ועדיין אין משפיעים, עד שיחברם בהסכמה אחת הקו האמצעי, והוא יגיע הכל אל מקום אחד, שהוא מלכות שהיא תחתיו. נמצאת ההנהגה יוצאת בהסכמה ועצה נכונה, לא שכל ספירה תהיה בפני עצמה, כמו שהיה בתחילה, וכמו שמבואר:

חלק ג:

א. ונקשרים אלה באלה, זה מה שמתחדש בתיקון, שכל המדרגות מתחברות במעשים - לעשותם בהסכמה, עד שנקראו בשם זה של אב ואם בן ובת, מה שלא היה במלכין קדמאין, שלא היה נקרא אלא חג"ת **[אח"י** – חסד, גבורה, תפארת, מלכות] , וזה מפני שלא היה יחס ביניהם. אבל בכאן נעשה יחס שלם, עד שבינה גם כן היא מיוחסת לחכמה, שהיא נוקבא שלו, והרי אי אפשר לו לפעול אלא עמה, ולא היא אלא עמו. וכן ז"א עם נוקבא. וגם יחס בין זו"ן לאו"א כיחס הבנים לאביהם. סוף דבר - נעשה כל עניין הספירות בהנהגה של הסכמה, ביחס וקורבה בין אור לאור, שאין שום אור בפני עצמו שלא יהיה לו יחס עם כל האחרים. דרך משל, אימא יש לה יחס עם אבא שהיא הכלי המקבל שלו, יחס עם זו"ן, שהיא המוציאה אותם. ז"א יש לו יחס עם אבא, שהוא השורש שלו, עם אימא, שהיא המוציאה אותו, עם נוקבא,

שהיא המקבל שלו, וכן כולם. נמצא כלל התיקון הוא זה - לעשות קשר זה בין המדרגות:

ב. בסוד אב ואם בן ובת, והיינו שבדרך ההשתלשלות זה נקרא התפשטות שלם, כי הרי התולדה היא בן או בת לפי החסד או הדין, והסיבות לתולדה - שנים, היינו אב ואם:

ג. שכל אחד מראה קורבה לחבירו כפי העניין הראוי לו, לפי עניין ההשתלשלות הזה - כל אחד צריך להתיחס עם חבירו. וכפי עניינו בהשתלשלו - כך היא קורבתו עם האחרים, וכמו שמבואר למעלה:

פרק ס'

מקומות הפרטיים שנשרשו בהם מ"ה וב"ן : אחר שיצאו האורות של העיניים דא"ק, שהם ב"ן, נקשרו תחת הנהגת מלכותו של א"ק. וכשיצאה הארת המצח, שהיא מ"ה נקשרה תחת הנהגת היסוד דא"ק. ואז נזדווגו יסוד ומלכות דא"ק, ולכן נתבסמו הדינים, והלכה ההנהגה בתיקון ובאהבה:

זהו תירוץ קושיא אחת הנראית לכאורה בעניין המלכין קדמאין ותיקונם, שפעם אחת אומרים שהמלכין קדמאין מן העיניים, ומ"ה מן המצח, ופעם אחת אומרים שהמלכין קדמאין בסוד מלכות דא"ק, ומ"ה היא טיפת מ"ד של היסוד שלו:

חלקי המאמר הזה שנים. חלק ראשון, אחר שיצאו, והוא המקומות שנקשרו האורות האלה. חלק שני, ואז נזדווגו, והוא דרך התיקון על ידי זה:

חלק א:

א. אחר שיצאו האורות של העיניים דא"ק, שהם ב"ן, נקשרו תחת הנהגת מלכותו של א"ק, והיינו כי האורות - זו היא מדתם, מלבד מקוריהם, יש המקורות שהם נקשרים בם, ולוקחים שליטתם והנהגתם

משם. ועל פי זה, אלה המאורות יצאו מן העיניים, ואחר כך נקשרו במלכות א"ק, והיו מקבלים ההנהגה משם:

ב. וכשיצאה הארת המצח, שהיא מ"ה, נקשרה תחת הנהגת היסוד דא"ק, והיינו לפי שהארה הזאת צריכה לתקן את האורות הראשונים, לכן נקשרה תחת היסוד, שהוא המתקן את המלכות:

חלק ב:

א. ואז נזדווגו יסוד ומלכות דא"ק, אחר שיצאו אלה האורות מן העיניים [ומצח], ונקשרו תחת היסוד ומלכות, אז נזדווגו יסוד ומלכות דא"ק לצורך האורות הנקשרים בהם:

ב. ולכן נתבסמו הדינים, זה הזיווג גרם בכללות ההנהגה מיתוק הדינים:

ג. והלכה ההנהגה כתיקון ובאהבה, אחר שבמאורות המנהגים, שהם יסוד ומלכות דא"ק, נעשה המיתוק הזה, הנה כל המתנהג על ידיהם, מתנהג כך באהבה ותיקון, והלכה ההנהגה בעולמות בתיקון זה:

פרק ס"א

חיבור מ"ה וב"ן ושלמות התיקון על ידי מעשי בני האדם:

מ"ה היה מחבר עמו כל המדרגות שהיה מתברר [נ"א, מתחבר] מב"ן, ומהם היה עושה כל האילן של הקדושה, דהיינו אבי"ע. אך נשארו עוד מדרגות מב"ן שלא נתחברו עם מ"ה. ועל כן לא נשלמה עדיין הבריאה, שיש בה כמה חסרונות, וזה הולך ונתקן מעט מעט, עד שיהיה נתקן הכל, ויהיה הכל בשלמות:

כבר אמרנו התיקון בכלל, שהלכה ההנהגה בתיקון. עכשיו צריך לפרט הדברים בפרטיו, והעניין הראשון - חיבור מ"ה וב"ן:

חלקי המאמר הזה שלושה:

קָל"זז פַּתזֹזי זזכבמה לַרבמזז"כ

א. מ"ה היה מחבר עמו כל המדרגות שהיה מתברר מב"ן, זה פירשנו כבר, שהספירות הראשונות היו ממתינות להארה אחרת שתתקן אותם. והיינו כי המלכין קדמאין, כבר פירשנו, שהיו רק עניין אחד מן דמות האדם שהמחשבה זרקתו. אך עתה בא תשלום דמות האדם באמת, שיצא מן המחשבה העליונה. ואז אפילו אותם העניינים שהיו מוציאים הרע, היו חוזרים לטובה. ולא נעשה התיקון בכלים מעצמם, שיחזרו ויתוקנו מאליהם. שהרי אלו הם עניינים שולטים רק בשעה שדמות אדם לא נתגלה עדיין. אבל כשיצא עיקר דמות אדם - אז ממילא נתקן גם העניינים הראשונים האלה. ושורש זה בישראל הוא מה שכתוב, "נפלה ולא תוסיף קום", וכתיב, "אקים את סוכת דוד הנופלת", והיינו כשנפלה כנסת ישראל, היה לפי העניין שלא גילה עדיין המלך העליון את כבודו כראוי, שהוא עיקר ההנהגה. אלא בזמן שהייתה מזדמנת ליגלות - היו דברים אלה שהיו. והנה לא רצה הקדוש ברוך הוא להחזיר אותם למה שהיו לבד, שרוצה לומר שיקומו הם מנפילתם, אלא היה רוצה להביא מציאות חדש להם, שעל ידו יהיו הם מתוקנים. והם סוד, "שמים חדשים וארץ חדשה", "אקים את סוכת דוד", בסוד מ"ה שמקים את ב"ן. ואין קימה לב"ן העצמו, אלא יוצא מ"ה החדש, שהוא עיקר ההנהגה. ואז למפרע נראה שכל מה שנעשה - אפילו מתחילה היה לטוב. ואז חוזר כל רע לטוב, והוא ב"ן הנתקן על ידי מ"ה. ושורש מה שיהיה בעולם - הוא הדבר הזה שנעשה בספירות:

ב. ומהם היה עושה כל האילן של הקדושה, פירוש העניין - כי ההנהגה צריכה להיות כך מחוברת משני דברים, מחסרון, ושלמות שמתקנו, שכל זה הולך להודיע היחוד, והנה עשתה המחשבה העליונה מתיקון זה מה שעשתה, עד שנעשו כל כך מדרגות ופרצופים, הכל מעניין זה - מהקלקולים שנתקלקלו ומהתיקון שתיקן אותם. ועל פי זה הדרך עתה מתנהג העולם, ונשאר עתה העבודה ביד האדם, להשלים תיקון הזה בכל פרטיו:

ג. דהיינו אבי"ע, והוא מה שביארנו למעלה שכל אבי"ע - כללות עניין אחד:

חלק ב:

א. אך נשארו עוד מדרגות מב"ן שלא נתחברו עם מ"ה. וזה מה שביארנו לעיל בעניין המלכין קדמאין, שנשארו חלקים שלא נתבררו עדיין, והם הם חלקי השלמות:

ב. ועל כן לא נשלמה עדיין הבריאה, זה פשוט כמ"ש, הרי חסרים דרכים בהנהגה, וחסרים חלקים בנמצאים, ונראה שעדיין צריך להשלים הבריאה הראשונה. והוא עניין, "אשר ברא אלקים לעשות", שהתחיל כדי שיושלם על ידי בני אדם:

ג. שיש בה כמה חסרונות, הרי זה מופת ברור לאמת העניין הזה - שיש חסרונות בבריאה, אם כן לא נשלם ענינה. שהרי כשיהיה נשלם - לא יישאר עוד חסרון, כמו הכלי כשנגמרה מלאכתה:

חלק ג:

א. וזה הולך ונתקן מעט מעט, וזהו מה שביארנו, שהתיקון הולך בהדרגה, כח אחר כח, עד הסוף:

ב. עד שיהיה נתקן הכל, ויהיה הכל בשלמות, וגם זה הוא כמו שכתבתי לעיל, שכל זה הוא מהלך סובב והולך, עד שישתלמו הדברים לגמרי:

פרק ס"ב

שורש שם מ"ה תיקון ושורש ב"ן הקלקולים, בהנהגה:

בספירות ב"ן נשרשים כל דברי הקלקולים, דהיינו כל מה שנותן מקום לפגמים להימצא, ואחריהם לעונשים. בספירות מ"ה - כל דברי התיקון, לתקן קלקולים אלה. ולפי ההנהגה הצריכה, צריך שכל מדרגה תהיה בנויה משניהם. ואז מצד ב"ן שבה - ימצאו כל ענייני הרע, ומצד מ"ה - כל ענייני הטוב:

אחר שהזכרנו חיבור מ"ה וב"ן, עכשיו צריך לפרש מהו תולדת כל אחד

קִלְ"זז פִּתזזי וזכבמה לרבמזז"ל

מהם:

חלקי המאמר הזה שנים. חלק ראשון, בספירות ב"ן, והוא עניין מ"ה וב"ן, כל אחד בפני עצמו. חלק שני, ולפי ההנהגה, והוא עניין חיבורם:

חלק א:

א. בספירות ב"ן נשרשים כל דברי הקלקולים, ספירות דב"ן הם שרשי הקלקולים, כמ"ש למעלה כבר, אלא שספירות מ"ה מחזירים אותם לטוב כנזכר לעיל. אך לפי שלא נקבעו הדברים בשלמות, יכול להיות שספירות מ"ה יתגברו על ב"ן, ולא יהיו אלא לטובה, ויכול חס וחלילה לחזור ולהתעורר הטבע של ב"ן, שעדיין לא נשתנה לגמרי, שלא יניח מ"ה להתגבר עליהם. ומשם יוצאים הקלקולים חס וחלילה:

ב. דהיינו כל מה שנותן מקום לפגמים להימצא, כי סדר הקלקולים כך הוא - אם לא היו דרכים מוכנים, שבהם האורות יכולים ליחשך ולהיפגם חייו, אז לא היה מציאות זה של קלקול בעולם. אלא כבר הדרכים מוכנים בדקדוק ושיעור, לא פחות ולא יותר ממה שצריך. ועל ידי זה הפגמים נעשים למעלה, והעונשים למטה, כדלקמן. וכלל הדרכים האלה הם לפי הנהגתו של ב"ן:

ג. ואחריהם לעונשים, זה פשוט, כי כשנתחשכו האורות למעלה - כך פוסקת טובה מן הגורם הדבר הזה למטה. וכך מתגברים עליו מדרגות של ס"א, שתוקפת בפגם ההוא, ועושה לו רעה לפי מעשיו, בעוד שיש רושם פגם ההוא למעלה, שהולך וכלה לפי העונש שסובל החוטא:

ד. בספירות מ"ה - כל דברי התיקון:

ה. לתקן קלקולים אלה, שהם בהקבלה - תיקוני מ"ה הם לתקן קלקול ב"ן. ועל פי הסדר הזה נעשה ההתחברות של מ"ה וב"ן. כי לקלקולים הנזכר לעיל צריך לתת לתת אותם התיקונים, המתקנים דווקא אותם הקלקולים:

חלק ב:

א. ולפי ההנהגה הצריכה - השכר והעונש הצריך, בסוד הבחירה כידוע:

ב. צריך שכל מדרגה תהיה בנויה משניהם, שהרי בכל מדרגה יש עבודה לפי אותה המדרגה, וכל העבודה היא בבחירה. ובכל מקום שיש בחירה - יש קלקול ותיקון, שכר ועונש. על כן צריך שכל מדרגה תהיה בנויה משניהם:

ג. ואז מצד ב"ן שבה - ימצאו כל עניני הרע, ומצד מ"ה - כל עניני הטוב:

פרק ס"ג

זיווגי מ"ה וב"ן בדרך דוכרא ונוקבא, והתולדות:

כיון שההנהגה הולכת כך - בסוד חסד ודין, שורש הטוב ושרש הרע, לכן לכל פעולה צריך שני מולידים. ועל כן לא יצא אור אחד אלא על ידי שני אורות שימשיכו אותו. ושני האורות יהיו - אחד זכר מצד מ"ה, ואחת נוקבא מצד ב"ן. ואז יולידו האור הצריך להיוולד - בנוי ממ"ה וב"ן גם כן:

אחר שביארנו פעולת מ"ה וב"ן מה הם בהנהגה, עתה נפרש עניין התולדות המשתלשלות מהם ביחד:

חלקי המאמר הזה שניים. חלק ראשון, כיון שההנהגה, והיא הקדמה בעניין התולדות המשתלשלות מן הספירות. חלק שני, ועל כן לא יצא, השתלשלות האורות בסוד דוכרא ונוקבא:

חלק א:

א. כיון שההנהגה הולכת כך - בסוד חסד ודין, היינו לשכר ועונש:

ב. שורש הטוב ושורש הרע, כל הדברים האלה הילוך אחד הם, חסד ודין לעניין שכר ועונש, וכן לעניין עבודה - הקלקול והתיקון:

ג. לכן לכל פעולה, כי כל דבר צריך שיצא מוסכם משני צדדין, אם מצד הטוב הוא בא - הוא שולט, והרע מסכים על ידו, ואם להיפך חס וחלילה

- אז הוא להיפך. נמצא שבכל פעולה יש חלק משניהם. וזה בין בפעולות של הנהגת הבריות, כמו בבריות עצמם, שכבר הם יוצאים משורש אחד עם הפעולות, כידוע. עד שכל בריה מראה אחת מפעולות ההנהגה. וכן באורות עצמם למעלה המשתלשלים לצורך ההנהגה:

ד. צריך שני מולידים, כי צריך שיהיו סיבות ראויות להמשיך המסובב שלהם, ונקרא לו שני מולידים:

חלק ב':

א. ועל כן לא יצא אור אחד, ראשית זה הדבר היה באורות העליונים, כמ"ש למעלה. שהרי הם המתאצלים לצורך ההנהגה, שלכל אחד יש לו פעולה בפרט. ולא יצא זה האור בהשתלשלות, אלא אם כן יהיו לו לשורש שני סיבות ראויות, שניהם להוציא תולדה, אז יצא מורכב משניהם:

ב. אלא על ידי שני אורות, זהו דרך השתלשלות, שהאור מתאצל ויוצא מתוך אור אחר, כיון שהוא מסובב ממנו לפי ההדרגה:

ג. שימשיכו אותו, האור המתאצל הוא עניין פרטי, מקורו מן הרצון העליון, שהוא בעל כל הכוחות, שהם מתגלים ממנו אחד אחד. ולפי שרצה להראות ההדרגה - שם ההשתלשלות, להראות לפי הסדר מהו ראשון, ומהו שני לו. ולהראות המשך זה, צריך שאור אחד ימשיך אור אחר מן המקור העליון, והוא בסוד התחדשות המוחין והזיווג, כדלקמן במקומו בס"ד:

ד. ושני האורות יהיו - אחד זכר מצד מ"ה, ואחת נוקבא מצד ב"ן, רצה הרצון העליון להראות ההשתלשלות בהדרגה, כח אחר כח, עד שמגיעים לשלמות, כמבואר למעלה. והוא עניין בורא בשיתופא דאתוון, שפירשו בתיקונים, שהרבה כוחות צריכים להימצא כדי להמציא עניין אחד. וצריך לדעת מה הוא כח הראשון, ומה נמשך אחריו, עד שיובן דרך המצאת הנמצא ההוא. ועל כן הראה הכוחות משתלשלים זה מזה, כנזכר לעיל, והוא בדרך מחשבת בני האדם שיש בה כוחות, ומתחדשים בה התלהטות חדש, שהם המחשבות החדשות,

או הידיעות החדשות. אמנם כל פעולת הנשמה, או בגוף, או בנשמה, או בהתחבר נשמה עם נשמה, פירוש נפש החיונית עם השכלית, וכיוצא, הכל הוא רק בסוד זיווג. והיינו כי כדי להראות ההשתלשלות - צריך שימצא סיבה להשתלשל [נ"א, למשתלשל], ראויה להוציא אותו, וזה סוד פרצוף. ודרך הוצאת המסובב אינו דרך התלהטות גרידא, אלא דרך זיווג ממש, שמתחיל שורשיו במוחי הכח ההוא, נמשך דרך היסודות. ויש שתי סיבות לכל משתלשל - אחת נותנת השורש הכללי, ואחת שנותנת ההכנות והתיקונים הפרטים לכל הכלל ההוא. והוא סוד דוכרא ונוקבא ממש, שמן הזכר יוצא הזרע, ובנקבה הולך ומצטייר ומקבל תיקוניו. ויש שני דרכים בעניין זה, שהרי גם הנקבה מזרעת, כמו שאמרו רז"ל - אישה מזרעת אודם וכו', רוצה לומר שאפילו בחומר עצמו נמצא חלק גם לנקבה, והוא חלק האודם שבגוף. אך מלבד זה יש שמן הזכר ניתנת כח הצורה בכלל, ורוצה לומר כח הצורה בכלל של דמות אדם נמצא בכח זכר, ופרטיות הציור - מצד הנקבה. ונמצא שכשרצה הרצון העליון להראות כוחותיו בדרך זה, אז לקח לו, אף על פי שאינו צריך, דרך המחשבה של בני אדם, שמחשבים דבר אחר דבר בסדר והדרגה, אף על פי שבמאמר אחד יכול לברוא את הכל. ורצה להראות ההשתלשלות של כל כח - מהיכן יוצא, מאיזה סיבה כלליו ופרטיו, וכל הדברים מה שאפשר להבחין בו. ועל כן סדר כוחותיו, אותם המגיעים לעניין בריאת העולמות, שיפעלו בדרך זה שנקרא דרך דוכרא ונוקבא, כמו שפועלים כוחות הנשמה בנשמה עצמה. ופרצוף - הוא הדרך שצריך לעמוד הסיבה כדי שתהיה ראויה להמשיך המסובב שלה ולגלותו. ובזה הדרך מתפרטים כוחות הנשמה עצמם, ואז יש להם כח לחדש, ואם לא - לא היה להם כח. נמצינו למדים שני דברים בסוד דוכרא ונוקבא, אחד - שתשלום הוצאת המסובב אינו אלא על ידי שנים, מצד ההכנות, וגם מצד חלקי המסובב עצמו, ולכן מתחלקים כן - שהזכר ימשיך לובן, והנקבה אודם. העניין האחר - שהזכר משפיע בכלל, והנקבה מציירת, יתבאר לקמן במקומו בסיעתא דשמיא. אך בכאן די לנו להבחין דוכרא ונוקבא בעניין מ"ה וב"ן, שהרי שניהם צריכים להיות סיבה מולדת, אחת חלק אחד והיינו מ"ה, ואחת חלק אחר והיינו ב"ן:

ה. ואז יולידו האור הצריך להיוולד - בנוי ממ"ה וב"ן גם כן, והיינו כי

תַכְלִ"ת פָּתִיחֵי וְזַכְבָּה לְרַמַזַ"ל

הכוונה הזאת היא, שיהיה גם הנולד מחובר כך. על כן צריך שני מולידים, שיתנו כל אחד חלק בנולד ההוא:

פרק ס"ד

סדר המשכת מ"ה וב"ן וחיבורם דרך דוכרא ונוקבא:

מכלל הספירות שנשברו וירדו מתבררים חלקים מה שמתבררים, ועולים לקבל אורותיהם באצילות, וזה על ידי הנוקבא שמעלה אותם כך. וכנגדם יורדים מדרגות מן המ"ה, כלי ואור, ומתחברים עמהם, וזה על ידי הזכר שממשיך אותם כך, ונותן אותם בנוקבא. אף על פי כן בתיקון הכלים העולים על ידי הנוקבא נכנס גם הזכר, והוא מתקן הימין שבהם, והנקבה מתקנת השמאל שבהם. ואחר כך מתחברים החלקים ביחד. וכן מתחבר מ"ה עם כל אחד מהם, ונשלמת התולדה:

חלקי המאמר הזה שנים. חלק ראשון, מכלל הספירות, והוא דרך המשך, דרך דוכרא ונוקבא, איך ממשיכים להוליד האור שצריך להוליד מהם. חלק שני, אף על פי כן בתיקון וכו', והוא שגם במה שממשכת הנוקבא - נכנס הזכר להשלים התיקון:

חלק א:

א. מכלל הספירות שנשברו וירדו, והוא עניין הבירור שפירשנו למעלה, הנעשה מכללות המלכין קדמאין:

ב. מתבררים חלקים מה שמתבררים, והיינו לקבוע חוקי ההנהגה - הנה מתברר מה שמתברר מכל העניינים, מה שהיה כלול במלכין קדמאין, מה שראוי להיות בחוק ההוא שרוצה המחשבה העליונה לקבוע אותו:

ג. ועולים לקבל אורותיהם, זה פשוט, שהם צריכים לקבל האורות בהם, כדי להנהיג כראוי:

ד. באצילות, באצילות של אבי"ע הנעשים מבי"ע, כי עתה המדרגות נתחלפו כבר, והוכנו ארבע המקומות אבי"ע. והכלים שהיו בבחינת

209

ירידה - נחשב להם עליה על כל פנים, שבאים להיות הנהגת אצילות, שורש ההנהגה של עכשיו, מקום התאצלות כל האורות:

ה. וזה על ידי הנוקבא, כל העניינים התלויים בבירורים האלה, בין בעלייתם, בין בקבלת אורותיהם, כל מה שהוא בחינת ב"ן, תלוי ענינו בהתעוררות הנוקבא המעלה אותם:

ו. שמעלה אותם כך, בכל הפרטים שיכולים להבחין בהם:

ז. וכנגדם יורדים מדרגות מן המ"ה, נקראים יורדים בסוד מ"ד, שהרי נמשכים מלמעלה לגבי הנוקבא, שהוא מקום קיבוץ האורות, להשתלם בסוד הסיבה המשלמת כנזכר לעיל:

ח. כלי ואור, זה פשוט לפי עניין ההנהגה:

ט. ומתחברים עמהם, כי הכוונה לעשות מ"ה וב"ן בחיבור אחד, לעשות גוף אחד ממש, ולא שיהיה שני גופים נפרדים.

יש להקשות, למעלה אמרנו שמ"ה מברר מב"ן כראוי לו, וכאן אומרים שב"ן מתברר, ולפי ב"ן יורד מ"ה. תשובה, האמת שבתחילה כבר נעשה סידור זה של מ"ה וב"ן, איזה חלקים ראוים לאיזה חלקים, ומ"ה הוא המברר לפי ענינו, בסוד טיפת מ"ד דא"ק שביסמה המלכין קדמאין, כאמור למעלה, בסוד יסוד דא"ק שביסם את מלכות, שמסוד זה יצא אחר כך רדל"א, כדלקמן. אחר כך הייתה כל נוקבא מבררת מה שראוי לפי התחלקות העליון השרשי שזכרתי:

י. וזה על ידי הזכר שממשיך אותם כך, בכל הפרטים שלהם, כמ"ש בנוקבא.

יא. ונותן אותם בנוקבא, זה העניין שזכרתי למעלה, שמלבד שנוקבא נותנת חלק בנולד עצמו, גם מציירת הכל, אפילו חלק הזכר. והעניין הוא, כי מ"ה וב"ן הם מראים עניני הקו והרשימו, שזכרנו למעלה. וזה כלל גדול בספירות, יש אורות שהם עצמם העיקרים הראשונים באיזה פעולה, נעשה בהם מה שצריך לפי הפעולה ההיא. ויש אורות אחרים שאינם אלא מראים האורות הראשונים ההם, ונעשים גם בהם דברים

לפי עניין אותם האורות שהם מראים. פירוש - מ"ה וב"ן שניהם ביחד אורות שיוצאים מא"ק, שבשניהם יש כלי ואור, שהם מן הקו והרשימו, אלא שמ"ה עשוי להראות הקו, וב"ן עשוי להראות הרשימו. ולכן ענייני הב"ן, בין אורות, ובין כלים, נדונים על פי עניין הרשימו, ונעשים בו מעשים על פי עניינו. ומ"ה נידון בכל חלקיו על פי עניין הקו, שנעשים בו מעשים על פי עניינו. אך מצד עצמם עוד יהיה חילוק באורות ובכלים שלהם עצמם, לפי מה שהם, כי לעולם אור מן הקו וכלי מן הרשימו. אך העיקר - להבין הדברים זה לגבי זה. ותועלת דרך זה הוא, שהרי צריכים לבוא אל האדם למטה, וכל הגשמים, שאינן אלא ציור מכל ההנהגה, ומתנהגים חלקיו ועניניו לפי מה שהם רומזים בהנהגה, אף על פי שכולם בעולם השפל הזה. והנה הרשימו הוא פרוט הקו, כי הכוחות, שהם בכלל אחד בקו, הם מתפרטים ברשימו בכל חלקיו, כמבואר במקומו בס"ד, בסוד נשמה וגוף. ועל כן הזכר ממשיך מ"ה, וממשיך כח הצורה בכלל, ונוקבא ממשכת ב"ן, וממשכת ענייני הצורה בפרט, שבה מצטייר הנולד ההוא:

חלק ב:

א. אף על פי כן בתיקון הכלים העולים על ידי הנוקבא נכנס גם הזכר, והוא מתקן הימין שבהם, והנקבה מתקנת השמאל שבהם, זה תירוץ קושיא אחת שנראית לכאורה בדברי הרב הקדוש זללה"ה, שבמקום אחד אומר שנוקבא מעלה בירורי ב"ן, והזכר מוריד מ"ה, ובמקום אחר אומר שאבא מברר החלקים הימינים של ב"ן, ואימא השמאלים, כאמור בסוד שלושה ימי קליטה. והתירוץ הוא זה, ההמשכה היא מן הנוקבא, אך התיקון ובירור של החלקים העולים - נכנס גם הזכר בזה, שהוא מתקן הימין, והיא השמאל, ואחר כך מתחברים. והטעם הוא - כדי לתקן חסד דין רחמים שבהם, שלא היה מתוקן בתחילה, וצריך להסתדר בהם מן השורשים של זה העניין, דהיינו חסד מאבא, דין מאימא, רחמים מדעת המחבר. מה שאין צריך מ"ה, שכבר יצא מתוקן מן השורשים כראוי בסוד קוים:

ב. וכן מתחבר מ"ה עם כל אחד מהם, ונשלמת התולדה, והיינו מה שהמשיך אבא בעצמו כנזכר לעיל, שכבר כלול מכל הבחינות האלה.

וכיון שנתקן ב"ן - אז מתחבר עמו מ"ה עם כל הבחינות האלה המתוקנות:

פרק ס"ה

עניין הדוכרא ונוקבא שלפני הנקודים ושלאחר התיקון, בסוד המתקלא:

עניין הדוכרא ונוקבא נמצא גם למעלה מזה, כיון שכבר הושמה ההנהגה בסוד חסד ודין. אלא בנקודים היה השינוי, שבתחילה לא היה בהם תיקון דוכרא ונוקבא, יען יצא הב"ן לבדו, ואחר כך ניתן בהם מ"ה על ידי התיקון. ולכן כל שורש של דוכרא ונוקבא שמהאצילות ולמטה תלוי במתקלא, שהוא סוד חיבור מ"ה וב"ן:

זה תירוץ קושיא על שאמרנו שדוכרא ונוקבא נתחדש אחר התיקון:

חלקי המאמר הזה שניים. חלק ראשון, עניין הדוכרא ונוקבא, והוא הקדמה זאת שיש דוכרא ונוקבא למעלה. חלק שני, אלא שבנקודים וכו', והוא עניין אחד פרטי שיש בנקודים בעניין זה, שבו מתורצת הקושיא הנזכר לעיל:

חלק א:

א. עניין הדוכרא ונוקבא נמצא גם למעלה מזה, זה פשוט, שהרי נראה מן הדרושים שכבר היה זיווג דע"ב וס"ג דא"ק קודם שיצאו הנקודים:

ב.כיון שכבר הושמה ההנהגה בסוד חסד ודין, וזה ראיה. וגם טעמא דמסתבר על היות הזיווג. והיינו שכל עניין זה נמשך מפני שכיון שכל אבר מורכב מחסד ודין, צריך לו שני מולידים כנזכר לעיל. אך הרכבה זאת היתה גם בָּאורות העליונים אחר שנהיה הצמצום, אחר שיש קו ורשימו, אם כן גם שני המולידים צריך שיהיו:

קָל"זו פָּתוֹזי וזכמֹה לרבמֹז"ל

א. אלא בנקודים היה השינוי, שבתחילה לא היה בהם תיקון דוכרא ונוקבא, אם כן קשה איך אנו אומרים שדוכרא ונוקבא תלוי במתקלא, שהיה בזמן התיקון. אלא התשובה היא, שזה העניין אינו כללי, אלא פרטי. פירוש - שבנקודים לא היה זיווג אלא אחר התיקון:

ב. יען יצא ב"ן לבדו, זהו הטעם הפרטי שהיה בנקודים, לפי הכוונה המכוונת בהם, כמ"ש עד עתה:

ג. ואחר כך ניתן בהם מ"ה על ידי התיקון, שהוא עניין חדש שנתחדש בעולמות האלה, בבחינת מ"ה שנתגלה:

ד. ולכן כל שורש של דוכרא ונוקבא שמהאצילות ולמטה תלוי במתקלא, שהוא סוד חיבור מ"ה וב"ן, זהו מה שאנו אומרים שדוכרא ונוקבא בא מן המתקלא, כי היות למעלה חסד ודין - לא גרם לנקודים להיות בדוכרא ונוקבא, מפני השינוי שהיה בהם כנזכר לעיל. רק המתקלא הוא שחידש עניין זה, על כן נתלהו בו. וזה פשוט, כיון שהוא נמשך ממנו, הרי יתנהגו אחריו בכל העניין, ובעבור זה נכירהו לשורש שלו:

פרק ס"ו

סוד זיווג, עיבור, ולידה:

תיקון כל דבר על ידי דוכרא ונוקבא הוא בסוד זיווג, עיבור ולידה. בזיווג נמשכים החלקים דמ"ה וב"ן, עד שניתן הכל בנוקבא. ושם נמצא בכלל אחד כל מה שצריך להימצא באור ההוא, שלא יהיה צריך להוסיף או לגרוע. אחר כך צריך לפרט זה הכלל לחלקיו, ואינו מתגלה בפני עצמו, עד שיעמיד כל חלקיו בגילוי שלם. ועל כן עד הזמן ההוא נעלם באור שהוא נתלה בו, לקבל ממנו שלמותו, וזה מצד השתלם האורות אלה על ידי אלה. כשהגיע למדרגה שנראו כל פרטיו, אך שלא יהיה בכל אחד מהם אלא שיעור הארה היותר קטנה שאפשר להיות, אז הוא

קְל"ח פִּתְחֵי חָכְמָה לְרַמְחַ"ל

מתגלה כפני עצמו, כיון שכבר אין יש פרטיות אור להיפרט עוד, אלא
להוסיף כח והארה. והתגלותו מן המאור העליון לחוץ - זהו שיקרא
לידה:

אחר שביארנו עניין התיקון בדוכרא ונוקבא, עתה נבאר פרטיות עניין
זה:

חלקי המאמר הזה שניים. חלק ראשון, תיקון כל דבר, והוא הקדמה
כללית בעניין זה, מה שנתקן בדוכרא ונוקבא. חלק שני, בזיווג נמשכים
וכו', והוא פרטיות ההקדמה הזאת:

חלק א:

תיקון כל דבר על ידי דוכרא ונוקבא הוא בסוד זיווג, עיבור ולידה, כי
כבר ידענו איך כל זה הוא סוד דמות אדם, וכשבאנו לעניין זה של
דוכרא ונוקבא, הרי כל עניניו יתנהגו על פי מה שיש בעניין זה למטה,
והיינו זיווג, עיבור ולידה:

חלק ב:

א. בזיווג נמשכים החלקים דמ"ה וב"ן, זה כבר מבואר בסוד
ההשתלשלות, שאורות יוצאים מאורות, וההמשכה תלויה בזיווג,
בהתעוררות היסודות שיש להם סגולה לזה, וכמו שנבאר עוד במקומו
בס"ד:

ב. עד שניתן הכל בנוקבא:

ג. ושם נמצא בכלל אחד כל מה שצריך להימצא באור ההוא, שלא יהיה
צריך להוסיף או לגרוע, זה מבואר כי הנה סיבת המצא האור
המשתלשל הוא רק הזיווג. והנה אי אפשר להימצא שום דבר בנושא
שלא יהיה סיבה מסבבת אותו. כשנשלם הזיווג - הסיבה הראשונה
השלימה כבר לתת מה שיש לה לתת לו, ואין עוד סיבה אחרת פועלת
בו. אם כן אי אפשר להימצא בו עוד שום דבר מה שלא נמצא בו כבר.
אמנם שלא יהיה סיבה אחרת פועלת בתולדת הזיווג - פשוט הוא, כי
תולדת הזיווג הוא מה שאי אפשר לצאת ולהימצא אלא על ידי זיווג,

שעל כן הושם הדרך הזה להיותו הפרטי של ההשתלשלות. אם כן ודאי הוא שכיון שנשלם הזיווג כבר יש בסיבה שלו כל מה שצריך להימצא בתולדה שתבנה משם:

ד. אחר כך צריך לפרט זה הכלל לחלקיו, זה מבואר, שההדרגה כך הולכת תמיד, שבתחילה יש כלל, אחר כך יתפרט הכלל לחלקיו:

ה. ראינו מתגלה בפני עצמו, עד שיעמוד כל חלקיו בגילוי שלם, כיון שבדרך הדרגה אנו הולכים, הנה שום אור אינו יכול לפעול פעולותיו עד שיהיו מגולים בו כל חלקיו, כי כולם צריכים כדי להוציא ממנו הפעולה ההיא. ועל כן עד שאינו כך, לא נוכל למנות אותו בין כוחות המנהיגים:

ו. ועל כן עד הזמן ההוא נעלם באור שהוא נתלה בו, כבר שמעת איך רצה הרצון העליון לגלות הכוחות בדרך ההשתלשלות, איך זה יוצא מזה. והנה לא נגלה עניין שיצא שני מן הראשון, עד שהוציאו הראשון באמת בכל כוחותיו. ועד שלא נשלם כך, הנה אינו אלא מתעלם בכח המוציא אותו, עד שיעצור כח, הכח ההוא לגלות כל חלקיו. ואז יראה לחוץ כח הנהגה אחת שלמה, שמשתלשלת ממנו. ואז ילך ויתלבש בו, כדרך כל העליונים שמתלבשים בתחתונים המנהיגים אותו. אבל בתחילה אינו אלא נעלם בו, ולא נתגלה לחוץ כלל:

ז. לקבל ממנו שלמותו, היינו שיוכל לצאת בהשתלשלות בגילוי כל חלקיו:

ח. וזה מצד השתלם האורות אלה על ידי אלה, והוא סוד ההשתלשלות שזכרתי:

ט. כשהגיע למדרגה שנראו כל פרטיו, היינו כי שני דברים צריך להבין בכל מדרגה, כמות הפרטים שבה, וכמות הכח שלהם. כמות הפרטים צריך שיתגלו כולם, כי כל פרט הוא שורש לפעולה אחת, או לתנאי פעולה אחת. אך כמות הכח - אין לו אלא לעשות הפעולה עצמה ביותר כח או בפחות. על כן גילוי כל הפרטים צריך שיהיה קודם שיגלה האור המשתלשל, כדי שיהיה שלם בכוחותיו, כי אחר כך לא יהיה נוסף שום

גילוי ושום כח, אלא תוספת אומץ בכוחות עצמם - זה יכול להיות. אדרבא, לפי סדר ההדרגה נבדלים הזמנים, יש זמן גילוי הפרטים, ובכלות הזמן ההוא אי אפשר לגלות עוד פרטים אחרים, אלא יבוא אחריו זמן תוספת הכח בפרטים הגלויים כבר:

י. אך שלא יהיה בכל אחד מהם אלא שיעור הארה היותר קטנה שאפשר להיות, אז הוא מתגלה בפני עצמו, הוא מה שביארנו. והנה יש בכמות הכח עצמו - הדרגה. אך מיד שמגיע אפילו להדרגה הראשונה, כשיש כל הפרטים, הוא מתגלה בפני עצמו, שכבר הוא הנהגה אחרת שלמה, מלבד ההנהגה הראשונה שהוציאתו. יא. כיון שכבר אין יש פרטיות אור להיפרט עוד, אלא להוסיף כח, שאם היה פרטיות, לא היה יכול להיות נוסף. אבל כח והארה יכול להיות נוסף. וזה, כי שינוי הכוחות מהדרגה להדרגה תלוי בעניין ריבוי האורות שבפנים, שהם מרחיבים או מקצרים לפי מדת הכלים. אך כמות הכוחות תלוי בחלקי הכלים עצמם. ומה שנתחבר לקבוע בו הנהגה - נתחבר בתחילה קודם שיצא משם לחוץ, כי כשיוצא - כבר נודע הנהגתו בצאתו, ויורד תחת ענפיו, וזה אי אפשר להשתנות ולהתרבות. אך אותה ההנהגה עצמה יכולה לעלות או לרדת לפי האורות שבאים ומחדשים הפרצוף עצמו. יב. והארה, כי הוא לפי עצמו הארה לפי צפית המרכבה. יג. והתגלותו מן המאור העליון לחוץ - זהו שיקרא לידה, זה פשוט לפי עניין דמות האדם:

<u>פרק ס"ז</u>

קיפול רגלי א"א:

קיפול רגלי א"א היה הכח הראשון שניתן לכלים הנשברים להתעלות. ומשם והלאה יכלו להיות כל העליות שבהם. והאמת, שהכלים היו תלויים באלה הרגלים, ובתחילה היו מתקיימים על ידם למטה. ובהקפלם - ניתן גם בכלים כח החזרה למעלה. וזה מה שא"א הוא שורש לכל, וזה היה החלק של א"א, שבו היו נשרשים הכלים בזמן רדתם. ואחר כך נשרשו גם בחג"ת, כשנתוסף בהם התיקון:

קְכֹּל"חז פֿתוזי וזכבוה כֹרבמווז"כֹ

חלקי המאמר הזה שלושה. חלק ראשון, קיפול רגלי א"א, והוא עניין קיפול רגלי א"א. חלק שני, והאמת, עניין הקיפול הזה איך גורם, מה שגורם לכלים. חלק שלישי, וזה מה וכו', טעם למה בא"א היה עניין זה:

חלק א:

א. קיפול רגלי א"א היה הכח הראשון שניתן לכלים הנשברים להתעלות, שאנחנו רואים שהוצרכה עליה זאת של הרגלים, להעלות הכלים למעלה בפעם ראשונה, ולא הוצרך עוד בענייני הכלים שום דבר מא"א. אך העניין הוא, שלהביאם לידי עליה - הוצרך כן. ומשם והלאה, בכח הקיפול הזה יעלו כל העליות הראויות להם. וזה:

ב. משם והלאה יכלו להיות כל העליות שבהם, שזאת הייתה הפעולה, שחידש עניין זה של עליה בכלים:

חלק ב:

א. והאמת, בלא זה גם כן היינו יכולים להבין שגם זה הקיפול היה התעוררות של אור חוזר שהגיע עד הכלים האלה. אך האמת בפרט, הוא זה שנאמר:

ב. שהכלים היו תלויים באלה הרגלים, דהיינו כי כבר שמעת, שגם בהיותם למטה, הייתה באה להם הארה שהייתה מקיימת אותם. והארה הזאת באה להם משם, כי שם היו תלויים, כדלקמן בחלק ג'. ועל כן כשהוצרכה הארה - באה להם משם, ולשהוצרכה עליה - באה להם משם. וזהו:

ג. ובתחילה היו מתקיימים על ידם למטה, דבר זה נראה ממה שבעלית הרגלים הם עולים, שמע מינה שיש להם תליה באלה הרגלים. ואנו רואים שעד שהוצרכו הכלים להתעכב למטה, היו הרגלים למטה, ומאירים בהם, וכשהוצרכו לעלות - נתקפלו. מכאן נבין שהכלים תלויים באלה הרגלים כנזכר לעיל. וכשהוצרכו לבת למטה, היו הרגלים למטה ומאירים בהם, וכשהוצרכו לעלות - נתקפלו, ועלו אחריהם. וזהו:

ד. ובהקפלם - ניתן גם בכלים כח החזרה למעלה, הקיפול נעשה בכח ההתעוררות של החזרה, והגיע התעוררות הזה גם לכלים התלויים בהם, ועלו גם כן:

חלק ג:

א. וזה שא"א הוא שורש לכל - מה שייך [א"א] בכלים, אלא שא"א הוא שורש הכל, וגם אלה הכלים ודאי צריך שיהיו נשרשים בו:

ב. וזה היה החלק של א"א, שבו היו נשרשים הכלים בזמן רדתם, פחות מרגלים לא יש, ובזמן רדת הכלים היו נשרשים רק בחלק כל כך תחתון, וזה כפי ערכם:

ג. ואחר כך נשרשו גם בחג"ת, כשנתוסף בהם התיקון, זהו תועלת הקיפול - שנשרשו גם בחג"ת, כמבואר בדברי הרב זללה"ה:

פרק ס"ח

חלקי הבריאה וחוקיה, לצורך תיקון הכללי:

החלקים העולים, והדרגותיהם, ודרכי חיבוריהם - זהו דווקא מה שצריך להיעשות העולם הזה בדרך אשר הוא צריך להיעשות, בכל כך תיקונים, בכל כך חסרונות, בכל כך חוקים, כמו שצריך לתשלום סיבוב ההנהגה:

אחר שנתבאר עניין תיקון אלה הכלים, שמ"ה מברר אותם, ומה שמברר ומחבר אליו, ועליות שהם עולים, נבאר עתה החוק לכל זה, שבו הם נדונים בכל פרטיהם:

חלקי המאמר הזה שניים. חלק ראשון, החלקים העולים, והיא הקדמה כללית בעניין זה. חלק שני, בכל כך תיקונים, והוא ביאור ההקדמה:

חלק א:

א. החלקים העולים - הבירורים המתבררים לצורך כלי הפרצוף:

ב. והדרגותיהם - הדרגות העלייה, כגון שהיו הכלים עולים בתחילה למקום נה"י דאצילות, ואחר כך עולים למקומם מעט מעט. וכל פרצוף, שיורד בתחילה בראש הבריאה, משם עולה לאצילות, וכל שאר העניינים שבדבר הזה:

ג. ודרכי חיבוריהם, היינו כגון היות מ"ה בעתיק בפנים, וב"ן לאחור, ובא"א - מ"ה ימין וב"ן שמאל, וכל שאר העניינים שבזה:

ד. זהו דווקא מה שצריך, כי ודאי החכמה העליונה עשתה הכל בדקדוק משוער מה שצריך, לא פחות ולא יותר, שהרי מדרגה אחת למעלה, ומדרגה אחת למטה - הדברים משתנים מיד. דרך משל, האדם - מדרגה אחת יותר עליונה שהיה, לא היה בו יצר הרע, כמו המלאכים, מדרגה אחת יותר תחתונה - היה כמו בהמה:

ה. להיעשות העולם הזה בדרך אשר הוא צריך להיעשות, שיהיה בתכונה שצריך שיהיה, לפי הכוונה התכליתית המכוונת בו, דהיינו הבחירה, והחזרת הרע אל הטוב:

חלק ב:

א. בכל כך תיקונים, בכל כך חסרונות, כבר ביארנו דבר זה למעלה, שתכונת הנבראים תלויים בסיתומים ופתיחות, ולעשותם חזקים כמה שצריך, וחלשים כמה שצריך:

ב. בכל כך חוקים, - סוד שימוש התיקונים והחסרונות, כל אחד בזמן ובסוד שצריך:

ג. כמו שצריך לתשלום סיבוב ההנהגה, השיעור המשער כל זה הוא תשלום סיבוב ההנהגה. כי הכל משוער בדרך שיוכל בסיבובו להגיע אל הסוף הכללי, שהוא הטוב השלם:

קִל" זז פֿתזזי זזכבה לרבמזז"ל

פרק ס"ט

מתקלא שיתוף כל האורות:

מציאות התיקון הוא משקל מה שצריכים כל האורות לתקן איש בעד
חבירו, בכל כך מיני פתיחות, ובכל כך מיני סתימות, שבין כולם נמצאת
ההנהגה מתוקנת בכל הסדרים הגדולים שיש לה לסבב כל הבריאה
בסיבוב אחד, שבו כל דבר יסתיים בטוב ושלמות גמור:

אחר שביארנו העניינים מה שנעשו כדי לחבר מ"ה וב"ן, ולבנות מהם
העולמות, עתה נבאר בכלל אחד מהו הסדר הכולל, שמתקן בעולמות
האלה:

חלקי המאמר הזה שניים. חלק ראשון, מציאות התיקון הוא משקל,
והוא כללות עניין התיקון מה הוא. חלק שני, בכל כך מיני, והוא פירוש
העניין הזה:

חלק א:

א. מציאות התיקון הוא משקל, פירוש - זה סוד המתקלא שהזכירו בסוד
דוכרא ונוקבא, שהוא תיקון העולמות:

ב. מה שצריכים כל האורות לתקן איש בעד חבירו, פירוש - כי כיון
שההנהגה צריך שתצא בהסכמה, לא דִי שיהיה כל כח לעצמו, אלא
צריך שיביט על חבירו, ויוכנו הכנות בכל אחד - מלבד מה שצריך
לענייניו - מה שראוי לצורך האחרים, להתחבר עמהם:

חלק ב:

א. בכל כך מיני פתיחות, ובכל כך מיני סתימות, הוא הדבר שכבר
נתפרש, שהפתיחות והסתימות הם הם המשנים את ההנהגה, להחזיק
הדברים או להחליש, כפי הצורך:

ב. שבין כולם נמצאת ההנהגה מתוקנת, זה פשוט, כי כל עניין שיש
באורות - יש תולדה בעולם, ועניני כל מה שמוכן באורות - הם כל
התולדות שבהנהגה:

ג. בכל הסדרים הגדולים - עומק ההנהגה הגדולה שהקדוש ברוך הוא מסבב, שאין שום שכל יכול להשיג אותה, שנראים הדברים לכאורה כל כך זרים, והכל הולך רק לתיקון - הכל תלוי באלה החוקים וכל משפטיהם:

ד. לסבב כל הבריאה בסיבוב אחד, זה כבר נתבאר הרבה למעלה, שכל ההנהגה היא רק סיבוב אחד, שסוף הסיבוב הזה הוא חוק השלמות הכללי:

ה. שבו כל דבר יסתיים בטוב ושלמות גמור, שסוף הכל צריך שיהיה רק טוב, שלא יהיה עוד מציאות לרע, ושתשלום סיבוב זה יהיה בדרך שיהיו נקבעים הדברים הכל בטוב, שלא יהיה עוד קלקול כלל:

פרצופים

פרק ע'

פרצוף ההנהגה שלימה מתרי"ג חלקים:

פרצוף הוא מה שאור אחד מתפשט ומתגלה בכל פרטיו, בסדר אחד, שבו איזה חלקים נשארים פנימיים, ואיזה חיצונים, איזה עליונים, ואיזה תחתונים. וכולם מקושרים בסדר אחד, להיות מתחברים אלה באלה, ומתנהגים על פי הנהגה אחת כללית, כל אחד לפי ענינו. וכללותם הם תרי"ג חלקים, כל אחד בנוי אחר כך מכמה חלקים קטנים, כמו שצריך לשלמותו. אחר התיקון היה הענין שהספירות נעשו פרצופים, וזה מה שנבאר עתה. אך בתחילה צריך לבאר מהו ענין הפרצוף:

חלקי המאמר הזה שנים. חלק ראשון, פרצוף, והוא מה צריך להיות להיקרא פרצוף. חלק שני, וכללותם הם תרי"ג, והוא מה הם אורות של הפרצוף:

כָּל"זז פַתזזַי זזכבמַה לרבמזז"ל

א. פרצוף הוא מה שאור אחד מתפשט ומתגלה בכל פרטיו, כבר נתבאר למעלה ההפרש שיש בין ספירה לפרצוף. ושם נאמר עניין זה לבאר ההבדל שבין זה לזה, לפי עניין צפיית המרכבה. אך עתה צריך לפרש בפרט עניין הפרצוף, לפי מה שצריך להבין אחר כך ההנהגה. ושם אמרנו כבר, שהוא אחד מן הכוחות שמפרט חלקיו ותנאיו בגילוי:

ב. בסדר אחד - הסדר של הפרטים של דמות אדם הנזכר למעלה:

ג. שבו איזה חלקים נשארים פנימיים, ואיזה חיצונים, היינו כללות מה שצריך להבחין לפי דמות אדם - הוא מה שתלוי בפנימיות וחיצוניות, דהיינו החלקים פנימיים וחיצונים. ובכאן נכלל עניין נשמה וגוף. ובגוף עצמו ג' כלים - פנימי חיצון ותיכון, וכן גוף ולבושים, וכן אור פנימי ואור מקיף. וכל מה שנדרש בעניין זה מצד המצב של המדרגות, זה בתוך זה, ונקרא זה "שיעור העובי", ומובן בזה התלבשות הדברים. ועוד שתלוי בעניין ראש וסוף, עליון ותחתון. וזהו:

ד. איזה עליונים ואיזה תחתונים, דהיינו מה קרוב להשורש, או מה מתפשט יותר לגבי מטה. וזהו "שיעור הקומה", שכל עליון גבוה בעניינו מן התחתון ממנו, ומובן בזה ההשתלשלות. ועוד שתלוי בהם קשר האורות זה בזה. וזהו:

ה. כולם מקושרים בסדר אחד, באותו הדמות הפרטי, שהוא דמות אדם. ומובן בזה עניין קשר המדרגות זה בזה, וכן הסמכם זה בזה בסוד הכוניות. ועוד מה שתלו בעניין החבורים וההרכבות:

ו. להיות מתחברים אלה באלה, שנרכב חלק אחד עם חבירו, לעמוד בחיבור לפי ההנהגה. ומובן בזה חיבורי המדרגות בהנהגתם, שבהתעורר אחת - מתעוררת אותה שמתחברת עמה. ועוד מה שתלוי ברוח הסובב בכל הגוף:

ז. ומתנהגים על פי הנהגה אחת כללית, והוא עניין הלב המנהג כל האברים לפי עניינם, בדם שלו וברוח שבו. כן הנהגת כל הפרצוף יוצא משורש, שהוא קשר הפרצוף ההוא בסוד הלב מבין, והוא פרטיות אחד

קָל"זז פְתוַזי וזכבזה לרבמַזז"ל

עומד לצורך זה, שבו מתחברים בינה תפארת ומלכות ביחד, ומשם ההנהגה יוצא בעומק ואמת:

ח. כל אחד לפי ענינו, זה פשוט, שהרי הוא כמו הלב ממש שמנהיג כל האברים, כמ"ש:

חלק ב:

א. וכללותם הם תרי"ג חלקים, להיות פרצוף צריך שיהיה מפורט בפרטיו. אך האמת הוא, שהפרטים הם תרי"ג, והם סוד דמות אדם, שכך שיערה המחשבה העליונה שצריך להעמיד העולם בתכונה שצריך:

ב. כל אחד בנוי אחר כך מכמה חלקים קטנים, גם זה בסוד דמות אדם, שכל חלק בנוי מפרטים קטנים רבים:

ג. כמו שצריך לשלמותו, גם זה משוער בשיעור זה ששיערה המחשבה העליונה, להביא אל השלמות:

פרק ע"א

הקבלה הגמורה בין סדר הפרצוף לדמות אדם:

סדר אורות הפרצוף וקשריהם וכל ענייניהם, הוא ממש כסדר אברי הגוף באדם. כל מה שיש באדם - יש כנגדו בעניין האורות בפרצופים למעלה:

אחר שנתבאר עניין הפרצופים, שהם בסוד דמות אדם, עתה נוסיף עוד ביאור בזה, בעניין ההקבלה של סוד הפרצופים ודמות אדם:

חלקי המאמר הזה שנים. חלק ראשון, סדר אורות הפרצוף, והוא הקבלת הפרצופים ודמות האדם לגמרי. חלק שני, כל מה שיש באדם, והוא סוד, "מבשרי אחזה אלוה":

קָלַ"זּ פֿתזּי וזכבמה לרבמזּ"ל

חלק א:

א. סדר אורות הפרצוף, שהוא כל מה שפירשנו למעלה בעניין השיעורים:

ב. קשריהם, הוא מה שפירשנו בעניין הקשרים והחיבורים:

ג. וכל ענייניהם, הוא ממש כסדר אברי הגוף באדם, וכל ענייניהם, פירוש - כל מה שיש לדבר מן הטבע, כגון כל עניני המזגים, סוף דבר כל מה שאפשר להבחין בדמות אדם בכל עניינים שבעולם, הנה כל זה נשרש למעלה. וסודם - כל עניני השפע המקיים כל עניני העבודה של בני האדם, המקיימים ההשראות וכל תכונות האורות, כל מה שאפשר לדבר בפרצופים העליונים, שכולם הם לפי העניינים האלה בדמות אדם:

חלק ב:

א. כל מה שיש באדם - יש כנגדו בעניין האורות, זה סוד, "ומבשרי אחזה אלוה", שכך הוא הדרך לחקור ולמצוא מה שיש בספירות - בתחתונים, כמו מה שיש בתחתונים - בספירות. ואדרבא, מה שנופל תחת ההבחנה בתחילה, הוא מה שיש בתחתונים, וצריך להתעלות עד השורש, להבין הדברים כראוי בקשר עולם התחתון עם העליון, דהיינו קשר המסובב עם סיבתו:

ב. בפרצופים למעלה, היינו שבפרצופים הוא שנבחן פרטיות זה, ולא בספירות:

פרק ע"ב

השינויים בין הפרצופי דוכרא ונוקבא:

הפרצופים - מהם זכרים, ומהם נקבות. דהיינו מהם ממשיכים החסד, ומהם הדין. ובזיווגם מתחברות ההימשכות ביחד, ונולדת הפעולה הצריכה, כי אין דבר שאינו מוסכם משתי מדות חסד ודין. ויש איזה

כָּל"זו פְּתוּזי זזכבוה לרמז"כל

שינויים באורותיהם, ושינוי ממש בחוקם. אך שינוי הצורה, שינוי ממש, אינו אלא באורות ההמשכה, שהם היסודות, כי הם הממשיכים, ואליהם נמשכים כל חלקי הפרצוף, להמשיך לפי חוקם:

אחר שביארנו עניין הפרצופים במה שהם שווים זה לזה, עכשיו צריך לפרש עניין מה שהם משונים זה מזה:

חלקי המאמר הזה שנים. חלק ראשון, הפרצופים, והוא לומר בכלל, מה שיש בפרצופים מתחלף זה מזה. חלק שני, ויש איזה שינוי, והוא עניין השינוי הזה היכן הוא תלוי:

חלק א:

א. הפרצופים - מהם זכרים, ומהם נקבות, זה פשוט, כי הכוונה הולכת אחר עניין המתקלא, לתקן הכל בסוד דוכרא ונוקבא, כמו שנתבאר למעלה כבר:

ב. והיינו מהם ממשיכים, היינו כי פעולת הפרצופים, כבר שמעת, שהוא להמשיך האור המתחדש מלפניו ברוך הוא, שיהיה נמשך ובא דרך ההשתלשלות:

ג. מהם ממשיכים החסד, ומהם הדין, זה כבר נתבאר בסוד מ"ה וב"ן. ובסוד ההשפעה הכלל כך הוא - ההשפעה צריך להיות כלולה מחסד ודין. ושלשה טעמים בדבר, הטעם הראשון - שהרי צריך שכר ועונש. הטעם השני - שהשפע בעצמו הצריך לבוא בעולם לכל צד ממנו, צריך שיצא מוסכם משתי המידות האלה, שבמה שצריך - יסכים הדין לחסד, ובמה שצריך - להיפך. ואז ההנהגה תצא בכלל לכל הנמצאים, למקום שראוי להתגבר החסד תגיע השפעה של חסד, ולמקום שצריך להתגבר הדין חס וחלילה יגיע הדין. אך שניהם, מדת החסד ומדת הדין, צריכים להשגיח על כל הפרטים, במקום שצריך להתגבר ישגיחו להתגבר, ובמקום שצריך להסכים ישגיחו להסכים. הטעם השלישי - שהרי הנבראים עצמם יש מהם שיוצאים משורש החסד - להראות עליו, ויש אחרים באים מצד הדין - לרמוז עליו, ושניהם צריכים להתקיים תמיד. ואפילו בנברא אחד עצמו יש בו דברים מצד חסד, ודברים מצד דין. וכן

קָל"זז פָּתזזי זזכבמה לרבמזז"ל

מ"ה וב"ן, כמ"ש למעלה, שכל נברא הוא מורכב משני דברים אלה, וצריך שכל שורש ישפיע לתולדה שלו, ויקיים אותה:

ד. ובזיווגם מתחברות ההימשכות ביחד, הזיווג עשוי כדי שלא תצאנה ההשפעות משני מקומות, אחד לכאן ואחד לכאן, אלא השפע היוצא - כבר יהיה כלול מכל הדברים האלה. ויתחלק אחר כך למטה למקומות הצריכים:

ה. ונולדת הפעולה הצריכה, אחר שנעשה החיבור בהשפעות יוצאת הפעולה. והעניין, כי לא יש שום פעולה כלל שלא יהא בה חלק לחסד ולדין, על כן אין הפעולה נולדת אלא מן שתי ההשפעות ביחד, אחר שנתחברו:

ו. כי אין דבר שאינו מוסכם משתי מדות חסד ודין, דהיינו שאי אפשר להבין שום עניין, אפילו קטן, שאינו מורכב משני אלה. לכן לכל פעולה צריך כל זה כדי שתוכל להיוולד:

חלק ב:

א. ויש איזה שינויים באורותיהם, זה פשוט, שהאורות לפי עניינם מוציאים התולדה, ואם התולדות משונות - שמע מינה שיש שינוי באורות:

ב. ושינוי ממש בחוקם, לאו דווקא בצורת האורות, אלא בתכונתם. וזה הדבר נראה בהדיא בדמות האדם - שיש דברים משונים בתולדה מן זכרים לנקבות, כגון הקול, והמראה, והכח, וכיוצא בזה. ושורש זה צריך שיהיה למעלה:

ג. אך שינוי הצורה, היינו כמ"ש, שאין השינוי בצורת האורות, אלא בתכונתם, ואדרבא הם שווים, ורוצה לומר בצורה הסוגית. אך בפרט הצורה ודאי יהיה חילוק, אלא שהוא חילוק שאינו מורגש כנזכר לעיל:

ד. שינוי ממש, לא בגודל ובקוטן אנחנו מדברים עתה, אלא במה שהוא שינוי ממש, שזה אינו אלא ביסודות, כדלקמן:

ה. אינו אלא באורות ההמשכה, כי כל אור פועל לפי עניינו, וצורתו לפי
הפעולה הצריכה בו, ולפי השתנות הצורה משתנית הפעולה ההיא
הנשרשת בו. נמצא, שאורות ההמשכה, כשההמשכה צריכה להיות
משונה, צריך שגם הם יהיו משונים, שלכן יהיה בטבעם המשכה
מתחלפת:

ו. שהם היסודות, וזה פשוט, בסוד דמות אדם, שבאלו יש שינוי ממש
של צורה לגמרי, ומורה שכאן הוא עיקר ההבדל, כי בשניהם יש תרי"ג
ושאר העניינים, אך ההמשכה היא מתחלפת. והאמת, שכל השייך ליסוד
הוא המשונה בהם, והראיה, הסריס:

ז. כי הם הממשיכים, זה פשוט, כי עניין היסוד הוא רק, נהר יוצא מעדן,
דהיינו המשכת ההשפעה אל המקום שצריך:

ח. ואליהם נמשכים כל חלקי הפרצוף, להמשיך לפי חוקם, כי הם
המתעוררים ראשונה, וכפי התעוררותם הם ממשיכים מכל החלקים
כולם, דהיינו שההחלקים עצמם הם ממשיכים מלמעלה, עד שנמשך הכל
אל היסוד, וכמ"ש לקמן במקומו. וכל זה פשוט בסוד דמות האדם, וכיון
שכל ההמשכה תלויה בהם, והאחרים נשמעים להם לדבר הזה, די
השינוי שיהיה בהם, לשינוי מה שצריך בהנהגה:

פרק ע"ג

ההבדל בשלימות שבחיבורי בפרצופי דוכרא ונוקבא:

חיבור הדוכרא ונוקבא הוא השלמות, ובו נמשכת ההשפעה. ולכן כל
מה שהדוכרא ונוקבא קרובים יותר מאליהם - מורה שלמות, שאין צריך
שם עבודת התחתונים. וכל מה שהולכים ומתרחקים זה מזה - מורה
שצריך שלמות, ושצריך שם עבודת התחתונים. עד עתה ביארנו
ההפרש שבין הפרצופים הזכרים לנקבות, עתה צריך לבאר ההפרש
שבין זכר לזכר, ונקבה לנקבה:

חלקי המאמר הזה שנים.   חלק ראשון חיבור וכו', והוא שהחיבור הוא

קֵל"זז פתזזי וזכבמה לרׁמזז"ל

השלמות. חלק שני, ולכן וכו', והיינו שבזה - ההדרגה:

חלק א:

א. חיבור הדוכרא ונוקבא הוא השלמות, זה פשוט, כי הלא דוכרא ונוקבא הם בסוד חסד ודין, והחיבור הוא המיתוק שהחסד ממתק הדינים. ועוד הנוקבא היא סוד המקבל, והזכר - המשפיע. וכל עניין הרע אינו אלא להפריד המקבל מהמשפיע. דוק מינה להיפך - חיבור דוכרא ונוקבא הוא שאין הרע יכול להרחיק המקבל מהמשפיע. נמצא חיבור דוכרא ונוקבא הוא השלמות:

ב. ובו נמשכת ההשפעה, ההשפעה נמשכת בזיווגם, אם כן מקום שהזיווג יותר נמצא - ההשפעה נמצאת יותר:

חלק ב:

א. ולכן כל מה שהדוכרא ונוקבא קרובים יותר מאליהם - מורה שלמות, זה פשוט לפי מה שמבואר, כי הרי העבודה - כל הכוונה בה הוא להביא הזיווג, שיהיה הדין מפוייס להימתק, שיהיה המקבל דבק במשפיעו, נמצא כשהוא כן ממילא אין צריך עבודה -:

ב. שאין צריך שם עבודת התחתונים:

ג. וכל מה שהולכים ומתרחקים זה מזה, כי גם זה הולך בהדרגה. בעתיק - הוא חיבור גדול, שדוכרא ונוקבא שניהם בכל מקום ממנו. בא"א - הזכר בימינו והנקבה בשמאלו, ועדיין או"א - דוכרא ונוקבא, שני פרצופים, אבל, כחדא נפקין כחדא שריין. זו"ן - שני פרצופים, וגם אין הזיווג תמידי. וכן עיקר העבודה הוא בתפארת ומלכות, וזה:

ד. מורה שצריך שלמות, ושצריך שם עבודת התחתונים:

קָל"זז פָּתזזי וזכבמה לרבמזז"ל

פרצוף עתיק

פרק ע"ד

עתיק - התפשטות מלכות א''ק להנהיג האצילות:

עתיק הוא הפרצוף הראשון הנחשב לאצילות, והוא מלכות של א"ק, מתפשטת בתיקונים הצריכים לזה, ומתלבשת באצילות, לקשרו בא"ק, ולקיימו ולהנהיגו. עד עכשיו דברנו בפרצופים בכלל, עתה נתחיל לפרש הפרצופים מי הם בפרט:

חלקי המאמר הזה שניים. חלק ראשון, עתיק וכו', והוא היות עתיק פרצוף הראשון. חלק שני, והוא מלכות, וכו, הוא לפרש מהו ענינו:

חלק א:

א. עתיק הוא פרצוף הראשון:

ב. הנחשב לאצילות, פירוש - הוא מספירות א"ק, כדלקמן, אבל נחשב לאצילות:

חלק ב:

א. והוא מלכות של א"ק, זה הדבר כבר פירשנו, כל ספירה שיש לה שליטה בפני עצמה נקראת פרצוף בפני עצמו. ולפי שמלכותו של א"ק ניתן לה פעולה בפני עצמה - להנהיג האצילות, הרי נקראת פרצוף:

ב. מתפשטת בתיקונים הצריכים לזה, כי אנו אומרים שעתיק נעשה ממ"ה וב"ן, ובמקום אחר נראה שהוא מלכות דא"ק. אך הענין הוא, שהיותה מנהגת האצילות, הוצרך שתיקח אלה הבחינות, והם תיקונים שלה, שבכח זה תנהג אותו:

ג. ומתלבשת באצילות, היינו בא"א דאצילות, שהוא כלל כל העולם:

ד. לקשרו בא"ק, זה פשוט, כי מקשר ההנהגה הוא זה - שהענף יהיה מקושר בשורש, ועומד לקבל קיום והנהגה. וזהו:

ה. לקיימו, שקיום הענף תלוי בשורש:

ו. ולהנהיגו, שהעליון מנהיג את התחתון, והוא מסובב ממנו:

פרק ע"ה

מ"ה וב"ן דעתיק ומצבם:

פרצוף עתיק בנוי ממ"ה וב"ן. והם דוכרא ונוקבא שלו, עומדים בחיבור אחד ממש כגוף אחד, עד שאי אפשר לציין להם מקום, לומר זה ימין וזה שמאל, אלא מתחברים בחיבור אחד ממש, שנעשה מביניהם גוף אחד:

אחר שביארנו עתיק בכלל, עתה נפרש ענינו, ובתחילה בנינו:

חלקי המאמר הזה שנים. חלק ראשון, פרצוף עתיק וכו', והוא ענין דוכרא ונוקבא של עתיק. חלק שני, עומדים וכו', והוא סדר מצבם:

חלק א:

א. פרצוף עתיק, לפי שאמרנו שלהיעשות מלכות דא"ק - פרצוף, הוצרכה להתפשט באיזה תיקונים פרטיים. הנה התיקונים הפרטיים האלה הם הבחינות מ"ה וב"ן שנתחברו בו. בנוי ממ"ה וב"ן:

ג. והם דוכרא ונוקבא שלו, וכבר תראה שתמיד הזכרים הם ממ"ה, והנקבות הם מב"ן. אלא שבמקום שהדוכרא ונוקבא נפרדים זה מזה, נותנים כללותם זה בזה, ומצד זה נבחין מ"ה וב"ן בשניהם. אך כשעומדים שניהם ביחד - אין צורך בזה, אדרבא מתחלקים בפרצוף עצמו, מ"ה - זכר, וב"ן - נקבה:

חלק ב:

א. עומדים בחיבור אחד ממש, היינו שהשלמות גובר בו, עד שדוכרא ונוקבא עומדים בלי שום הפסק ביניהם:

ב. כגוף אחד, שאינם נחשבים אלא כשני דברים מורכבים בגוף אחד:

ג. עד שאי אפשר לציין להם מקום, לומר זה ימין וזה שמאל, זה היתרון שיש לעתיק מא"א שנאמר לקמן, שגם הוא מצד אחד שאינו יתרון כלל. אך העניין הוא - כי בא"א יש מקום לכל אחד בפני עצמו, דהיינו זה לימין, וזה לשמאל, אך בעתיק - וכל צד יש שניהם:

ד. ומתחברים כחיבור אחד ממש, שנעשה מביניהם גוף אחד, לפי שהיה נראה דוכרא ונוקבא בגוף אחד, אלא שזה לימין וזה לשמאל, ובעתיק - זה פנים וזה אחור. והיה נראה לכאורה שגם זה נקרא ציור מקום, מה שאומרים זה פנים וזה אחור. אך האמת הוא, שאינן פנים ואחור, כדלקמן, אלא שהם ממש כמו שני פשוטים שבהתרכבם נעשה גוף אחד משניהם. ובכל מקום יש הרכבות שניהם, שאין ברירה לחלק אותם, אלא שבדרך כלל אומרים זה - בכל מקום שהוא, נחשב לאחור - בכל מקום שהוא:

פרק ע"ו

בחינת אחוריים דעתיק:

גם מציאות האחוריים, שהם מה שהאורות מתחשכים ואינם מאירים שם, אינו נראה בעתיק, כי כולו מראה פנים לכל צד. ובחינת האחוריים נבלע בבחינת הפנים, שהם השולטים שם, רק שיש פנים מצד מ"ה, ופנים מצד ב"ן, ואותם של ב"ן נחשבים כמו אחור לשל מ"ה. עכשיו צריך לפרש עוד פרט אחד שצריך להבין בעניין דוכרא ונוקבא דעתיק, אחר שביארנו עניינו בכלל:

חלקי המאמר הזה שניים. חלק ראשון, גם מציאות האחוריים וכו', והוא שאין אחור ממש לעתיק. חלק שני, רק שיש פנים וכו', והוא שאף על פי כן יש בחינת אחור:

חלק א:

א. גם מציאות האחוריים, שהם מה שהאורות מתחשכים, גם זה מבואר

קָל"זז פָּתוזי וזכבוה לרמבוז"ל

בסוד דמות אדם, שיש הפנים שהם פונים לאחרים, ויש האחור שאין פונים בו. כך יש באורות מה שהם מכוונים ומשימים מגמתם למי שמכוונים אליו. ויש בחינות האחרות שהם פחותים מן הפנים, שאין שם ההארה ההיא, אלא כמו המשך אחד שלגבי ההארות העיקרים. שמי שמביט בפנים - מוצא שם הארה עצומה הפונה בכח למביט בה. והמביט באחוריים - אינו אלא כעומד אחורי כתפיות האדם:

ב. ואינם מאירים שם, אין זה חשך מצד פגם, אלא מצד הטבע הוא כך, שיש שתי מדרגות בהבטת האור, הבטה במקום העיקרי, או הבטה במקום שאין כל כך עיקרי, שאין שם תכלית הארה, לפי שאין שם היכר הפנים הפונים למביט בהם:

ג. אינו נראה בעתיק, זה מורה שאין שם דין כלל, כי אחוריים רוצה לומר - סילוק, שאין האורות פונים למטה. אבל עתיק - שורש ההנהגה השלמה, כדלקמן, כולו רחמים גמורים, מראה פנים במתיקות לכל צד, וזהו:

ד. כי כולו מראה פנים לכל צד:

ה. ובחינת האחוריים נבלע בבחינת הפנים, שהם השולטים שם, כי הנה יקשה לכאורה, שהרי כיון שאנו אומרים שפני מ"ה לפניו, ופני ב"ן לאחוריו, הרי זה כמו אחור באחור בזו"ן, ושם אדרבא זהו חסרון, ואי אפשר להזדווג אלא אם כן יבואו פנים בפנים, וכאן אנו משימים זה ליתרון. אלא העניין הוא, כי אין זה כמו זו"ן, ששם יש אחוריים, אלא שלהצילם מן הקליפות נסתרים לפנים. אבל בעתיק מציאות האחוריים אין יש, שאינם מתגלים כלל ברוב שליטת הפנים. ובזה מתיישבים שני דברים, שאינם כמו זו"ן אחור באחור, כי אין כאן אחוריים, ושיכולים להזדווג, כי נקרא פנים בפנים, כיון שכבר לכל צד אינו כי אם פנים, כי בחינת האחוריים אינם נמצאים כלל, אלא נבלעים בתוך אורות הפנים:

חלק ב:

א. רק שיש פנים מצד מ"ה, ופנים מצד ב"ן, וזה פשוט, כיון שהם שני אורות - יש שני מיני פנים:

ב. ואותם של ב"ן נחשבים כמו אחור לשל מ"ה. להיותם מאירים פחות מפני מ"ה, ולהיות נוטים מעט, מצד שורש הדין. אך עם כל זה אינם אחור ממש, כי הרי מביטים גם הם, ומאירים למסתכלים בה:

פרק ע"ז

זיווג דוכרא ונוקבא דעתיק:

חיבור דוכרא ונוקבא אלה הוא ממש כמו שני כוחות שמתחברים ביחד בתוך גוף אחד:

הוא פירוש הזוויגים של עתיק ונוקביה, כיון שהם כגוף אחד ממש:

א. חיבור דוכרא ונוקבא אלה, והיינו כי כבר אמרנו שיש זיווג בכל מקום שיש דוכרא ונוקבא, וצריך להבין איך נתפרש באלה, שהם בחיבור אחד:

ב. הוא ממש כמו שתי כוחות שמתחברים ביחד בגוף אחד, דהיינו שהם מתדבקים זה בזה להשלים עניין הגוף ההוא:

שורש ההנהגה הנעלמת

פרק ע"ח

רושם כל המעשים המקולקלים קיימים, אפילו שנתקנו:

כל המעשים - נשאר תולדתם קיימת, אף על פי שהמעשה חלף כבר, והיינו קלקול שנתקן - אין רושם הקלקול אבד, אלא נרשם כך, קלקול שהיה לו תיקון. וכן להיפך חס וחלילה. והיינו כי אין שכחה לפני כסא כבודו. ובסוף כל הסיבוב יהיה התיקון השלם על פי כל מה שנעשה, אם טוב ואם רע חס וחלילה. עכשיו צריך לפרש פעולת עתיק מה היא

כָּל"זז פתחזי וזכבוה לרבמזז"ל

בהנהגה, וסדריו לפי זה, אחר שכבר נתבאר עניינו. ובתחילה צריך לבאר הקדמות בעניין ההנהגה, שלציירכם יש עתיק בכל סדריו:

חלקי המאמר הזה שניים. חלק ראשון, כל המעשים, והיינו הקדמה בעניין התרשם המעשים למעלה. חלק שני, ובסוף כל הסיבוב, והוא תועלת התרשם המעשים כך:

חלק א:

א. כל המעשים הנעשים - נשאר תולדתם קיימת, אף על פי שהמעשה חלף כבר, כל מה שנעשה - מוסיף או קלקול או תיקון בהנהגה. והמעשה הבא אחריו נידון על פי מה שקדם לו, שאינו דומה קלקול הבא אחר תיקון, או תיקון אחר קלקול, או קלקול אחר קלקול שנתקן, או תיקון אחר תיקון שנתקלקל, וכן על דרך זה עד אין תכלית:

ב. והיינו קלקול שנתקן - אין רושם הקלקול אבד, כל מה שנעשה למטה נרשם למעלה, כדי שהדין הנעשה אחר כך, יעשה על פי מה שהיה כבר:

ג. אלא נרשם כך, קלקול שהיה לו תיקון. וכן להיפך חס וחלילה. [אלא נרשם כך], פירוש - בפרטיותו המיוחד לו שהוא מתחלף משאר העניינים, דהיינו אחר כמה תיקונים אחרים וכמה קלקולים הוא בא, וכן כל שאר פרטי דברים שיש להבחין בו:

ד. והיינו כי אין שכחה לפני כיסא כבודו, כי לא היה צריך לומר שאין שכחה לפני הקדוש ברוך הוא, שהוא מקרה רק לגוף, אלא רצה לומר שההנהגה עשויה בדרך זה, שכשדנים ההזה - מחשבים ומביטים כל העבר:

חלק ב:

א. ובסוף כל הסיבוב, זה התועלת של זה העניין, והוא - שכל העניינים האלה הנה הם סיבוב הגלגל, שסובב והולך עד הסוף, להראות אחר כך השלמות מכח כל החסרונות שעברו. ואם כן, צריך שיתגלה הכל כאחד, כדי שהשלמות היתקן הכל, ויודע האמת הזה כראוי:

ב. יהיה התיקון השלם, זה פשוט, לפי שאמרתי שהשלמות היתקן תיקון שלם מכל החסרונות שעברו:

ג. על פי כל מה שנעשה, שהוא בזמן סיבוב הגלגל, שעל כן סיבב, כדי שיגיע אל המנוחה הזאת האחרונה:

ד. אם טוב, ואם רע חס וחלילה, כי בהבחנות פרטיות הדברים, מובנים כל עניני הנהגת ההעלם, דהיינו הרשימו בכל ענייניו, בכל הקריבות לתיקון, שהיה מתקרב בכל מה שהיה חוזר לאחור. וכל מה שהיה הקו שבפנים מקיים העולם בזמן הנהגת ההעלם, שלא להניח לבוא לידי חרבן, ומה שהיה מסבבו, עד שיהיה הסוף מגיע אל המנוחה כנזכר לעיל, וכדלקמן:

פרק ע"ט

יום הדין הגדול, תיקון השלם וקבלת השכר:

יום הדין הגדול - בו יהיו נסדרים כל מעשה העולם לפי סדריהם כמו שנעשו, מראשית העולם ועד סופו. ועל פי כל זה, יהיה השלמות בהיוודע יחודו יתברך שמו. ולפי השלמות הזה שיהיה אז, יהיה נקבע הנצחיות לנצח נצחים, ולעולמי עולמים, עד אין קץ ותכלית:

אחר שביארנו רושם זה ותועלתו, שהוא לגלות השלמות מכח כל מה שהיה, צריך לבאר איך יהיה זה, ואימתי יהיה:

חלקי המאמר הזה שניים:

חלק א:

א. יום הדין הגדול, פירוש - זה הוא היום שעתיד הקדוש ברוך הוא לדון את כל מעשיו. הנה הכוונה בו הוא לסדר כל משפטו מראשית ההנהגה עד הסוף, להוכיח על פני האדם יושר משפטיו. וזהו:

ב. בו יהיו נסדרים כל מעשה העולם:

ג. לפי סדריהם כמו שנעשו, והיינו כדי להבחין מציאות הדברים כראוי לפי מה שהם, שלא די שהם נדונים על פי מה שהם, אלא על פי כל מה שקדם להם גם כן:

ד. מראשית העולם ועד סופו, שעל כן נעשה בסוף כל המעשים, כדי לכלול בו הכל:

חלק ב':

א. ועל פי כל זה, יהיה כל השלמות, היינו תיקון כל החסרונות, וכמ"ש לעיל:

ב. בהיוודע יחודו יתברך שמו, היינו כמו שהתבאר לעיל, שגילוי היחוד הוא זה - מראה שליטתו, שהוא לבדו:

ג. ולפי השלמות הזה שיהיה אז, יהיה נקבע הנצחיות לנצח נצחים, ולעולמי עולמים, עד אין קץ ותכלית, עוד יש תועלת בדין הגדול, והוא נמשך ממה שביארנו, והוא שבהגלות היחוד - יהיה נקבע השכר הנצחי לכל מי שעבד, לפי עבודתו, בתענוג השלמות העליון:

פרק פ'

מ"'ה וב''ן וחיבוריהם הוא שורש כל המעשים:

כל מיני הקלקולים שהיו יכולים להימצא, היו מושרשים בב"ן. וכל מיני תיקונים לכל הקלקולים האלה מושרשים בחיבורים שנתחבר מ"ה עם ב"ן. ונמצא שכל מה שהיה ושיהיה - הכל כבר הושרש כאן, והוא בסוד הידיעה. ובסוף הכל, הרי נודע שבכל זה נשלם כל השלמות בסוד היחוד:

אחר שביארנו עניני הדין הגדול בסוד הקלקולים והתיקונים, עכשיו צריך לפרש עוד השורש הכללי של עניין זה, שבו נכללים כל המעשים האלה:

כָּל"זֶ פַּתָזֵי וזְכָּמָהֹ לרמוֹז"ל

חלקי המאמר הזה שנים. חלק ראשון, כל מיני וכו' והוא הקדמה בעניין שורש הקלקולים ותיקוניהם. חלק שני, ונמצא וכו', והוא מה שיוצא מן ההקדמה הזאת:

חלק א:

א. כל מיני קלקולים שהיו יכולים להימצא, שכל שנעשה בספירות, אינם אלא דרכים מוכנים, אם לטוב או להיפך חס וחלילה, להימצא על ידו מקום לעבודת בני האדם, לעשות טוב או רע:

ב. היו מושרשים בב"ן:

ג. וכל מיני תיקונים לקלקולים האלה מושרשים בחיבורים שנתחבר מ"ה עם ב"ן, כי דרכי החיבורים שנתחבר מ"ה עם ב"ן הם דווקא הדרכים מה שצריך לתקן הקלקולים האלה:

חלק ב:

א. ונמצא שכל מה שהיה ושיהיה - הכל כבר הושרש כאן, כי כאן הוכן כל מה שיכול להיות בכל הזמנים לפי המעשים של בני האדם:

ב. והוא בסוד הידיעה, כי הרי צפה לכל מה שהיה עתיד להיות, ועל פי כל זה הכין בכאן התיקונים שיספיקו לכל מה שיהיה:

ג. ובסוף הכל, הרי נודע שבכל זה נשלם כל השלמות - כשנודעו החסרונות כמה הם, ועד היכן נתפשטו, אז היוודע למפרע מה היה הצורך של כל הדרכים המוכנים בכאן. ומתחילה אי אפשר לדעת, אלא הידיעה העליונה שידע הכל:

ד. כל השלמות בסוד היחוד, כל מה ששייך לעניין תיקון החסרונות. וזה פשוט, כי לפי מה שהם החסרונות - הוא מה שצריך להשלים ולתקן בסוד גילוי היחוד העליון:

קִצֵּל"ז פָתֵוֵי וֵחָכְמָה לרַבמוֹז"ל

פרק פ"א

חיבורי מ"'ה וב"'ן שורש הנעלם של הנהגת אצילות הגלויה:

עניין החיבורים האלה שנתחבר מ"ה עם ב"ן הוא שורש כל ההנהגה באמת. וזה אי אפשר להתגלות, כי אדרבא, כל ההנהגה תלויה בהעלם השורש הזה, שאז בני האדם פועלים לפי עניינם - לפי הבחירה שלהם. והקדוש ברוך הוא מקיים עצתו, שההעלם עצמו גרם התיקון. לפיכך יש הסדר שהקדוש ברוך הוא מראה ענינו, והוא סדר האצילות ופרצופיו. ויש השורש הנעלם, שהוא איך שנתחבר מ"ה עם ב"ן, וזה אינו נודע:

אחר שביארנו עניין חיבורי מ"ה וב"ן, נבאר עתה סדר החיבורים האלה - מה עניינם:

חלקי המאמר הזה שניים. חלק ראשון, עניין החיבורים, והוא הקדמה בעניין חיבור של מ"ה וב"ן. חלק שני, לפיכך יש הסדר וכו', והוא מה שנמשך מהקדמה זאת:

חלק א:

א. עניין החיבורים האלה שנתחבר מ"ה עם ב"ן, כי אלמלא לא נתחברו מ"ה וב"ן אלא חיבור ישר, שרוצה לומר כל ספירה בספירה שכנגדה, כתר בכתר, חכמה בחכמה, והיינו כל האורות פנימיים ומקיפים, וכל הכלים - פנימי וחיצון בשניהם, אז לא היינו צריכים להבין בזה העניין, אלא שכל מדרגה צריכה להיות כלולה ממ"ה וב"ן. אך אין העניין כן, אלא פרצופי אצילות הם כולם מחוברים ממ"ה וב"ן, אבל הספירות של מ"ה וב"ן שלהם אינם מקבילים זה לזה, אלא יש סדר אחד פרטי, כמו שנראה בסדר הבירור, כמו שנתחברו זה בזה בכל הפרצופים. וכיון שיש סדר פרטי, זה מראה שיש להם עניין פרטי בפני עצמו, מלבד מה שהיינו חושבים לפי החיבור הישר. נבין עתה פרצופי אצילות וסדריהם והנהגתם - זה אילן אחד של הנהגה שלמה, מה שצריך לנבראים. אך קודם לכל האצילות יש חיבור זה של מ"ה וב"ן, שלפי החיבורים שלהם

קְל"ח פִּתְוֹי וֹזכְמֹה לרבמֹז"ל

נעשו הפרצופים. אם כן צריך שיהיה זה שורש ההנהגה המסדר חיבורים אלה, ואחר כך תצא ההנהגה עצמה, שהיא בפרצופים. וזהו:

ב. הוא שורש כל ההנהגה, אך האמת הוא, שזה הסדר לא נודע לנו, וסדר הפרצופים היוצא מזה - נודע לנו. דוק מינה, שסדר האצילות הוא הסדר שרצה הרצון העליון לגלות לנו, אך זה הסדר מושרש בשרשו בעומק גדול, שאינו רוצה לגלות לנו:

ג. באמת, אף על פי שאינו נראה כך, האמת הוא כך, כי אין אנחנו רואים ההנהגה אלא מפרצופי האצילות, אלא שידענו ששרשו בכאן כנזכר לעיל:

ד. וזה אי אפשר להתגלות, כי גם זה צריך לפי ההנהגה - הטעם שיהיה זה מגולה, וזה לא יהיה מגולה:

ה. כי אדרבא, כל ההנהגה תלויה בהעלם השורש הזה, זה השורש הוא מקום הידיעה, שבו נגלים כל העניינים שהיו אחר כך, שהם הם קלקולי ב"ן, וכל התיקונים לכל זה, הם הם תיקוני מ"ה. כל העבודה של בני אדם תלויה במה שהידיעה העליונה נעלם מהם. אם היו יודעים - לא הייתה העבודה על פי הבחירה, ולא היה להם שכר ועונש. וכיון שכוונת ההנהגה היא לתת מקום לעבודה ולשכר ועונש, צריך שזה השורש יהיה נעלם. וזהו:

ו. שאז בני האדם פועלים לפי עניינם - לפי הבחירה שלהם, כי בהתעלם הידיעה, אם יעשו דבר ויתקיים, הרי לא נודע להם שכך כבר היה ידוע שיעשו. מפני זה נחשב להם מעשיהם. ואם השתדלו לעשות ולא יכלו, עדיין ניתן להם שכר טוב בעולם. ואילו ידעו שלא היה עתיד לעלות בידם - לא היו עושים. כך כל כיוצא בזה:

ז. והקדוש ברוך הוא מקיים עצתו, פירוש - כבר סוף סוף האמת הוא, שמה שידעה הידיעה הוא שנהיה, אלא שההעלם עצמו גרם התיקון, וזהו:

ח. שההעלם עצמו גרם התיקון, והוא על פי הסיבוב של החזרת הרע לטוב, וכמו שמבואר:

239

חלק ב:

א. לפיכך יש הסדר שהקדוש ברוך הוא מראה ענינו, כי מן השורש הראשון של ההנהגה שאמרנו - נעשים פרצופים שהם סדר אחד נראה. אך ידוע תמיד שלכל ענין שאנו רואים בזה המגולה - יש שורש וסיבה בשורש העבודה - שלא ידענוהו:

ב. והוא סדר האצילות בפרצופיו:

ג. ויש השורש הנעלם, שהוא איך שנתחבר מ"ה עם ב"ן:

ד. וזה אינו נודע:

פרק פ"ב

חלקי הנשמות בתיקון הכללי:

התיקון המגיע לכל נשמה בפני עצמה נולד מסדרי החיבור הזה, ומשם נמשך ענין צדיק וטוב לו צדיק ורע לו. ומצד מה שמושרשות הנשמות בפרצופים של אצילות - אין נראה זה הדבר הולך בטעם נכון, ובאמת הסוד מושרש בזה החיבור הנעלם:

אחר שביארנו שיש השורש הזה הנעלם, נבאר אם יש המשך ממנו בהנהגה:

א. התיקון המגיע לכל נשמה בפני עצמה, וזה פשוט, שלא בראה המחשבה העליונה נשמות יותר מכדי העבודה, שהרי שיערה הכל, דמות האדם - העבודה והמצוות, ודמות האדם - הנשמות. ונמצא שיש לכל נשמה תיקון שרשי, הולך לתקן כל עניני המציאות. כפי מה שמגיע לו:

ב. נולד מסדרי החיבור הזה, שהנשמות מושרשות במדרגות האלה, ומשם מקבלות עניינם לפי השורש שהם מושרשות בו. ואמנם היות

הנשמות הם המושרשות בכאן - הוא לפי שההנהגה כולה תחילתה ועיקרה בנשמות, ומהם נמשך לכל הבריות והעולמות:

ג. ומשם נמשך עניין צדיק וטוב לו צדיק ורע לו, שם יש טעם מיושב על זה העניין, למה לצדיק אחד טוב לו, ולצדיק אחר רע לו. והוא עניין מזל שעה גורם, כי הוא לפי השורש הפרטי, אך לא באצילות, כדלקמן:

ד. ומצד מה שמושרשות הנשמות כפרצופים של אצילות, כי כמו ששתי הנהגות יש - ההעלמת והגלויה, כך הנשמות מושרשות בשניהם, בתחילה בנעלמת, ואחר כך באות ומשתרשות בגלויה, דהיינו באצילות:

ה. אין נראה זה הדבר הולך בטעם נכון, שהרי לכך היה קשה למשה. וגם הקדוש ברוך הוא השיבו, "וחנותי את אשר אחון". שלפי שורש הנשמה באצילות, לא היה ראוי להגיע להם מה שהיה מגיע:

ו. ובאמת הסוד מושרש בזה החיבור הנעלם:

פרק פ"ג

חיבורי מ"ה וב"ן אינם ניכרים בהנהגת הפרצופים:

הפרצופים של אצילות נעשו מן הבירורים שנעשו, אך עכשיו אין ניכר עוד ממה הם עשויים, כי כבר נתחברו הבירורים ונעשו שווים, אותם העושים מאיזה בירורים, כמו אותם העשויים מבירורים אחרים:

א. הפרצופים של אצילות נעשו מן הבירורים שנעשו, אם היינו מבינים בין פרצוף לפרצוף - שינוי מצד החלקים שנתבררו לבניינם, אז אף על פי שההנהגה של מ"ה וב"ן נעלמת, היו מכירים אותה מצד זה. אך אין העניין כן, כי מה שהיה היה, ואצילות הוא סדר אחד שכל מי שנתקן בסוד פרצוף - יבוא וינהיג. ובבחינת סדר זה אין מבחין כלום, אלא מי הוא חסד, ומי הוא דין, וכיוצא בזה. אך לא מאיזה בירורים נעשו כך, אם היה נעשה מפחות בירורים, או מיותר, או מאחרים, כבר אין הכוונה אלא מה שמנהג הפרצוף ההוא, אחר שנקבע באצילות במקומו. וזהו:

ב. אך עכשיו אין ניכר עוד ממה הם עשויים, והוא פשוט כמ"ש, דרך משל, עתיק נעשה מחמשה ראשונות דכתר דב"ן, ומשלושה ראשונות דחכמה, ומארבעה ראשונות דבינה, ומשבעה כתרים דשבעה תחתונות, ואלו הדברים אינם ניכרים. וזה דרך משל בבני האדם העומדים על פקודות המלך, וכי מבחינים בהם טבעם לפי מזגם, רק אין מבחינים אלא פקודתם, מה שניתן להם בעניין ההוא:

ג. כי כבר נתחברו הבירורים, שאז טבעם נכסה ואינו נראה:

ד. ונעשו שווים, אותם העשויים מאיזה בירורים, כמו אותם העשויים מבירורים אחרים, כשנתחברו נעשה ככל טבע הצריך להנהגת אצילות. ומה שהיו בו חלקים יותר - הוצרכה פעולה יותר להגיע לזה, אך כשהגיע הגיע. וכך הגיע מי שיש לו מעט בירורים במיעוט מלאכתו, כמו הרבה ברוב מלאכתו. ואין ניכר עוד מה שהוצרך מתחילה, אלא עתה שווים הם:

פרק פ"ד

התוצאה של חיבורי מ"ה וב"ן בעצם בניין הפרצופים:

עניין חיבור מ"ה עם ב"ן לפי הבירורים שנעשו - ודאי שאינו דבר לבטלה. אלא אדרבא, נותן בפרצופים איכויות גדולות, אלא שהם נעלמים בהם. ואין נראה אלא מה שנעשה אחר הבירור. והסדר שניתן בהם לפעול - לפי הצורה שקבלו כבר כולם בהשוואה אחת:

אחר שאמרנו שאין ניכר בפרצופים חיבור מ"ה וב"ן, נבאר עכשיו שאף על פי כן אינה לבטלה, אלא יש לו עניין בהנהגה:

חלקי המאמר הזה שנים. חלק ראשון, עניין חיבור וכו', והוא שאין חיבור זה לבטלה. חלק שני, אלא שהם נעלמים, והוא לפרש איך אף על פי כן הם נעלמים:

קָל"זו פָתווי וזכְמה לרמזז"ל

חלק א:

א. עניין חיבור מ"ה עם ב"ן לפי הבירורים שנעשו:

ב. ודאי שאינו דבר לבטלה, פירוש - בפרצופים עצמם, כי לא די שיהיה שורש להנהגה למעלה, אבל אי אפשר בלאו הכי, שלא יעשה רושם בפרצופים סיכום פג, כל הפרצופים שווים להיותם הנהגת האצילות. אך כדי להגיע לכך היה צריך בכל אחד דרך בפני עצמו - פרצוף שצריך פעולה רבה להגיע להנהגת האצילות, מורכב מחלקים רבים של מ"ה וב"ן, והצריך פחות - מורכב מפחות חלקים. הרכבות אלו הן הדרכים להגיע להנהגת האצילות. טבע הפרצופים לפי חיבורי מ"ה וב"ן אינו ניכר, אלא התפקיד שכל אחד נוטל בהנהגת האצילות. עצמם. וזה כי אם היה רק שורש אחד נעלם להנהגה, היה צריך להיות מדרגה אחת בפני עצמה, שממנה תצא מדרגה אחרת, שהיא האצילות. אך כיון שהפרצופים עצמם נבנים מזה, אם כן צריך שיהיה זה בפרצופים עצמם:

ג. אלא אדרבא, נותן בפרצופים איכויות גדולות, ודאי בפרצופים עצמם יש עניין זה, אלא שאינו נראה כדלקמן:

חלק ב:

א. אלא שהם נעלמים בהם, פעולת הפרצופים עצמם יש בה שתי בחינות, בחינת מ"ה וב"ן, ובחינת הפרצוף מה שהם באצילות, השנייה מתגלית, והראשונה נעלמת:

ב. ואין נראה אלא מה שנעשה אחר הבירור, זהו העיקרי באצילות לפי עצמו. וזהו:

ג. והסדר שניתן בהם לפעול, זה מה שנסדרו אחר בירורם. אך אחר בירורם הם כולם שווים. אם כן, סדר זה לא לפי שינוייהם הולך, אלא לפי מה שהם שווים, והוא שאין נראה בו אלא מה שהולך לפי ענינו לבד, והשאר נעלם בו. וזה:

ד. לפי הצורה שקבלו כבר כולם בהשוואה אחת, שלא נסדר   זה בזמן

הבירור לפי הבירור, אלא הוא סדר שלאחר הבירור, לפי מה שכבר
נעשה, לכך הוא בהשוואה אחת:

רדל"א וספיקותיה

פרק פ"ה

ההנהגה הנעלמת הוקבעה ברדל"א:

מקום ההנהגה לפי עניין התחברות של מ"ה עם ב"ן הוא ברישא דלא
אתידע. ולפי מה שמתנהג בה - נולד הנהגה גדולה בפרצופים. אך בין
היא ובין תולדותיה אינם מושגים ונודעים כלל. כי אם לפעמים נראות
איזה תנועות בפרצופים, שאין שרשם נודע, ובאמת הם תלויות מכאן:

אחר שביארנו עניין ההנהגה הזאת של מ"ה וב"ן, עכשיו נבאר המקום
שבו היא קבועה. סיכום פד, נוסף לשורש הנעלם של האצילות שהוא
עניין סידור חיבורי מ"ה וב"ן - עצם בניין הפרצופים בנויים מחיבורים
אלה, ובהכרח שיש לדבר זה תוצאה בעצם הפרצוף והנהגתו, שמוסיף
איכויות שונות, אלא שהן נעלמות. נמצא שיש לפעולות הפרצופים ב'
בחי', בחי' מ"ה וב"ן שהוא נעלם, ובחינת פעולות האצילות הגלויות:

אחר שבארנו עניין ההנהגה - מפתח עץ חיים והלאה, הקדים הקדמות
בעניין ההנהגה:

חלקי המאמר הזה שניים. חלק ראשון, מקום וכו', והוא מקום הנהגה
זאת. חלק שני, אך בין היא וכו', והוא שמקום זה נעלם:

חלק א:

א. מקרם ההנהגה, והיינו כי לכל עניין יש מדרגה בפני עצמה שנעשה
העניין ההוא, או שתהיה ספירה אחת מן הכללות, או פרט אחד מאחת
מהן. וצריך שיהיה מקום שבו נקבע העניין ההוא, וענפיו ותולדותיו יהיו
מתפשטים בכל מקום שיתפשטו. וזה דבר ברור, כי הלא כל אור הוא
חוק אחד מן המידה העליונה שמאיר במאור ההוא, שכבר נקבע כך,

קָל"זז פֿתזזי זזכבזה לרבזזז"ל

שכל חוק - תראה אור אחד. אמור מעתה - כל חוק הוא אור אחד, כל עניין ההנהגה הוא חוק אחד, אם כן כל עניין ההנהגה הוא אור אחד:

ב. לפי עניין ההתחברות של מ"ה עם ב"ן:

ג. הוא ברישא דלא אתידע, היינו כי הפרצופים הם באצילות, אבל עתיק הוא למעלה מכולם, וראש לכולם, והוא המקום הראשון שנעשה חיבור של מ"ה וב"ן. כי צריך בוודאי שיהיה נידון מיד עניין זה של התחברות. כי קודם שיתחיל, צריך שיקבע הדרך איך שיתחבר. ואחר שיהיה נקבע כך, אחר כך יהיה בכל המקומות שלמטה ממנו:

ד. ולפי מה שמתנהג בה - נולד הנהגה גדולה בפרצופים, פשוט כמ"ש במאמר שקודם זה:

חלק ב:

א. אך בין היא ובין תולדותיה, מה שהיא עושה בפרצופים:

ב. אינם מושגים ונודעים כלל, זהו עניין דלא אתידע:

ג. כי אם לפעמים נראות איזה תנועות בפרצופים, שאין שרשם נודע, ובאמת הם תלויות מכאן, כל זה הוא עניין הספיקות, וכמו שנבאר:

פרק פ"ו

עניין הספיקות שברדל"א:

כל מיני החיבורים שהיה אפשר להימצא בין מ"ה וב"ן - באמת נעשו. ועל פי כולם היא ההנהגה העיקרית הנעלמת. ויש חיבורים הפכיים, ואף על פי כן שניהם נמצאים, כי הפרצופים מורכבים כך, ומשניהם נמצאים איכויות בפרצופים. ולפי שליטתם למעלה - כך נעשה מה שנעשה בפרצופים, אך אינו מושג ונראה כלל. אלא שהשינויים הנמצאים בפרצופים בכמה מיני מצבים, ומקרים אחרים המתחדשים

כָּל"זו פְּתוּזֵי וְחָכְמָה לְרָמְזֵז"ל

בהם - ידענו שהם יוצאים מזה. אך אין שום אחד רואה אותם מה שהם באמת:

אחר שפירשנו מקום ההנהגה של חבור זה, נפרש עניינים הפרטים שבמקום זה, והוא העניין הספיקות שבה:

חלקי המאמר הזה שנים. חלק ראשון, כל מיני החיבורים, והוא עניין מה שיש ברדל"א לפי עניין זה שאמרנו של מ"ה וב"ן. חלק שני, ולפי שליטתם, והוא מה שנמשך בפרצופים מעניין זה:

חלק א:

א. כל מיני החיבורים שהיה אפשר להימצא בין מ"ה וב"ן, כל זה הזכיר הרב זללה"ה בעניין רדל"א, שהם ספיקות בעניין חיבור מ"ה וב"ן. ושני דברים קשה לנו לכאורה על דבריו, אחד - מה תועלת יש בידיעת הספיקות האלה. והשנית - כי הוא עצמו אומר, והוא מוכרח, שכמו הספיקות שיש ברדל"א - כך יש בכל שאר הפרצופים. ואם כן יקשה, מה טעם לקרוא לרישא הזאת רדל"א, אם כל שאר אצילות הוא גם כן כך - שאינו נודע. והיינו יכולים לתרץ ולומר, שהיא הראשונה, שבה נולדים הספיקות בתחילה, ואחריה נמשכים באצילות. אך אין זה נראה לפי כוונת רשב"י זללה"ה, שנראה מדבריו באידרא - שקורא לרישא הזאת בשם זה לרוב גדולתה ויקרה, שעל כן היא נעלמת, שאמר, רישא דלא ידיע ולא אתידע. ואם כן, כל האצילות שווה, ומאי אולמיה, ומה יתרון לקרוא לרישא זאת בשם זה.

אך העניין הוא, שרדל"א עומדת להנהגה אחת, שצורך אותה ההנהגה הוא להיות כך באלה הספיקות, וכדלקמן. ומפני כוחה ושליטתה נמצא בפרצופים אלה הספיקות גם כן. והם איזה עניינים בפרצופים מסתעפים מעניינה, וכדלקמן. והעניין הוא, שאין הספיקות ההם כמו ספיקות דעלמא, שאנו בספק אם יש דבר אחד, או אם אינו, אלא האמת הוא, כל מה שאנו מזכירים בספיקות - כל אותם הדברים ישנם באמת בה. ובזה תבין גם כן מהיכן לנו להסתפק בדברים האלה, בפרט בכל אותם הפרטים שהזכיר הרב זללה"ה, שלא היה לנו לאסוקי אדעתן כלל. בשלמא הספיקות גרידא, אם יש אורות וכלים דב"ן, וכל התלוי בזה -

כָּל"זז פֵתזזי זזכמה לרמזז"ל

ממילא מספקא לן. אבל שאר דברי ספיקות - מהיכי תיתי להסתפק בהם כלל.

אלא העניין הוא, מה שהרישא הזאת עצמה, כפי מה שמשיגים בה, גורמת הספיקות האלה. כי פעם אחת נראה שיש בה כך, ופעם אחת יש בה כך. אך אם הייתה נעלמת לגמרי, היינו אומרים בדיבור אחד לבד - שהיא ועניניה נעלמים ממנו, ולא היינו יורדים לפרטי הספיקות. אך העניין הוא כמ"ש, שאדרבא - כל הדברים האלה נראים ממנה, רק שאי אפשר לעמוד עליהם לקבוע דבר אחד בקביעות.

וזה כמו ששמעת כבר, שכל ההנהגה היא אור אחד, שבראות האור ההוא מבינים ההנהגה או העניין ההוא. והנה רדל"א הוא מין אור אחד הולך ברצוא ושוב, שנראים בה כל העניינים האלה, ואי אפשר לעמוד על שום אחד מהם. והיינו שהראיה בה היא מסופקת, בלא שום קבע, שנראה רגע אחד שהוא דבר אחד, ואם מסתכלים באותו העניין יותר - נראה שאינו כך, אלא בדרך אחר מתחלף ממנו, וכדלקמן:

ב. באמת נעשו, והיינו כי אלה הם כל הדרכים שיכול הטוב להתפשט, להחזיר הרע לטוב, וזה פשוט. כי אם היה חסר חיבור אחד, הרי תיקון אחד היה חסר, וצריך שיהיה הכל מתוקן. אדרבא, כח הצירוף הוא מצרף דבר לדבר בפרטות, כל חלקיהם עם כל חלקיהם:

ג. ועל פי כולם היא ההנהגה העיקרית הנעלמת, אותה ההנהגה שאמרנו - חוקותיה הם אלה החיבורים. והיינו כמו שלהנהגה המגולה יש חוקים פרטים, שהם החוקים של הפרצופים וכל התלוי בהם, שהם סדרים המספיקים להנהיג כל נמצא, וכל עניין בהנהגה ההיא, כך בהנהגה הזאת הנעלמת יש חוקים פרטים, שהם מספיקים להנהיג את הכל בה, ואלה הם החיבורים האלה. ותראה ההפרש שבין הנעלמת והנגלית, הנגלית נראים כל העניינה, כל אחד בפני עצמו, וקובעים אנו שישנם כולם. אך הנעלמת - אין נודעים עניינה, אלא חוקותיה נודעים מכח הספיקות. לפי שרואים בכמה מיני דרכים - נדע שכל הדרכים ההם ישנם. אך אי אפשר לקבוע, בהסתכל בה, שום דבר. כי אדרבא, ההלכות מדבר אל הפכו:

ד. ויש חיבורים הפכיים, וזה פשוט, בדרך הצירוף, שכל הפשוטים מתרכבים כל אחד עם כולם. נמצא חיבוריהם הפכיים ממש:

ה. ואף על פי כן שניהם נמצאים, ואין זה קושיא, כי שניהם נמצאים, להיות שולט כל אחד בנושא בפני עצמו. והפרצופים גם כן יש בהם איכויות מזה ואיכויות מזה. וזהו:

ו. כי הפרצופים מורכבים כך, ומשניהם נמצאים איכויות בפרצופים, אך לפעמים שולט כח ואיכות אחד, ולפעמים כח ואיכות אחר:

חלק ב:

א. ולפי שליטתם למעלה - כך נעשה מה שנעשה בפרצופים, כי כיון שאמרנו שיש חיבור לפרצופים עם החיבורים ההם, ושמן החיבורים ההם נמצאים איכויות בפרצופים, לפי שינוי שליטת החיבורים, צריך שישתנו שליטת האיכויות בפרצופים:

ב. אך אינו מושג ונראה כלל, היינו שזה השורש אינו נודע, כי אינו מתגלה:

ג. אלא שהשינויים הנמצאים בפרצופים - לפי שהשינויים - רואים אותם בפרצופים:

ד. בכמה מיני מצבים ומקרים אחרים המתחדשים בהם, רוצה לומר שלפעמים נראה בפרצופים שליטת אורות ותיקונים, ולפעמים חסרונות. והיינו כל אותם העניינים המפורשים בספיקות בדברי הרב זללה"ה, שהם עניינים במצב שלהם, או באיזה עניין אחר המפורש שם:

ה. ידענו שהם יוצאים מזה, זהו מה שאנו אומרים - שרישא דלא אתידע הוא שורש לזה העניין, רוצה לומר שאלה השינויים נמשכים ממנה:

ו. אך אין שום אחד רואה אותם מה שהם באמת, כיון שהשורש אינו נראה, אי אפשר להשיג אותם באמת ולבוא עד תכונתם:

קִל"זז פַתזזי וזכמה לרמזז"כל

פרק פ"ז

חיבורי הרדל"א השונים שולטים כאחת:

על פי כל החיבורים האלה נמצאים כל המעשים שנעשו ושנעשים בעולם. כי לא יהיה מה שלא הושרש כאן, לא תיקון ולא קלקול. ועל פי כל החיבורים האלה מתנהגים כל הדברים לפי מעשה התחתונים, והולכים כל הדברים להיות נקבעים בנצחיות, כל דבר ודבר על פי כל הדברים כולם שנעשו כבר, בין המשתווים, ובין המתנגדים, וההפכיים. על כן כל החיבורים האלה שולטים בכל שעה. וסובבת ההנהגה מזה לזה בכל דבר, מעניין לשווה אליו, מעניין להפכו, למתנגד לו, להיות כל ההנהגה בכל חלק. וכן מתחלפים המצבים ברצוא ושוב בפרצופים. ואין מבין ומשיג אלא מה שמתגלה לפי הסדר והחוק הנראה בפרצופים. אבל מקור הדבר תלוי בחיבורים אלה, וזה אינו מתגלה ונודע כלל:

אחר שביארנו עניין כל החיבורים האלה שברדל"א, עכשיו צריך לפרש מה התועלת בכל זה:

חלקי המאמר הזה שלושה. חלק ראשון, על פי כל החיבורים, והיינו שכל המעשים תלויים בחיבורים האלה. חלק שני, ועל פי כל החיבורים, שכל ההנהגה היא על פי זה. חלק שלישי, על כן כל החיבורים וכו', והוא שכולם שולטים תמיד:

חלק א:

א. על פי כל החיבורים האלה נמצאים כל המעשים שנעשו ושנעשים בעולם, היינו בסוד הידיעה, שבה יש כל מה שעתיד להיות בדרך ההוא עצמו:

ב. כי לא יהיה מה שלא הושרש כאן, לא תיקון ולא קלקול, כי מה שלא היה בידיעה - לא בא לעולם:

חלק ב:

א. ועל פי כל החיבורים מתנהגים כל הדברים לפי מעשה התחתונים, כי הנה ההנהגה מבטת תמיד על הכלל, כמו שנבאר. וכל מעשה

קָל"זז פָתזזי זזכבמה לרבמזז"ל

שמתחדש, מקבל ממנו התפעלות - כל העבר וכל העתיד וכל ההווה, ותולדת המעשה ההוא אינה מתבטלת עוד, כמו שנבאר, אלא נרשמת להיות לנצח נצחים. אם כן כך הוא הסדר, כל המעשה העולה מבני האדם - מגיע כאן אל מקומו, שכבר יש לו בכאן כולם, ושם מתפעלים ממנו כל העניינים כולם, עבר עתיד והווה, שכולם כלולים כאן. ומכח ההתפעלות הזה, אחר כך נסדר בפרצופים מה שנסדר לפי סדר האצילות, להוציא לפועל בעולמות:

ב. והולכים כל הדברים להיות נקבעים בנצחיות, הוא מה שנתבאר למעלה, שכל מעשה נשאר קיים לצורך השלמות, שיגלה אחר כך לתענוג נצחי לנשמות:

ג. כל דבר ודבר על פי כל הדברים כולם שנעשו כבר, הוא מה שנתבאר, שהכל מתפעלים מן הכל:

ד. בין המשתווים, ובין המתנגדים, וההפכיים, שהם שלוש מינים שיכולים להימצא:

חלק ג:

א. על כן כל החיבורים האלה שולטים בכל שעה, פירוש - שאר האורות כל אחד שולט בפני עצמו בזמן שלו, אבל אלה שולטים בכל שעה, כי בכל מעשה מתפעלים כולם בבת אחת:

ב. וסובבת ההנהגה מזה לזה כל דבר, מעניין לשווה אליו, מעניין להפכו, למתנגד לו, זאת היא המראה המסופקת שנראית ברדל"א, כי ההנהגה סובבת בה מעניין לעניין בכל העניינים כולם, עד שתמיד נראים כל מיני החיבורים -:

ג. להיות כל ההנהגה בכל חלק:

ד. וכן מתחלפים המצבים ברצוא ושוב בפרצופים, היינו אותם האיכויות שזכרתי:

ה. ואין מבין ומשיג אלא   מה שמתגלה לפי הסדר והחוק הנראה

בפרצופים, שאין השגה בהתחלפות זה, אלא בסדר הפרצופים. אך זה נקרא סדר רדל"א, כי ממנה הוא נמשך, ואינו ניתן להיוודע:

ו. אבל מקור הדבר תלוי בחיבורים אלה, וזה אינו מתגלה ונודע כלל, כך היא המידה, הדבר הנעלם - מתגלה ממנו איזה ענף, אך השורש הוא נשאר תמיד בהעלם:

פרק פ"ח

ברדל"א נמצאים כל החיבורים והספיקות:

רישא דלא אתידע היא האַרה אחת שבה עומדים כל החיבורים האלה של מ"ה וב"ן. אך היא האַרה שאינה מושגת, ואין עומדים עליה כלל. ומי שמביט בה, נשאר בכמה מיני ספיקות, שאין נראה שיהיו בה כל מיני חיבורים, אלא היא מין האַרה אחת שאי אפשר לעמוד עליה. ובאמת אין נראה מה שיש בה, כי לפעמים נראה שיש בה חיבור זה, ולפעמים נראה שיש בה חיבור אחר, ואפילו הפכי מזה.

ונמצא שאפילו שכבר ידענו שיש בה בה כל החיבורים - ההארה עצמה עומדת בדרך שאין עומדים עליה, ונראה שהוא בדרך אחד, ונראה שהוא בדרך אחר. ומכח זה אין יודעים הנהגתה. כי בדבר אחד עצמו שיש למטה באצילות - אם נלך אחריו למצוא שרשו ברישא הזאת, הרי לא מצאנו ידינו ורגלינו, כי לא נוכל לדון בה כלום. אלא נראה שהוא כך, ונראה שהוא כך, בדרך שאי אפשר לעמוד בה, ולכן נקרא רדל"א:

זה תירוץ למה שנראה קשה, שלפי מה שאנו אומרים - אין בה ספיקות, אלא הכל בה:

חלקי המאמר הזה שניים. חלק ראשון, רדל"א היא האַרה. חלק שני, ונמצא שאפילו שכבר וכו':

חלק א:

א. רדל"א היא האַרה אחת:

ב. שבה עומדים כל החיבורים האלה של מ"ה וב"ן, שהוא אור שאינה מושג כמו שאר האורות. וזאת היא תשובה למה שנראה קשה - שלא היה לנו לומר שיש בה ספיקות, אדרבא, נאמר שיש בה ודאי כל החיבורים. אך העניין הוא, כי על ההשגה אנו מדברים, שהמשיג אותה בהארתה - לא יוכל לעמוד באורה:

ג. אך היא הארה שאינה מושגת, ואין עומדים עליה כלל, היא בראייתה. וזהו:

ד. ומי שמביט בה נשאר בכמה מיני ספיקות, כי הספק נופל במי שמביט בה ובאורותיה:

ה. שאין נראה שיהיו בה כל מיני חיבורים, אף על פי שאנו אומרים יש בה הכל, אינו כך דרך ראייתה:

ו. אלא היא מין הארה אחת שאי אפשר לעמוד עליה, היינו שטבע הארה עשוי כך, וכדלקמן:

ז. ובאמת אין נראה מה שיש בה, שגם [נ"א, שורש] ממה שיש בה אינו נראה כלל:

ח. כי לפעמים נראה שיש בה חיבור זה, ולפעמים נראה שיש בה החיבור אחר, ואפילו הפכי מזה:

חלק ב:

א. ונמצא שאפילו שכבר ידענו שיש בה כל החיבורים - ההארה עצמה עומדת בדרך שאין עומדים עליה, ונראה שהוא בדרך אחד, ונראה שהוא בדרך אחר, פירוש - אינו קשה מה שהקשינו למעלה, לפי שההארה עצמה היא הארה בלתי נודעת:

ב. ומכח זה אין יודעים ההנהגתה, אם תאמר מה תועלת בספק זה, כיון שכבר ידענו שיש בה הכל. התועלת הוא - שהשליטה וההנהגה אין יודעים:

ג. כי בדבר אחד עצמו שיש למטה באצילות - אם נלך אחריו למצוא

שרשו ברישא הזאת, הרי לא מצאנו ידינו ורגלינו, כי לא נוכל לדון בה כלום, הלא כיון שהוא שורש לאצילות - היה צריך שנוכל להתעלות מן הענף אל השורש, ונשיגהו. אבל לפי שהיא מסופקת - אין משיגים אותו. כי על כל דבר מסתפקים אם השליטה היא מצד זה או מצד זה, פירוש - מצד חיבור זה או מצד חיבור אחר. כי דבר זה אין אנו עומדים עליו, אלא נראה כאילו הוא שניהם, וזה ודאי אינו. כי הלא לכל דבר יש מקום פרטי, וזה המקום הוא מסופק, נראה שכל המקומות הם, דהיינו בתחילה נראה דבר אחד, וכשמביטים עליו - נראה שהוא דבר אחר, ואי אפשר לקבוע. וזהו:

ד. אלא נראה שהוא כך, ונראה שהוא כך, בדרך שאי אפשר לעמוד בה, ולכן נקרא רדל"א, אם לא היה נראה בו כלום, היינו אומרים שנעלמת, וכמ"ש. אבל נראה כך, ונראה בדרך אחר מיד, עד שאין שום אחד יכול לעמוד בה:

פרק פ"ט

ההבדל בין טלא דבדולחא שברדל"א:

יש הפרש בין עניין טלא דבדולחא דמתחזיין כל גוונין בגוה לעניין רדל"א. כי טלא דבדולחא מראה שיש בה כל הגוונין ביחד. אך זאת מראה שהוא דבר אחד, ומיד נראה שאינו דבר זה, אלא היפך ממה שראינו. והיא עומדת תמיד בהתחלפות זה, ויראה ההן והלאו ברגע אחד. ואין משיגין בה אפילו זה - שיהיה ההן והלאו. אלא אין עומדין בה כלל, שלפעמים נראה שיש בה ההן, ומיד נראה שאינו כלל:

א. יש הפרש בין עניין טלא דבדולחא דמתחזיין כל גוונין בגוה לעניין רדל"א, עדיין קשה למה נקראת מסופקת, יהיה כמו טלא דבדולחא שיש בה כל גוונין, שכך נאמר בזאת. התשובה כדלקמן:

ב. כי טלא דבדולחא מראה שיש בה כל הגוונין ביחד, זה פשוט כמו שמפורש בזוהר, שיש בה החסד והדין. וכן רואים בבדולח כל הגוונין,

שאין אחד מכחיש חבירו. אך בכאן נראים הדברים מכחישים זה את זה:

ג. אך זאת מראה שהוא דבר אחד, ומיד נראה שאינו דבר זה, אלא היפך ממה שראינו, שנראה כאילו טעינו במראה הראשון, שאינו כך כמו שראינוהו, אלא בדרך אחר:

ד. והיא עומדת תמיד בהתחלפות זה, זה פשוט לפי עניין ההנהגה שזכרנו למעלה:

ה. ויראה ההן והלאו ברגע אחָד, דהיינו ההפכים, שאחד מכחיש את חבירו:

ו. ואין משיגים בה אפילו זה - שיהיה ההן והלאו, לא שנשיג שיש בה שני דברים אלה, שעדיין לא היה כאן ספק. אלא שבתחילה רואים, ואחר כך נראה שאותו העניין עצמו אינו כך כלל, שלא היה כך. וזהו:

ז. אלא אין עומדין בה כלל, שלפעמים נראה שיש בה ההן, ומיד נראה שאינו כלל, ועיקר העניין, שכל החיבורים עומדים בפנימיותה בהעלם. אך היא מזדהרת בסוד שליטתה, וזהו העיקר, כי שליטתה תלוי בהזדהרה. והזוהר הזה - מה שאין אנו מבינים מהיכן הוא יוצא, שנראה כך ונראה כך, ואין מבינים אותו. והנה תמצא שמה שבפנים - אינו אפילו נראה, ומה שאפשר להשיג - הוא הזוהר, וגם זה הוא מסופק ואינו נודע. לפיכך נקראת רדל"א:

פרצוף א"א

פרק צ'

א"א שורש כל הפרצופים:

אריך אנפין הוא הפרצוף הראשון שבאצילות, בנוי ממ"ה וב"ן. והוא שורש לכל שאר האצילות, שכולם ענפים ממנו ממש, והוא פועל פעולותיו על ידיהם:

אחר שנתבאר ענין עתיק, צריך לבאר הפרצוף הבא אחריו, והוא א"א:

א. אריך אנפין הוא הפרצוף הראשון שבאצילות, והיינו כי מקום שמתחילים העשר ספירות של עולם - שם נקרא ראשית העולם ההוא ממש. וזהו אינו אלא א"א, שהוא כתר שבאצילות. אבל עתיק אינו מן האצילות עצמו, אלא נחשב לאצילות יען לצורכו הוא, ומתלבש בו ומנהיג אותו:

ב. בנוי ממ"ה וב"ן, הרי כל האצילות בנויים כך ממ"ה וב"ן. והנה אלה מ"ה וב"ן דא"א הם הדכורא ונוקבא שלו:

ג. והוא שורש לכל שאר האצילות, זהו ההפרש שבינו לשאר הפרצופים, שאר הפרצופים - כל אחד ענף בפני עצמו, אף על פי שיוצאים בהשתלשלות זה מזה, אינם ענפים באמת זה מזה. אלא כולם ענפים של א"א. ועל כן אינו נחשב כל כך עמהם, כי אינו בסוג אחד עמהם, אלא הוא השורש, והם ענפיו. אך כשנדבר מכל האצילות, שורש וענפים, אז נזכיר גם א"א, וזהו הסוד מה שפירש רשב"י זללה"ה באידרא זוטא - לא תשכח בר בוצינא בלחודוי:

ד. שכולם ענפים ממנו ממש, ולא בדרך ההשתלשלות לבד, כמו שאר ענפים זה לגבי זה, אלא ענפים ממש. והוא פועל פעולותיו על ידיהם, כי ההנהגה כולה בנשרשת בו, אלא שלהתגלות מתחלק בארבעה פרצופים המלבישים אותו, שנקראים שמו של עתיק. ותראה שעל כן א"א ארכו בכל העולם, וארבעה הפרצופים כולם מלבישים אותו. פירוש - או"א עד הטבור, זו"ן מן הטבור ולמטה. הרי שכולם אינם אלא לבושים אליו, שכל לבוש מלביש איזה חלק ממנו לבד, עד שבין כולם מלבישים אותו:

פרק צ"א

בחינות בפעולת א"א בחסד, וענפיו במשפט:

שתי בחינות יש בא"א, אחת - הנהגתו בחסד לגמרי מעצמו, ואחת -

כְּלָ"זָ פָּתוּזֵי וזכמה לרמזז"ל

הנהגתו על ידי ענפיו בדרך משפט, עד שיחזור הכל לעניינו ממש בסוף הכל:

אחר שזכרנו א"א, נתחיל לבאר פרטיו:

א. שתי בחינות יש בא"א, לפי מה שאמרנו שיש לו ענפים שהוא פועל בהם, נמצאו עתה שתי בחינות לא"א עצמו, כי גם פעולת הענפים הרי מתייחסת לו. נמצא שיש לו פעולתו מעצמו, בלא שיצטרך לענפיו בזה, וזה פשוט, כי גם מא"א לבדו באה ההשפעה, ובאים תיקונים הרבה. ועוד יש לו מה שהוא פועל על ידי ענפיו, והיינו הפעולות שאנו רואים שהם נעשים, שהם כולם פעולות שלו. אמנם לכל דבר יש שורש, וגם ליחס הזה של פעולת הענפים שמשתרשים אליו, צריך שיהיה שורש פרטי בא"א עצמו, וכדלקמן:

ב. אחת - הנהגתו בחסד לגמרי, כי גם בז"א יש חסד, אבל יש גם כן דין. אבל בא"א - ההנהגה הכל בחסד לגמרי, בלא דין כלל:

ג. מעצמו, זהו מה שמבואר, שזה בא מעצמו לבד, בלא שיפעל על ידי ענפיו:

ד. ואחת הנהגתו על ידי ענפיו - מה שפועלים הם כנזכר לעיל:

ה. בדרך משפט, זהו כל ההפרש - שהנהגתו על פי עצמו הוא חסד לגמרי, ואך של הענפים - יש שם חסד ודין, הכל לפי רוב המעשה למטה:

ו. עד שיחזור הכל לעניינו ממש בסוף הכל, כיון שהוא חסד לגמרי, למה יפעול משפט, אך הכוונה היא - לפי שהוא חסד גמור לא יפעול משפט, אבל ענפיו יוכלו לפעול. ועל כן הוא משתמש מאמצעי זה, כדי שיהיה מציאות שיוכל לעשות משפט, שאינה מדה שלו. אבל לא להישאר כך, אלא אדרבא, כיון שהוא הפועל, הגם שבתחילה יראה שמתרצה במשפט, אך הכוונה היא שסוף סוף ישלוט הוא לבדו, וינהיג הכל בחסד:

כָּלַ"זז פָתזזי וזכבמה: לרבמזז"ל

פרק צ"ב

יציאת ז"א מא"א:

הכוונה התכליתית בכל עניין הספירות והנהגותיהם הוא להיטיב בסוף הכל הטבה גמורה ושלמה. רק שכדי לבוא אל התכלית הזה, צריך להתגלגל עד שנגיע אל הסוף, שיהיה העולם מתנהג במשפט, ולהעניש החייבים, עד שעל ידי זה תהיה אחר כך ההטבה שלמה. הרי שמן הכוונה התכליתית עצמה יוצא המשפט הצריך, קודם שמגיעים אל הסוף. ואף על פי שנראה שהם דברים הפכיים. וזהו עניין א"א וז"א - שהא"א בסוד ההטבה הגמורה, שאינו כי אם מיטיב. ואף על פי כן ממנו יוצא ז"א, שהוא בסוד המשפט, כי הוא נולד מעניינו ממש:

אחר שביארנו עניין א"א מצד עצמו, נבאר עניין איך ז"א יוצא ממנו:

חלקי המאמר הזה שניים. חלק ראשון, הכוונה התכליתית, שהוא עניין איך מך ההטבה יוצא המשפט. חלק שני, וזהו עניין א"א, והוא פירוש עניני א"א וז"א לפי זה:

חלק א:

א. הכוונה התכליתית בכל עניין הספירות והנהגותיהם, עניין זה פשוט, ככל מה שאמרנו למעלה, שהכוונה התכליתית אפילו בספירות עצמם היא ההטבה. פירוש - אפילו ברשימו, שנותן טוב ורע, אפילו בו התכלית הוא להיטיב בסוף כנזכר לעיל:

ב. הוא להיטיב הטבה גמורה ושלמה, שאף על פי שאנו רואים דברים קשים הרבה בהנהגת העולם עתה, התכלית הוא - לא די להיטיב, אלא להיטיב הטבה שלמה, שהוא ההיפך ממש מן הדין הקשה. הנמצא עתה:

ג. רק שכדי לבוא אל התכלית הזה, צריך להתגלגל עד שנגיע אל הסוף - גלגול הדברים עד שינוחו מגלגולם, כי לא באים אל המנוחה ברגע אחד, אלא בסיבובים אלה:

ד. שיהיה העולם מתנהג במשפט להעניש החייבים, דהיינו שכשקיבלו החוטאים עונש, הרי הוסר הרע מן העולם:

כָּל־זֹו פָּתוֹזִי וזכמה לרמוזֹ"ל

ה. עד שעל ידי זה תהיה אחר כך ההטבה שלמה, שאחר כך תהיה הטבה שלמה לכל הברואים, בלי שום בושת, וכמו שנבאר:

ו. הרי שמן הכוונה התכליתית עצמה יוצא המשפט הצריך, קודם שמגיעים אל הסוף. ואף על פי שנראה שהם דברים הפכיים, זהו מה שצריך להתבונן כדי להבין אחר כך ענייני האצילות במדרגותיהם, שאינם אלא השיעורים [ל]צורך כל ההנהגה, כמו שמבואר:

חלק ב:

א. וזהו עניין א"א וז"א, והיינו שעיקר ההנהגה הוא אלה השנים, כמו שנבאר לקמן. כי או"א אינם אלא המשך אחד הנמשך לפי מה שז"א יוצא ממנו מא"א, וכדלקמן. אך הנהגת העולמות באלה השנים היא, או הנהגה בחסד, שהוא א"א, או הנהגה במשפט, שאינו מיטיב אלא לטובים ומעניש לרעים, זהו ז"א:

ב. שהא"א הוא בסוד ההטבה הגמורה, שאינו כי אם מיטיב, א"א הוא לפי סוף העניין, שלא יהיה כי אם טוב, כך א"א כל ענייניו אינו אלא להיטיב, בסוד היחוד המחזיר כל רע לטוב, כידוע. שבספירות עצמם יש עניין זה לצורך קיום העולם, שאם לא היתה ההנהגה בנויה על זה, והיה העולם מתנהג תחת הנהגת המשפט מצד הספירות, לא היתה תקומה לעולם מפני הרשעים. לפיכך הקדימה המחשבה העליונה, ועשתה בספירות עצמם, מלבד עניין הקו הנמצא בכל מקום, עשתה א"א, שהוא סוד מה שיהיה בסוף הכל, שהספירות עצמם יהיו מתוקנות בדרך היחוד בהטבה גמורה, שהוא סוד הקו המזכך את הרשימו. והנה זה סוף המעשה שהוא תחילת המחשבה:

ג. ואף על פי כן ממנו יוצא ז"א, שהוא בסוד המשפט, זה פשוט, שכך הוא בהשתלשלות, כמבואר באדרא זוטא:

ד. ז"א, שהוא בסוד המשפט, שהוא בסוד הרשימו, שלא נזדכך עדיין, ופועל ושולט בדרך משפט, עד שיגבר עליו הקו, וישוב גם הוא רק להיטיב, כמו א"א, דהיינו מידת הדין שחוזה למידת הרחמים:

ה. כי הוא נולד מעניינו ממש, דהיינו שכך צריך כדי לבוא באמת אל
הטבה שלמה, שפועל הרשימו את שלו, ושסוף סוף יהיה נמתק. ואז
יהיה מה שכבר הוכן בדרך צפיה בא"א, שצפה העתיד, ועשהו על שם
העתיד מתוקן כבר כנזכר לעיל:

פרק צ"ג

מיתוק דיני ז"א על ידי א"א:

היות המשפט עצמו יוצא רק מעניין ההטבה הגמורה, הוא גורם מיתוק
למשפט עצמו. כי סוף סוף כוונת המלך הוא רק להיטיב, אלא שצריך
המשפט כדי לבוא אל ההטבה השלמה. מה שאינו כן לא היה המשפט
רק לנקום מן החוטאים. וזה עניין שא"א ממתק דיני הז"א רק בכח
המצאו לבד, על ידי מה שהוא פועל לפי עצמו, אפילו לא יגביר עליו
הארותיו להעביר הדין שלו:

אחר שביארנו עניין איך ז"א יוצא מא"א, עתה נבאר מה תועלת יש
בזה, והמיתוק שמקבל ממנו:

חלקי המאמר הזה שניים. חלק ראשון, היות המשפט וכו', והוא איך
הוא מיתוק למשפט היותו יוצא מן הכוונה התכליתית של ההטבה. חלק
שני, וזהו עניין וכו', והוא התמתק ז"א מא"א על פי זה:

חלק א:

א. היות המשפט עצמו יוצא רק מעניין ההטבה הגמורה:

ב. הוא גורם מיתוק למשפט עצמו:

ג. כי סוף סוף כוונת המלך הוא רק להיטיב, פירוש - היה יכול להיות
שהרצון העליון היה רוצה דווקא לנהוג משפט ולא עוד, אז היה צריך
לחזק אותו בכל צד, בין בצד ההטבה, בין בצד העונש. אבל כיון
שהכוונה אינה אלא להביא ההטבה השלמה, ואדרבא, המשפט הוא
עושה אותו רק לפי שהוא צריך לעשותו, ואם היה יכול לעשות בלאו

הכי - היה עושה. הנה ודאי יכוון וישתדל להמתיק המשפט כל מה שאפשר. וזהו:

ד. אלא שצריך המשפט כדי לבוא אל ההטבה השלמה:

ה. מה שאינו כן אם לא היה המשפט רק לנקום מן החוטאים, שאז היתה הכוונה להחזיק המשפט. וזה מטבע הס"א, שכיון שאינה רוצה אלא להרע - מחזקת הרע בכל כח. אבל הרצון העליון, שכוונתו להיטיב, המשפט שהוא עושה אותו - כיון שצריך, אך הכוונה למתקו כנזכר לעיל:

חלק ב:

א. וזה עניין שא"א ממתק דיני הז"א רק ככח המצאו לבד, על ידי מה שהוא פועל לפי עצמו, כל התיקונים הנמצאים בא"א, הנזכרים (באדרא זוטא) [באדרא רבא], הם רק שליטות והנהגות שלו, שרק בהימצאו גורם מיתוק לז"א. כיון שאותם הדברים עצמם שלמטה בז"א הם דין, הרי כבר הכוונה בהם הוא רק לחסד - להיטיב באחרונה, וזהו המתגלה בא"א:

ב. אפילו שלא יגביר עליו הארותיו להעביר הדין שלו, שזהו תיקון אחר שנמצא לפעמים, שמעביר הדין שלא ישלוט כלל, כמפורש בסוד כוונת ויעבור. אך אין זה כוונת ההנהגה, כי צריך שהדין יהיה, אך שלא יתגבר הרבה. וזה נעשה כשכבר יש א"א, שהוא אותם הדברים עצמם של ז"א, אך לפי הכוונה התכליתית, לא לפי האמצע שקודם התכלית הזה:

פרק צ"ד

העברת דיני ז"א על ידי א"א:

כדי שיתקיים העולם - הוצרך שלפעמים תגבר ההטבה על המשפט, ויעשה חסד, אף על פי שאין הדין נותן כך. וזהו מה שמתגבר הארת א"א על ז"א, ומעביר דיניו לגמרי. מתחילה אמרנו עניין המיתוק שעשה א"א לז"א ממילא, עכשיו נבאר מה שמתגבר ומעביר דינו לגמרי:

קָל"זז פֿתזזי זזכבזה לרבזזז"ל

חלקי המאמר הזה שניים. חלק ראשון, כדי שיתקיים וכו', והוא שצריך לפעמים להעביר שליטת הדין. חלק שני, וזהו מה שמתגבר, והוא עניין ההנהגה בין א"א לז"א לפי עניין זה:

חלק א:

א. כדי שיתקיים העולם - הוצרך שלפעמים תגבר ההטבה על המשפט, שאף על פי שרצה הרצון העליון שתהיה הנהגת העולם במשפט, אך צפה מתחילה שלא יכלו הבריות לעמוד בו, ושם עניין זה בהנהגה - שלפעמים יתגבר החסד לגמרי, ויעביר הנהגת הדין לגמרי. אך לא בכל עניין, אלא לזמן מיוחד ודברים מיוחדים. וגם זה אף על פי כן הולך לפי המשפט, והיינו שהמצוות חילקם לשני סוגים, יש מהם שעניינם הוא לתקן תיקונים פרטים מדה כנגד מדה, וגורמים תיקון מעשים בפרט מה שגורמים, ויש סוג אחר שגורמים עניין זה של העברת הדין, דהיינו שישלוט א"א ויעביר הנהגת הדין. ואז הכל בחסד, שאין הולכים אחר מעשה המצווה להביא דבר כנגדו בפרט. אלא כל הדברים מזומנים לינתן לו, כי הרחמים בכלל מתעוררים, ונתקן הכל. וזהו:

ב. ויעשה חסד, אף על פי שאין הדין נותן כך, שאין הולכים בדקדוק של מדה כנגד מדה, אלא השכר הוא - שיתעורר החסד, ויפעול בדרך חסד לעשות טוב לכל:

חלק ב:

א. וזהו מה שמתגבר הארת א"א על ז"א, פירוש - כנזכר לעיל, א"א מאיר תמיד בז"א, אבל כשהארה זאת מתגברת הרבה - אז שולט בכל חסד:

ב. ובמעביר דיניו לגמרי, שאין שולטים כלל, והיינו לא שיהיה הוא דין, ושא"א יפעול החסד בעולם, אלא בז"א עצמו אין הדינים נמצאים ושולטים כלל. וזה מצח הרצון שמזכך כל הדינים בשבת, או בכל שעה שמתעורר:

קַל"זז פֻתוֹזִי וֹזכֻבֻה לרֻבֻוֹז"כל

פרק צ"ה

הנהגת א"א לעצמו:

כיון שז"א יוצא מא"א, על כן נבין בא"א שני דברים, אחד - עניני הנהגתו לפי ענינו, פירוש, לפי מה שהוא מנהיג לפי עצמו - הנהגת החסד שלו, ואחד - מה שהוא שורש מוציא הז"א. בסוד הנהגתו אין אנו חושבים אלא גולגלתא ומוחא, עם שאר תיקוניהם לפי פעולותיהם, בסוד הגברת החסד. ובסוד הוצאת הז"א חושבים תלת רישין, והם כתרא, אוירא, ומוחא, וכל שאר התיקונים, מה שהם מוציאים תיקונים בז"א:

אחר שביארנו שז"א יוצא ומתנהג מא"א, עכשיו צריך לבאר שורש להנהגה זאת בא"א עצמו:

חלקי המאמר הזה שנים. חלק ראשון, כיון שז"א וכו', והיא הקדמה שצריך להבחין בא"א - ענין ההנהגה זאת שהוא מנהג את ז"א, שהוא דבר חוץ מהנהגתו לפי עצמו. חלק שני, בסדר הנהגתו וכו', לבאר שורש זה, מהו בו:

חלק א:

א. כיון שז"א יוצא מא"א, על כן נבין בא"א שני דברים, כי כל מעשה הנמצא במציאות, צריך שיהיה נרשם באור אחד, אם מעשה כללי - באור בפני עצמו, ואם תנאי מעשה - בחלקי האור הכללי. אם כן כיון שמלבד מה שמנהיג (ב)א"א מצד עצמו, נוסף בו דבר אחר - שגם הוא מוציא הז"א. על כן צריך שתמצא בו בחינה אחת שיהיה שורש לזה בפרט:

ב. אחד - עניני הנהגתו לפי ענינו, פירוש, לפי מה שהוא מנהיג לפי עצמו - הנהגת החסד שלו, מה שהוא מיטיב לכל, מה שאינו רוצה שום רע. ועל פי הדבר הזה יהיו בו ודאי סדרים ותיקונים, כמו שצריך להיות לכל אור לפי המחוקק בו. כי כפי חוק האורות נמצאים להם סדרים הרבה, ותיקונים, להספיק להוציא פעולותיהם לאורה, (בכל) [לכל] מי שצריך לקבלה:

קָל"זז פַּתזזי זזכבה לרבמזז"ל

ג. ואחד - מה שהוא שורש מוציא הז"א, גם לזה יהיו סדרים ותיקונים לפי חוק זה:

חלק ב:

א. בסוד הנהגתו, כבר שמעת איך האורות מחליפים שמותם ומצביהם לפי פעולותיהם. ומה שנחשב למדרגה בפני עצמה בפעולה אחת, תחשב בכלל מדרגה אחרת בפעולה אחרת. ומה שהייתה בכלל בפעולה אחת, תחשב בפני עצמה בפעולה אחרת. והם ההאורות עצמם, אך כל הבחנותיהם לפי פעולותיהם. ועל כן אורות א"א עצמו לפי עניין אחד יסתדרו בסדר אחד, ולפי עניין אחד בסדר אחר:

ב. אין אנו חושבים אלא גולגלתא ומוחא, שני עניינים אלו מצאנו בשני האדרות - רבא וזוטא. באדרא רבא אינו מזכיר אלא גולגלתא ומוחא שבתוכה, ושם מזכיר בפרט כל התיקונים של שערות, של חוטמא, הכל כמבואר שם, כל תיקון ותיקון בפני עצמו באר היטב. ובאדרא זוטא מזכיר תלת רישין, ואינו מאריך בתיקונים, אלא מקצר, ומזכירם כולם רק להכניסם תחת ההקדמה שמודיע שם. והעניין הוא כך, הנהגת א"א בסוד החסד כמו שביארנו למעלה - בסוד זה נעשה כל התיקונים שלו, שהם העניינים הפרטים, תיקוני פרצופו, וכמו שכתוב שם באדרא, שהם כולם תיקונים של חסד, שמגבירים החסד וממתקים הדין. ובדרך זה אין לנו צורך לתלת רישין, אלא אדרבא, סוד דמות אדם הוא כתר בסוד ההשראה, והמוח שבתוכו, ואחר כך שאר תשלום דמות אדם בהשתלשלות של הדרגה. אך בסוד היותו שורש לז"א - הנה הנהגת המשפט תלויה בחד"ר, ולצורך זה הוא צריך לסדר אורותיו גם כן בסוד שלושה אלה, וזה סוד התלת רישין. ובכאן הוא סוד השתלשלות או"א, כי הכוונה הוא, זה החד"ר שהוא מושרש כאן - אין כאן מקומו, אלא כאן הוא מושרש. אלא שצריך לרדת ולהשתלשל מדרגה אחר מדרגה, עד שיגיע למקומו ממש, שהוא ז"א, וכמו שנבאר זה העניין לקמן באר היטב בסיעתא דשמיא. וזהו מה שמפורש באדרא זוטא, ואין הכוונה שם לסדר תיקוני הא"א, אלא להראות איך כל התיקונים מסכימים גם כן לזה - להיות שורש לז"א, וכמפורש שם בהדיא:

ג. עם שאר תיקוניהם לפי פעולותיהם - שאר התיקונים הנזכרים שם עם הפעולות שלהם, שהם כולם מיתוקי דינים:

ד. בסוד הגברת החסד, כל אלה הם לפי העניין הזה של הגברת החסד, כי אינם אלא מיתוקים:

ה. ובסוד הוצאת הז"א חושבים תלת רישין, והם כתרא, אוירא, ומוחא, וכל שאר התיקונים, מה שהם מוציאים תיקונים בז"א, שאינם נחשבים לפי עצמם, אלא לפי מה שמוציאים תיקונים בז"א:

קשר האצילות בא"ק על ידי עתיק וא"א

פרק צ"ו

התלבשות עתיק בא"א:

התלבשות עתיק יומין בא"א הוא להחזיק אותו בכל ספירותיו לפי עניין המתקלא המושרש ברדל"א. ובזה הוא עומד תחת הנהגת א"ק מצד היסוד ומלכות שלו. כי כך נקבעו תחתיהם מ"ה וב"ן. והוא עיקר ההנהגה ההולכת להשלים השלמות. כיון שבארנו הנהגות אלה שבא"א, עכשיו נשלים לפרש ענייניו לפי מה שהם, ובתחילה נפרש עניין עתיק יומין, שמנהיג אותו בכל ענייניו:

חלקי המאמר הזה שנים. חלק ראשון, התלבשות, והוא ביאור סוד התלבשות על ידי בא"א. חלק שני, ובזה הוא עומד וכו', והוא לפרש איך אצילות נקרא שהוא תחת א"ק:

חלק א:

א. התלבשות עתיק יומין בא"א הוא להחזיק אותו בכל ספירותיו, והיינו כי זה פשוט, שמי שמתלבש בחבירו - הוא מנהיגו לאיזה דבר שהוא סגולה למתלבש, והנה עתיק יומין מתלבש בכל ספירות א"א. והכוונה לקשר כל זה תחת השורש הנעלם, שפירשנו, להנהגה, שהוא רדל"א:

ב. לפי עניין המתקלא, שהיא הצריכה לשלוט להעמיד כל דברי הדוכרא ונוקבא בתיקון אצילות:

חלק ב:

א. ובזה הוא עומד תחת הנהגת א"ק, זהו שאנו אומרים - שא"ק הוא למעלה, ואצילות מתחת לרגליו, והלא אמרנו שהוא הזיו הזיו שלו. אם כן מה עניינו להיות תחתיו, אך התשובה היא, אף על פי שלפי מציאות השתלשלותו אינו תחתיו, אך לפי ההנהגה הוא תחתיו. וזה עיקר גדול בכל המדרגות - שסדר ההשתלשלות הוא אחד, וסדר ההנהגה הוא סדר אחר. וכן העיגולים - שם יש השתלשלות, אך בהנהגה - חג"ת הם בשורה אחת, אף על פי שבהשתלשלות הם זה תחת זה, וכן בכל הדרושים. ובנידן דידן נקרא שעומד תחת א"ק, יען הוא עומד תחת הנהגת א"ק מצד יסוד ומלכות שלו, כדלקמן:

ב. מצד יסוד ומלכות שלו, פירוש - שמה שמשפיע יסוד א"ק למלכות שלו - הוא המשתלשל אחר כך לאצילות. וכן מה שנעשה בין יסוד ומלכות - גורם תנועה באצילות:

ג. כי כך נקבעו תחתיהם מ"ה וב"ן, זה בא מסוד המתקלא שזכרתי, שהוא חיבור מ"ה וב"ן, שזהו עיקר תיקונם של הפרצופים. והיינו שעניין זה הוא השולט על כל האצילות, ומצד זה האצילות הוא תחת יסוד ומלכות דא"ק, כי שם קבוע תיקון עניין זה.

וזהו מה שאנו אומרים - שעתיק יומין מחזיק א"א לפי עניין המתקלא. פירוש - שבהשתלשלות לא היה נעשה זה, אלא צריך כח אחד שיביא ענייניו של א"א לעמוד תחת תיקון זה:

ד. והוא עיקר ההנהגה ההולכת להשלים השלמות. כי כבר שמעת שחיבורי מ"ה וב"ן הם תיקוני כל הקלקולים, אם כן זאת היא ההנהגה העיקרית. ועל כן צריך שיעמוד א"א בכל סדריו כנזכר לעיל:

קְלַ"ח פִּתְחֵי וְחָכְמָה לְרַמְחַ"ל

פרק צ"ז

הקשר בין א"ק וענפיו לאבי"ע:

מאצילות ולמטה הולך הכל לפי עניין ההנהגה של העולם הזה, שבה סובבים הדברים עד שמגיעים אל שלמות ההטבה. אך מעתיק ולמעלה - הכל הוא לפי מה שיהיה בנצחיות. ועתיק הוא המעביר באמצע מהנהגה להנהגה. א"ק - כללות כל המציאות לכל הזמנים:

עד עכשיו ביארנו שלוש מדרגות שהם כללות הכל, א"ק, אבי"ע, ועתיק שהוא הקשר באמצע. עכשיו צריך לפרש מה עניין שלוש שלוש אלו:

א. מאצילות ולמטה הולך הכל לפי ההנהגה של העולם הזה, בסוד הטוב ורע, שבו השכר ועונש, והוא כל סיבוב הגלגל, ההולך לגלות היחוד בשלמות. וזהו:

ב. שבה סובבים הדברים עד שמגיעים אל שלמות ההטבה, וזה דבר פשוט, שרואים אותו לפי טבע ועניין החוקים שמאצילות ולמטה, עניינים בבחינת הטוב והרע, תיקון ופגם, הולכים לפי סוד הסוף. וכאן כל עניני העבודה:

ג. אך מעתיק ולמעלה - האורות דאח"פ:

ד. הכל הוא לפי מה שיהיה בנצחיות, מאלף השביעי והלאה. כי הכל נקרא נצחיות, כיון שאין עוד מיתה. אך בזה הזמן יש לחלק בין זמן העליות, והוא עד אלף העשירי, שמגיעים לאורות דע"ב. וזמן הנצחיות אחר שקבעו הדברים, שהוא לנצח נצחים:

ה. ועתיק הוא המעביר באמצע מהנהגה להנהגה, כדי שיוכלו המעשים עתה לעשות פעולה בנצחיות של אחר כך, צריך מדרגה אחת באמצע, נוטלת המעשים מן עולם הזה, ומביאה אותם להיקבע על פיהם עניני עליות אלה:

ו. א"ק - כללות כל המציאות לכל הזמנים, פירוש - א"ק אינו הולך בהדרגה אחר שום אור, כי כל האורות - ענפים ממנו, והעליות - באורות עצמם, מהארה להארה. יש להקשות, איך יכולים לסדר עתיק

על אצילות ואח"פ על עתיק, אם עתיק הוא מלכות דא"ק, והיה צריך לשום על עתיק - א"ק. ואם א"ק אינו בסוג עם אורותיו, גם עתיק, שהוא מלכות שלו, אינו בסוג עמהם. תשובה, מלכות א"ק כשנעשית עתיק - הולכת גם היא בשורה עם הענפים, וזה מצד מה שמתחברים בה מ"ה וב"ן, שהם ענפים כנזכר לעיל:

פרק צ"ח

תיקון מ"ה וב"ן עולה לעתיק, ומשם לעולמות העליונים:

עניין מ"ה וב"ן היה הולך הכל בתיקון, ושם לא הוצרך שום עיכוב. אך בב"ן היה הקלקול, ובמ"ה תיקונו. והוצרך לתת להם מקום לעשות את שלהם, עד שיחזרו אל עניין מה שלמעלה מהעולמות, ומציאות התחתונים מתעלה בסוד ענפי א"ק ממעלה למעלה, עד סוף כל העליות.

על כן עתיק העומד בסוד חיבור מ"ה וב"ן, הוא העומד להעביר הדברים מהנהגה זאת של עתה להנהגת הנצחיות. כי כל מעשה התחתונים עושה פעולה בעניין חיבור מ"ה וב"ן, והולך ונקבע לנצחיות. ובהשתלם כל מעשה התחתונים, יהיה נשלם כל הצריך בחיבור מ"ה וב"ן. ונקבע מה שצריך לכל הנצחיות, להיות לפי מעשה שעשו בני האדם. ונמצא הכל בזכותו של האדם התחתון, ולפי מעשיו:

חלקי המאמר הזה שניים. חלק ראשון, עד עניין וכו', והוא איך שהעבודה אינו אלא מאצילות ולמטה. חלק שני, על כן עתיק וכו', והוא עניין העבודה שהולך לנצחיות לסוד השכר:

חלק א:

א. עד עניין מ"ה וב"ן, וזהו שלא ראינו שבירה ותיקון אלא בו, אף על פי שהיה עניין ההעלם בעקודים, לא היה בדרך שבירה. אלא הוא עניין אחד שנעשה, כדי שאחר כך יוכל להיות שבירה בנקודים:

ב. היה הולך הכל בתיקון, שלא הושרש שם עניין הרע, והרי אין מונע להארה, וזהו:

קְכ"זז פֵּתזוי זזכבמה לרבמזז"ל

ג. ושם לא הוצרך שום עיכוב, אלא המעשה כשהתחיל השלים ענינו מיד, שהוא מציאות המדרגה ההיא:

ד. אך בב"ן היה הקלקול ובמ"ה תיקונו, כאן הדברים מתארכים שלא נשלם המעשה בבת אחת, אלא בתחילה - הקלקולים. ולזה צריך שיבואו בני אדם אחר כך להשלים תיקון הקלקולים ההם:

ה. והוצרך לתת להם מקום לעשות את שלהם, והוא כל ענין שית אלפי שנין:

ו. עד שיחזרו אל עניין מה שלמעלה מהעולמות. שהתחתונים נבראו בבחינה זאת, ונתעכב תשלום זה הענף עד שנעשה הרע, ונעשו התחתונים, ונתקן הרע על ידי התחתונים, וזהו עניין העבודה, עד שישתלם ענף זה, ויחזור להיות מתוקן כמו שאר הענפים:

ז. ומציאות התחתונים מתעלה בסוד ענפי א"ק ממעלה למעלה, עד סוף כל העליות - אמת שהתחתונים יצאו מן הענף התחתון הזה, אבל יש להם לעלות בכל הענפים, שכולם היו הדרגה מוצרכת לזה, וכולם צריכים לפעול ולהשפיע בתחתונים, עד שכל מה שנעשה בעדם - השלים את חוקו. ונמצא שמציאות התחתונים לא נעשה אלא בענף התחתון, ולכן הוצרכו לרדת המדרגות עד שם. ואז יצא ויקבל השפעותיו, השפעה אחר השפעה מן כל הענפים שיצאו בשבילו. ומה נותנים - עילוי במציאותו, שהמציאות כבר נעשה, אלא שמזדכך ועולה בעילוי ובשבח גדול יותר, וכשהשלימו כולם - אז נקרא שעשה כל אחד מה שמגיע אליהם. ויש הפרש בעניינם, והפרש במה שנולד מהם בתחתונים. דהיינו הענף הזה התחתון - היו בו כל הקלקולים שזכרנו. ושני מקרים היו לו, אחד - שבו ניתנה העבודה לאדם, לפי שבו היה מציאות לעבודה. ושני - שנתארך הרבה בסוד שית אלפי שנין. אך שאר הענפים - אין להם אלא להעלות התחתונים אל שלמות יותר. כי בתחילה קבלו ההנהגה כך מן הענף התחתון, ואחר כך יקללוה מן החלק העליון ממנו, ואחר כך מן החלק היותר עליון, עד המקום שמגיע לו לקבל, וזהו סדר ההדרגה. ונמצא שאין מציאות התחתונים נשלם לפי מה שהוא צריך להיות, שהוא אחר כל העילויים, אלא באלף העשירי. משם והלאה הוא הנצחיות, שאין אנו יודעים בו כלל, שכבר נשלמה

קָל"זז פַּתזזי זזכבוה לרבמזז"ל

הבריאה לגמרי, דהיינו שעלתה בכל עליותיה. ואמנם הענף התחתון, בהיותו פועל בתחתונים - נתן להם עבודה. אך שאר הענפים, כיון שאינם צריכים תיקון - אינם נותנים עבודה, אלא אדרבא - הארה ותענוג לפי מה שכבר זכו בעבודה הראשונה:

חלק ב:

א. על כן עתיק העומד בסוד חיבור מ"ה וב"ן, שעניינו הוא המתקלא, כנזכר לעיל:

ב. הוא העומד להעביר הדברים מהנהגה זאת של עתה להנהגת הנצחיות, פירוש - למה נאמר שעתיק הוא המעביר בין עניני עולם הזה לנצחיות, לפי שכל עניני עולם הזה תלויים בסוד מ"ה וב"ן ותיקונם, שזה שנתן העבודה לבני האדם. וכפי התיקון שתקנו בני אדם בעניין הזה - כך היא הארה שמאירה להם אחר כך מהענפים העליונים. ועתיק - עניינו הוא סוד חיבור מ"ה וב"ן כנזכר לעיל. על כן נאמר שהוא המעביר בין הנהגה להנהגה, וכדלקמן:

ג. כי כל מעשה התחתונים עושה פעולה בעניין חיבור מ"ה וב"ן, והולך ונקבע לנצחיות, זה כבר פירשתי, שהמעשים שלמטה גורמים התיקון למעלה, והתיקון אינו אלא במ"ה וב"ן. אך אינה משלמת שם הפעולה, כי אם לא היה שכר אלא בעולם הזה - היה כך. אך העיקר הוא לעוה"ב, אחר שאנחנו עוברים מהנהגת מ"ה וב"ן להנהגת שאר ענפים. ואם כך צריך שששאר הענפים גם כן יקבלו זאת העבודה, לא להתקן, שאינם צריכים תיקון, אלא להאיר אחר כך לפי התיקון שנתקן למטה. על כן צריך שתהיה מדרגה אחת לוקחת התיקונים האלה במקום שהם תיקונים, דהיינו באצילות, להעבירם למקום שאינם עוד תיקונים, שאין צריך שם תיקונים, אלא שהם גורמים התעוררות הארה לסוד השכר הנצחי, שינתן כשישלטו הענפים ההם. וזאת המדרגה היא עתיק, שהיא חוץ מן העולם עצמו, אלא שנעשית בראש לעולם. והיא מתחברת גם כן עם מה שלמעלה, להיותה מלכות א"ק, ואז עושה העברה הזאת:

ד. ובהשתלם כל מעשה התחתונים, באמת כשישתלם זמן העבודה, ירצה לומר שנשלם זמן תיקון כל המדרגות, שאף על פי שאין הענפים

העליונים צריכים תיקון, סוף סוף צריך תיקון לאדם, שיהיה מוכן לקבל
אורותיהם בזכות ולא בצדקה, שזאת היא הכוונה הראשונה. אך כיון
שאמרנו שהמעשים לפי מה שפועלים במ"ה ובב"ן לעשות תיקון ממש
- כך קוראים אורות שאר הענפים להאיר, נמצא שגם האורות ההם
שיאירו - יהיו בזכות, לפי שכבר נקראו בזכותו, בזמן שהיה מתקן את
מ"ה וב"ן. נמצא שזה הזמן הוא לבדו זמן העבודה, והוא בזמן ששולטים
מ"ה וב"ן. אך תולדת העבודה הזאת מגעת עד רום כל הדרגות, עד
כשיושלם כל תיקון מ"ה וב"ן, הרי ניתן קריאה בזכות לכל המדרגות
כולם, שיאירו אורותיהם, כל אחד בזמנו. וזהו:

ה. יהיה נשלם כל הצריך בחיבור מ"ה ובב"ן:

ו. ונקבע מה שצריך לכל הנצחיות להיות לפי מעשה שעשו בני האדם,
שסוף הפעולה מגעת שם על דרך הנזכר לעיל:

ז. ונמצא הכל בזכותו של אדם התחתון, ולפי מעשיו, הוא סוף כל העניין
הזה, כמ"ש, כי הכוונה - שיהיה הכל בזכות ולא בצדקה:

פרק צ"ט

דעת דעתיק גנוז באוירא:

רדל"א הוא סוד חיבורי מ"ה וב"ן למעלה. מקור לכל ההנהגה. שבעה
תחתונות דעתיק, המתלבשים בא"א, הם המנהגים אותו לפי עניין
הרישא שלמעלה. דעת דעתיק, המתלבשת בין כתרא ומוחא דא"א,
עומד לקבל עניין מעשה בני האדם בסוד ההנהגה של עתה, ומעביר
אותם על ידי רדל"א אל שלמעלה, להיות נקבעים לנצחיות:

אחר שביארנו קשר כל העניינים האלה בסוד אלה ההנהגות של עתה
ושל נצחיות, עתה נעשה קיצור מזה, לפרש כל מה שיש במדרגות
לצורך זה:

א. רדל"א הוא סוד חיבורי מ"ה וב"ן למעלה, מקור לכל ההנהגה, הוא
מה שכתבתי, שמקור ההנהגה הוא בסוד חיבור מ"ה וב"ן, וזהו רדל"א:

ב. שבעה תחתונות דעתיק, המתלבשים בא"א, הם המנהגים אותו לפי
עניין הרישא שלמעלה, גם זה כמ"ש, שהוא לקשר הנהגת האצילות
תחת ההנהגה הזאת, לעמוד תחת א"ק כנזכר לעיל:

ג. דעת דעתיק המתלבשת כין כתרא ומוחא דא"א, זהו מה שביאר הרב
זללה"ה, שדעת דעתיק עומד גנוז באוירא, רוצה לומר שאינו מלובש
כמו שאר השבעה, אלא גנוז שם. וההפרש הוא זה, מלובש – רוצה
לומר שמחזיק ההנהגה של המלביש. אך גנוז - הוא חוץ מזה העניין,
ועומד שם לאיזה תכלית אחר, והיינו כמו שנבאר לקמן:

ד. עומד לקבל עניין מעשה בני האדם בסוד ההנהגה של עתה, והיינו
שאין עניינו להחזיק הנהגת א"א, אלא לקבל מהנהגתו מה שיש לקבל,
ולהביאו אל הרישא, שהיא המעבר האמיתי אל הנצחיות, בסוד
ספיקותיה, כנזכר למעלה, ששם מושגחים כל הדברים לפי הכל על ידי
עבר עתיד והווה, וכמ"ש. נמצא דעת עומד ומקבל כל עניני א"א. ומשם
עולים לעבור בהשגחת הרדל"א, ומשם להיות נקבעים בנצחיות וכנזכר
לעיל:

ה. ומעביר אותם על ידי רדל"א אל שלמעלה, להיות נקבעים לנצחיות:

פרק ק'

הקדמה כללית בעניין ההתלבשות:

חילוקי ההתלבשות ככל מקום שהוא - מורה פעולתו אם רב ואם מעט.
הערך נשמר תמיד לפי שיעור התחלקו. מקום שמתלבש חלק גדול,
ומקום שמתלבש חלק קטן - מורה שהפעולה במקום אחד גדולה
מהפעולה במקום השני, באותו הערך שיש בין חלק לחלק המתלבש.
אך טעם הערך הוא - כי זהו מצטרך לפי הכוונה הכללית. וכמה טעמים
נוכל למצוא בערך ההוא, כי לכמה פינות הוא פונה:

אחר שביארנו הקשר הזה של ההנהגות, היה צריך לתשלום זה לבאר
ההלבשה בפרט, של עתיק בא"א, למה בכח"ב יש שלושה ספירות

קָל"זו פְּתַזוּי וּזכְמַה לְרַמְזוּ"ל

שלמות, ובהג"ת נה"י רק פרקי ספירה אחת. וזהו מה שנפרש עתה בהקדמה כללית בכל עניני ההתלבשות:

חלקי המאמר הזה שניים. חלק ראשון, חילוקי וכו', זהו הקדמה בענייך התלבשות. חלק שני, אך טעם וכו', היא אזהרה בענייך הקדמה זאת:

חלק א:

א. חילוקי ההתלבשות בכל מקום שהוא, והיינו כמו שמתחלקים בכאן ספירות עתיק יומין בא"א באותו הפרש שוכרנו, כך יש כאלה במקומות אחרים גם כן. וזאת הקדמה כוללת לכל מקום:

ב. מורה פעולתו אם רב ואם מעט, זה פשוט, ההתלבשות היא פעולה שפועל המתלבש במלביש. ודאי אם חלק רב מתלבש - מורה שצריך פעולה רבה, אם חלק קטן - מורה שהפעולה היא קטנה:

ג. הערך נשמר תמיד לפי שיעור התחלקו. מקום שמתלבש חלק גדול, ומקום שמתלבש חלק קטן - מורה שהפעולה במקום אחד גדולה מהפעולה במקום השני, שנצריך תמיד מלביש עם מלביש, מי שמלביש חלק גדול - קבל פעולה יותר גדולה ממי שמלביש חלק קטן. ואדרבא, נבין בזה עניין זה בפרטיות הרבה. פירוש - אם נרצה להעריך בשיעור מדוקדק כח הפעולה הזאת, נעריך החלקים המתלבשים בשיעור פרקיהם ומידותיהם, ואז נבין הערך:

ד. באותו הערך שיש בין חלק לחלק המתלבש:

חלק ב:

א. אך טעם הערך הוא - כי זהו המצטרך לפי הכוונה הכללית, אין צריך לבקש טעם על זה, כי כבר אמרנו, כל מה שהוא בבניין - אין מבקשים טעם. אדרבא, מהבניין שאנו רואים שהוא כך - נילף מינה שזהו מה שצריך. ויותר נוכל להבין אחר כך דברים על פי ההקדמה של הבניין ההוא, ממה שנוכל להבין טעם לבניין ההוא. הבניין הוא המקובל בכל שיעוריו, וממנו נמשך כל ההנהגה. והנה נוכל למצוא באמת טעמים רבים לבניינים האלה, אלא שאין זאת כוונתינו, כי אם לדעת מה שיש,

ומה פעולתו, ומה שתלוי בערך. ונדע שוווהו הערך מה שיצריך השינויים, ונבין ממילא שמה שהאור הוא גדול - צריך שיהיה כך, לפי שצריך פעולה גמורה. ואם הוא קטן - לפי שאינו צריך רק פעולה קטנה. וזה די לנו, כי החכמה תלויה לדעת היוצא מזה, ופעולה זה, ולא טעם למה דווקא כך:

ב. וכמה טעמים נוכל למצוא בערך ההוא, כי לכמה פינות הוא פונה, אינו גם כן מאותן הדברים שאסור לשאול, כי אדרבא, טעמים רבים ימצאו לנו, וכולם יוכלו להיות אמיתים. כי המחשבה העליונה לא כיונה לדבר אחד לבד, אלא לדברים הרבה. אך שאין לנו צורך לדרוש אחר זה כלל, אלא להבין "מה", רוצה לומר דרך משל - כגון אנו אומרים, ז"א מתחיל מן החזה דאו"א, רוצה לומר שכך הוא השיעור, שז"א אינו מתחיל אלא משם ולמטה. ובסדר זה מסודרים כל עניני העולם התלויים בזה. אך אם תשאל למה לא יתחיל מן הדעת ולמטה - אין זו שאלה. ואף על פי שתוכל למצוא תשובות על זה - הפנימיות של זה לא נודע, כי כבר אמרנו שהמחשבה העליונה כיונה לכמה דברים, ואין לנו צורך לילך אחריהם, כי אם לדעת מה אמרנו שכבר גזרה והסכימה לעשות - מה תולדות המעשים ההם:

תיקוני א''א

פרק ק''א

הראש כולל הכתר והמוחין שבו:

הראש תמיד הוא ראשית כל הנהגת הפרצוף, ושלמותה - בכתר ומוחין בתוכו, והיינו בסוד השראת העליון ממנו, השורה עליו. ושם נכללו שלושה מוחין, ששם כל עיקר הולדת ההנהגה שלו:

עכשיו נבוא לפרש בפרט עניין צורת הפרצופים, ובתחילה בכלל:

חלקי המאמר הזה שנים. חלק ראשון, הראש תמיד הוא, והוא עניין הראש בפרצוף. חלק שני, והיינו בסוד וכו', הוא ביאור הקדמה הזאת:

קָל"זז פֶתזזי וזכמה לרמזז"ל

חלק א:

א. הראש תמיד הוא ראשית כל הנהגת הפרצוף, היא לבדה כוללת כל מה שיש בכל הפרצוף, אך בבחינת ראשית, שעל כן נקראת ראש. ותשלום עניינה - בכל שאר הפרצוף:

ב. ושלמותה - בכתר ומוחין שבתוכו, והיינו שהם מינים הצריכים שניהם להנהגה. כתר - מין אחד, ומוחין - מין אחר:

חלק ב:

א. והיינו בסוד השראת העליון ממנו השורה עליו, כי צריך כח העליון המנהג התחתון, וכח התחתון בכל מידותיו. הכתר הוא כח העליון:

ב. ושם נכללו שלושה מוחין, שהם כללות מדות התחתון:

ג. ששם כל עיקר הולדת ההנהגה שלו, שם נולדת ההנהגה בקיבוץ כל הכוחות האלה, ואחר כך מתפשטת בפרצוף כולו:

פרק ק"ב

שבעה תיקוני רישא בגולגלתא:

רישא דא"א - מובן בה כתרא וחכמה סתימאה שבתוכו, וזה לפי הנדרש בהנהגת א"א מצד עצמו לבד, ובו הם השבעה תיקוני רישא. והיינו כי כל הנהגת א"א תלויה בעתיק, ולכן ברישא דא"א עצמו שולטים השבעה דעתיק, ופרטי תיקוניו. ובגולגלתא עושים מה שעושים בכלל, ובפנים עושים בפרט, יען הם עשויים להאיר בפרט. וצריך שכל הארותיהם יהיו מתוקנים בתיקוני העתיק:

אחר שנתבאר עניין הראש, נבאר עתה תיקוניו בא"א שאנו עוסקים:

חלקי המאמר הזה שנים. חלק ראשון, רישא דא"א, הוא מה שאנו מבינים כשאנו אומרים שבעה תיקוני רישא. חלק שני, ובגולגלת וכו'. והוא פרט התיקונים האלה:

קְל"זז פְּתזזי זזכבמה לרבמזז"ל

חלק א:

א. רישא דא"א - מובן בה כתרא וחכמה סתימאה שבתוכו, היינו כי ראש אינו גולגלת לבד, אלא כל כללות הראש והפנים, ומה שבתוכם. והנה כאן בא"א שלא יש בינה בתוך הראש, ומבואר במקומו, כשאומרים רישא - מבינים כתר וחכמה בתוכו, וכל המתפשט בהם בסוד הפנים:

ב. וזה לפי הנדרש בהנהגת א"א מצד עצמו לבד. והיינו כמ"ש, שבסוד שורש הז"א - נדרש בסוד חד"ר. אך בסוד א"א עצמו אין מתחלקים אלא בדרך זה - גולגלתא ומוחא לבד:

ג. ובו הם השבעה תיקוני רישא:

ד. והיינו כי כל הנהגת א"א תלויה בעתיק, זהו כמו ששמעת איך עתיק עשוי לקשר כל ספירות א"א תחת א"ק, ולהעמידם בסוד המתקלא:

ה. ולכן ברישא דא"א עצמו שולטים השבעה דעתיק, ופרטי תיקוניו, היינו כי במקום השליטה הראשונה - שם צריך לעשות תיקון זה, ונשאר התיקון לכל הפרצוף:

חלק ב:

א. ובגולגלתא עושים מה שעושים בכלל, הוא סוד גולגלתא חיורא, והיינו כי התיקונים האלה מתפרשים - אחד בגולגלתא, וששה בפנים. וסוד זה כי כתר אינו עשוי לפרט אורותיו כמו החכמה, אלא כתר - סודו קמץ - קמוץ בסוד הגולגלת, שהיא גולגלתא אטום. אך חכמה - פתח, עושה כל אורות הפנים בפרט. וכפי העניין שלהם, כך עושים בהם תיקוני העתיק - בגולגלת בכלל אחד, ובפנים בכל פרטיהם, וזהו:

ב. ובפנים עושים בפרט, יען הם עשויים להאיר בפרט:

ג. וצריך שכל אורותיהם יהיו מתוקנים בתיקוני העתיק, הכוונה היא לתקן הכל, ועל כן צריך שלא להניח החלקים לחוץ, אלא במקום שיש פרט, יהיו כל הפרטים מתוקנים:

קָל"זז פָתזזי וזכבה לרַמזז"ל

פרק ק"ג

שני סוגי תיקוני רישא דא"א:

כל עניני הא"א הולכים להגביר החסד ולמתק הדין. ויש גילוי כוחו בכח - שהוא מעביר הדין לגמרי, והוא עניין גילוי מצח הרצון:

אחר שביארנו עניין שבעה תיקוני רישא, נבאר ההפרש שבין תיקון לתיקון בתיקונים אלה:

א. כל עניני הא"א, כבר נתבאר למעלה עניין זה, שא"א גורם מיתוק לדיני הז"א:

ב. הולכים להגביר החסד ולמתק הדין, הימין שבו הוא להגביר החסד, והשמאל שבו הוא למתק הדין בחסד:

ג. ויש גילוי כוחו בכח - שהוא מעביר הדין לגמרי, זה תלוי בגילוי המצחא, שבלהתעלם הוא ממתק, ובגילוי הוא מעביר הדין לגמרי:

ד. והוא עניין גילוי מצח הרצון, והוא בסוד התיקון רעוא דרעוין, שזה הוא מה שנותן לו זה הכח. והיינו שכל שאר התיקונים שבאים מחג"ת נ"ה(י) אינם עושים זה, לפי שאין להם כח לזה, אלא ליסוד שמתקן המצח, שיכול לגלות החסדים בכח:

פרק ק"ד

שורש בתלת רישין שורש לחד"ר הוא רדל"א:

עניין ההנהגה המשפטית תלוי הכל בחד"ר והמקבל מהם. כי בזה תלוי כל עניין השכר והעונש. ולשורש עניין זה נמצא בא"א התחלקות התלת רישין. ורדל"א שעל גביהם הוא שורש למקבל, שהיא השכינה:

קָל"זו פְתוזי וזכמה לרבמזז"ל

אחר שנתבאר מה שיש לבאר בפרטיות הנהגת א"א מצד עצמו, עתה נבאר להשלים עניין שורש ז"א. כבר נתבאר למעלה ליסוד המתקן המצח. והנה המצח וכל עניני א"א עניינם הגברת החסד, על ידי הימין שבו, ומיתוק הדינים על ידי השמאל שבו. המצחא כשהוא בהעלם ממתק הדינים, ובהגלותו - מעביר הדינים לגמרי, וזה ע"י כח יסוד דעתיק שבמצחא. שאר התיקונים בכוחם רק למתק הדינים. להשלים עניין שורש ז"א. עניין זה כבר מבואר לעיל בפתח צ"ה. כאן חוזר ומזכירו בסדר:

חלקי המאמר הזה שניים. חלק ראשון, עניין ההנהגה, והיא הקדמה בעניין ההנהגה. חלק שני, ולשורש עניין זה, והוא עניין שלושה רישין על פי זה:

חלק א:

א. עניין ההנהגה המשפטית תלוי הכל בחד"ר והמקבל מהם, המקבל רוצה לומר נוקבא, שהיא שורש המקבלים, שלפי מה שהם מוכנים - כך היא מזדמנת לקבל, כמ"ש למעלה במקום אחר:

ב. כי בזה תלוי כל עניין השכר והעונש, משפט אינו רוצה לומר דין לבד, אלא חד"ר, לעשות לפי הנראה לעיני הדיין:

חלק ב:

א. ולשורש עניין זה נמצא בא"א:

ב. התחלקות התלת רישין, זהו כמו שמבואר למעלה, שהנהגת המשפט עצמה יוצא מא"א:

ג. ורדל"א שעל גביהם היא שורש למקבל, סוד זה הוא, אשת חיל עטרת בעלה:

ד. שהיא השכינה, שזה כח השכינה, שנקראת אבן דזרקין לה עד א"ס, והיינו כי היא תחילת המחשבה. והמידות לא נמשכו אלא בעבורה על ידי חד"ר. נמצא כי כל התיקון ביד המקבלים, שהם המגלים היחוד בעבודתם. ונמצא שזה מה שנקבע ראשונה, ואחר זה נמשכו המידות

לפי ענינה. ולכן כל ההתעוררות - ממנה, וכל התיקון תלוי בה, כידוע
בדברי רשב"י זלל"ה בכמה מקומות:

פרק ק"ה

ראשית השתלשלות חד"ר - בדיקנא דא"א:

שערות הראש הם מתגלים מקדושת המוח עצמו כמו שהיא בו. אך
הדיקנא עשויה להשתלשל בה האורות בהדרגה, לרדת עד הז"א:

אחר שביארנו עניין שורש הז"א, נבאר ראשית השתלשל השורש הזה
לבוא למטה:

חלקי המאמר הזה שנים. חלק ראשון, שערות הראש וכו' והוא עניין
שערות הראש. חלק שני, אך הדיקנא, והוא שערות הדיקנא:

חלק א:

א. שערות הראש הם מתגלים, היינו כי הנה אנו אומרים אחר כך
שהדיקנא הם צינורות הממשיכים אור החכמה סתימאה לחוץ, לעשות
ההשתלשלות. אך גם השערות של הראש, אמרו באדרא רבא, שהם
ממשיכים האור מן המוח. וצריך להבין בתחילה מה ההפרש בין זה לזה.
והנה ההפרש הוא, שהשערות של הראש אינם אלא מגלים אור המוח
כאשר הוא, ולא בהשתלשלות והדרגה. אך הדיקנא ממשכת האור
להשתלשל בהדרגה:

ב. מקדושת המוח עצמו, שעל כן מנין השערות הם כמניין קדוש, כמו
שביאר רשב"י זלל"ה באדרא רבא, להיותן גילוי קדושת המוחין
שמתלהטת ויוצאה לחוץ. כמו שהיא בו, הוא מה שמבואר שאינו
משתנה בהמשכו כלל:

חלק ב:

א. אך הדיקנא עשויה להשתלשל בה האורות בהדרגה, הוא   מה

שמבואר למעלה, וזהו הטעם שמדרגותיה נמנות בדרך פרטי, להיות שם בסוד הזיווגים של נוצר ונקה, מה שאין כן שערות הראש. וזה, כי הזיווגים הם עשויים להמשיך האורות לפי כח המזדווגים, שבמוחי המזדווגים נמשך האור המתאצל על ידם, ומשתווה לבחינת המזדווגים ההם, ובבחינה זאת האור מתאצל. ובכל מוח מקבל שינוי, לפי המדרגה של המוח ההוא:

ב. לרדת עד הז"א, היינו כי פעולת הדיקנא הוא להוציא לחוץ סדר החד"ר, הסתום בפנים. וכשמתחיל להמשיך אותו, נמשך ויורד עד הז"א. ועל כן, או"א במזלא אתכלילן, וכדלקמן, כי כוונת הדיקנא להביאו עד הז"א. ולכן מסתיימים בטיבורא, להיות על הז"א ממש:

פרק ק"ו

תיקוני הדיקנא הם מכיני השפע וממשיכי השפע:

התיקונים - מהם עשויים להמשיך השפע בהם, ומהם לתת הכנות ותיקונים לשפע עצמו. זהו כלל בכל התיקונים, אך עניינו לפרש בו עניין תיקוני הדיקנא:

א. התיקונים, כל מיני תיקונים שיש בכל מקום - הם נופלים תחת אחד משני מינים אלו:

ב. מהם עשויים להמשיך השפע בהם, וזה בדיקנא - סוד התרין מזלין, שהם עשויים דווקא להמשיכו ולגלותו:

ג. ומהם לתת הכנות ותיקונים לשפע עצמו, וזה בדיקנא - כל שאר התיקונים שלה:

קִלּ"זז פֿתזזי זזכּבמה לרבמזז"ל

פרק ק"ז

תלת רישין מאירים בדיקנא, לגילוי הנהגת החד"ר:

כל התלת רישין מאירים בדיקנא, כי היא ממש גילוי ההנהגה הזאת של חד"ר:

תשלום עניין הדיקנא:

א. כל התלת רישין מאירים בדיקנא, זה כבר נתפרש בדברי הרב זלל"ה, שיש כל התלת רישין בדיקנא. ולמה צריך זה,:

ב. כי היא ממש גילוי ההנהגה הזאת של חד"ר, כל עניינה הוא גילוי חד"ר, המשתרשים בג' רישין כנזכר לעיל. ועל כן צריך שיאירו בה בפרט:

פרק ק"ח

הדיקנא כופה את הדינים ומכניע הקליפות:

הדיקנא מראה כח הפרצוף, על כן בה מתגלה כח א"א, וכופה הדינים, ומכניע הקליפות, ומשליט הקדושה בסוד היחוד העליון:

עניין שהדיקנא כופה הדינים:

א. הדיקנא מראה כח הפרצוף, זה עניין הדרת פנים - זקן. וגם למטה הוא כך:

ב. על כן בה מתגלה כח א"א:

ג. וכופה הדינים, כי עניינו הוא להגביר החסד, ובהתגברו בכוחו - ממתק הדינים:

ד. ומכניע הקליפות, כי הדינים הבלתי מתוקים הם נותנים כח לס"א, אך הדינים הממותקים, אדרבא, גורמים הכנעה לס"א:

ה. ומשליט הקדושה בסוד היחוד העליון, זהו תיקון העתיד, שיהיה לעתיד לבוא, שעליו אמרו (אדרא רבה דף קל"ד ע"ב) דעתיד לאוקיר דיקנא, בסוד, "ונשגב ה' לבדו ביום ההוא". ואז תשלוט הקדושה לבדה בעולם:

פרק ק"ט

בחינות ההשתלשלות וההתלבשות גורמות לתמונות שונות בהתלבשות הפרצופים:

לפי סדר ההשתלשלות - כל נה"י של כל פרצוף עליון הם מוחין לתחתון. אבל סדר ההתלבשות הוא סדר אחר:

תירוץ סתירה לדברי הרב זלל"הה, שבמקום אחד נראה שיסוד דעתיק כלה ביסוד דא"א, ובמקום אחר נראה שכלה בתפארת:

א. לפי סדר ההשתלשלות - כל נה"י של פרצוף עליון הם מוחין לתחתון, כבר שמעת שהמצצבים בפרצופים הם משתנים במראה לפי העניין שרוצה הרצון העליון להודיע בהם. והנה יש מציאות זה שהפרצופים מתנהגים זה תחת זה, שהמלכות של העליון מנהגת את התחתון, וזה נקרא סדר ההשתלשלות. ולהודיע עניין זה, נראה במראה איך נה"י של הפרצוף העליון הם המוחין בתחתון. ויש עניין אחר, שהוא - מלבד מה שנותן ההשתלשלות הכללי, יש התלבשות, והם כוחות אחרים שמקבלים הפרצופים ממה שהם מלבישים, שהוא חוץ מן הכח המחוקק בהם לפי עניין ההשתלשלות. ומפני זה יראה במראה - מצב אחר, שהוא מצב ההתלבשות. והנה יש עניינים בפרצוף נמשכים מן הכח המוטבע בו בראשונה בסוד ההשתלשלות, ויראה במראה - נה"י של עליון מוחין בתחתון, ועניינים אלה יוצאים משם. ויש אחרים שנמשכים אחר עניין ההלבשה, וכן יראה במראה - נולדים מן המצב ההוא:

ב. אבל סדר ההתלבשות הוא סדר אחר, כל הסדרים האלה נמצאים תמיד בפרצופים, כי כשנבוא להבחין כוחותיהם, נאמר - יש בו כח המחוקק בו לפי ההדרגה, וזה נהוג מן הנה"י של הפרצוף העליון, ונפרש

כל הנמשך מן ההנהגה הזאת. עוד יש לנו שהוא מלביש, ומעלים את
המדרגות שהוא מלביש מן העליון, וזה כח יותר שמקבל, ויש עניינים
נמשכים מזה. וכולם פועלים מה שצריך שיפעלו להשלים עניין
הנבראים כראוי:

פרצופי או"א

פרק ק"י

יסוד עתיק בחזה דא"א הוא שורש או"א:

לפי סדר ההשתלשלות - יסוד דעתיק כלה בחזה דא"א, ומשם יוצאים
בגילוי החסדים והגבורות שלו. אחר כך משם נבנים אבא ואימא,
ישראל סבא ותבונה. אך בסדר ההתלבשות - יסוד דעתיק כלה ביסוד
דא"א:

אחר שנתבאר א"א ועניניו, נבוא לבאר או"א, ובתחילה נבאר שרשם:

א. לפי סדר ההשתלשלות - יסוד דעתיק כלה בחזה דא"א, זה פשוט,
לפי השיעורים של הפרקים כידוע:

ב. ומשם יוצאים בגילוי החסדים והגבורות שלו, כי כל הפרצופים -
הדעת שלהם מתפשט בגופם, ונכלל ביסודם, ומאיר לחוץ, כי דעת -
עיקר ההנהגה שצריך להתפשט כך, כדלקמן במקומו:

ג. אחר כך משם נבנים אבא ואימא, ישראל סבא ותבונה, חכמה ובינה
דאצילות, כשבאים להיעשות פרצופים, מקבלים הארה מן החסדים ומן
הגבורות האלה, להיות מקומם באילן כנגדם, לפי שהם מלבישים את
הזרועות עד הטבור. ומכחם מתחלקים לארבעה פרצופים, כמבואר
במקומו. אך בסדר ההתלבשות - יסוד דעתיק כלה ביסוד דא"א, לא
יקשה לך עניין התלבשות עתיק בא"א - שאינו כך, כי הוא בסדר אחר,
לפי ההקדמה שהקדמנו במאמר הקודם לזה:

קֳל"זז פַּתזזי זזכבּוַה לִרמזז"ל

פרק קי"א

או"א - הם התפשטות החכמה סתימאה המביאה מוחין לז"א:

אבא ואימא הם התפשטות חכמה סתימאה בסוד חד"ר הכלולים שם, אחר שנתפשטו בסוד הדיקנא. ונשרשים בסוד מזל נוצר ומזל נקה:

אחר שביארנו כבר שורש או"א, נבאר עתה או"א:

א. או"א הם התפשטות חכמא סתימאה, כי לפי שורש הוצאת הז"א - חכמה סתימאה היא הכוללת כל החד"ר שבכל התלת רישין, בסוד יו"ד ה"א וא"ו, שעולים ט"ל, שיש בחכמה סתימאה, שהוא סוד טלא דבדולחא. ושם שורש כל ההנהגה הזאת שלמטה. ותראה שהחכמה סתימאה הוא דין בסוד התלת רישין, והיא נהוגה מגבורה דעתיק. על כן שם משתרשים כל העניינים האלה שלפניה. והיא הנוקבא של א"א, כי כתר הוא הראש, הצד הימיני, שהוא הזכר שבו, והיא ראש לצד השמאל, שהיא הנוקבא. וכל זה מפני התלבשות חסד וגבורה דעתיק בהם. והנה חד"ר אלה שבחכמה סתימאה צריכים להתפשט ולהשתלשל, ושלשולם דרך הדיקנא כנזכר לעיל. ואמנם הדיקנא אינו אלא כח ממשיך לחוץ, כי ענינה - צינורות המלאים אור החכמה סתימאה. אך או"א הם הענין שהיה סתום בחכמה סתימאה, שהתחיל להתגלות עתה לחוץ. ותראה שכל זה הוא כך ממש שורש לז"א, דהיינו המוחין שלו, שהוא עיקר הנהגתו, כמו כל פרצוף שכל הנהגתו הוא במוחין. וזה פשוט, כי ז"א לבדו אינו יכול לעשות מה שצריך, כי אין בו אלא ו"ק, ותשלומם כחכמה בינה. ואלה הם המשתרשים פה בחכמה סתימאה, בסוד החד"ר שזכרתי. ומשתלשלים ויורדים, עד שמגיעים למקומם שהוא ז"א, ומשלימים אותו, כדלקמן:

ב. בסוד חד"ר הכלולים שם:

ג. אחר שנתפשטו בסוד הדיקנא, שבתחילה הוצרכו להתפשט בדיקנא, שיהיה להם מציאות זה של התפשטות, אז יעשו כל המדרגות שיעשו:

ד. ונשרשים בסוד מזל נוצר ומזל נקה, בדיקנא עצמה בזמן התפשטה. ונמצא שורש לשתי מדרגות האלה שהיו עתידים לצאת מכחה, והיינו

מזל נוצר ומזל ונקה, שבהם כלולים כל הדיקנא. אחד - במזל "נוצר"
בסוד זכר, ואחד - ב"ונקה" שהיא נקבה. וזה שורש לאו"א שיוצאים
גם כן דוכרא ונוקבא, וניתן להם פעולתם, לזכר כראוי לו, וכפי המגיע
אליו משרשו, ולנקבה כראוי לה, וכפי שמגיע לה משרשה:

פרק קי"ב

או"א התפשטות מוחי ז"א בכללות ובפרטות:

אבא הוא סוד התלת מוחין דז"א, אך בכלל אחד, כזרע במוח האב.
ואימא היא עצמה גילוי המוחין דז"א, ובה נתקנים בפרט, כעובר בבטן
אימו:

אחר שביארנו עניין או"א, נבאר עתה מה שיש להבחין בהם:

אבא הוא סוד השלושה מוחין דז"א, אך בכלל אחד, כבר אמרנו שאו"א
הם התפשטות החכמה סתימאה, המביא מוחי ז"א עד המקום שצריך.
ואמנם יש הפרש בין או"א, כמו שיש בעניין הולד הנולד משניהם.
שבתחילה בזכר הוא בכח ובכלל, ואינו יוצא ממנו אלא בדרך כלל. אך
הנקבה מפרטת אותו בזמן העיבור, עד שניכר ונראה סימנו לחוץ. כן
למעלה - או"א שניהם כוללים מוחי הז"א, ועתידים להוציאם. אלא אבא
כשמוציא אותם - אינו מוציא אותם אלא בכלל אחד, ואימא כשמוציאה
אותם, אפילו קודם הלידה, הרי הם נודעים וניכרים בה, ומכל שכן אחר
שיולדת אותם. כזרע במוח האב, שהוא כלול שם, וגם כשיוצא - יוצא
בכלל אחד. ואימא היא עצמה גילוי המוחין דז"א, ובה נתקנים בפרט.
כעובר בבטן אימו, זה סוד חו"ב, חכמה הוא כלל, בינה היא התבוננות
על החכמה, והוא פרטיות הדבר. ונמצא לפי זה, אבא עצמו - התפשטות
בסוד גילוי המוחין בדרך כלל, וכן כשהוא מוציא אותם - מוציא אותם
בכלל, ואימא הוא סוד התפרט המוחין. וכן כשפועלת פעולתה בהם -
מגלה אותם בפרט, בסוד העובר במעי אימו:

פרק קי"ג

זיווגי או"א וישסו"ת:

או"א עומדים בזיווגם תמיד למעלה, כדי שלא להפריד תיקון המוחין מצד השורש. אך ישראל סבא ותבונה הם סוד התפשטותם, לעשות מוחין בז"א בסדר הראוי לו:

אחר שפרשנו עניין או"א עצמם, עתה נבאר מה שיש להבחין בזיווגם:

א. או"א עומדים בזיווגם תמיד למעלה:

ב. כדי שלא להפריד תיקון המוחין מצד השורש, כבר שמעת איך עיקר ההנהגה תלויה במוחין. ואמנם אלו הם העולים והיורדים לצורך השכר והעונש בעולם, וכפי כח המוחין - כך כח ההשפעה. אך המידה כך היא, האור שפועל פעולה - צריך שמקורו יהיה חזק וקיים, ואז יוכל או להתפשט או שלא להתפשט, אך לא שיבלע האור בזמן אחד, שיצטרך חידוש ממש בזמן אחר להוציאו. על כן או"א עליונים - הם שורש המוחין למעלה, וזה צריך שלא ייפגם. אך ישסו"ת, הם העשוין לפשט המוחין בז"א, אלו אין זיווגם תמידי. יש להקשות, הרי בדברי הרב זלל"ה מצאנו היפך מזה, שאדרבא, זיווג המוחין הוא שאינו תמידי, אלא זיווג חיות העולמות הוא הנמצא תמידי. תשובה, מה שאנו מדברים כאן - הוא במהות הפרצופים לפי עניין ההנהגה, והיינו כי האורות משתלשלים ויורדים לפי עניין ההנהגה, מדרגה אחר מדרגה. פירוש - המוחין בז"א הם כללות הנהגת המשפט בסוד חד"ר, וכל שאר הפרצוף של ז"א הולך אחר זה, דהיינו חג"ת נה"י, אלא שהעיקר הוא במוחין. ותבין שאין אנו מדברים עתה בפעולה, אלא באורות - במהות מדרגותיהם. וכשהגיע האור לעשות חב"ד דז"א - אז נקרא שהגיע להעמיד ההנהגה על מכונה. ואמנם עניין או"א הוא עניין חב"ד אלה, אלא שהם שורש, שעדיין לא הגיעה ההדרגה לבחינה שצריך לפי הנהגת העולם. ולפי דרך זה - בחכמה סתימאה יש שורש עניין חד"ר, וזה השורש מוציא או"א בסוד כלל ופרט. פירוש - שכל עניניו של אבא הוא הוא החד"ר, אך בכלל, ועניין אימא הוא עניין החד"ר ביותר פרט, ועדיין נקרא שורש. ועוד נעשה התפשטות בשורש זה, שהולך ומשים

בז"א ההנהגה הזאת כראוי, והיינו שעושה המוחין שלו, שאז ההנהגה במקומה, ובכחה הראוי לעולמות. ועל פי זה אמרנו, שמפני כך או"א עילאין, שהם החד"ר רק בשורש, הם עומדים בזיווג תמידי, שהרי הם בתיקון תמידי, בחינת מ"ה וב"ן בגילוי היחוד, ובכל היתרונות שגורם הזיווג. אך ישסו'"ת - עניינם ההתפשטות לצורך הז"א, והוא מתייחס יותר אל הז"א. על כן אין בו תיקון תמידי, אדרבא, כשאין צריך פעולה חדשה, שהוא חידוש המוחין, אינם אלא מפשטין העניין המתוקן כבר בשורש, והם המוחין לפי הזיווג שכבר נעשה. אך כשצריך לחדש מוחין - אז צריך שיהיו נכללים גם הם בזיווג, כי צריך שייקחו הבחינה החדשה המתחדשת בזיווג, ויפשטוהו בז"א. אך כשהם עושים פעולתם בז"א, כשהם מלובשים בתוכו, ודאי שאין צריך ביניהם זיווג, שהוא ההתלהטות החדש, כי אינם אלא המשך. אבל או"א, שהם הם החד"ר בשורש, צריך שיהיה עניין זה מתוקן היטב. כלל העניין, יש מהות הפרצופים, ויש פעולתם, אך פעולתם לפי מהותם. זיווג חיות העולמות נמשך מן שורש ההנהגה, שהוא מתוקן תמיד, אך זיווג המוחין - מן ההתפשטות, ולכן אינו תדירי:

ג. אך ישסו"ת הם סוד התפשטותם, לעשות מוחין בז"א בסדר הראוי לו, לפשט ההנהגה מן השורש אל מקומה כראוי:

פרק קי"ד

סדר התפשטות השפע מא"א עד זו"ן:

סדר ההשפעה מתרין מזלין נוצר ונקה - דרך חיך וגרון לאו"א, ומאו"א ביחד לז"א, ומז"א לנוקבא. וכפי רדת ההשפעה - כן מקבלת ציור אחר:

אחר שביארנו עניני זיווגי או"א, צריך לבאר סדר ההשפעות נושרשם עד הסוף:

חלקי המאמר הזה שנים. חלק ראשון, סדר ההשפעה וכו'. חלק שני, וכפי רדת ההשפעה וכו':

קָלַ"ח פְּתִיחֵי וְכַתִיבָה לרמח"ל

חלק א:

א. סדר ההשפעה, מה שנעשה במוחא סתימאה אין צורך להזכיר אותו באמת, כי הוא המקום שמשם נובעת ההשפעה, ודרכי הליכתה הוא במה שמשם ולמטה. והיינו כמ"ש כבר - שא"א הוא השורש, וכל השאר - ענפים ממנו. והדיקנא הוא התפשטות העשוי להמשיך מן השורש עד סוף כל מדרגות העולם:

ב. מתרין מזלין נוצר ונקה, שהם כללות ההנהגה, וכמו שנבאר:

ג. דרך חיך וגרון, שאין השפע נמשך מיד ממזלא ונקה אל או"א, אלא נכנס בגרון. והטעם הוא - כי הגרון דא"א הוא הכתר של או"א, ושם צריך להיכנס כדי להיכנס בתוך פנימיותם. ועל כן כשהשגיע האור למזל ונקה - חוזר ונכנס בגרון לאו"א. אך מה שהולך לגרון - צריך שיעבור דרך החיך, שהוא הזכר של הגרון, שהוא חכמה, והגרון - בינה. ונמצא שאחר שנתפשט האור בתרין מזלין, חוזר ממזל ונקה, ונכנס דרך פנימה לחיך, ומן החיך לגרון, ומשם לאו"א. ולכן נאמר "דרך חיך וגרון", כי זה דרך שהוחזק לו, שלא כסדר הנראה לעיניים:

ד. לאו"א, דהיינו ביחד, כי זה עניינם של או"א - להיות שווים, והיינו שהמקבל עדיין במדרגה אחת עם משפיעו, ולא נשפל ממנו, כמו למטה בזו"ן. ונמשך זה מחמת תיקון המקבל, שאין פגם מגיע שם, ולכן הוא ראוי לעמוד בשורה אחת עם משפיעו:

ה. ומאו"א ביחד לז"א, זה פשוט לפי הסדר, והנה ז"א הוא דעת מכריע בינתים בין חו"ב, שהוא לוקח אורותיהם ביחד:

ו. ומז"א לנוקבא. שאינה בהשואה לו, אלא שפלה ממנו מפני התחתונים:

חלק ב:

א. וכפי רדת ההשפעה - כן מקבלת ציור אחר, היינו שרוב המדרגות עשויות להשוות השפע אל המקבלים. וכל מדרגה התחתונה מן הראשונה - היא יותר קרובה לתחתונים, וכשהשפע מגיע אליה -

מתפעל ממנה ולוקח מהותה, ונמצא מתקרב יותר אל התחתונים, עד שמגיע למדרגה האחרונה ששם מתקרב לגמרי:

כללות עניין זו"ן

פרק קט"ו

זו"ן סיבה קרובה לבריות העולם והנהגתן:

זו"ן - בם השורש לכל בריות העולם, ובהם עיקר ההנהגה, וכן תיקוניהם הם בערך מה שראוי להנהגת העולם. ועל כן כל ענייניהם נודעים יותר בפרט, להיותם יותר קרובים לנו:

אחר או"א יש זו"ן, על כן אחר שהשלמנו או"א, נבוא לבאר זו"ן הבאים אחריהם:

חלקי המאמר הזה שנים. חלק ראשון, זו"ן בם השורש, והוא שזו"ן שורש העולם הזה. חלק שני, ועל כן וכו', זהו טעם למה מזכירים בהם דברים פרטים יותר מקבילים לדמות אדם:

חלק א:

א. זו"ן - בם השורש, זה הדבר כבר נתבאר למעלה במאמר עולם הנקודים, ששבעה תחתונות הם שורש של פרטי הבריות, וכל מה שלמעלה - אינו אלא הכנה מה שצריך להם לבוא לזה:

ב. ובהם עיקר ההנהגה, זה פשוט, כיון שהם השורש העיקרי, צריך שיהיו גם מדרגות ההנהגה העיקריות:

ג. וכן תיקוניהם הם בערך מה שראוי להנהגת העולם, כי התיקונים - כבר אמרנו שהם עשויים לפי בחינת הפרצוף, לתת שלמות תיקון לבחינת הפרצוף ההוא ופעולותיו. זו"ן הם עיקר המנהיגים את זה העולם, על כן תיקוניהם יהיו דווקא מה ששייך להנהגת זה העולם, שהיא פעולתם:

קָל"זז פַּתזזי זזכבמה לרבמזז"ל

א. ועל כן כל ענייניהם נודעים יותר בפרט, באו"א אין מדברים בכל כך פרטים בבניינים, כמו זו"ן, בקטנות וגדלות שלהם - בשנות קטנותם וגדלותם, ובכל פרטי מצביהם. וזה נמשך לפי שעניין הפרצופים העליונים עדיין אינם אלא סיבת הסיבות לנו. אבל הסיבה הקרובה היא זו"ן, ויש בהם עניינים מקבילים לכל מה שיש באדם למטה, בכל הפרטים כולם, שאם לא כן, לא היו נמצאים העניינים ההם למטה:

ב. להיותם יותר קרובים לנו, שהראשונים אינם מולידים אלה הדברים, על כן אין צורך להבחין בהם שרשים אלה. אך בהתחדש זו"ן מתחדשים התולדות האלה, על כן צריך שימצאו בהם שרשים:

פרק קט"ז

מוחין דז"א:

המוחין דז"א הוא מה שאו"א מתרכבים בו, ומנהיגים אותו. והם בסוד חד"ר, כי זה כל סיבוב ההנהגה. ולפי כח המוחין - כך הוא כח הגוף כולו. והכתר - בסוד א"א:

אחר שביארנו זו"ן בכלל, צריך לבאר פרטיהם, והארת המוחין, וכל התלוי בזה:

חלקי המאמר הזה שניים. חלק ראשון, המוחין דז"א, והוא מה הם המוחין. חלק שני, ולפי כח המוחין, והיינו איך הגוף מתנהג לגמרי אחר המוחין:

חלק א:

א. המוחין דז"א, כי שורש הז"א הוא ו"ק, וזהו בבחינת ענינו, שהוא להיות שורש לבריות העולם, לקיימם ולהנהיגם. כל זה הוא רק בסוד ו"ק. אך המוחין נמצאים בו בסוד מה שאו"א מתרכבים בו. וזהו:

ב. הוא מה שאו"א מתרכבים בו, המוחין הם חב"ד שבו, אור פנימיות שבו, כמפורש במקומו. אך ענינם הוא ההרכבה הזאת שאו"א מתרכבים בז"א, בסוד ההנהגה השלמה כראוי, והיינו חד"ר. וזהו:

ג. ומנהיגים אותו, לפי מה שיש בחינה זאת שאו"א מנהיגים את הז"א - יש ספירות אלה בו, שהם חב"ד, שסודם הרכבה הזאת כנזכר לעיל:

ד. והם בסוד חד"ר, כיון שחג"ת נה"י הם בסוד חד"ר - גם מה שמנהיגים אותם הוא כך:

ה. כי זה כל סיבוב ההנהגה, שלכן ז"א עצמו בסוד חד"ר, והנהגת ז"א גם כן כך, לפי שזהו מה שצריך לכל הסיבוב:

חלק ב:

א. ולפי כח המוחין, זה סוד המוחין דקטנות וגדלות, או העליות, שהוא מה שהרכבה והנהגה זאת עשויים בכח פחות או יותר:

ב. כך הוא כח הגוף כולו, היינו כי כל כח ז"א - מאו"א, כפי הכח שהם פועלים בו - כך הוא מתחזק:

ג. והכתר - בסוד א"א, כמו שהמוחין הם סוד מה שאו"א מנהיגים את הז"א, הכתר הוא מה שא"א גם הוא נכנס להנהיג אותו:

פרק קי"ז

ההארות מהמוחין דאו"א בז"א, יוצרים פרצופים נוספים:

מכח הרכבת המוחין בז"א יוצאים כמה מיני הארות מז"א עצמו. וכן אחורי או"א עצמם שירדו במקום זו"ן - נתקנים לפרצופים, ומשלימים בסוד זו"ן. לפעמים צריך ששניהם ישלימו, ולפעמים אחד לבד:

אחר שביארנו המוחין, נבאר מה שנמשך מכחם:

א. מכח הרכבת המוחין בז"א, והיינו כי יש אורות שבאים מצד עצמם, והם עשר הספירות שבאותו העולם עם כל תיקוניהם. אך אלה הם אורות שמתאצלים מחמת הרכבה זאת:

ב. יוצאים כמה מיני הארות מז"א עצמו, והיינו המטות הנזכרים במקומם ושאר האלכסונות, וזה אינו אלא הזדהרות המוחין בהתיישבם בז"א. כי באמת הם מאירים לכל צד, אלא במקום שיש מי שיקבל אותם - הם נבלעים בתוכו. דהיינו אורות הישרים הולכים אל רחל, אל לאה, אל יעקב. אך במקום שאין מקבל - הם מאירים לבדם. ואמנם ההנהגה נמשכת ביושר אל המקבלים, ואלה ההארות נמשכים אחריהם. אבל גורמות איזה תולדות גם הם בהנהגה, שבאות כמו מן הצדדים, פירוש, שאינו דבר ליושרו, אלא שמצד אחד יוצאים עניינים אלו:

ג. וכן אחורי או"א עצמם שירדו כמקום זו"ן - נתקנים לפרצופים, זה פשוט ומבואר במקומו, שמאור יסוד אימא שבז"א - אחורי אימא נעשית לאה, ומאור יסוד אבא נעשה יעקב:

ד. ומשלימים בסוד זו"ן, לזיווג, כי הזיווג העיקרי הוא ז"א ורחל, ויש ז"א ולאה, ויעקב ולאה, יעקב ורחל. וזהו:

ה. לפעמים צריך ששניהם ישלימו, ולפעמים אחד לבד, [ששניהם ישלימו], דהיינו זיווגי יעקב ולאה, ולפעמים אחד לבד, כגון ישראל ולאה, או יעקב ורחל. והנה סוד כל זה הוא שאור ז"א או נוקבא מתנוצצת גם ביעקב או לאה, ואז הם משלימים בעדם, להיותם מבחינתם:

פרק קי"ח

שתי הבחינות בפרצוף לאה:

באחורי אימא, שהיא לאה, יש גם כן פנימיות הנוקבא בכלל:

הקדמה בעניין לאה. באחורי אימא, שהיא לאה, יש גם כן פנימיות הנוקבא בכלל, זה פשוט כמשמעו, כי הנוקבא מתחלקת לפנימיות

וחיצוניות, ושניהם מתנהגים מן הז"א, שהוא המשפיע להם. ואלה השתי מדרגות נחשבות לשתים, יען יש להם כל אחת עניין בפני עצמו. והיינו כי הנהגת הנוקבא היא עניין כפול, בסוד מערת המכפלה. ומה שהוא בפנימיות הדברים - הוא הנהגה אחת גדולה בסוד אמת. והנהגת החיצוניות - הנהגה אחרת, והוא מה שנראה לעיניים. ואף על פי שכל שאר האורות הם גם כן בסוד פנימיות וחיצוניות, עיקר מציאות זה הוא בכאן. כי יש שתי מיני הנהגות בתחתונים עצמם, על כן יש שתי נוקבין כאחת, לקבל ההשפעה. והעיקר להפריד הפנימיות מן החיצוניות - בדבר הזה, לפי שהמעשים הם חלוקים הרבה זה מזה. והנה כשיוצא האור של יסוד אימא, שמתקן אחוריים של אימא לעשותם פרצוף, שם נכלל גם כן פנימיות הנוקבא, שהוא מסכים לאימא, כאימא וברתא. ונמצא שלאה יש בה שתי בחינות, אחוריים לאימא [ג"א, אחורי לאה] שמקבל שם של נוקבא, וגם פנימיות הנוקבא ממש. ועל כן לפעמים נראה שלאה טפלה, לפי שמצד עצמה אינה אלא אחוריים שנבנית, ומצד אחר היא עיקרית מאוד, מצד שיש בה פנימיות הנוקבא גם כן. ובזה יתיישבו דרושים רבים, שמהם נותנים החשיבות ללאה, ומהם לרחל:

בניין ז"א בעי"מ[1]

פרק קי"ט

ז"א נשלם על ידי נוקבא בכל מצביו:

זו"ן מתגדלים ביחד, כי תמיד אין שלמות הזכר אלא בנוקבא שלו. וזה מה שהרוויח מיד אחר תיקון השבירה - להיות זו"ן הולכים ביחד תמיד:

עכשיו שביארנו זו"ן לפי עניינם, צריך לבאר סדר הבינותם:

חלקי המאמר הזה שניים. חלק ראשון, זו"ן וכו', והוא שגדלות זו"ן ביחד. חלק שני, וזה מה שהרווייח, והוא שדבר זה נולד מתיקון השבירה:

---

[1] עי"מ – עיבור, יניקה מוחין

קָכְּל"זז פַתזזי זזכּמה לרמזז"ל

חלק א:

א. זו"ן מתגדלים ביחד, אף על פי שהם שני פרצופים בפני עצמם, וגם כן יש להם תיקונים בפני עצמם, יש עניין אחד - שבכל זמן הבניין של הז"א נמצא נוקבא עמו. והוא שבעיבור ז"א הוא ג' ספירות, ונוקבא רביעית על היסוד, ביניקה עולה בתפארת, בגדלות עולה בדעת. אף על פי שאחר כך יש לה עוד בניין בפני עצמו מנה"י שלו, שזהו עיקר בבינה. אך העניין הזה הוא לשלמות ז"א - לומר שיהיו שניהם ביחד תמיד, כדלקמן:

ב. כי תמיד אין שלמות הזכר אלא בנוקבא שלו, הימצאה זה עמו אינו אלא להשלים ענייניו, שהוא ראש והיא סוף. וכל התיקון שלוקח - הרי אין התיקון שלו נשלם אלא בה. שהיא הסוף שלו:

חלק ב:

א. וזה מה שמרוויח מיד אחר תיקון השבירה, אפילו בזמן הקטנות שלו - יפה כחו ממה שהיה בזמן השבירה, כי עתה נעשה מיד קשר בין ז"א ונוקבא, שהוא העיקר מה שהיה חסר בזמן השבירה, שמפני כך לא היו נמצאים שאר התיקונים. כיון שנתקן זה - ניתן מקום לכל שאר התיקונים, שיוכלו להימצא מעט מעט:

ב. להיות זו"ן הולכים ביחד תמיד:

ג. המעשה הראשון שנעשה - היה לקרבם, עד שיהיו הולכים ביחד תמיד:

<u>פרק ק"כ</u>

תיקון השבירה בההדרגת עיבור יניקה ומוחין:

העיבור הוא הבירור שמתבררות ספירותיו מן התהו ממש, לעמוד בסדר. והמוחין שלו באותו הזמן הם בכח היותר קטן שיכול להיות בהם, ונקרא נה"י דמוחין, ונקרא נפש. וביניקה מתגדלים כל האורות,

כָּל"זז פַּתזזי וזכמה לרבזז"ל

להתרחב בכל הממשלה הראויה להם, והמוחין שלו בכח יותר גדול מן הראשונים, ונקרא חג"ת דמוחין, ונקרא רוח. ובגדלות מתפשטין המוחין בכל ענייניהם, להנהיג בכח חב"ד את זו"ן, והם בכח שלם, ונקרא נשמה:

אחר שביארנו תיקון הראשון שקיבל הז"א אחר השבירה, נבאר עתה תיקוניו ההולכים בהדרגה זה אחר זה:

א. העיבור הוא הבירור שמתבררות ספירותיו מן התהו ממש, שהרי בתחילה היה החרבן, ועכשיו מתבררות המדרגות, ונקבעים החוקים לסדר ההנהגה כראוי. ומה שבתחילה היו רק מדרגות, אך לא מסודרות, שמפני כך נעשה בהם החרבן, עתה צריך שיותן להם סדר זה. וזהו:

ב. לעמוד בסדר, ועל כן כל מה שצריך להיות פרצוף מתוקן, צריך שיעשה בזמן העיבור, וכמ"ש זה למעלה כבר:

ג. והמוחין שלו, הפנימיות שלו, כי אי אפשר בלא פנימיות וחיצוניות. והפנימיות נקרא מוחין, שכן נחשב לג"ר לגבי החיצוניות, שנחשב לשבעה תחתונות לגביו:

ד. באותו הזמן הם בכח היותר קטן שיכול להיות בהם, זהו כמו שמבואר למעלה, כי כפי כח המוחין - כך כח הגוף. על כן בהיות המוחין בכח קטן - גם הגוף עומד בסיתום, ובלא כח:

ה. ונקרא נה"י דמוחין, היינו כי שיעור כל דבר בעשר ספירות, וכן כלל המוחין בשער כך, והדרגותיו - הדרגת העשר ספירות, דהיינו נה"י חג"ת חב"ד, וזה הכח הקטן - הוא מדרגה אחת שבכלל ההוא:

ו. ונקרא נפש, היינו כי הדרגת הפנימיות נקרא נר"ן, רוצה לומר נפש רוח נשמה:

ז. וביניקה מתגדלים, אין נוספים אורות כלל אחר העיבור, אלא הספירות הבנויות כבר, הם מתגדלים ומתרחבים:

ח. כל האורות, אין ההגדלה לשום צד בפרט, אלא לכל האורות הבנויים

כולם, וזה הוא בסוד דמות אדם. שכן בעיבור הגוף נבנה בחלקיו, אך בינקה כל החלקים הבנויים כבר - מתרחבים:

ט. להתרחב בכל הממשלה הראויה להם, כשאומרים התרחבות - רוצה לומר שנשלם הממשלה הכלולה בחוק כל אור, שבתחילה היו סתומים בעצמם, שלא להראות כל כחם וממשלתם, ואחר כך מתרחבים ומגלים ממשלתם זאת:

י. והמוחין שלו בכח יותר גדול מן הראשונים, זהו לפי מה שמבואר לעיל, שכח הגוף ככח המוחין.

יא. הנקרא חג"ת דמוחין, זה מבואר כמו שמבואר בעניין הדרגת המוחין, וכן הבחנה

יב. הנקרא רוח:

יג. וגדלות מתפשטין המוחין בכל ענייניהם, עיבור ויניקה הם כולם זמן תיקוני הגוף בחלקיו, להבנות או להתרחב. אך הגדלות תלוי במוחין להתפשט בכל הליכותיהם, בכל פרטיהם, כל מה שיש להבחין בעניין הזה, שתוכל לצאת ההנהגה על פיהם כראוי:

יד. להנהיג בכח חב"ד את זו"ן, שהרי הכוונה כאן בפרט - להשלים עניין זה שאו"א מנהיגים את הז"א.

טו. והם ככח שלם, וזה פשוט, שהרי אין זמן אחר - אחר זה:

טז. ונקרא נשמה, זה סוף הדרגת הפנימיות, וכנזכר לעיל:

פרק קכ"א

בניין ז"א בזמני עי"מ:

מתחילה נבנה הז"א בסוד עשר ספירות - שמתקשרים המוחין על ו"ק, שלא היו מאירים כן בעולם התהו. ונקרא שיש לו נה"י בקביעות, והשאר צריך עדיין להתגלות בפועל. וכל זמן העיבור הולכים הדברים

ומזדמנים מעט מעט לשיתגלה חג"ת. ומיד שיוצא מאימא - נמצאים בו חג"ת בקביעות, ונקרא שהולכים ומזדמנים לבוא חב"ד. והנה לתקן נה"י, שיהיו חג"ת מתגלים עליהם - צריך כל זמן העיבור. ולתקן חג"ת - שיהיו חב"ד מתגלים עליהם - צריך כל זמן היניקה. שכך הם נמשכים ובאים בהדרגה כמו שצריך. אף על פי כן אין הבירור הראשון נשלם באמת עד כ"ד חדש של היניקה, כי הרי לא נשלם בירור העשר ספירות עד הזמן ההוא:

עתה נבוא לבאר תשלום זמנים אלה - עיבור ויניקה ומוחין:

חלקי המאמר הזה שלושה. חלק ראשון, מתחילה נבנה, והוא עניין עיבור ויניקה ומוחין. חלק שני, והנה לתקן נה"י, הוא עניין משך הזמן של עיבור ויניקה. חלק שלישי, אף על פי כן אין הבירור, עניין כ"ד חודש של יניקה:

חלק א:

א. מתחילה נבנה הז"א בסוד עשר ספירות, כי שני עניינים סותרים נמצאו בדברי הרב זללה"ה, במקום אחד אומר שבעיבור הוא בנה"י, וביניקה חג"ת, ובמקום אחד הוא אומר שבעיבור נתקנו חב"ד חג"ת נצח, ונשאר הוד יסוד מלכות להיברר. והתשובה הוא זה, שני דברים צריכים להיעשות בז"א, בתחילה - בנינו בכל מדרגותיו בסוד הבירור, הנזכר לעיל במאמר שקודם זה, ואז נבנה בעשר ספירות, מה שבתחילה לא היה אלא ו"ק. וזהו גם כן:

ב. שמתקשרים המוחין על ו"ק, שלא היו מאירים כן בעולם התהו. ונקרא שיש לו נה"י בקביעות, כאן נשלם בעשר ספירות, שהמוחין נקשרים, מה שלא היה תחילה. אמנם מה שמתגלה מספירותיו - אינו מה שנתקן. אלא אדרבא, כל העשר ספירות נתקנים, וגם נשאר עדיין הוד יסוד מלכות להיתקן לגמרי מן התהו שזכרנו. אך מה שמתגלה בו - אינו אלא נה"י. וזה פשוט, כי הבירור של כל הספירות צריך שיעשה בעיבור, ועל כן אי אפשר לומר שהוד יסוד מלכות דנה"י נשארים להיברר, ושאר הספירות דנה"י הם שנבררו בתשעה חדשים, כי בירור שאר הספירות אימתי יעשה, והרי עינינו רואות למטה שכל הבניין

נשלם בעיבור, וכנזכר לעיל. אלא הדבר הוא כמו שנתבאר, שהבירור נעשה, אך הגילוי הוא עניין אחר, כי נה"י נתגלים, והשאר עומדים להגלות. ודהו:

ג. ונקרא שיש לו נה"י בקביעות, והשאר צריך עדיין להתגלות בפועל:

ד. וכל זמן העיבור הולכים הדברים ומזדמנים מעט מעט לשיתגלה חג"ת, נה"י יש לו מיד, אבל אינו נקרא שהם שלמים, כי שלמותם הוא שיתגלה עליהם חג"ת. וכל זמן העיבור הולכים הדברים ומזדמנים לזה. וזה, כי פחות מנה"י אין יש, וצריך לומר שבתחילת עיבורו גם כן יש נה"י, אלא שבעיבור נשלמים הדברים בבחינת נה"י, עד שיבואו חג"ת. וזו תשובה לקושיא אחת הנראה לכאורה על דברי הרב זללה"ה. כי הנה היניקה נקראת עד תשלום י"ג שנים ויום אחד, פירוש - שרק אז נקרא גדול, ואז הוא הזמן שהשלימו חב"ד לבוא, לא שהתחילו, ואם כן, היה צריך להיקרא גדול מיד אחר כ"ד חדש. ואין לומר שכך הוא הסדר - העיבור נקרא משמתחילים נה"י עד שמשלימים, ויניקה - כשמתחילים חג"ת עד שמשלימים, וגדלות - משמתחילים חב"ד עד שמשלימים. מג' טעמים, א' - שאם כן היה צריך להיות זמן רביעי אחר שהשלימו חב"ד, ויהיה היניקה רק כ"ד חדש, גדלות - עד י"ג שנים, ואח"כ יקרא בשם אחר. ועוד, שלא כן הם דברי הרב זללה"ה, אלא יניקה נקרא עד י"ג שנים ויום א'. ועוד, שהיו צריכין לומר שחג"ת מתחילים לבוא משנולד, ומשלימים לבוא בכ"ד חדשים, כמו שחב"ד עושים כן מכ"ד חדש עד י"ג שנים. ועינינו הרואות שלמטה אינו כך, שהרי ניתר הולד מקשריו, שהיה כפוף במעי אימו בסוד תלת בגו תלת - מיד כשיוצא.

אך העניין הוא - שנה"י באים מיד בתחילת העיבור אחר שנוצר הולד. וכמו שאנו רואים בחב"ד שבאים מעט מעט - כך כל זמן העיבור ממשמשים לבוא חג"ת. וכשנולד - באותו הרגע מתגלים בו חג"ת לגמרי. וכ"ד חדש עומדים להשתלם, שהוא זמן בירור הוד יסוד מלכות. ואחר כך ממשמשים ובאים חב"ד, ונקרא הכל חג"ת, אלא שהולכים ומזדמנים לקבל חב"ד עליהם. ובגדלות נשלם חב"ד. וזהו:

ה. ומיד שיוצא מאימא - נמצאים בו חג"ת בקביעות, ונקרא שהולכים ומזדמנים לבוא חב"ד:

קֶל"זז פֶתזזי וזכבזה לרבזז"ל

א. והנה לתקן נה"י, שיהיו חג"ת מתגלים עליהם - צריך כל זמן העיבור, כמו שנתפרש עניין י"ג שנים ויום אחד לביאת חב"ד על חג"ת, כך תשעה ירחי העיבור הם זמן הזדמן חג"ת לבוא על נה"י, שהרי אין זמנם צריך להיות שווה, אלא הא כדאיתא והא כדאיתא, כל אחד כפי עניינו ופעולותיו:

ב. ולתקן חג"ת - שיהיו חב"ד מתגלים עליהם - צריך כל זמן היניקה, זה מבואר בסוד י"ג שנה ויום א' שבדברי הרב זלללה"ה:

ג. שכך הם נמשכים ובאים בהדרגה כמו שצריך, ההדרגה - זהו שעושה הזמן. אך ההדרגה בכל דבר הוא לפי עניין הדבר ההוא, והזמן נשער על פי ההדרגה ההיא בפרט. אך כלל הוא, כל מה שרואים משך זמן - נדע שהיא ההדרגה הצריכה לפי העניין ההוא להימצא בדבר ההוא:

א. אף על פי כן אין הבירור הראשון נשלם, הבירור ממש, בירור מן התהו, אמנם יש הפרש, כי בתחילה היה החרבן שולט, שלא היה מניח מציאות למדרגות. ומזה יצאו כולם בזמן העיבור. אלא (שהעשר ספירות) [שהוד יסוד מלכות] לא יצאו לגמרי מן החרבן, לא שנשארו בו ממש, אלא שלא גמרו לצאת. ולכן ישנם, אך אינם יכולים לפעול עניינם כראוי. וכן אנחנו רואים שיש רגלים לילד, אלא שאינו יכול להלוך. ואמנם הוראת זה העניין הוא - שאלה הספירות הם היותר מוכנות להיפגם ולהתחשך הרבה במעשה התחתונים, וכמ"ש דבר זה בכמה מקומות, בסוד, "כל היום דוה". ותראה שגם העולם יצא מן התהו כבר, שהרי נברא, מה שאינו עוד תהו ובהו, רק שרגליו לא נתקנו, ולכן אין לו סמיכה, ונתמוטט כמה פעמים. וכבר אמרו, בהדי הוצא לקי כרבא, שפירושוהו על נצח שנחשך גם כן. והוא עניין פרטות הפגמים הנמצאים עתה בעולם, כולם פוגמים הוד, ומחשיכים נצח. והרגלים ישנם, דהיינו התורה והמצוות יש, אך אי אפשר להם להלוך, שאין בהם כח. והנה להבין הנהגה זאת הוא כך - שכל שאר הפרצוף נשלם, רק המקיימין - לתת קימה - כי חג"ת הם גוף הפרצוף, נצח הוד - קיומו,

יסוד מלכות - השפעתו, אלה הקיימין - אחד נשלם, ואחד לא, כדי שלא
יחרב, אך שיהיה מקום לפגמים גם כן. ולעניני הגלויות גם כן, כידוע.
ואחר הוד נמשך יסוד מלכות, שבהם ההשפעה. והם סוד תרין משיחין,
כמו שפירש בזוהר ובתיקונים. וצריך לזה בירור בפני עצמו, מלבד
הראשון:

ב. אין הבירור הראשון נשלם באמת, פירוש - אף על פי שלכאורה
נראה שנשלם כל הבירור, אף על פי כן אינו כך, כי יש רושם דק מן
התהו שלא נסתלק עדיין:

ג. עד כ"ד חדש של יניקה, וזהו שעדיין יונק מאמו, שנראה בהדיא
שצריך הוא השפעה ובירור עדיין. וכן למטה הילד צריך לברר טבעו,
ומבררו ביניקה:

ד. כי הרי לא נשלם בירור הוד יסוד מלכות עד הזמן ההוא:

פרק קכ"ב

פעולות ז"א בזמני עי"מ:

בזמן העיבור אין שייך פעולה לז"א, אלא אורותיו הולכים ונבנים. ומיד
שיוצא - מתחילים האורות לפעול. אך אין הפעולות שלמות, אלא
הולכות ונתקנות על ידי אימא, עד שנשלמות בזמן הגדלות השלם:

אחר שביארנו שלוש זמנים אלה בז"א בעניין בניינו, נבאר אותם בעניין
פעילותם:

א. בזמן העיבור אין שייך פעולה לז"א, זה פשוט כמשמעו, וכן נראה
גם למטה - שאין שום פעולה לילד במעי אימו:

ב. אלא אורותיו הולכים ונבנים, לפי המידה הראויה הוא שלא יהיה לו
פעולה, כי הוא זמן הבנותו, ואינו זמן פעולתו. ולכן הוא נסתר גם כן,
שהוא בתוך אימא, שאינו נראה, שהרי אין לו פעולה כלל, אלא הולך
ונבנה:

ג. ומיד שיוצא - מתחילים האורות לפעול, וכן רואים למטה, שהוולד פועל מיד אחר צאתו, אך אינם פעולות שלמות בדעת שלמה. וזה רוצה לומר למעלה - שהפעולות אינם שלמות לפי תיקון האורות העליונים:

ד. אלא הולכות ונתקנות על ידי אימא, כי כל תיקוני הז"א מאימא. ובכל אור שנמשך יותר - נמשך תיקון יותר:

ה. עד שנשלמות בזמן הגדלות השלם, כי הגדלות השלם הוא - שהמוחין נשלמים בעניניהם. וכן למטה, כי כבר הגיע האדם לדעתו שלמה:

פֶּרֶק קכ"ג

שליטת הדין או החסד גורמת הקטנות והגדלות:

הדין הגובר הוא המחשיך, וגורם לאורות שלא יוכלו להוציא אורם ברחבה, בכל כחם השלם. וזה צריך לשקע אותו, ולהגביר החסד, והוא הולך ומשקע מעט מעט. וכן האורות הולכים ומתגדלים:

אחר שביארנו עניני הקטנות והגדלות, שהם היות האורות סתומים מתחילה, ואחר כך מתרחבים. נבאר עתה מה גורם לסיתום או לפתיחה:

חלקי המאמר הזה שנים. חלק ראשון, הדין וכו', והוא מה שגורם סיתום באורות. חלק שני, וזה צריך, והוא מהו התיקון שלו:

חלק א:

א. הדין הגובר:

ב. הוא המחשיך, זה פשוט, כי הדין רוצה לומר מונע, וזהו החשך שהוא גורם:

ג. וגורם לאורות שלא יוכלו להוציא אורם בהרחבה, כשהוא שולט באור אחד - גורם לו שלא ירחיב כוחותיו:

ד. בכל כחם השלם, מניעה זאת היא חסרון השלמות, וכשהולכת לה -

נקרא שמשתלם האור ההוא. ומכח זה נשער מצבי האורות מתחילתם עד השתלמם, פירוש - מזמן שהמניעה גורמת, עד שכלתה ללכת לה:

חלק ב:

א. וזה צריך לשקע אותו, כי הדין נדרש כמו האש, שנראה שמתגבר, עולה ומתלהט. ואם לאו - נשקע, כמו, "ותשקע האש". ותראה שכל זה הוא באדם למטה, הבחורים - אשם "תלהט הרבה, ואין בהם רחמים כל כך. וכפי מה שמתגדלים - כך נשקע אשם זה, ומתמלאים רחמים, וזהו - זקן מלא רחמים, שכבר שקט הכעס:

ב. ולהגביר החסד, כי בשעה שזה נשקע - הולך הפרצוף ומתלהט חסד. והנה אם היתה נעשית השקיעה בבת אחת - היו מיד כל האורות מוציאים כל כוחותיהם בבת אחת. אך אינו כך, כי סדר ההדרגה נשמר בכל, ולכן הוא הולך ונשקע מעט מעט, וזהו:

ג. והוא הולך ומשקע מעט מעט, וזהו גם כן סוד המוחין דקטנות שנדחין למטה, כמו שמבאר הרב זללה"ה:

ד. וכן האורות הולכים ומתגדלים, כי כל הגדלות, שהאיברים מתגדלים, אינו אלא שלפי היות הדין נשקע בפנים - כך הם מרחיבים ממשלתם:

דעת דז"א והתפשטותו

פרק קכ"ד

התפשטות הדעת בכל הספירות ז"א יותר ממוחי חו"ב:

עיקר כל ההנהגה הוא בדעת, שהוא התולדה היוצאת מכח כל התיקונים שנתקנים מצד חכמה ובינה. ולכן הוא יש לו להתפשט יותר מכל שאר המוחין, כי שאר המוחין עומדים בתוך כליהם, כי די להם להימצא בז"א ולעמוד בקו שלהם. אך דעת יש לו להתפשט אפילו בשאר הקוים, בכל המדרגות כולם:

כְּלָ"ז פָּתוֹזִי וּזְכָמָה לֹרבּמזֹ"ל

אחר שביארנו תיקון ז"א בכלל, דהיינו הרחבת אורותיו, עתה נפרש דברים פרטים שיש בעניין זה, מה שצריך להתרחב יותר:

חלקי המאמר הזה שנים. חלק ראשון, עיקר כל ההנהגה, והוא עניין דעת. חלק שני, ולכן הוא יש לו, והוא טעם התפשטו יותר מאחרים:

חלק א:

א. עיקר כל ההנהגה הוא בדעת, כבר שמעת דרך ההנהגה איך הוא, שז"א בסוד ו"ק הוא שורש כל הבריות, ובו יש כל המידות הראויות להתנהג עם הבריות כולם. אך אין די זה להיות הנהגה שלמה, אלא צריך שיתרכבו בו או"א להשלים עניינו. וזה סוד השני מוחין חו"ב, שכל אחד עושה בו הכנות התיקונים, מה שצריך לשלמות ההנהגה. ואמנם מה שיוצא יתרון באמת בז"א מכח ההרכבה הזאת של או"א בו - הוא הדעת שלו:

ב. שהוא התולדה היוצאת מכח כל התיקונים שנתקנים מצד חכמה ובינה, כי הלא הרכבה זאת לאיזה תולדה נעשית. ובתחילה צריך לעשות המעשה, ואחר כך יוצא פרי היתרון ממנו. וזה סוד המעשה שעושים או"א בהתרכבם - הוא חו"ב דז"א. פירוש - זה מה שמורה חו"ב, ונכלל בחוקם. והנה המעשים שעושים אחר כך הם מה שהם, ואין זה עיקר בעניין זה. אלא חכמה מורה וכולל כל מה שעושה אבא, ובינה - כל מה שעושה אימא, והתולדה היוצאת מכל זה - הוא הדעת. ותראה, שלפי שכל מוחי אבא, וכל ענייניהם כולם, נראים בחכמה, וכל מוחי אימא וכל ענייניהם - בבינה, ועניני ז"א בתיקוניו שקבל מאו"א נראים בדעת, על כן אמרו באדרא זוטא - שז"א הוא דעת. והאמת, שאלה הספירות חב"ד שאנו רואים בז"א עצמו, רוצה לומר כל עניין ההנהגה, שסודה זה - תיקון שמתקן אבא, ותיקון שמתקן אימא, וז"א שמתוקן ביניהם, עד שבשלוט והתנוצץ אחת מן הספירות האלה - ישלוט עניניה על דרך זה, אם חכמה תשלוט, רוצה לומר שישלוט עניני תיקון אבא, וכן בינה - ענייני אימא, דעת - עניני ז"א. וכן סדרי התפשטות הספירות האלה - על העניין הזה הם הולכים. אך עם כל זה נמצאו ג' ספירות אלה כפולים, פירוש - מצד אבא ומצד אימא. והעניין כך, כי אלה השלשה נמצאים בז"א, לפי שכך הוא העניין, שאבא מתקן

את ז"א, ואימא מתקנת את ז"א. ועל כן אבא מתקן שלשתם, ואימא מתקן שלשתם. ונקרא שנשלם תיקון חכמה, ונקרא שנשלם תיקון בינה, וז"א נמצא מתוקן בשלשתם, והוא תשלום תיקון הדעת עצמו, מתוקן ממילא:

חלק ב:

א. ולכן הוא יש לו להתפשט יותר מכל שאר המוחין, זה התפשטות החסדים בז"א, והגבורות בנוקבא, כמפורש במקומו:

ב. כי שאר המוחין, כשניקח הסדר עם מה שכתבנו למעלה, נראה כי חו"ב, רוצה לומר שתי הרכבות של אבא ושל אימא - אין התפשטות צורך בהם, אלא שיהיו כך במציאות:

ג. עומדים בתוך כליהם, כי די להם להימצא בז"א, כי כן הוא דרך המצא המוחין, וכדלקמן בהבחנה:

ד. ולעמוד בקו שלהם, כי זה ודאי, כל עניני אבא נמשכים ע"פ הימין, ואימא ע"פ השמאל, על כן אלה יעמדו בתוך כליהם, כמשפט המוחין. שכיון שהם האורות העליונים שבאים להנהיג את ז"א, צריך שיעמדו במשפט הסתירם והעלימם. והוא עניני המצאם בתוך לבושים, כל אחד בקו שלו. ותבין מה שכתבנו "כי די להם להימצא", והיינו שאין להם צורך להתפשט, אלא להימצא לפי ענינם.

לפיכך אינם מאירים לחוץ כלל, אלא מה שיכולים להאיר דרך הכלים, כי כבר הפעולה שיוצאה מהם אינה בם, אלא בדעת, שהיא כללות הפעולה שיוצאה מהם, ועל כן אינם אלא בבחינת המצא. אך הדעת, שהיא התולדה היוצאת מכל זה, היא צריכה להתפשט, כי תולדת הרכבה זאת של או"א באמת מתפשטת בכל ז"א, שכולו מקבל התפעלות גדול מזה, וזהו:

ה. אך דעת יש לו להתפשט אפילו בשאר הקוים, לפי ההתפשטות שהיה נראה שצריך להיות בחו"ב - הנה הוא כולו בדעת, להיות הוא התולדה שלהם המתפשטת בכל, וכן הוא מתפשט באמת בכל מדרגות ז"א. וזהו:

303

קְלֹ"זז פַתזזי זזכבמה לרבמזז"ל

ו. בכל המדרגות כולם, והוא עניין התפשטות חסדי הדעת אפילו עד הכתר. כמבואר במקומו:

פרק קכ"ה

חו"ג מתחלקים בשווה בזו"ן:

לפי סדר הספירות כמו שנבנה לפי חו"ב - ז"א הוא תשעה ספירות, ונוקבא היא העשירית. אך בסוד ההנהגה של דעת - הם מקבילים זה לזה, זה לימין וזה לשמאל, וסוד זה הוא - חמשה חסדים וחמשה גבורות, שהדעת מתחלק ביניהם בשווה:

אחר שנתבאר דעת בכלל, עתה נבאר בפרט עניין חמשה חסדים וחמשה גבורות שלו:

חלקי המאמר הזה שניים:

חלק א:

א. לפי סדר הספירות, לפי מספר המדרגות, שהוא שיעור ההשתלשלות:

ב. כמו שנבנה לפי חו"ב, היינו כי בניין ז"א הוא מחו"ב. ואפילו כשבאים או"א ומתרכבים, אינם משנים כלום בעניין זה:

ג. ז"א הוא תשעה ספירות ונוקבא היא העשירית, כי ז"א נחשב לעשר בחשוב עליו כחכמה בינה. והיינו הך לומר, ז"א - ו"ק, ונוקבא שביעית להם, והיינו שנוקבא אינה אלא ספירה אחת, אחר כל אותם שיש בז"א:

ד. אך בסוד ההנהגה של דעת, בסוד ההנהגה, שהיא תלויה בדעת:

ה. הם מקבילים זה לזה, זה לימין וזה לשמאל, שכך הוא שורש ההשפעה, ז"א במ"ה שלו בסוד חסד, כמו נוקבא בב"ן שלה בסוד דין. וחמשה ספירות, איש מזריע לובן, אישה מזרעת אודם. וחמשה ספירות,

קָל"זז פַּתזִזי זִזכבמה לרבמזז"ל

"אַף ידי יסדה ארץ וימיני טפחה שמים, קורא אני אליהם יעמדו יחדיו", שארז"ל, שניהם שקולים דה לזה:

חלק ב:

א. וסוד זה הוא חמשה חסדים וחמשה גבורות, שזה העניין נדרש בדעת, ולא בשום ספירה אחרת, כי זה לבד עניין ההנהגה המתפשטת בשווה. שבסוד זה כך נחשבים תשעה ספירות ז"א כולם כמו מלכות לבדה, והיינו חמשה נגד חמשה:

ב. שהדעת מתחלק ביניהם, זה מבואר כבר במקומו, שהחסדים מתפשטים בז"א, והגבורות לנוקבא. והנה מצד זה נמצאו שווים ומקבילים:

ג. בשווה, והיינו כי הכוונה להשוותם, שתתחלק ההנהגה ביניהם בהשוואה אחת:

פרק קכ"ו

סדר התפשטות הדעת:

הדעת עשוי להתפשט כגוף, וברדתו מגולה - יורד לקו שלו מתחילה להשלימו שם. ואז נקרא שנקבעו המוחין בז"א, שהם מה שאימא שורה עליו ומנהגת אותו. ואחר כך חוזר מלמטה למעלה, ואז כבר נקבעו חב"ד בז"א, ולכן הוא מתעלה עד שם:

אחר שביארנו עניין הדעת שצריך להתפשט בכל ז"א, עתה נפרש דרך התפשטותו:

א. הדעת העשוי להתפשט בגוף, זה מבואר כמו שמבואר בעניין הדעת. והנה בתחילה יש לו להתפשט בקו שלו ובכלי שלו כמו האחרים, ומשם להתפשט אחר כך בדרך הפרטי שלו. וזה עניין כלי היסוד, שאינו אלא פרק וחצי, כי הכוונה בו לגלות האורות. ובתחילה צריך שיהיו בו, ונכללים שם בפרק העליון. ובפרק השני - שם נעשה הגילוי, שהוא

קַל"ז פָּתוּזֵי וזכמה לרבמזז"ל

מכלל הכלים המוציאים, שפירשנו בעניין החושים והנה הסדר כך הוא, בתחילה יש הדעת בתחילתו, שהוא מאימא בז"א המתוקן, וזהו במקומו למעלה. ואחר כך כשמגיע עוד לפרק אחר, אז נוסף בו עניינו המתגלה. ועם כל זה משלים הקו שלו. ואחר כך משם חוזר ועולה ומשלים כל בניין הז"א בגילוי, כדלקמן:

ב. ובירידתו מגולה - יורד לקו שלו מתחילה להשלימו שם, אחר שכבר נוסף בו גילוי בתחילה משלים ענייניו בעצמו, שהוא הקו שלו:

ג. ואז נקרא שנקבעו המוחין בז"א, שהם מה שאימא שורה עליו ומנהגת אותו, מה שאימא שורה על ז"א - מתחלק בשלוש קוים, והם שלוש קוים הכוללים כל הספירות, שזה רוצה לומר שאימא שורה בהשוואה גדולה עליו, עד שנקשרת על כולו. והנה כל מה שאנו מדברים עתה הוא במוחין דאימא, שענייניהם בפרט, מה שאין כן מוחי אבא, שענייניהם בכלל.

לכן אין מפרשים שם, לא פרקים לעשות מניינים שבם, ולא ענייני הדעת. כי אין מבחינים שם אלא כללות כל השלושה מוחין שעושים שלוש שנים. אבל באימא מתגלה כל דבר בפני עצמו:

ד. ואחר כך חוזר מלמטה למעלה, כי הנה רק אחר שהשלים הקו שלו, אז חוזר ומתעלה, שזה מראה שהוא דבר הנעשה אחר ירידת כל המדרגות:

ה. ואז כבר נקבעו חב"ד בז"א, כשהיה יורד, אז עדיין לא היו קבועים חב"ד, כי חב"ד רוצה לומר מה שאימא שורה על ז"א, שמעצמו הוא רק ו"ק. וזה הדבר לא נקבע בז"א עד שהשלימו כל המוחין לבוא בכל פרקיהם. אך כשגם הדעת השלים קו שלו, אז נשלם עניין זה. וכשחוזר, מוצא כבר המוחין קבועים בו, ואז מתפשטים גם בהם, וזהו:

ו. ולכן הוא מתעלה עד שם:

קָל"ז פָּתחזי זזכבזה לרבזזז"ל

מוחי ז"א

פרק קכ"ז

ביאור העניין הצל"ם:

כללות המוחין, שהם מה שאו"א מעטירים את ז"א - הוא מציאות אחד
של ע"ס, שאין ראוי להיכנס בתוך ז"א, מפני טעם ההדרגה, אלא הנה"י
של זה המציאות לבד, והשאר נשאר בחוץ, מקיף ממעל לראשו.
וכללותו הוא צלם, **צ'** הוא הנה"י, והוא המתפשט בפרט בכל מדרגות
ז"א. והנשאר לחוץ הוא ל"מ, ואלה אינם צריכים להתפשט, אלא
עומדים רק בסוד חד"ר, שהוא כללות ההנהגה:

אחר שביארנו עניין המוחין שבתוך ז"א, עתה נבאר עוד עניין אחד
הנמצא ששייך להם, שהוא המקיפים שעליהם:

חלקי המאמר הזה שנים. חלק ראשון, כללות המוחין וכו', והוא הקדמה
אחת בעניין המוחין. חלק שני, וכללותו וכו', והוא פרטיות ההקדמה
הזאת:

חלק א:

א. כללות המוחין, שהם מה שאו"א מעטירים את ז"א. כל עניין האורות
העליונים מתחלק לעשר חלקים בסוד עשר ספירות. והנה המוחין
הנכנסים בתוך ז"א, הנה הם מתחלקים לעשר ודאי, שהרי הם נכנסים
בתוך כל העשר ספירות שלו. אמנם אם נבחין כל אלה העשר עם
מציאות אחר שיש לז"א, שהוא המקיפים שלו, נמצא שאין אלו העשר,
אלא חלק אחד של עניין אחד שלם, שמתחלק לשני חלקים. ומהו החלק
הכולל הזה, אלא כללות העטרת הז"א מאבא או מאימא - זהו החלק
הכולל. וחלקיו הם ב', פנימיים ומקיפים. כשניקחם ביחד להיותם
שניהם בכללות הזה כנזכר לעיל, נחלק הכל לעשר ספירות לבד,
שהנה"י שבהם יהיו אותם העשר שבתוך ז"א, וחב"ד חג"ת יהיו
הנשארים לחוץ. וזהו:

ב. הוא מציאות אחד של עשר ספירות, וראיה זו ברורה, כי   הרי כשנלך

קָל"זו פָתוֹזִי וֹזְכַמָה לֹרֹבמֹז"ל

לחקור אחר עניין המקיפים האלה, נראה שגם הם אינם אלא עניין נמשך לז"א מאו"א, בבחינת העטר אותו בעיטוריהם. אם כן נבין מיד, שכל זה הוא רק עניין אחד כולל, והפנימיים והמקיפים הם שני חלקים ממנו:

ג. שאין ראוי להיכנס בתוך ז"א, מפני טעם ההדרגה, שהרי רק הנה"י הם מה שמשתווה אל הז"א, שיוכל לקבל אותם לנשמה פנימית. אך השאר - כחם גדול יותר ממה שצריך להיות נשמת כלי הז"א, לפי טעם ההדרגה. וזהו:

ד. אלא הנה"י של זה המציאות לבד, כי זה הערך נשמר תמיד - החלק התחתון שבעליון הוא הנעשה פנימיות לתחתון, ומשתווה לו:

ה. והשאר נשאר בחוץ, והיינו שאינו יכול לקבלו בתוכו, כי זהו קורבה גדולה לאור, ופעולה גדולה לכלי, שיוכל להסתיר אותו ולהגבילו:

ו. מקיף ממעל לראשו, שאף על פי כן מאיר עליו, ואינו עוזב אותו. אלא שאינו מתקרב כל כך כמו הפנימי, אלא כמו אחד השומר אותו מלמעלה:

חלק ב:

א. וכללותו הוא צל"ם, נקרא צלם, שהוא ממש עניין צלם אלקים הנזכר באדם גם כן, וגם אותיותיו מורות על עניינו:

ב. **צ'** הוא הנה"י, שכן שלוש אותיות בתיבה מורות שלושה הדרגות שבעשר ספירות, התחתונים - נה"י, והוא הנקרא כאן מוחין פנימיים. הב' - חג"ת, והוא מקיף ראשון. הג' - כחב"ד, והוא מקיף שני:

ג. והוא המתפשט בפרט בכל מדרגות ז"א, האותיות מראות על זה גם במניינם, כי בתשעה ספירות דז"א מתפשט המוח הפנימי, ההולך להנהיג את כולם כידוע, וזהו **צ':**

ד. והנשאר לחוץ הוא ל"מ, של' הם חג"ת, ומ' הם כחב"ד:

ה. ואלה אינם צריכים להתפשט, כי הנה"י אמרנו שנתחלק לתשעה ספירות בסוד **צ'**, אך אלה נשארים כמות שהם, שלוש - הם **ל'**, וארבע - הם **מ'**. והיינו כי אין להם להתפשט, אלא עומדים בכללם, רק שלוש

שיהיו בסוד חד"ר, וכן ארבע שגם הוא סוד חד"ר, כי האמצע מתחלק לשניים. וזהו:

ו. אלא עומדים בסוד חד"ר, שהוא כללות ההנהגה, כי פחות מכך אין להם להיות, בסוד כללות ההנהגה:

פרק קכ"ח

עניין יסשו"ת שני המתחלק מיסשו"ת הראשון:

או"א צריכים לחלק חלקם התחתון, שהוא ישראל סבא ותבונה, לצורך הז"א, לפעמים להתחלקות אחר. וזה מפני ההדרגה - שלא לקבל ז"א אלא האורות בכח קטן. וכן כל שאר עניניו מתנהגים אחר זה. ואין ראוי לפי ההדרגה שיקבל בזמן ההוא אלא זה. ובהתחלקות הזה נעשים יסשו"ת שניים:

אחר שביארנו עניין המוחין, עתה נבאר דרך הנתנם לו מאו"א:

חלקי המאמר הזה שניים. חלק ראשון, או"א צריכים לחלק, והוא עניין יסשו"ת ב' המתחלק מיסשו"ת א'. חלק שני, וזה מפני וכו', והוא טעם עניין זה:

חלק א:

א. או"א צריכים לחלק חלקם התחתון, שהוא ישראל סבא ותבונה, הנה עיקר כל הפרצופים הם חמשה, שהם כללות עשר ספירות של העולם. אלא שאו"א מחלקים ספירותיהם באיזה הדרגות שצריך. ונמצא, אבא, ישראל סבא ראשונים, וישראל סבא שניים, הכל אבא. אלא כשנתנות פעולות ושליטות בפני עצמן למלכות שלו, אז נמצאו שני פרצופים אחרים אלה. אך אבא הוא העושה כל זה. וכן אימא - בתבונה א' וב':

ב. לצורך הז"א, כי זה אינו עשוי אלא לתת הדרגה למוחין, וכדלקמן:

ג. ולפעמים, כי אינו כך תמיד, אלא יש גדלות א' וגדלות ב', כדלקמן:

קָל"זז פָתזזי זזכבוה לרבזז"ל

ד. להתחלקות אחר, דהיינו שהמלכות של ישסו"ת נעשה פרצוף בפני עצמו, רוצה לומר הם ישסו"ת ב':

חלק ב:

א. וזה מפני ההדרגה - שלא לקבל ז"א אלא האורות בכח קטן, כי נקרא שלוקח השתלשלות של השתלשלות - חלק התחתון שבתחתון, דהיינו המלכות דאו"א הוא חלק התחתון שבהם. ואפילו זה אינו לוקח הכל, אלא התחתון שבו, שהוא המלכות שבמלכות, והוא ישסו"ת ב', שהם נעשים צלם לו כדלקמן. שאפילו אותו הצלם אינו נכנס בפנימיותו, אלא החלק התחתון שבו, שהוא **צ'**, והיינו מלכות דמלכות דאו"א. אך כוונת ההדרגה הזאת ברורה היא, שהרי אי אפשר לז"א לקבל פנימיות בשום זמן אלא ממלכותם של או"א, כי רק חלק התחתון שבעליון יכול להיות פנימיות בתחתון, דהיינו ישסו"ת. אך מפני שגם בקבלה הזאת צריך שיהיו זמנים - זמן יותר מעולה, וזמן פחות ממנו. על כן הוצרכה ההדרגה בדרך זה - שבזמן הפחות לא ייקח אלא חלק התחתון שבמלכות זה, ובזמן יותר מעולה ייקח כל המלכות הזה. וגם זה הוא בהדרגה, פירוש - שאינו מן הקצה אל הקצה - או כל המלכות, או חלק התחתון, כי עולה בהדרגה מן החלק התחתון עד שיקבל כולו. בתחילה מקבל חג"ת של מלכות זה, ואח"כ חב"ד, ואז נקרא שקבל הגדלות ב'. כי כשנכנס בו חב"ד, הרי השלים מלכות זה להיכנס בו, וליעשות כל צ' דצלם בו. אז נשאר כל שאר ישסו"ת הראשונים לל"'מ שלו, בסוד גדלות ב'. ואלו הם העליות של ליל שבת ויום שבת. כי בליל שבת מקיפים דל' נעשים בו פנימיים, ואז הוא בין גדלות א' לגדלות ב'. ואחר כך ביום שבת אז גם **מ'** דצלם נכנסו בו לפנימיים. והרי יש בו כל המלכות ל**צ'** דצלם, ונקרא גדלות ב'. ואחר כך נעשות עליות, שהם עליות ממש, כי עולה למעלה מן המדרגה הראויה לו לפי סדר הערך, והיינו שאר העליות של יום שבת. ואמנם לכל אחד מאלה הזמנים יש תולדות בהנהגה, כי כבר שמעת שאין דבר לבטלה, יש להקשות, למה לא נזכר הגדלות שבין א' לב'. תשובה, באמת אין ראוי להיות אלא שני מיני מוחין, או מאבא ואימא, או מישסו"ת, וכמו שנבאר לקמן במאמר שלאחר זה. ועל כן בעליה האמצעית אין שינוי עדיין במוחין, אלא תוספת. פירוש - עדיין המוחין נחשבין לגדלות א' שניתנים רק

קָל"זז פַתזזי זזכבזה לרבמזז"ל

מישסו"ת, אלא שיש בהם תוספת בסוד המקיפים האלה. אך זה הכוונה הוא רק לבוא אל המוחין שמאו"א, ועד שלא הגיעו להם ממש - לא יצאנו מן הגדלות הראשון.

וכדרך שאומרים בגדלות עצמו, שאף על פי שהמוחין הולכים ובאים - אין נקרא גדלות אלא אחר שנשלמו. והזמן דביני וביני נקרא זמן יניקה, אלא בתוספת:

ב. וכן כל שאר ענייניו מתנהגים אחר זה, זה מבואר כמו שנתבאר לעיל כבר, שכפי כח המוחין - כך הוא כח שאר הגוף:

ג. ואין ראוי לפי ההדרגה שיקבל בזמן ההוא אלא זה, שזהו דבר עשוי לשינוי הזמנים. ונמצא הפרש בין הדרגת עיבור יניקה ומוחין, ובין גדלות א' וגדלות ב'. כי עיבור יניקה ומוחין הולכים להשלים בניין האורות, שיוכלו לפעול מה שצריך לעולם.

אך גדלות א' וב' הוא, שהאורות הבנויים ושלמים יפעלו בכח יותר גדול או בכח פחות, ונקרא זה הדרגת חשיבות האורות ופעולותיהם. והוא כעניין נשמה יתירה באדם, שהבניין כבר נשלם בלא זה, ואין תוספת בגוף כלום מן הנשמה יתירה, אלא תוספת חשיבות ויקר, וכדלקמן במקומו:

ד. ובהתחלקות הזה נעשים ישסו"ת שניים, כמו שמבואר למעלה. יש להקשות, למה כל הפרצופים בשינויים משתנים שמותם, ואלה לא, אלא נקראים ישסו"ת שניים. תשובה, יען הפעולה היא עצמה הפעולה הראשונה, אלא שהיא במדרגה יותר שפלה. והיינו כי זה הוא רק מה שאו"א נותנים לז"א, רק כשאינו יכול לקבל אלא מן הסוף - אז הוא כך. ונמצא שהוא העניין הראשון עצמו, אלא שלא נלקח כי אם חלק ממנו, שהשלימו כמו הכל. והרי כשאינם צריכים - אינם אלא נכללים כראוי במוחין. מה שאין כן שאר הפרצופים, שכל אחד עניין בפני עצמו, כמ"ש. והראיה - שאין זמן שלא יהיה להם מציאות, מפני שיבלעו באחרים, כמו אלה:

כָּל"זו פִּתְזִי וזִכְבָה לרבמזו"כ

פרק קכ"ט

גדלות ראשון ושני דז"א:

אבא ואימא הם צריכים להלביש בתוך מלכות שלהם, שנקראת אחורי הנה"י שלהם, אותם העטרות שיש להם לתת לז"א, שהם המוחין שלו, כמו כל שאר נתינת המוחין שנותן פרצוף עליון לתחתון. ובשעה שאו"א נותנין הם המוחין לז"א בלא התחלקות אחר, אז המלכות שלהם מלבשת הצלם שלו, והחלק התחתון שלה נעשה בו פנימיים, ושני החלקים העליונים - מקיפים, והיא נקראת תבונה ראשונה. וכשההדרגה גורמת שתהיה ההתחלקות הנוסף, אז ישראל סבא ותבונה הם נותנין המוחין לז"א, במלכות שלהם, ומלכות שלהם נקראת ישסו"ת שניים, והם מלבישים צלם דז"א כסדר הנזכר לעיל. ואלו נקראים שני גדלות - ראשונה ושניה, ראשונה - כשמקבל מישסו"ת. שניה - כשמקבל מאו"א בלא התחלקות הנזכר לעיל, שהוא כח יותר גדול הרבה:

זה תשלום עניין הקודם, שבתחילה נתבאר מה שנוגע לאו"א, ועתה נבאר מה שנוגע לז"א:

חלקי המאמר הזה שנים. חלק ראשון, או"א הם צריכים, זהו שורש העניין הזה של גדלות א' וב'. חלק שני, ובשעה וכו', וזה עניין ב' הגדלות הנזכר לעיל:

חלק א:

א. אבא ואימא הם צריכים להלביש, זהו הסדר של כל נתינת מוחין - שהאורות הצריכים להיות פנימיים בפרצופים, צריך שהסיבה שלה תלביש אותה בחלק התחתון שלה. ודבר זה נמצא לצורך תיקון פרצוף התחתון, שיתנהג יפה מכח העליון:

ב. בתוך מלכות שלהם, שנקרא אחורי הנה"י שלהם, כשאומרים נה"י - רוצה לומר מלכות שבאחורי נה"י, לפי שמקומה כך, והם נמשכים אחריה. וכן כשאומרים נה"י, רוצה לומר מלכות באחורי הנה"י, ונה"י עמה, כי הרי עיקר נה"י הם לצורך המלכות, שהיא מתדבקת לפי סדר המרכבה אחר תפארת, בסוד חג"ת. אבל מתפארת יוצאים נה"י

קִכְל"וז פָתזוי וזכבמה לרבמזז"ל

לצרכה, לפיכך נקראים עמודים שלה, והם הם המחברים מלכות לתפארת:

ג. אותם העטרות שיש להם לתת לז"א, שהם המוחין שלו - כללות כל הצלם:

ד. כמו כל שאר נתינת המוחין שנותן פרצוף עליון לתחתון, אין זה דבר פרטי לז"א, אלא כללי בכל הפרצופים:

חלק ב:

א. ובשעה שאו"א נותנין הם המוחין לז"א, או"א מצד עצמם מתחלקים לב' פרצופים, בסוד החסדים וגבורות דא"א, כמבואר במקומו. ומעתה יכולים להיות עיקרים בפעולה הזאת כל אחד משני חלקים אלה. או חלק העליון, דהיינו או"א, או חלק התחתון, דהיינו ישסו"ת. ובאמת שישסו"ת מעיקרא הם סוד התפשטות המוחין להגיע במקומו. ולפי זה נמצא, שלפעמים המוחין ינתנו מצד השורש, ולפעמים מצד המתפשט מן השורש, והיינו לפעמים מאו"א, ולפעמים מישסו"ת. ואלה הם שני בחינות של מוחין. וזהו:

ב. בלא התחלקות אחר, שאז אין צריך ישסו"ת להתחלק לפרצוף בפני עצמו מצדם, אלא אדרבא הם (נמשכים) [נחשבים] רק למלכות של או"א. אלא שמפני זה העניין של המוחין נקראים פרצוף בפני עצמו, כי לעניין זה ניתן להם שליטה בפני עצמה. וזהו:

ג. אז המלכות שלהם מלבשת הצלם שלו, והחלק התחתון שלה נעשה בו פנימיים, ושני החלקים העליונים - מקיפים, נחשבים למלכות שלהם, ומצד זה מתחלקת לעשר ספירות, עד שמלבשת כל הצלם, ומתלבש בדרך שפירשנו - בסוד **צ'** ול' ומ':

ד. והיא הנקראת תבונה ראשונה:

ה. וכשההדרגה גורמת שתהיה התחלקות הנוסף, פירוש - שאין ישסו"ת נחשבים פרצוף בפני עצמו לפי שלהם ניתן היכנס בז"א, אלא אדרבא, נחשבים על עניין נתינת המוחין שלהם, נשער עניין זה בהצטרך לבוא

המוחין רק מצד הענף, ולא מצד השורש. אז הם הנקראים ישסו"ת ראשונים - הם הנותנים לז"א המוחין במלכות שלהם. וזהו:

ו. אז ישראל סבא ותבונה הם נותנין המוחין לז"א, כמלכות שלהם, ומלכות שלהם נקראת ישסו"ת שניים, והם מלבישים צלם דז"א כסדר הנזכר לעיל:

ז. ואלו נקראים שני גדלות, ב' מיני גדלות, אך שניהם שווים. פירוש או מוחין מאו"א, שהם העיקרים - בחלק העליון של או"א, או מישסו"ת, שהם חלק התחתון:

ח. ראשונה ושניה, כי מניינם מלמטה למעלה:

ט. ראשונה - כשמקבל מישסו"ת, שניה - כשמקבל מאו"א בלא התחלקות הנזכר לעיל, שהוא כח יותר גדול הרבה:

פרק ק"ל

בניין נוקבא:

נוקבא יש לה בניין בפני עצמו, בסוד מוחיה, לפי מה שיש להם לתקן כל מדרגותיה, אלה בחסדים, ואלה בגבורות, לפי מה שהיא צריכה להיות דין, אבל ממותק, שיכול לקבל החסדים מן הז"א:

אחר שהשלמנו עניין ז"א, עתה נבוא לביאור נוקבא:

א. נוקבא יש לה בניין בפני עצמו, אף על פי שאמרנו למעלה שזו"ן מתגדלים ביחד, ושהיא נמצאת בכל זמן עם הז"א, פירוש - בעיבור יניקה וגדלות, כל זה אינו לבניין שלה, אלא צריך לה עוד בניין בפני עצמו, כי היותה עמו הוא לתיקון היותם מחוברים ונקשרים ביחד, וכמעט שעיקר תיקון הוא לו, להיעשות היא סוף שלו ושלמות ספירותיו. אך למה שצריך לה לפי עניינה בפרט, צריך לה הבניין בפני עצמו, מב' טעמים, אחד - שאין עניינה שווה לז"א כלל, וצריכים התיקונים לפי עניני האורות. ואין לומר שייבאו שניהם כאחד, הא

כדאיתא והא כדאיתא, כי אין זאת הכוונה, כי הכוונה היא שתהיה נקשרת עם הז"א, עד שבכל זמן מזמניו תהיה עמו. ונמצא שיש יחס וקשר שלה עם כל תיקוני הז"א. אך אם צריך אחר כך בניין פרטי לה לפי עניינה בהנהגה - זה אינו שייך להיעשות עמו ביחד, כי אין תועלת בזה, ואין שייכות לבניינה הפרטים עם זמניו אלה כלל. שני - שעל כל פנים היא צריכה להבנות ממנו עצמו, וזה אחר שכבר נתקן הוא, ונעשה ראוי לבנות אותה:

ב. בסוד מוחיה, בסוד נה"י דז"א, שבונים אותה לפי הצריך לעניינה:

ג. לפי מה שיש להם לתקן כל מדרגותיה, שאין הקבלה צריך שתהיה עם הז"א בעניין זה, כי אדרבא, צריך שיהיה תיקון פרטי לפי הבניין שלה בפרט:

ד. אלה כחסדים ואלה כגבורות - זהו שהגבורות אינם מתפשטות אלא בקו אמצעי לבד, ובשאר הב' קוים מתפשטים החסדים, כמבואר במקומו. לפי מה שהיא צריכה להיות דין, אבל ממותק, כי באמת שני דברים אלה צריכים בנוקבא, להיות מנהגת הנהגתה כראוי, שתהיה דין, כי היא בסוד הנהגת הדין שצריך להיות בעולם, בסוד ב"ן, ובסוד הגבורות של דעת. אך צריכה מצד אחר להיות ממותקת בדיניה, כי הדין הקשה אינו הדין הראוי להנהיג העולם, כי הוא דין המחריב, אלא הדין הממובסם, זהו דין מתוק, שבו תלוי השמחה ותוקף התלהטות האהבה, כמפורש בכמה מקומות בזוהר ובתיקונים. שיוכל לקבל החסדים מן הז"א, כי אלה החסדים שניתנים לנוקבא אינם אלא למתק דיניה, אך לא להנהיג בחסד, כי אין זה עניינה. אלא שהדין המתוק בטבעו, אדרבא, מבקש מיתוק החסד, והתחברו לו. כי כל חסר מבקש להשתלם, ומי שהוא רעב מבקש לאכול. אבל כשמתקלקל הטבע הנכון, אז אינו נבקש עוד שלמות. והוא כעניין החולים המואסים לאכול. כן הדין הקשה מתחשך מקטרוגי הס"א, ואינו פונה לימתק. אבל הממובסם, אדרבא, פונה לימתק כנזכר לעיל. ואז מקבל החסדים ממש, בסוד הזיווג, דהיינו המ"ד שלו, וכדלקמן:

קַל"זז פַתזזי זזכבמה לַרבמזז"ל
עלית וירידת העולמות

<u>פרק קל"א</u>

עלית וירידת העולמות על ידי מעשה התחתונים:

העולמות נבראו בדרך שיוכלו לעלות ממדרגתם, כי הלא לכך ירדו מתחילת ירידתם בזמן השבירה - כדי שיעלו מעט מעט, עד שיחזור הכל למדרגה השלמה כקודם השבירה. ועכשיו יש עליה וירידה לפי הזמנים, להנהיג העולמות בהנהגה הצריכה של תוספת וחסרון, מה שצריך לפי העניין ההוא:

אחר שביארנו מה שתלוי בבניין, בין דז"א ובין דנוקבא, עכשיו נבאר מה שתלוי בתיקונים ועליות:

א. העולמות נבראו בדרך שיוכלו לעלות ממדרגתם, כל מעשה בני אדם הוא להעלות הבריאה בעילוי וחשיבות יותר ממה שהיא. כי הרי הועמדה במדרגה התחתונה כדי שישלטו בה הקלקולים, שיוכלו בני אדם לתקנם, ויהיה להם זכות בזה. אך זהו זכותם וכל מעשיהם - להעלות אותה עד המדרגה העליונה, להוציא אותה מן הקלקולים, ולהעמידה בדרך שלא יהיה עוד קלקול. ועל פי שורש זה, יש עניין העליות והירידות שאנו מזכירים בפרצופים. דהיינו כשעולים למעלה מן המדרגה התחתונה שהיו, ומקבלים חשיבות יותר - זהו עליתם, וכשחוזרים לרדת - זהו רדתם. וזהו העושה שינויי הזמנים בעולם, וכדלקמן:

ב. כי הלא לכך ירדו, כי אם היו שפלים בעצמם, והיה צורך להעלותם בטבעם, היה דרך קשה לבני אדם. אבל אינו כך, כי אדרבא, שרשם גבוה, וירדו אחר כך. ולבני האדם יש להעלותם כמקודם הירידה:

ג. מתחילת ירידתם בזמן השבירה, שהרי אחר כך גם כן היה ירידה אחרת, דהיינו מיעוט הירח, וגם חטא האדם היה ירידה:

ד. כדי שיעלו מעט מעט, עד שיחזור הכל למדרגה השלמה כקודם השבירה, זה פשוט בסוד ההדרגה שבכל דבר:

ה. ועכשיו יש עליה וירידה לפי הזמנים, ביני וביני יש זה, וזה, כי עד שלא הגיעו למדרגה העליונה - יכולים לעלות ולרדת, כי לא בפעם אחד נקבעה שום עליה, אלא הזמן עושה הרבה בזה. ועד שלא נקבעה עליה אחת - עולים ויורדים בה כמה פעמים. והנה זאת העלייה והירידה היא העושה חילופי הזמנים בין חול ושבת, וכל שאר הימים והזמנים, בין הלילות והימים בימים הקדושים עצמם, הכל בסוד העליות. ואחר כך חוזר חלילה בסוד הירידה. וכל זה רוצה לומר שיהיה תוספת חשיבות בנבראים, או חסרון חשיבות ההוא. וזה:

ו. להנהיג העולמות בהנהגה הצריכה של תוספת וחסרון:

ז. מה שצריך לפי העניין ההוא, בכל עניין כבר משוער בשיעור ומחשבה העליונה - איזה עליה צריכה, ואיזה עליה אינה צריכה, עד שיהיה העולם מתנהג בהנהגה שלמה, בכל אותם חילופי הזמנים שיש לו:

פרק קל"ב

ביאור עניין העלייה והגדלה:

שם המאציל יתברך שמו חוק אחד, שיהיה מציאות הנבראים עומד בלא שינוי, ואף על פי כן נשמתם תהיה נוספת בהם, ומקבלים מעלה יתירה, וגופם לא ישתנה, והוא עניין הנפש היתירה שניתנת באדם. ולכן גם למעלה בספירות שם זה העניין - שיהיה החיצוניות שלהם, שהוא שורש הגוף באדם, מקבל פנימיות, חוץ ממה שמגיע לו לפי עניינו, וזה נקרא לו עליה. כי עד שמקבל זה שראוי לו - נקרא הגדלה ושלמות, ומה שהוא למעלה מזה - הוא עליה. ויש כמה סדרים כאלה, שבזה תלוי מציאות תוספת הזמנים, כמו חול ושבת, ושאר ימי הקדושה:

אחר שביארנו שיש עליה וירידה, עכשיו נבאר איך היא העלייה וירידה:

חלקי המאמר הזה שנים. חלק ראשון, שם המאציל וכו', והוא עניין הנפש היתרה. חלק שני, ולכן גם והוא עניין העליות בספירות לפי זה:

כְּל"זז פְתזזִי וזכְמה לְרמזז"ל

חלק א:

א. שם המאציל יתברך שמו חוק אחד, זהו דבר שרואים במציאות שכך הוא, וממנו נבין עניין העלייה הזאת, כי ילמד סתום מן המפורש:

ב. שיהיה מציאות הנבראים עומד בלא שינוי, ואף על פי כן נשמתם תהיה נוספת בהם:

ג. ומקבלים מעלה יתרה, כי כפי ערך הנשמה - כך היא מעלת האדם:

ד. וגופם לא ישתנה, והוא עניין הנפש היתרה שניתנת באדם, שהרי המציאות מוכיח על עצמו שהוא כך, והיינו בסוד הנפש היתרה, שבאה נשמה אחרת מלבד הראשונה, והמעלה נתרבה, ובגוף אין שינוי:

חלק ב:

א. ולכן גם למעלה בספירות שם זה העניין, כי צריך שיהיה שורש לזה למעלה, כי אין דבר בלא שורש:

ב. שיהיה החיצוניות שלהם שהוא שורש הגוף באדם, מקבל פנימיות, ואלה הם העליות של שבת, וכל שאר העליות, שאין מתחדשים הפנימיות והחיצוניות ביחד, אלא שהחיצוניות מקבל פנימיות אחר:

ג. חוץ ממה שמגיע לו לפי עניינו, שכבר היה לו הנהגה שלמה, לפי מדרגתו, בלתי זה, וזה אינו אלא חשיבות יותר. יש להקשות, כי חילוקים רבים נמצאו בין הדבר הזה שלמטה ובין העניין שפירשנו למעלה. הא' - כי למטה אין הנשמה הראשונה יוצאה מן הגוף, אלא שתי נשמות נמצאות כאחת, ולמעלה הפנימיות הראשונה ניתן לפרצוף שתחתיו, והפרצוף עולה ומקבל פנימיות אחר. הב' - נמשך מן הא', שלמטה באמת אין קושיא אם הגוף אינו משתנה, כי הוא נשאר לפי הנשמה הראשונה שלא נסתלקה ממנו, אך למעלה היה צריך להיות שינוי. הג' - שלמעלה יש שינוי באמת גם בחיצוניות, שהרי יש עיבור יניקה ומוחין בכל עלייה, כמו שפירש הרב זללה"ה, מה שאין למטה. ועוד קושיא, יש להבין הדבר למעלה - איך פנימיות אימא יוכל להיות פנימיות ז"א, שהם עניינים שונים זה מזה. וקושייה אחרת הפך זאת -

קָל"ז פָתוּזי וזכמה לרמ"זז"ל

ומה היה יכול להיות הפך מזה. תשובה, צריך להבין הדרך שבו אורות העליונים פועלים באדם. והיינו כי הנה היה יכול להיות שמציאות הפרצוף, פירוש ז"א, הוא עצמו יחודש חידוש ממש, ואז חיצוניותו, שבו חקוקה הפעולה, כמבואר למעלה בסוד הרשימו, הוא יתחדש, וימצא בו פנימיות לפי עניני החידוש שנתחדש בו. אם היה כך - היה צריך שגם למטה הגוף ישתנה שינוי ממש. אך העליות האלה הם - מציאות הפעולה קיים ועומד כמות שהוא, ומה שמקבל יותר - אינו אלא כח וחיזוק. והיינו כשז"א עולה ולוקח פנימיות אימא - אינו אלא שלוקח האור בכח גדול, כמו שהוא מאיר תוך אימא, אבל אין באותו האור לתת לו מציאות אימא, כי אדרבא, כח זה נתעלה ממנו עם אימא עצמה, שגם היא לא שינתה עניינה, ולא נשאר אלא האור מבחינת הכח. ואז אפילו שהחיצוניות מתחדש בסוד עיבור יניקה ומוחין, כיון שאינו חידוש בחק - אין צריך הגוף למטה להשתנות כדי לקבל האורות ההם, אלא מקבל אותם בלי שינוי. ובבוא הנשמה היתרה אל האדם - בא לו ודאי בסוד עיבור ויניקה ומוחין. אך הם השפעות שמקבל אותם בלא שינוי, כיון שאין חידוש בחוק, אלא בכוח. נמצא שהעליות האלה הם - שכל חיצוניות נשאר בו חוק פעולותיו, ומה שעולה התחתון ונוטל ממנו, או מה שעולה הוא ונוטל, אינו אלא הפנימיות בבחינת כח הארה שבו. והנה בבוא הנשמה יתרה באדם, הראשונה אינה פועלת, אלא כמו נבלעת ביתרה, שהיא הפועלת. אלא שאין באדם עניין השאיר הפנימיות לתחתון ממנו, כי אין עניין זה למטה, אלא כנגד זה נשארת הנשמה הראשונה - נבלעת ומכוסה תחת היתרה. כי זה צריך להבין תמיד - הערך של הדברים עם נושאם, ואין מקבילים הדברים שלמעלה ושלמטה אלא עם הערך הזה:

ד. וזה נקרא לו עליה, לאפוקי מכל הגדלות שקודם זה, וכדלקמן:

ה. כי עד שמקבל זה שראוי לו, כי בתחילה כבר ניתן באורותיו כל הכוחות הצריכים להיות בהם לפי עניינו, אלא שהיו סתומים, והלכו ונתרחבו מעט מעט, עד שגדלו בכל המחוקק בהם, וזה נקרא הגדלה. שכך היא ההגדלה למטה - יש באדם כל מה שיהיה בו לסוף, אלא שהוא סתום ועומד בקצרה, ואחר כך מתרחב והולך, עד שמגיע אל קצה

קְל"זז פַּתזזֵי זזִכְמָה לרמּזז"ל

הַהַגְדָּלָה, שֶׁהוּא כְּשֶׁהוֹצִיא וְגִלָּה כָּל מַה שֶׁהוּטְבַּע בּוֹ בָּרִאשׁוֹנָה, וְכֵן כָּל צוּרוֹת הַהַגְדָּלָה:

ו. נִקְרָא הַגְדָּלָה וּשְׁלֵמוּת, כִּי כְּשֶׁהִגִּיעַ לְמַה שֶׁנּוֹתָן עִנְיָנוֹ וְחֻקּוֹ - נִקְרָא שֶׁהוּא שָׁלֵם. וְהִנֵּה קוֹדֶם שֶׁהִגִּיעַ לָזֶה - הָיָה חָסֵר, וּכְשֶׁהִגִּיעַ לָזֶה - נִקְרָא שֶׁנִּשְׁלָם:

ז. וּמַה שֶּׁהוּא לְמַעְלָה מִזֶּה. הוּא עָלָיה, כִּי עָלָיה - רוֹצֶה לוֹמַר מַה שֶׁעוֹלֶה לְמַעְלָה מִמַּדְרֵגָתוֹ:

ח. וְיֵשׁ כַּמָּה סְדָרִים כָּאֵלֶּה, שֶׁהֲרֵי כָּל עִנְיָן הוֹלֵךְ בְּהַדְרָגָה, וְכָל הַדְרָגָה יֵשׁ לָהּ סְדָרִים:

ט. שֶׁבָּזֶה תָּלוּי מְצִיאוּת תּוֹסֶפֶת הַזְּמַנִּים, כְּמוֹ חוֹל וְשַׁבָּת, וּשְׁאָר יְמֵי הַקְּדוּשָׁה, שֶׁהֲרֵי כָּל הַמַּצָּבִים יֵשׁ לָהֶם תּוֹלְדוֹתֵיהֶם לְמַטָּה - זְמַן שְׁלִיטָתָם בַּדְּמָן, וּפְעוּלָתָם, וּמַה שֶׁהֵם פּוֹעֲלִים בִּכְלָלוּת הַהַנְהָגָה. וּכְלָל כָּל הַדָּבָר הוּא - לִשֶׁיִּהְיֶה הַסִּיבוּב נִשְׁלָם וּמַסְפִּיק לְכָל מַה שֶׁיִּזְדַּמֵּן בָּעוֹלָם, עַד שֶׁהַכֹּל יָשׁוּב לִשְׁלֵמוּת הַגָּמוּר בְּסוֹף הַכֹּל לֶעָתִיד לָבוֹא:

פֶּרֶק קל"ג

עֲלִיַּת ז"א אַחֲרֵי גַדְלוּת ב':

מַה שֶּׁמְקַבֵּל הַז"א אֲפִילוּ הַגְדָלוּת ב' - אֵינוּ נִקְרָא עָלָיה לוֹ, אֶלָּא מַה שֶׁיַּעֲלֶה אַחַר כָּךְ - זֶה נִקְרָא עָלָיה:

אַחַר שֶׁבֵּאַרְנוּ עִנְיַן הָעֲלִיּוֹת, עַתָּה נְבָאֵר עִנְיַן גַדְלוּת ב', שֶׁאֵינוּ עָלָיה:

א. מַה שֶּׁמְקַבֵּל הַז"א, הַמּוֹחִין שֶׁלּוֹ הוּא מְקַבְּלָם מֵאַבָּא וְאִימָא. וְעַד שֶׁהוּא מְקַבֵּל - אֵינוּ נִקְרָא עָלָיה, כִּי אַדְּרַבָּא, אַבָּא וְאִימָא הֵם הֵם הַבָּאִים וּמְעַטְּרִים אוֹתוֹ:

ב. אֲפִילוּ הַגְדָלוּת ב', כִּי כְּבָר פֵּירַשְׁנוּ שֶׁגַם הוּא אֵינוּ אֶלָּא נְתִינַת מוֹחִין, אֶלָּא שֶׁאו"א הֵם הַנּוֹתְנִים אוֹתָם:

ג. אינו נקרא עליה לו, זה מבואר כמו שנתבאר למעלה:

ד. אלא מה שיעלה, שאינו תלוי בנותנים, שכבר הם חכמה נתנו לו מה שצריך, אלא הוא העולה:

ה. אחר כך, כל מה שהוא אחר גדלות הב' - הכל הוא עליה, וזהו:

ו. זה נקרא עליה:

תיקון הנוקבא והזיווגים

פרק קל״ד

מצבי הנוקבא עם ז״א:

נוקבא צריכה להיתקן מן הז״א לפי הדרכים הצריכים לה - להיות בה עבודת התחתונים, והיינו לקבל מאחוריו, ולקבל מפניו מן החזה ולמטה, מן החזה ולמעלה. הם כולם מצבים אליה שונים, לעלות ולרדת לפי מעשה התחתונים:

אחר שביארנו עניין תוספת וחסרון ההנהגה התלויים בעליות וירידות, נבאר עתה תיקוני הנוקבא, שאליהם מגיעים מעשה התחתונים, ועל פיה נעשים כל עניני התיקונים בכל מקום שהם:

חלקי המאמר הזה שנים. חלק ראשון, נוקבא צריכה, והוא עניני תיקוני הנוקבא בכלל. חלק שני, והיינו וכו', והוא פרט התיקונים האלה:

חלק א:

א. נוקבא צריכה להיתקן מן הז״א, כל כללות עבודת האדם היא נוקבא, היא שורש התחתונים עצמה, וכל העבודה הוא לתקנה בדרך שתבוא הברכה אליה, ועל ידה לתחתונים בהרווחה רבה. אך לכל יש הדרגה, וגם לתיקוני הנוקבא בהכנותיה לקבל השפע כראוי - יש שיעור והדרגה. ולפי מה שהיא נתקנת ומזדמנת אל הז״א - כך הוא הארת כל

קַל"זז פַּתזזי זזכְמה לרבמזז"ל

האורות כולם, כי הכל מתנהג אחר זה, בסוד, והכל לפי רוב המעשה. והנה היא נבנית בכמה תיקונים וסדרים, שהם חוקים הצריכים לעבודה, פירוש - כדי שתיפול בה היטב עבודת התחתונים בהדרגה ושיעור הראוי לה. אמנם לפי שכל תיקון נוקבא וכל בנינה - מן הז"א, על כן נאמר שנוקבא צריכה להיתקן מן הז"א עצמו בכמה מיני תיקונים, שיהיו סדרים מוכנים לתת מקום ומציאות לכל פרטי העבודה. וזהו:

ב. לפי הדרכים הצריכים לה - להיות בה עבודת התחתונים:

חלק ב:

א. והיינו לקבל מאחוריו, אלה הם כל המצבים השונים של נוקבא, או שתהיה אחור באחור, או שתהיה פנים בפנים. וזהו:

ב. ולקבל מפניו מך החזה ולמטה, או שתהיה גם מן החזה ולמעלה. וזהו:

ג. מן החזה ולמעלה, שכל אלה הם דרכים מזומנים כבר, שבהם היא עולה ויורדת לפי מעשה התחתונים, וזהו:

ד. הם כולם מצבים אליה שונים, לעלות ולרדת לפי מעשה התחתונים, כי לכל דבר ניתן סדר מוגבל. ואף על פי שהמעשים רבים מאד, אך כולם נכללים תחת סוגים מתי מספר, אשר הכינם כבר המחשבה העליונה, להספיק לכל העתיד להיות:

פרק קל"ה

ביאור עניין אחור באחור והנסירה:

אחור באחור - סודו התלהטות של גבורות, שמתלהטים ומתדבקים אלה באלה, והפנים אין להם פעולה ושליטה, ואינם פונים להאיר זה לזה. ואז מתגבר השפע הצריך לרדת, אפילו באותו הזמן, מתגבר דרך ההתלהטות ההיא. וצריך לזה הנסירה, שהוא להניח כל הגבורות לנוקבא, ולהשלים הזכר במדרגותיו, למתקה ולתקנה:

קָל"זז פָּתזזי זזכבמה לרבמזז"ל

אחר שביארנו מצבי הנוקבא עם הז"א, עתה נבאר תשלום עניינם:

חלקי המאמר הזה שנים. חלק ראשון, אחור באחור, והוא פירוש עניין אחור באחור. חלק שני, וצריך וכו', והוא דרך התיקון לבוא פנים בפנים:

חלק א:

א. אחור באחור - סודו התלהטות של גבורות, כבר פירשנו למעלה עניין פנים ואחור, כי פנים הם האורות המאירים לגבי המקבלים אותם, ואחור הם האורות שאין מאירים לגבי המסתכלים בה. והנה לכל מדרגה יש לה שני דרכים. והנה כל מה שמאיר הוא ממין החסדים, והבלתי מאיר הוא ממיני הגבורות. וכשאומרים אחור באחור, רוצה לומר שהבחינות בלתי מאירים שבז"א ושבנוקבא - שניהם מתלהטים כאחד:

ב. ומתדבקים אלה באלה, שבהתחבר עניין אל עניין - נקרא שמתדבקים האורות זה בזה, וההנהגה יוצאה כך מהתחברות הדינים האלה ביחד, והיא ההנהגה של דין קשה:

ג. והפנים אין להם פעולה ושליטה, שהם בבחינת המאורות שאינם שולטים. ונמצא שהאורות עצמם אינם מסייעים זה את זה בגילוי הארה ותיקון, אלא הוא התלהטות של שני מיני דינים, דיני הזכר ודיני נקבה, בלא תיקון וסדר נכון, וזהו:

ד. ואינם פונים להאיר זה לזה, כי סוד דמות אדם - אחור באחור הוא שאדם וחוה היו מחוברים כך, ולא ראו זה את זה. כך האורות אינם פונים זה לזה, להשתלם בסדר נכון, אלא מתלהטים כאחד, אך בלא סדר מתוקן כלל. ועיקר כל זה הוא, כי הכוונה הייתה לגלות ההדרגה בהנהגה, ולראות ולהבחין כל הצדדים, כל השתלשלותם, החסד לבד והדין לבד, ואחר כך ההכרעה בסוד מימינים ומשמאלים. אך כשהם בהתלהטות זה - רוצה לומר שהכל מתלהט כאחד, ואין ההנהגה הזאת מתגלה כן בסדריה:

ה. ואז מתגבר השפע הצריך לרדת, ואפילו באותו הזמן, שפע צריך לבוא בכל זמן, אך השפע המתוקן בא בסדרים כמ"ש, והיינו שהזכר

משפיע לנוקבא, והוא נמשך בגילוי כל הכוחות בהשתלשלות מן הראש
ועד הסוף של הזכר, ומשם לנוקבא. בזמן ששתי הסיבות מתחברות זו
בזו בתיקון - מעוררות חיבור וגילוי אורות זה לזה. אך אחור באחור -
כבר אמרנו שהם כשני להבות מתלהטות ביחד, זה וזה בסיתום, ששום
אחד אינו מגלה אורותיו. וגם צריך לבוא שפע, דאם לא כן - באותו
הזמן לא היה קיום לעולם, אך הוא שאינו שלם ומתוקן כראוי. אלא
באותו ההתלהטות מתגברת ההשפעה, אך היא של דין, שמקיימת את
הבריות, אך בצמצום, ולא בהארת פנים כלל. וזהו:

ו. מתגבר דרך ההתלהטות ההיא, ולא דרך הארה שלמה, כנזכר לעיל:

חלק ב:

א. וצריך לזה הנסירה, והיינו כי ההנהגה בתחילה היא כך, כל הדין
מתלהט בלא הכנת הכוחות, להיות הסיבות מתוקנות להשפעה. אחר כך
או"א צריכים להשלים תיקון השורש הזה, דהיינו זו"ן במצבם זה.
ותיקונם הוא בסדר הנהגתם, כנזכר לעיל בסדר מפורש. ואז יחלקו כל
הכוחות כראוי, החסד לצד אחד, שהוא הז"א, והדין לצד אחד, שהיא
הנוקבא. ואז תבוא ההנהגה מסודרת, שהחסד יעשה כל ההשתלשלות
שלו, והגבורה את כל שלה. אחר כך יתחברו לעשות ההסכמה כראוי:

ב. שהוא להניח כל הגבורות לנוקבא, והיינו כי כל אלה האחוריים
יישארו כולם במדרגות נוקבא, שהיא הנהגת הדין. וכנגד זה בז"א
ימצאו בחינות אחרות חדשות מבחינת חסד, והוא שאפילו אחוריים שלו
יהיו מבחינת חסד. וזה, כי הטעם שהיו מתחברים הוא - לפי שבאמת
כל הבחינות האלה הם שייכים לנוקבא, שהיא גבורות, אלא שז"א גם
הוא היה משתמש מאלה לבחינת האחור שלו, יען כוחותיו בסוד החסד
לא היו מתוקנים לשלוט ולפעול. וסוד זה, צור ילדך תשי - תש כחו
כנקבה. ועיקר סוד כל זה הוא, לפי שאפילו ז"א שרשו מאימא, כמ"ש
בעניין המלכין קדמאין שהיא גבורות, והם נוקבין לפי שבאים מאימא,
והוא סוד, "הכל היה מן העפר". וזהו גודל פגם בני האדם, שמחזירים
הדבר לשורש הזה, ואז נשארים זו"ן שניהם בסוד זה השורש הנוקבי,
ולכן אמרו דווקא לשון הזה, תש כחו כנקבה. אחר כך מתגלים בו
הבחינות שלו באמת, ואז מניח כל מה שהוא בחינה הנוקבית - לנוקבא,

ומתגבר הוא בבחינת זכרות, בסוד החסדים. ואלו באים לו מסוד מ"ה, מבחינת אבא, מכל מקומות הימין, שהוא סוד הזכר. ואז יש בו כח באמת להנהיג ההנהגה שלו ולהזדווג כראוי, וזהו:

ג. ולהשלים הזכר במדרגותיו, שייקח הבחינות הזכריות שלו, ואז חוזרים פונים זה לזה, להתקן זה בזה בכל הארה וגילוי ברווחה, שהוא סוד הארת הפנים. ואז עושה מעשה שהוא למתק הנוקבא, וזהו:

ד. למתקה ולתקנה, זה מבואר כמ"ש. כלל העניין - ראשית זו"ן מגבורות אימא - נוקביות, ואז אין כחו של ז"א כמו זכר, אלא תש כחו כנקבה. ואז יש פחד זיווג, שהוא המשכת אור בהשתלשלות שלם, ואין יש הסתכלות פנים בפנים, שהם גילוי הכוחות ברווחה, מסיבה לסיבה, עד שיושפע השפע אחר כל ההכנה ורצון טוב. אלא הכל בחינת נוקביות, שמשתמשים בה הזכר והנקבה ביחד, בהתלהטות אחת, שניהם בסיתומיהם. עד שבאים או"א ומתקנים את הז"א, ומחלקים הסיבות כראוי, החסד לבד, והגבורה לבד, והיא נשארת בחינת הנוקבא לנוקבא, ומתחדש בז"א את הזכריות. ואז לוקח כח גם כן למתק ולתקן הנוקבא עצמה בסוד הזיווג, וכדלקמן:

פרק קל"ו

זיווג פנימי וחיצון:

סוד הזיווג תלוי בשליטת היחוד, שמתדבקים ממש כלי הז"א וכלי הנוקבא, להחשב כאחד ממש, כמו הפנימיות שכבר הוא אחד, וזהו, "והיו לבשר אחד". מתחיל מזיווג הנשיקין, שהוא חיבור הרוחין ביחד, שהוא הפנימיות, המתחזק בסוד היחוד, עד שמתדבקין גם החיצוניות. אך זה לא נעשה אלא כשיהיה השלמות בין בז"א בין בנוקבא, דהיינו שלמות הז"א - שיהיה שלם בכל מוחיו, ונקשרים בו כל העליונים להעטירו, ונוקבא - שתהיה שלמה בכל מה שהיא נתקנת על ידי התחתונים הנקשרים בה. שלפי שלמות ההכנה כך הוא שלמות

הזיווגים, והיינו או להיות בסוד ישראל ורחל, או בשאר הענפים שלהם, בחינות הזכרים והנוקבין:

אחר שביארנו התיקונים הצריכים לבוא אל הזיווג, נבאר סוד הזיווג עצמו:

חלקי המאמר הזה שנים. חלק ראשון, סוד הזיווג, הוא סוד הזיווג מה עניינו. חלק שני, אך זה וכו', והוא מה הם ההכנות שצריכות לבוא לזה:

חלק א:

א. סוד הזיווג תלוי בשליטת היחוד, הנה הזיווג כבר פירשנו בסוד, "וישם פיו על פיו ועיניו על עיניו", שהוא חיבור שלם של כל איברי הז"א עם איברי הנוקבא. וזהו באמת בסוד היחוד העליון, המחזיר החסד והדין לשורש אחד, בסוד, "הוי"ה הוא האלקים". ומתוך התיקון הזה יוצאות ההשפעות. וזהו:

ב. שמתדבקים ממש כלי הז"א וכלי הנוקבא, והוא סוד תיקון הרשימו שזכרנו למעלה, שצריך שהקו ישלוט עליו, ויתקנהו הוא עצמו, בהסיר הרע ממנו, והחזירו אל סוד היחוד:

ג. להיחשב כאחד ממש, כמו הפנימיות שכבר הוא אחד, כי הרע הוא שגורם פירוד, וכמו שמבואר לעיל בהדרגת הדוכרא ונוקבא, וצריך שזה יתוקן, וכדלקמן:

ד. וזהו, "והיו לבשר אחד", והיינו שזאת היא הכוונה התכליתית שבזיווג, להיות הבשר - שהיא החיצוניות - אחד. ואמנם הרוח הוא אחד ממש, שהוא לפי עניין היחוד. אך הבשר אינו נעשה אחד ממש, אלא שנמשך אחר המוחין, להדבק בדביקות שאפשר יותר, ואינו אלא שיהיה נחשב כאחד:

ה. מתחיל מזיווג הנשיקין, כי בתחילה נעשים הנשיקין, ואחר כך זיווג היסודות:

ו. שהוא חיבור הרוחין ביחד, שהוא הפנימיות, ששם מתחברים בחיבור כפול - רוח הזכר בנוקבא, ושל הנוקבא בזכר, כמו שמבואר במקומו,

קָל"זו פָּתוֹזי וזכמה לרמֹזז"ל

מפני שעניינו - התעוררות כח היחוד העליון, להתחבר חיבור ממש. מה שאין כן זיווג היסודות, שהזיווג אינו אלא להשפיע, אלא שנעשה קודם ההשפעה - החיבור של דביקות, והוא סוד קירוב בשר. אך ההשפעה אינה נמצאת אלא מן הזכר לנקבה:

ז. המתחזק בסוד היחוד עד שמתדבקין גם החיצוניות, שדביקות הרוחין הוא הגורם התחברות גם לחיצוניות עצמה כנזכר לעיל:

חלק ב:

א. אך זה לא נעשה אלא כשיהיה השלמות בין בז"א בין בנוקבא, כי העלם היחוד היה להראות החסרונות, וגילויו הוא תיקון החסרונות. והנה קודם שיגיע אל הקצה הזה האחרון, צריך שיתוקנו כל החסרונות, הקודמים. וזה יוכל להיות או על ידי מעשה התחתונים, או על ידי רצון העליון, אבל איך יהיה שיהיה, הסדר הוא שבתחילה יתוקן שאר החסרונות היותר גדולים, עד שיגיע מעט מעט אל השלמות הזה:

ב. דהיינו שלמות הז"א - שיהיה שלם בכל מוחין, כי כפי החסרונות צריך שיהיו התיקונים. אך החסרונות הם בכל אור לפי פעולותיו, ז"א הוא סוד המנהג ומשפיע - צריך שכח ההנהגה וההשפעה יהיה שלם בו:

ג. ונקשרים בו כל העליונים להעטירו, כי העבודה אינה מגעת ביחוד אלא אל הז"א, אך בהמשך מגעת גם לעליונים ממנו, מצד מה שהם מעטרים אותו, ומתקנים אותו, להשלים מעשה השפעתו:

ד. ונוקבא - שתהיה שלמה בכל מה שהיא נתקנת על ידי התחתונים הנקשרים בה, כיון שהיא שורש המקבל, צריך שתהיה נכללת מכל התחתונים, שהם ענפיה, שזהו תיקונה. וזהו מה שצריך שיהיה בה בכל הפרטים שיש להבחין בזה:

ה. שלפי שלמות ההכנה כך הוא שלמות הזיווגים, ההכנה בין במשפיעים ובין במקבלים - לא כל הזמנים שווים. לא בכל פעם נקשרים התחתונים בדרך אחד, ולא המוחין מתחדשים בז"א בכח אחד. אלא כיון שיש כל אלה הדברים - יהיה זיווג, ולפי חשיבותם - כך יהיה חשיבות הזיווג:

ו. והיינו או להיות בסוד ישראל ורחל, שהם עיקר הדוכרא ונוקבא, והשאר אינם אלא משלימים בעדם, שימצאו מהם, וזהו מדרגה פחותה ודאי. וזהו:

ז. או בשאר ענפים שלהם, בחינות הזכרים והנוקבין, והוא סוד יעקב ולאה, וכמ"ש במ"א:

פרק קל"ז

התכללות השכינה בענפיה לצורך הזיווג:

השכינה - ממנה מתפשטים כל העולמות התחתונים, עם כל ענייני העבודה הנמצאת בהם, דהיינו המלאכים והנשמות. המלאכים - להוציא מצות השכינה לפועל, והנשמות - לעבוד את הקדוש ברוך הוא בבחירתם. ועל כן נקרא שאינה שלמה, שתוכל להזדווג, אלא כהיות נכללים בה כל ענפיה אלה לפי ענינם. ואז מכח שניהם נעשה הזיווג מכל העולמות מתוקנים:

אחר שבארנו שהשכינה צריכה להיות נתקנה בענפיה, עתה נבאר בפרט תיקון זה:

חלקי המאמר הזה שנים. חלק ראשון, השכינה ממנה וכו', הוא מה שמתפשט ממנה בסוד הענפים. חלק שני, ועל כן נקרא וכו', הוא איך שלמותה תלוי בענפיה אלה:

חלק א:

א. השכינה - ממנה מתפשטים כל העולמות התחתונים, זה פשוט כמו שמבואר כבר, שהיא שורש כל התחתונים, שהם המקבלים:

ב. עם כל ענייני העבודה הנמצאת בהם, כי היא שורש לתחתונים עם כל מה שיש להבחין בהם. והעיקר הוא המעשה המסור בידם, שהרי כיון שמסור בידם התיקון, צריך שיעשו את שלהם:

ג. דהיינו המלאכים והנשמות, הם שני הסוגים של הענפים, כל אחד יש לו מעשה בידו, מסור בפני עצמו:

ד. המלאכים - להוציא מצות השכינה לפועל, שהמלאכים אינם אלא מוציאים פעולות הספירות לפועל. כי רצה המחשבה העליונה גם בהדרגה הזאת, שלא יצאו הפעולות והבריות מן השכינה מיד, אלא על ידי שלוחים האלה אשר לה. ואלה אין להם עבודת בחירה, אלא עבודה ממש:

ה. והנשמות - לעבוד את הקדוש ברוך הוא בבחירתם, זה מבואר בעצמו - עניין עבודת בני האדם הוא עבודת הבחירה, לתקן כללות כל הנמצאים:

חלק ב:

א. ועל כן נקרא שאינה שלמה, שתוכל להזדווג, זה פשוט לפי מה שמבואר כבר:

ב. אלא בהיות נכללים בה כל ענפיה אלה:

ג. לפי עניינם, דרכי היותם נכללים הם דרכים שונים, פרטיים לכל אחד משני הסוגים האלה לפי עניינם, ולפי עניין מעשיהם, ולפי עניין הנולד ממעשיהם, וכדלקמן במאמר שאחר זה. ואז מכח שניהם נעשה הזיווג מכל העולמות מתוקנים, שהרי כשכל זה נשלם, מתחברים ביחד כל העולמות עליונים ותחתונים בתיקון אחד, דהיינו ז"א - נכלל בו כל העליונים בסוד ההשפעה, ונוקבא כוללת כל התחתונים בסוד הקבלה. כשמתחברים ביחד בזיווגם, הרי נמצאו כל הנמצאים העליונים והתחתונים מחוברים בחיבור אחד, ונמצא היחוד מתגבר ושולט כראוי. ואמנם עכשיו כל זיווג הוא גילוי אחד מן היחוד העליון, אך לא גילוי גמור ושלם. אלא כשיהיו כל הזיווגים הצריכים להיעשות בכל שית אלפי שנין - נשלמים, אז יהיה יחוד העליון ברוך הוא מתגלה על כל הנמצאים בכל חלקיהם כראוי, וזה יהיה התיקון השלם לעולם ועד:

קָלֵ"ז פָּתְזֵי וְזִכְמַה לַרַמְזֵ"ל

פֶּרֶק קַלֵ"ח

סדר הזיווג:

סדר הזיווג הוא - שהיות הנוקבא, שהיא השכינה, נכללת מכל העולמות התחתונים, מתוקנים כראוי בכל מה שצריך להם, בהפרדת הס"א, והתקנם זה בזה בכל סדריהם הטובים - אז תזדמן הנוקבא לז"א, והוא יתחבר עמה. ואז ייתן לה כח אחד שנקרא רוח דשבק בה בעלה. ובכחו תעלה מיין נוקבין, שהוא מה שהיא ממשיכת, יהיה גילוי אור חדש, או יהיה החזרת מה שנתעלם או נתקלקל. וזה תעלה בכח נשמות הצדיקים. ואז הז"א מגביר לה כנגד מה שהיא מעלה ממש - שפע חדש, שהוא מיין דכורין. וזה מה שיורד אחר כך לעולם, מתפשט למשרתים, ומשם למטה עד עולם העשייה, ומשם יוצא לפועל:

הזיווג הוא תכלית כל העבודה כמו שמבואר, על כן זה יהיה גמר כל הדרוש הזה - בסדר עניני הזיווגים על סדרם כראוי:

א. סדר הזיווג הוא, והיינו כשנתחיל מן ההכנה הראשונה לזה, עד גמר כל המעשה:

ב. שבהיות הנוקבא, שהיא השכינה, נכללת מכל העולמות התחתונים, כבר שמעת שנוקבא היא שורש לכל התחתונים, שיהיו כולם נקשרים בה בכל הדרכים המזומנים ומוכנים לקשריהם האלה. וכאן הוא עניין ההיכלות, שעולים ונקשרים זה בזה, עד שנכלל הכל בהיכל ק"ק דבריאה, ושם נקשרים כולם בשכינה, להיות בסוד ענפים הנכללים בשרשם:

ג. מתוקנים כראוי בכל מה שצריך להם, כאן נכללים כל עניני התיקונים הצריכים להימצא בענפים, שיוכלו להתדבק אל שרשם. ושני עניינים צריכים להם:

ד. בהפרדת הס"א, זהו תיקון אחד. ותיקון שני הוא:

ה. והתקנם זה בזה בכל סדריהם הטובים - לפי הסדרים של הטוב. כי באלה העולמות יש טוב ורע ממש, כיון שיש נפרדים, מה שאין כן

קָל"זז פֿתזזי וזכבזה לרבמזז"ל

באצילות, שהרי הכל אלקות, ואין שייך שם רע כלל, והנה הרע גורם שלא יהיה קריבות לענפים אצל שרשם, וזהו הפירוד באמת שיכול הרע לגרום, וזהו מה שצריך להעביר. וכנגד זה צריך לכלול העליונים זה בזה, בכל סדרי האורות העומדים בסוד המרכבה לעניין כללותם זה. והנה כשנתקנה השכינה בכל זה - נקרא שהמקבל מוכן לקבל. וכל זה הוא תיקון מצד העולמות במלאכים שלהם, שהם המרכבות שרוכבות עליהם:

ו. אז תזדמן הנוקבא לז"א, זה סוד, "ואל אישך תשוקתך", שאז מעוררת היא באורות העליונים שמחה ורצון - גילוי כוחות בפתיחה, ולא נסיתום, כי המשפיע חפץ להשפיע:

ז. והוא יתחבר עמה, להיעשות אחד בנשיקין, להיעשות אחד ממש, היינו הרוח. ובכלים - להתחבר החיבור היותר גדול שאפשר:

ח. ואז ייתן לה כח אחד שנקרא רוח דשבק בה בעלה, עתה מתחילת ההשפעה, והיינו כי בתחילה צריך שהמאורות עצמם יתוקנו, שיוכלו לפעול פעולותיהם, אחר כך יפעלו אותם. והפעולה היא ההשפעה החדשה המתחדשת תמיד, כי המאורות הם הם תמיד, אך ההשפעה היא המתחדשת ממש. אך כדי להמשיך ההשפעה הזאת - יצטרך עוד תיקון אחר, שהוא התעוררות הנשמות, כדלקמן. אך קודם לזה, צריך הכנה לתיקון זה, והוא שינתן כח אחד בשכינה עצמה שתאסוף אליה הנשמות, לעשות הדבר הזה, וזה נקרא עשיית כלי:

ט. ובכוחו תעלה מיין נוקבין, זה אינו אלא כח אחד שבו תוכל השכינה לעשות מעשה זה של העלאת מ"ן, כדלקמן:

י. שהוא מה שהיא ממשכת, השפע שהיא ממשכת להשפיע בעולם מצדה. ושורש זה העניין הוא גבוה מאוד, והיינו כי חומר הנבראים הנפרדים יוצא מן הגבורות שביסוד נוקבא, והוא עצמו סוד שורש הדין שנתגלה ברשימו. כי כבר שמעת שהמקום שנשאר אחר הצמצום ה"ס מלכות, והדין שנתגלה בו הוא סוד הגבורות שביסוד נוקבא, והוא שורש חומא הנבראים, בסוד, "הכל היה מן העפר". ובחינת הקו הוא המ"ד של הזכר. ועל דרך הזה אמרו, משל לקדירה של חלב, כיון שנופל

לתוכו טיפה של מסו - מיד הוא מקריש. שלפי זה עיקר הולד הוא מן
החלב, כי המסו אינו אלא מעמיד. וכך הוא העניין, כי שורש החומר
עצמו של הנפרדים הוא הגבורות. והיינו שהדין עצמו יש לו פעולותיו
מה שהוא פועל, אך אין אנחנו מדברים עתה מפעולותיו, אלא מה שנולד
תולדה מן אורות הדין, הפועלים מה שפועלים - הוא חומר הנפרדים.
אחר כך הפעולות הם מה שהם. והנה זהו מה שאנו אומרים שמן הדין
יוצא האש, ויוצא הזהב, זה רוצה לומר מן האורות עצמם. וכן מים או
כסף מן החסד - מן האורות עצמם, והפעולות הוא עניין אחר, וזהו המסו
כמ"ש. ואמנם הנפרדים עצמם הם בנויים מב' חלקים - מ"ה וב"ן. ובב"ן
נכלל כל זה העניין, דהיינו החומר שקבלו הנפרדים בתחילה, וכל התלוי
בזה, ובמ"ה נכלל כל עניין הקו והתלוי בו. אבל במציאות גוף הנפרד -
החלקים שווים למ"ה וב"ן, כי חצים הוא למ"ה, וחצים הוא לב"ן. והנה
הנוקבא לפי זה כל עניינה - גבורות, והיינו חידוש חצי כל הנמצאים,
פירוש - ב"ן שבהם. אך מ"ה עושה עניין אחר שהוא עיקרי מאד, שהוא
חידוש החומר עצמו של כל הנמצאים. והנה זה החומר הוא חומר חשוך,
אמנם בו תלויים שתי דברים - או שמחה או עוצב, או בתיקון או
בקלקול. והיינו כי החומר הזה עומד להיתקן בתיקונים והארות
עליונים. אם הוא מתוקן - גורם כל שמחה ואהבה, ואם לאו חס וחלילה
- גורם כל עוצב וקלקול. ובחזור לעניין, כי נוקבא צריך שיהיו החמשה
גבורות ביסודה, שהם שרשי כל הנמצאים מצד זה של החומר שזכרנו.
וכשתוכל לעורר שורש זה כראוי, הנה נמצא המקבל עומד ושואל חסד
מן המשפיע לו, ואז ירדו המ"ד. אך כדי שתוכל לעוררו, צריך כח מן
הזכר שנותן לה שלמות זה, והיינו הרוח שזכרנו למעלה, והכל בסוד
הגבורות, כי כל הפעולה הזאת היא בסוד הדין. כללו של דבר - היא
מעוררת רק חידוש בחינת מחצית כל נמצא שיש, דהיינו ב"ן שבכל
נמצא, אבל זה עצמו רוצה לומר - התעוררות כל המקבלים למשפיעם,
שלהורות זה - ניתן הב"ן בכל נמצא. נמצאת הפעולה פרטית, ועם כל
זה מגעת אל כל הכלל. והנה בבחינה זאת היא ממשכת שפע חדש,
פירוש - מה שהולך להיות מקיים בכל נמצא מחציתם זה. אך כפי
החלקים המתחדשים בנמצאים - כך מתחדשים דברים בהנהגה הכללית
של העולמות כולם.

יא. יהיה גילוי אור חדש, או יהיה החזרת מה שנתעלם או נתקלקל, כי

אם היו הדברים בתיקון - היה תמיד הזיווג, לחדש חשיבות כל הבריאה, מעלה אחר מעלה ממש, חידוש ממש. ואז הייתה הנוקבא ממשכת מיד אור אחד, מחדש מחצית הנמצאים כנזכר לעיל, בבחינת חשיבות, ומעלה אחת נוספת מחדש בזיווג ההוא. אך מפני שהדברים מקולקלים, שכבר נאבדו מעלות הרבה שכבר היו לעולמות, וצריך עתה להחזירם, הנה הזיווגים של עתה אינם אלא להחזיר המעלות ההם. ואמנם כל המעלות הם אורות מן השכינה, שרשי הדברים בעולמות, והם הם דברים שהיו צריכים להיות בעולמות, והיה להם השורש בגבורות שלה, שהם שרשי התחתונים כנזכר לעיל. וכשנסתלקו מעלות אלה מן העולמות, השרשים האלה - או נתעלמו, או נתקלקלו, שירדו לקליפות, והיו הקליפות נהנים משם, ולא העולם וישראל. ואלה צריך להחזירם, ובכל יום חוזרים אורות אחרים מאלה, להתעלות ולהתגלות לתיקון העולם.

יב. וזה תעלה בכח נשמות הצדיקים, זה תיקון המגיע לנשמות, להיות ההנהגה הפנימית עיקרית בהם. והיינו שבהתעלות הנשמות, והתקשרם למעלה ביסוד שלה, ומתנוצצות שם, אז ימשך משך זה של המ"ן שזכרנו.

יג. ואז הז"א מגביר לה, והיינו החלק המגיע לו להמשיך, שהוא שפע בחינת מ"ה למחצית הנשאר בכל הנמצאים, בכל מה שתלוי בו בהנהגה כללית.

יד. כנגד מה שהיא מעלה ממש - שפע חדש, שהוא מיין דכורין, כי לפי אותו האור שנתגלה מצד הגבורות כנזכר לעיל, כך הוא שיורד להשלימו מן החסדים דז"א.

טו. וזה מה שיורד אחר כך לעולם, אלה שני מיני המשכות שזכרנו, הם הם השפע שיורד לעולם. וזה סדר רדתו להתפשט למשרתים, וזהו.

טז. מתפשטת למשרתים, וגם לזה יש סדר פרטי בבריאה - מקום ששם הכבוד עומד בהיכלו לרכוב על המשרתים. הוא סוד כל עניני היכלות, וכל עניני המרכבה, המפורשים בספר ברית מנוחה.

יז. ומשם למטה עד עולם העשייה, כי גם במשרתים יש הדרגות

הצריכות להנהגה, והשפע היורד - משתלשל ויורד ביניהם עד למטה
בעולם העשייה.

יח. ושם יוצא לפועל, כי סוף כל ההמשך הוא לעשות המעשים בעשייה,
או בגופים או בהנהגה. ולפי טבע השפע ההוא לפי מקורו, וכל הנעשה
בו בכל תנאיו, כך הוא היוצא ממנו לפעול למטה, או בגופים כנזכר
לעיל, פירוש - שמתחדש ממנו גוף מן הגופים, או בהנהגה, שיתחדש
פועל אחד בהנהגה:

ברוך ה' לעולם אמן ואמן

כי חלק הוי"ה עמו יעקב חבל נחלתו. חלקי הוי"ה אמרה נפשי על כן
אוחיל לו.

חלקי הוי"ה אמרתי לשמור דבריך: